Österreich
Nordtirol

Stubaier Alpen

Zillertaler Alpen

Osttirol

Dreiherrn-Sp.

Wilder Freiger
Zuckerhütl
Innerpflersch
Brenner
1
6
Schwarzenstein
Prettau
Kasern
Rötspitze
44
Steinhaus
Ahrnbach
Ahrntal

5
Stein
St. Jakob in Pfitsch
Möseler
Hochfeiler
Luttach
Rein
46

Maiern
7
Gossensass
2
8
3
Sterzing
Lappach
45
Sand in Taufers
Taufers
Mühlen
Mühlwald
Reintal
Rieserferner Gruppe
Hochgall

Ridnaun
Himmelsjoch

Ratschings
Bichl
4
Freienfeld
Pfunders
Mühlwalder Tal
43
Antholz
Mittertal
Staller Sattel

77
78
35
Nieder-Vintl
Taufer Tal
Bruneck
St. Magdalena
40
St. Martin in Gsies

9
11
Valser Tal
34
Vals
Rienz
47

St. Leonhard in Passeier
Penser Joch
10
32
Mühlbach
37
St. Lorenzen
Ober-Rasen
Nieder-
Welsberg
41
Niederdorf
42
Innichen
Winnebach

St. Martin in Passeier
76
Pens
Franzensfeste
12
Rodeneck
Lüsner A.
15
Olang
38
Rienz
Drau
Sextental

75
Flaggerscharten-H.
Durnholz
Schalders
33
Lüsen
50
Kronplatz
St. Veit
Toblach
53
St. Veit

74
56
57
20
Radlsee H.
Brixen
13
48
Enneberg
39
Prags
Pragser Wildsee
Bad Altprags
52
54
Drei Zinnen

Meran
Latzfonser-Kreuz
18
17
14
Plosehütte
St. Vigil in Enneberg
Seekofl
Sexten

73
Klausener-H.
Latzfons
16
49
Sennes Alpe

Hafling
Sarnthein
55
Klausen
Villanders
21
St. Peter
23
Villnößtal
Pederü H.
51
Fanes Alpe

Lana
79
Vöran
Barbian
22
St. Ulrich
24
St. Christina
Pedratsches
Fanes-H.

Gargazon
Mölten
59
Kastelruth
27
Grödner Tal
Wolkenstein
Stern
St. Kassian

Tisens
81
60
Jenesien
Klobenstein
St. Oswald
Seis am Schlern
28
25
26
Seiser Alpe
Corvara

Gfrill
Bad Gfrill
Oberbozen
Gries
Bozen
58

St. Pauls
71
Eppan
Blumau
Tierser Tal
Tiers
29

70
Eggental
Deutschnofen
30

Kaltern
Leifers
Eggen
St. Nikolaus
31

St. Josef am See
Kalterer See
69
Aldein
Maria Weissenstein
64
Oberradein

Tramin
68
Auer
Truden
63

Kurtatsch
62
65
Altrei

67
Neumarkt
61

66
Margreid

Salurn

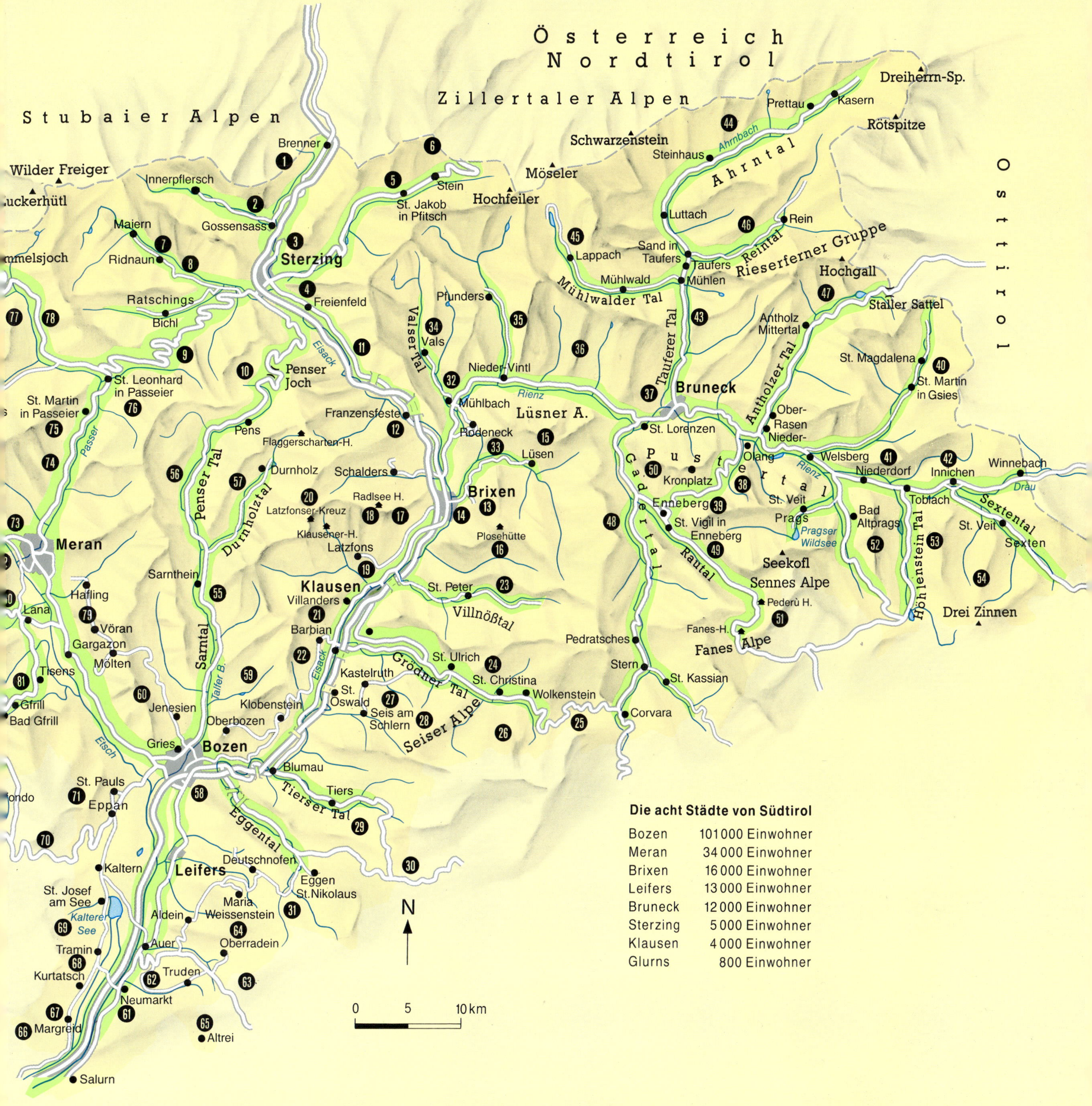

Die acht Städte von Südtirol

Bozen	101 000 Einwohner
Meran	34 000 Einwohner
Brixen	16 000 Einwohner
Leifers	13 000 Einwohner
Bruneck	12 000 Einwohner
Sterzing	5 000 Einwohner
Klausen	4 000 Einwohner
Glurns	800 Einwohner

N

0   5   10 km

SÜDTIROL

BLV

Sepp Schnürer

SÜDTIROL

Land zwischen Reben und Firn

CIP-Titelaufnahme der Deutschen Bibliothek

Schnürer, Sepp:
Südtirol: Land zwischen Reben und Firn / Sepp
Schnürer. – München; Wien; Zürich: BLV, 1989
  ISBN 3-405-13579-6
NE: HST

Umschlagbild: *Die Pilzenhöfe im Ultental.*
Innentitel: *Der Schlern mit Euringer und Santner
Spitze (rechts), gesehen von der Seiser Alm.*
Eingeklinkte Bilder:
Oben:
Wegekreuz am Aufstieg zum Radlsee-Haus.
Wirtshausschild in Glurns.
Unten:
Apfelblüte in Überetsch.
Festzug in Sarntheim.
Blumenschmuck an einem Gsieser Bauernhof.

Bild rechts: *Schrambach/St. Peter
im Eisacktal unterhalb von Brixen.*

Quellennachweis:
Josef Rampold/Gunther Langes: Südtiroler Landes-
kunde in 7 Bänden
Südtiroler Gebietsführer (derzeit 43 Bände)
Hanspaul Menara: Südtiroler Bergseen, Südtiroler
Kunstwanderungen, Südtiroler Naturwunder, Süd-
tiroler Schutzhütten, Südtiroler Urwege
Karl Wieninger: Südtiroler Gestalten
(alle Athesia-Verlag, Bozen)
Verkehrsvereine Südtiroler Weinstraße: Südtiroler
Weinstraße
Südtiroler Landesregierung: Südtirol-Handbuch
Eduard Dietl, Südtirol (Süddeutscher Verlag,
München)
Franz Tumler, Südtirol (Piper Verlag, München)

Alle Fotos sind Aufnahmen des Verfassers.

Lektorat: Marianne Faiss-Heilmannseder
Layout: Sepp Schnürer

BLV Verlagsgesellschaft mbH
München Wien Zürich
8000 München 40

Gesamtherstellung: Passavia Passau

Printed in Germany · ISBN 3-405-13579-6

Zum Thema

Südtirol – welch ein Thema, aber auch welch eine Herausforderung für die Fotografie, für das Wort! Die Strahlen des Landes in nur einem Buch gleich einem Kristall einzufangen, kann niemand gelingen; Bild und Wort müssen abstrahieren, im gebotenen Abstand auch manches übersehen, Südtirol jedoch gerecht werden, denn es ist nun mal des Deutschen liebstes Reiseland.

Die räumliche Distanz scheint mir sehr wichtig und auch von Vorteil zu sein; in den vielen Jahren meiner Freundschaft zu Südtirol weckte jede Einreise neue Vorfreude und Neugierde. Am Brenner betrete ich ein anderes Land, das sonnige Südtirol: Lang und warm verweilt die Sonne über dem Land an Eisack und Etsch. »Im Frühling, wenn's im Tal entlang, aus allen Knospen sprießt ...« bis hin zur letzten Reise, wenn wir singen: »... dann kommt mit seiner Herrlichkeit der Herbst ins Land herein.«

Groß ist die Tradition des Tourismus in Südtirol, groß ist die Gastfreundschaft des Volkes; wie sehr aber unterscheidet sich die Reisewelle unserer Tage von der Südtirolfahrt von einst. Die erste Epoche, die Zeit vor dem Ersten Weltkrieg, vermerkt die behutsame, die noble Begegnung von Gast und Volk, die Distanz zur Landschaft, der niemand allzu nahe treten konnte, es sei denn, er war tagelang zu Fuß unterwegs. Der sanfte Tourismus also, der Südtirol in kleinen Zügen genoß, prägte das damalige Reiseleben, das einige Landesteile völlig unberührt ließ. Der heutige Massentourismus aber ist für viele Talschaften ein harter Tourismus, besonders, wenn er fast das ganze Jahr über läuft.

In den urigen Wurzeln der Originalität bleiben Land und Volk jedoch lebendig und liebenswert. Die Gegenwart hat kulturelles und kirchliches Brauchtum, die Tracht und die Blasmusik bewahrt, die Bevölkerung – im Querschnitt durch die Generationen – pflegt das Althergebrachte: Das Brauchtum ist die Rinde am Stamm des Volkes, wird sie geschält, muß der Stamm verdorren, wird Südtirol sein Selbstverständnis verlieren.

Wie also soll der Tourismus der Zukunft in Südtirol aussehen? Antworten darauf gibt es viele, wo aber ist der Kristall, dem es gelingt, alle Ansichten zu bündeln und in einem einzigen Strahl die Wahrheit zu künden?

Sepp Schnürer

Inhalt

*Das Traminer Weinland im Frühling.
Der schneebedeckte Berg, der Villandererberg, steht
weit im Norden zwischen dem Sarntal und dem Eisacktal, im Vordergrund an der Weinstraße das
Kirchlein vom Weiler Rungg, in der Mitte die Pfarrkirche von Tramin, dahinter am Hügel St. Jakob auf
Kastelaz.*

Südtirol im Bogen der Geschichte

Die Geschichte Südtirols ist bis zu den ersten zwei Jahrzehnten des 20. Jahrhunderts eine Tiroler Geschichte, bis zum Friedensvertrag im September 1919 gab es nur ein Tirol! Dieses Tirol, die gehegte gute Stube im österreichischen Kaiserhaus, war von Anbeginn mit Volk und Raum, auch mit Bodenschätzen, Silber und Kupfer, sehr gut ausgestattet, die »Deutschtiroler« bewohnten Tal und Berg zwischen dem Reschen im Westen, Lienz im Osten, Kufstein im Norden und Salurn im Süden. Mit ihnen lebte und lebt in den Dolomitentälern der Ladiner, ein im Ursprung rätischer Mensch von anderem Schlag und anderer Art. Die »Tiroler Stube«, zwischendurch von Napoleon und Bayern in Unordnung gebracht, hatte aber auch eine italienische Ecke, das »Welschtirol« von Salurn die Etsch abwärts ins Trentino.

»Tirol isch lei oans« – Tirol ist eins – dieses Schlagwort unserer Zeit beschwört die ethnische Einheit der Deutschtiroler, meint auch das ladinische Südtirol, bleibt aber ohne politischen Widerhall. Die Historie lehrt: Hätte

die Donaumonarchie diese Tatsache früher zur Kenntnis genommen und das italienische Trentino rechtzeitig aufgegeben, wäre die Geschichte vielleicht anders verlaufen.

Die alte, die gemeinsame Chronik aller Tiroler beginnt im Vinschgau im 12. Jahrhundert mit der Burg Tirol im Meraner Becken. Ein Schutzvogt des Bischofs von Chur, der Graf Tirol aus dem Vinschgau, tat kund: Von nun an wolle er eigener Herr mit eigenem Land und eigenem Volk sein. Die Herrschaft Tirol blieb auch, als die Grafen von Görz die Tiroler Familie ablösten, und manifestierte sich endgültig mit der starken Persönlichkeit Meinhards II., der zwischen 1258 und 1295 regierte. Er überspielte vollends die Bischöfe, die früheren Lehensherren, schaltete Rivalen wie die Grafen von Eppan aus und schuf im Grundriß das Tirol, das bis ins 20. Jahrhundert Bestand haben sollte. Der »Tag zu Ulm« im Mai 1282, als König Rudolf von Habsburg dem Grafen Meinhard II. seine Rechte bestätigte, besiegelte letztlich die Geburtsurkunde für die »Gefürstete Grafschaft Tirol«. Wann nun wurde Tirol österreichisch? Auch dafür gibt es ein festes Datum, den »Tag zu Bozen«, den 26. Januar 1363, und eine Persönlichkeit, die Landesfürstin Margarethe, bedacht mit dem Beinamen die »Maultasch«. Margarethe Maultasch, als solche ging sie in die Geschichte ein, war die Enkelin von Meinhard und ab 1335 die Regentin des Landes. Margarethe war weniger eine strahlende als eine tragische Figur, vom Glück kaum begünstigt. Ob Margarethe schön war oder häßlich, wie der wenig schmeichelhafte Beiname vermuten läßt, darüber gehen die Meinungen auseinander. Im »Tag zu Bozen« übergab sie das Land Tirol an den Habsburger Herzog Rudolf IV. Die »Tiroler Habsburger«, unter ihnen Herzog Friedrich IV., der »Friedl mit der leeren Tasche« (1382–1439), sein Sohn Herzog Siegmund, der »Münzreiche« (1446–1490), und Maximilian I., der »letzte Ritter« (1490–1519), sie alle und noch andere waren eingebunden in die damaligen mehr oder weniger guten Zeitläufte bis hin zum Jahr 1665. Dieses Jahr registriert unter Kaiser Leopold I. die volle Vereinigung mit dem österreichischen Kaiserhaus. Im großen Zug der Zeit blieb das historische Tirol nun bis zum Friedensschluß von 1919 bei Öster-

reich, mußte aber in den Jahren 1796 bis 1814 das Unglück mehrerer napoleonisch-bayerischer Wechselbäder erleiden.

Die »Heldenzeit« Tirols fällt in die napoleonische Epoche, als der große Korse Europa mit Krieg überzog und die Tiroler zwischen 1796 und 1809 zum Aufbegehren, zum Freiheitskampf zwang. Der erste Held, von dem die Chronik berichtet, ist weiblich: Die Bauernmagd Katharina Lanz, genannt das »Heldenmädchen von Spinges«, schlug in dem Gefecht beim Dorf Spinges am 2. April 1797 mit einer Heugabel auf die Franzosen ein.

Die Bilder dieser Seiten stehen in engem Bezug zur Tiroler Geschichte:
Schloß Tirol (unten) oberhalb von Meran ist die Keimzelle des Landes.
Seit dem »Herz-Jesu-Schwur« vom Jahre 1796 gelobt Tirol dem Herzen Jesu (rechts) ewige Treue und erneuert dieses Gelübde im jährlichen Herz-Jesu-Fest.
Andreas Hofer (links) ist der Held des Tiroler Freiheitskampfes von 1809, die populärste Tiroler Gestalt.
Kaiser Franz Josef I. (rechts unten) regierte von 1848 bis zu seinem Tode im Jahre 1916 das Land Tirol.

Die Geschichte lehrt: Der Friede pflanzt sehr oft den Keim für neues Unglück; so der Preßburger Friede von 1805, der Tirol dem Königreich Bayern zusprach. Bayern war damals dabei, den eigenen Staat nach den Erkenntnissen der Aufklärung straff zu organisieren, nahm dabei dem Volk einiges, der Kirche vieles und wollte mit den Reformen auch die Neuerwerbung, das Land Tirol, beglücken. Der bayerische Übereifer, die Ungeschicklichkeiten in bezug auf Religiosität und Brauchtum, schließlich auch die fest zugesagte Unterstützung aus Wien schürten in Tirol die Bereitschaft zum Aufstand. Am 8. April 1809 erklärte Österreich den Franzosen und damit auch Bayern den Krieg. Das Unglück nahm seinen Lauf, verebbte nach der Erschießung von Andreas Hofer am 20. Februar 1810, aber erst am 19. Juni 1814 bekam Österreich sein Tirol wieder zurück. Der Sieg braucht Helden, die Niederlage hat sie – im Tiroler Freiheitskampf für Gott, Kaiser und Vaterland.

Südtirol zwischen Österreich und Italien, die Anfänge dieser im heutigen Abstand mehr oder weniger als Unglück empfundene Tatsache reichen über 100 Jahre zurück. Am 17. Mai 1861 wurde das Königreich Italien offiziell proklamiert, am Gardasee grenzte das geeinte Italien an den Vielvölkerstaat Österreich – Ungarn und damit an Tirol. Österreich – seit 1848 regierte Kaiser Franz Josef I. – besaß mit Welschtirol, dem Trentino, einen Stachel, der das überschäumende italienische Nationalbewußtsein reizte. Die Donaumonarchie verkannte die Zeichen der Zeit: Schon vor dem Ersten Weltkrieg tönte von Trient herauf, unüberhörbar für Österreich, der Ruf nach der Brennergrenze.

»Der König von Italien hat Mir den Krieg erklärt.« Dieses nahezu feierliche Manifest von Kaiser Franz Josef I. verkündete am 23. Mai 1915 den Krieg zwischen Österreich und Italien. Franz Josef starb 1916, die Donaumonarchie verlor den Krieg – am 7. November 1918 rückten die ersten italienischen Truppen in Bozen ein. Die Friedensverhandlungen in Saint Germain machten am 10. September 1919 wahr, was nicht wahr sein durfte: Österreich bekam die Brennergrenze diktiert, Südtirol wurde italienisch!

Die düstersten Jahre für Südtirol kamen ab 1922 mit Mussolinis Faschismus, am 4. August 1924 wurde der Name »Tirol« offiziell verboten. Schließlich sollte die »Option«, das unselige Hitler-Mussolini-Abkommen über die Aussiedlung der Südtiroler – beschlossen am 23. Juni 1939 – das Deutschtum südlich des Brenners vollends auslöschen. Nach Kriegsende begann mit der Republik Italien im »Pariser Abkommen« vom 5. September 1946 ein neuer Anfang, Österreich wurde Anwalt der Südtiroler gegenüber dem italienischen Staat. Das sogenannte »Paket« ist nun seit 1970 die neue, aber wie sich zeigt steinige Ebene, über die Deutschtiroler und Italiener aufeinander zugehen müssen.

Land im Gebirge zwischen Reben und Firn

Das Land: Südtirol ist die »Autonome Provinz Bozen«. Mit der Nachbarprovinz Trient bildet es die Region »Trentino–Südtirol«, ausgestattet mit eigenem Regionalrat und den Befugnissen ausgedehnter Selbstverwaltung. Jede Provinz genießt eigene Landesautonomie, hat ihr eigenes, frei gewähltes Länderparlament, den Landtag; beide Parlamente zusammen wählen die oberste Instanz in der Region, den Regionalrat, besetzt mit 70 Abgeordneten, derzeit je 35 aus Südtirol und dem Trentino. Der Landtag mit dem Präsidenten an der Spitze ist das gesetzgebende Organ im Lande, die Landesregierung, gewählt aus den Abgeordneten des Landtages, an der Spitze der Landeshauptmann, besorgt die Durchführung und ist zuständig für die Landesverwaltung. Regional- und Landtagswahlen finden in fünfjährigem Turnus statt (zuletzt im November 1988).

Südtirol, die politische Provinz Bozen, besteht aus 116 Gemeinden, die Gemeinden wiederum bilden acht Bezirks-Talgemeinschaften: Bozen, Burggrafenamt, Eisacktal, Pustertal, Salten-Schlern, Überetsch-Südtiroler Unterland, Vinschgau, Wipptal; an der Spitze steht jeweils ein Präsident.

Südtirol nannte man einmal, bevor die Grafen von Tirol dem Land Namen und Herrschaft gaben, das »Land im Gebirge«. Aus den Haupttälern, dem Etsch-, dem Eisack- und dem Pustertal, strebt das Land zur Höhe: Von 7400 Quadratkilometern Gesamtfläche liegen nur etwa 1000 Quadratkilometer unter 1000 Meter, knapp 1600 Quadratkilometer zwischen 1000 und 1500 Höhenmeter. Die Statistik errechnete 2557 Quadratkilometer = 34,6 Prozent landwirtschaftliche Nutzfläche und 1700 Quadratkilometer = 23 Prozent unproduktive Fläche, also alpines Öd-

land, Berge und Gletscher. Salurn, Meereshöhe 220 Meter, liegt an der tiefsten Stelle, der Ortler, wie schon Peter Anich im Jahre 1774 feststellte, ist mit 3900 Meter der »höchste Spitz im Land Tirol«.

Die Talniederungen, die Hangstufen bis etwa 800 Meter, produzieren auf einer Gesamtfläche von rund 17000 Hektar sechs bis sieben Millionen Doppelzentner Äpfel und 100000 Doppelzentner Birnen. Der Weingarten ist kleiner, nur etwa 5000 Hektar groß. Darauf sonnen sich 20 Millionen Rebstöcke, die jährliche Weinproduktion liegt zwischen 500000 und 600000 Hektoliter, davon rund 75 Prozent Rotwein. Außerdem werden noch Marillen, Zwetschgen und Kirschen geerntet sowie zunehmend Beerenobst bis in Hochlagen von 1700 Meter (siehe Martelltal). Der Feldfrüchte-Anbau nützt ebene Flächen im Pustertal und im Vinschgau, die Kartoffel kommt jährlich mit 200000 Doppelzentnern auf den Markt. Fließen nun auch Milch und Honig in diesem so gesegneten Land? 63000 Kühe liefern jährlich 220 Millionen Liter Milch an die Sennereien. 35000 Schweine, 2600 Pferde, 26000 Schafe und 8000 Ziegen vervollständigen die bäuerliche Hofhaltung. 3000 Imker betreuen 35000 Bienenvölker, die als Nebeneffekt dem Land jährlich etwa 430 Tonnen Honig spenden.

nahme kommt in der Hauptsache dem italienischen Anteil zugute und resultiert aus der konsequenten Italianisierungspolitik des Faschismus von 1925 bis 1939 gegenüber dem Deutschtum in Südtirol.

Wo nun lebt das Volk? Insgesamt rund 160 000 Menschen wohnen in den acht Städten des Landes: Bozen, Meran, Brixen, Leifers, Bruneck, Sterzing, Klausen und Glurns. Der italienische Bevölkerungsanteil lebt fast ausschließlich in der Stadt, der Deutschtiroler in den Landgemeinden. Im Jahre 1910 besaßen die Italiener gegenüber den Tirolern kein Gewicht, anders heute, denn ein Großteil der jetzt in Südtirol lebenden Italiener ist dort auch geboren. Ist der Italiener nun deshalb auch ein gebürtiger Südtiroler, wenn, wie es üblich und auch offiziell ist, die Provinz Bozen als Südtirol bezeichnet wird?

Diese Frage bewegt in beiden Sprachgruppen weite Kreise, um so mehr, als im elementarsozialen Bereich, vom Kindergarten über die Grund-, Mittel- bis zu den Oberschulen, eine strenge Trennung nach der jeweiligen Muttersprache vorgeschrieben ist. Nach dem sogenannten »Proporz«, der für alle Bevölkerungsteile gilt, ist die Zweisprachigkeit in Wort und Schrift heute eine unabdingbare Voraussetzung für das Fortkommen auf Staats- wie auf Landesebene, wichtig im kommunalen und auch im privatwirtschaftlichen Bereich. Der junge, fortschrittliche Deutschtiroler sieht diese Notwendigkeit ein; die Italiener begreifen sich jedoch als Staatsvolk, die Bereitschaft, des anderen Sprache zu lernen, ist weniger vorhanden.

Bild links unten **Weinreben auf Eppan/Überetsch.**

Bild links **Der Ortler, gesehen aus Innersulden.**

Bild unten **Die Pfarrkirche in Colfuschg, darüber die Cima Pisciadu in der Sella-Gruppe.**

Schließlich der Wald – er bedeckt 2858 Quadratkilometer = 38,6 Prozent der Gesamtfläche Südtirols. Bis in eine Höhenlage von etwa 800 Meter gedeihen Edelkastanie, Buche und Flaumeiche, Kiefern schließen auf zur Fichte, sie dominiert mit 62 Prozent des gesamten Waldbestandes, Lärche und Zirbe tragen die Baumgrenze bis in die Höhe von etwa 2200 Meter. Der Holzvorrat beträgt rund 49 Millionen Vorratsfestmeter und nimmt jährlich um weitere 1,55 Prozent zu.

Das Volk, so will es der Kaiser, muß von Zeit zu Zeit gezählt werden. In Italien gibt es seit 1961 jeweils im ersten Jahr eines Dezenniums eine Volkszählung; die letzte Zählung – gezählt wird nach Sprachgruppen-Zugehörigkeit – im Jahre 1981 ergab für die Provinz Bozen, also für Südtirol, folgende Zahlen: 279 544 Deutschtiroler = 64,9 Prozent, 123 695 Italiener = 28,7 Prozent, 17 736 Ladiner = 4,1 Prozent sowie 9593 andere = 2,2 Prozent, insgesamt 430 568 Personen. Die Faustregel: zwei Drittel der Südtiroler Bevölkerung spricht deutsch als Muttersprache, ist demnach richtig. Im Vergleich die Zahlen der österreichischen Zählung vom 1910: Deutschtiroler 223 913, Italiener 7339, Ladiner 9429, andere 10 770, insgesamt 251 451 Einwohner. Die erhebliche Bevölkerungszu-

Wipptal und Seitentäler

Wipptal – dieser landeskundliche Begriff gilt für zwei Täler: einmal für das Nordtiroler Silltal vom Brenner abwärts nach Innsbruck, zum zweiten für das obere Eisacktal vom Brenner hinab zur Franzensfeste. Irgendwann um das Jahr 1500, als Tirol noch eins war, sprachen Obrigkeit und Volk vom Wipptal, und diese Anrede, noch heute zwischen Innsbruck und Franzensfeste gültig, hat die Landeskunde festgeschrieben.

Der 1370 Meter hohe Brennerpaß ist im Zentralalpenkamm, eingeklemmt zwischen Zillertaler und Stubaier Alpen, der niedrigste Übergang. Im Verein mit dem Hauptkamm markiert der Brenner eine europäische Wasserscheide, auch eine Wetterscheide, kaum aber eine Klimascheide. Der Hauptkamm entsendet zu den Südtälern, dem Pflersch-, Ridnaun- und Pfitschtal ebenso wie in die Nordtiroler Täler noch ausgedehnte Gletscher, hüben wie drüben bewirkt er einen Wolkenstau und massive Niederschläge. So gleicht sich auch das Erscheinungsbild des nördlichen und des südlichen Wipptales: enge Talfurchen, breite, ebene Wiesenböden, dichte Waldhänge zu beiden Seiten, lichte Rodungen am günstigen Sonnenhang für Hof, Dorf und Kirche. Hier wie dort hat der Mensch das gleiche Herkommen und auch das gleiche Auskommen. Im Tal vergrößert er ständig die gewerbe- und handelsfleißige Siedlung, am Hang nistet der bodenständige, aber nach seinen beschränkten Möglichkeiten auch zum Fortschritt gezwungene Bergbauer, in gutem, altem bajuwarischen Brauch meist als Einzelhof oder in loser Tuchfühlung zum Nachbarn.

Nachdem zum Brenner Hochtal, im alpingeographischen Begriff, von Osten die Zillertaler Alpen und von Westen die Stubaier Alpen heranrücken, hat auch das Südtiroler Wipptal an diesem vergletscherten Hochgebirge seinen Anteil. Vom Brenner abwärts begleitet uns links der unvergletscherte Tuxer Kamm, mit Wolfendorn und Hühnerspiel plaziert er im Wipptalbereich bekannte, hohe Gipfel. Von Gossensaß nach Westen öffnet das Pflerschtal eine weite Pforte zum Stubaier Hauptkamm, über dem Talschluß glänzt der Feuersteinferner. Die Sterzinger Ebene schließlich ist das Auffangbecken für das Pfitscher Tal und das Ridnauntal. Von Pfitsch heraus kommt die Zillertaler Gletscherschmelze von den Fernerbecken um den Hochfeiler, der Ridnaunbach bringt Stubaier Wasser vom Übeltalferner, auch er fließt bei Sterzing in den Eisack. Die oben genannten Einmündungen sind die wichtigsten Seitenäste des Wipptales, des oberen Eisacktales. Zum Sterzinger Becken ziehen zudem noch das Ratschings- und das Jaufental. Die Weiträumigkeit des Sterzinger Bodens läuft nach Freienfeld zu aus, das Wipptal verliert unterhalb von Mauls hinab nach Franzensfeste seine Großzügigkeit. Die beidseitigen dichtbewaldeten Hänge rücken eng zusammen, steile Wassergräben, aufgerissen von Unwettern, stürzen von den Sarntaler Alpen zur Rechten, von den Pfunderer Bergen zur Linken herab zum Eisack. Fast schreckt das Tal den Reisenden, und so ist das untere Wipptal eine Schleuse für die schnelle Durchfahrt und Franzensfeste, der letzte Ort, das Sprungbrett hinein in das Brixner Becken, in das Südtirol landläufiger Vorstellung.

»Dort wo aus schmaler Felsenschlucht, der Eisack springt heraus« – das kleine Bild zeigt den Eisack-Ursprung in Brenner-Ort, knapp hinter der Pfarrkirche zum hl. Valentin.

Bild rechts **Das Sterzinger Becken im Auslauf nach Mauls, links der Autobahn der Wallfahrtsort Maria Trens, rechts die Ortschaft Stilfes.**

1 Der Brenner

In alter Zeit war der Brenner niemals eine Grenze; diese »alte Zeit« währte bis zum September 1919, als Italien von den damaligen Siegermächten mit dem Tirol südseits des Brenners für seinen Kriegseintritt im Mai 1915 belohnt wurde.

Immer aber war der 1370 Meter hohe Brenner eine europäisch wichtige Geländeschwelle: zu Beginn unserer Zeitrechnung für die Römer nach Norden, bis nach dem Zerfall des Römerreiches das Blatt sich wendete, die Bajuwaren im 6. Jahrhundert von Nord nach Süd rückten und die Täler südseits des Brenners besiedelten. Politik war damals noch kein Wort. Politisch wurde der Brenner erstmals um das Jahr 951, als Otto I. den Paß nach Süden überschritt, zehn Jahre später wiederkam und sich vom Papst – denn auch er war politisch – die Kaiserkrone des »Heiligen Römischen Reiches Deutscher Nation« aufs Haupt setzen ließ. Die Autorität des Papstes, das römische Recht, behielt über 300 Jahre die Oberhand. Die deutschen Könige, Ottonen, die Salier, Staufen und Welfen, sie alle zogen über den Brenner, um in Rom die Kaiserkrone zu empfangen. Die Zeit der großen Heerzüge, das hochmittelalterliche Kaisertum, neigten sich im Jahre 1267 dem Ende zu, als der kaum 16jährige schwäbische Konradin im September den Brenner querte, in Süditalien aber die Schlacht verlor und am Fuße des Vesuv sein Haupt auf den Richtblock legen mußte.

Dem schwerfälligen Troß der mehr als 60 Kaiserzüge – Karl V. im Jahre 1530 war der letzte – folgte geschäftiger Handel und Wandel. Sollten die Köstlichkeiten der Mittelmeerländer schnell und direkt den Norden erreichen, mußten auch sie den Brennerweg benützen; der Lastkarren, gezogen von starken Pferden, bestimmte über Jahrhunderte hinweg den Verkehr. Dazwischen lief leichtfüßiges Volk, die fromme Pilgerschar und auch Gesindel; ab 1710 frachteten der mehr oder weniger flinke Stellwagen und die elegante Postkutsche sonnenhungrige und kulturbeflissene Künstler und Dichter (Goethe am 9. September 1786) aus deutschen Landen hinab in den verheißungsvollen, warmen Süden.

Ob Handels- oder Fuhrmann, Pilger, Künstler, Dichter und sonstiges Volk, alle haben wohl getrachtet, die etwa 7 Kilometer lange, damals wie heute gleich unwirtliche Gebirgsschneise möglichst schnell zu passieren. Nur das Nötigste für Leib und Seele war am Paß zu haben, der »Wolfenwirt« und der »Postwirt« sorgten für Speise, Trank und auch Herberge, das Kirchlein zum hl. Valentin spendete seelischen Trost und geistige Erbauung. Hat sich vom alten Brenner aus dem früheren Ortsbild etwas herübergerettet in unsere Zeit? Der »Wolfenwirt« mußte der Autobahn weichen. Neu erbaut, aber stark im Abseits müssen das »Gasthaus Brenner zum Wolf« und die zu ihm gehörige Kapelle zum hl. Ulrich mit einem Platz südlich der Grenze, links am Hang über der Autobahn, zufrieden sein (aus der Staatsstraße beschilderte Zufahrt); der »Postwirt« aber behauptet sich im Ortszentrum. Ihm gegenüber grüßt St. Valentin; unweit der Kirche, aber für den schnellen Reisenden kaum sichtbar, springt der Eisack wie eh und je »… aus schmaler Felsenschlucht« – wir sind in Südtirol.

Die Eisenbahn schnaufte am 24. August 1867 erstmals mit einem Personenzug herauf von Innsbruck zum Brenner und von dort hinab nach Bozen. Das »Aus« für Fuhrmann und Postillion war schlagartig, aber im Zeitpunkt vorhersehbar, denn die Brennerbahn wurde bereits 1863 in Angriff genommen.

Im Bahnhof Brenner steht gut plaziert ein Denkmal (Bild links) für den Projektanten der Linie, den genialen Ingenieur Carl von Etzel, der aus Württemberg stammte. Die Strecke von Innsbruck bis Bozen ist 120 Kilometer lang, hat 30 Tunnels und kostete damals 32 Millionen Gulden. Ausgeführt wurde sie eingleisig, vorausschauend aber schon zweigleisig projektiert (ab 1908 zweites Gleis), die Elektrifizierung erfolgte in den Jahren 1929/30. Zehn Jahre nach der Eröffnung: »… Im August 1877 hatten sich die ehemaligen Ingenieure aus aller Herren Länder – so weit sie noch am Leben – zu einem

unvergesslich schönen Fest zusammengefunden, und das einstimmige Urtheil bei gemeinschaftlicher Bereisung der Bahn war: Solider ist nie gebaut worden.« (Alpenvereinsjahrbuch 1884)

Die Trasse hat bis zum Ende unserer jetzigen achtziger Jahre keine Verbesserung erfahren, sie mußte bisher fast unmögliche Anforderungen genügen. Seit 1986 aber arbeitet die italienische Staatsbahn an der Begradigung der Strecke durch drei Tunnels: zwischen Brennerbad und Pflersch 8 Kilometer, zwischen Waidbruck und Blumau 13 Kilometer und von Blumau nach Kardaun kurz vor Bozen ein 4 Kilometer langer Tunnel. Die große, die europäische Lösung, die Italien, Österreich und Deutschland dringend brauchen, liegt im »Brennerflachtunnel«. Diese 54 Kilometer lange Superröhre mit Eingang bei Innsbruck und Ausgang bei Franzensfeste fordern die zehn Mitgliedsländer und Regionen der Arge Alp. Gelingt das Werk, werden wir irgendwann nach dem Jahr 2000 mit 250 Kilometer Geschwindigkeit von München nach

Brixner Becken, vor Klausen zu den Villnößer und Grödner Dolomiten, Bozen-Nord
winkt herein zur Landeshauptstadt, in das
Eggental, hinauf zu Latemar, Rosengarten
und Karerpaß.

Die Verwirklichung der Autobahn auf öster-
reichischer wie italienischer Seite war eine
gewaltige straßenbautechnische Herausforderung. In Nordtirol fasziniert die 820 Meter
lange und am mittleren Tragepfeiler 190 Meter hohe Europabrücke, in Südtirol das Gossensaßer Viadukt: Es ist 1030 Meter lang, der
höchste Pfeiler gibt ihm eine Mittellichte von
120 Metern. Der Schwerverkehr und auch
das rauhe Klima fordern jedoch schon seit
Jahren eine fast permanente Reparatur und
Verbesserung. Die österreichische Brenner-
Autobahn-AG baut ihre Strecke Zug um Zug
dreispurig aus und saniert fast im Dauerein-
satz über 10 Kilometer Brücken und Viadukte. Die Südtiroler Rampe hinab nach Bozen hat neben 10 Kilometern Tunnels als
ständiges, wenig pflegeleichtes Sorgenkind
noch 15 Kilometer Brücken und Viadukte zu
warten.

Bild links unten **Das Denkmal für Carl von Etzel,
dem Erbauer der Brennerbahn, im Bahnhof Brenner.**

Bild Mitte **Gossensaß und der Autobahn-Viadukt
über die Talsenke; links darüber die Burgruine
Straßberg, am Horizont Sarntaler Berge, links die
Tatschspitze, rechts der Zinseler.**

Bild unten **Bekannt und beliebt ist der Brenner-
Markt, besonders mit seinem reichhaltigen Angebot
an Obst.**

Verona rasen, und der Schwerverkehr wird
im Huckepack von der Eisenbahn – unter
dem Brenner hindurch – von Nord nach Süd
und umgekehrt getragen werden.

Die Autobahn Innsbruck–Brenner–Bozen
war zu Ostern 1974 erstmals durchgehend
befahrbar, sie gehört zur Europastraße E6
von Oslo nach Rom und ist das Kernstück
dieser wichtigen europäischen Nabelschnur.

*»Zu grosser Höch ein gewaltig Strass',
wird gebraucht ohn' Unterlass.«*

Dieser Landreim aus dem Jahre 1558, ge-
münzt auf die damalige gewiß bescheidene
Brennerstraße, paßt wie maßgeschneidert für
unsere moderne Autobahn. Die Nordrampe
Innsbruck–Brenner hat 36 Kilometer Länge,
die Südrampe Brenner abwärts bis Bozen-
Nord 80 Kilometer, die erste Ausfahrt befindet sich in Sterzing ebenso wie die Mautstelle
für alle auf der Autostrada ein- und ausrei-
senden Fahrzeuge. Weitere Ausfahrten folgen nach Franzensfeste zum Pustertaler und

15

2 Gossensaß und Pflerschtal

Der Name Brenner gilt bis hinab nach Gossensaß, denn die oberste Wipptaler Gemeinde mit dem Hauptort Markt Gossensaß heißt »Gemeinde Brenner«.

Knappe 400 Höhenmeter verlieren wir auf 10 Kilometer Länge vom Brenner nach Gossensaß. Auf dieser Strecke interessieren uns die Ortschaften Brennerbad und Pontigl, die »gestandenen« Wirtshäuser »Vetter« und »Silbergasser«, der stattliche Wechselhof mit seinem Wasserfall; außerdem bietet ein öffentliches Sträßchen die Auffahrt zum Almparadies von Zirog an (5 km).

Die Kur in Brennerbad, im Genuß der St.-Zacharias-Heilquelle – anno 1606 aktiviert vom Münzpräger Zacharias Geizkofler – war einst eine gesuchte Therapie gegen allerlei leiblichen »Wehdam«. Berühmte Häupter wie Henrik Ibsen, Richard Strauß, Franz Lehar, Leo Fall u. v. a. priesen den warmen Quell und mit ihm die rauhe, aber würzige Brennerluft. Sie wohnten im 1902 erbauten Grandhotel (1922 abgebrannt), und sogar der Schnellzug hatte zur hohen Zeit des Brennerbades dort eine Haltestelle. Seit 1976 gibt es nun am gleichen Ort, aber eingezwängt zwischen Autobahn, Eisenbahn und Staatsstraße ein neues, modernes Bade-Hotel.

»Herr Bademeister, mir ein Bad,
was 29 Grade hat,
die Wanne zugedeckt sehr gut,
damit ja nichts entweichen tut.«

Möge dieser Spruch aus dem alten Brenner Badeleben im heutigen Brennerbad symbolisch wieder zur Bedeutung kommen!

»Gossensaß wurde im Jahre 1908 von Kaiser Franz Joseph I. zum Marktflecken erhoben. Das schmucke Dorf mit seinen mittelalterlichen Flurhäusern säumt die Brennerstraße vor der starken Steigung zum Wechselberg, die über Pontigl zum Brenner führt. Der Ort hat in der Vergangenheit zwei wichtige Epochen zu verzeichnen. Einmal war es der Bergbau, der das einst arme Bauerndorf im 15. Jahrhundert zu wirtschaftlicher Blüte führte. Rund 1200 Knappen arbeiteten in den Gruben von Pflersch und Gossensaß und förderten Zinkblende und Bleiglanz mit Silbererzen ans Tageslicht. Gossensaß erhielt 1428 ein eigenes Silberwechselamt und war zeitweilig Sitz eines Bergrichters. 1560 waren viele Gruben im Verbauen, 1818 stellte man die Bergbautätigkeit ein.«

Die oben angeführte Chronik erwähnt zwei für Gossensaß wichtige Epochen. Vom Bergbau haben wir erfahren, die zweite Epoche begann 1867 mit der Brenner Eisenbahn. Im Verein mit Brennerbad entwickelte sich Gossensaß – Meereshöhe 1100 Meter – zu einem bedeutenden Tiroler Kurort (offiziell 1899) mit internationalen Gästen, wobei die landschaftliche Schönheit des Umfeldes, besonders hinein in das Pflerschtal, gewiß als ungemein starker Anreiz wirkte.

Der Erste Weltkrieg und mit ihm die neue Grenze brachten für Bad und Grandhotel ein schmerzliches Ende und für den aufstrebenden Ort ein jähes Halt. Nach jahrzehntelanger Stille zählt nun seit Eröffnung der Autobahn die dritte Epoche: die stetig anschwellende Verkehrswelle, die in wohl alle Südtiroler Täler einen neuen Wohlstand schwemmt.

Gossensaß holt wieder auf. Es muß zwar innerorts die Staatstraße herab vom Brenner hinnehmen, aber die Angebote für Urlaub im Sommer und Winter sind attraktiv genug, daß einem anfangs nur kurzen Aufenthalt vielleicht bald schon mehrere erholsame Ferienwochen folgen, das Gebirge rundum ist abwechslungsreich genug.

Bild links **Gossensaß und das Pflerschtal, darüber der Feuersteinferner mit den Feuersteinen; rechts oben die Weißwandspitze.**

Bild rechts oben **Der Pflerscher Tribulaun, der Hauptgipfel des Pflerscher Tales.**

Bild rechts **Bauernhaus nahe dem Kirchdorf Boden im hintersten Pflerscher Tal.**

Das Pflerschtal ist die Augenweide von Gossensaß. Vor allem die Schau von der Hühnerspiel-Berglehne hinter Gossensaß und vom Gossensaßer Viadukt auf der Abfahrt nach Sterzing wird dies bestätigen.

Das Bild taleinwärts nach Westen zu silbernen Gletscherbergen und zur Dolomitburg des Tribulaun haben im vergangenen Jahrhundert die alpinen Reiseschriftsteller Heinrich Noë und Ludwig Steub beschrieben, und von dem Benediktiner Beda Weber, einem bedeutenden Tiroler Chronisten, lesen wir: »Die Aussicht ins ebene, kräuterreiche Tal Pflersch ist eine der lieblichsten im ganzen Gebirge.« In diesem Satz fällt der Begriff »eben« auf. Der auengesäumte Pflerschbach hat von Innerpflersch, dem Kirchdorf Boden/St. Anton (1245 m), in dem fast immer breiten Tal auf einer Strecke von 9 Kilometern bis Gossensaß nur ein Gefälle von 150 Höhenmetern. Er berührt einige Weiler und Streusiedlungen; ungehindert fließt er zum Eisack. Die moderne Talstraße quert mehrmals seinen Lauf und endet in Boden.

Das günstige Profil im Pflerscher Grund weiß auch die Brenner Eisenbahn zu nützen. In einer weiten Schleife schwenkt die Schiene oberhalb Gossensaß hinein ins Tal, beschreibt in einem Kehrtunnel einen Kreis und läuft fast parallel, nur um einiges tiefer, wieder hinaus, dem Bahnhof Gossensaß zu.

Das Talklima wird, seit es Aufzeichnungen darüber gibt, allseits gelobt, die von Ost nach West gerichtete Lage hat kaum einen unangenehmen Durchzug. Der Zentralalpenkamm hält die rauhen Nordwestströmungen zurück, der südliche Bergrahmen ist weit niedriger und läßt warmen Lüften guten Eintritt, die breite Hühnerspielflanke über Gossensaß stoppt die kalten Ostwinde – das Pflerschtal ist »warm und gesund«, wie ein Chronist schon vor 100 Jahren feststellte.

Die Bergwelt im engen, direkten Nahbereich von Gossensaß beschränkt sich auf die bis 2000 Meter bewaldete, nach oben zur 2749 Meter hohen, aber kahlen Westseite des Hühnerspiel. Vom Ansehen hat der Berg nichts Besonderes an sich, aber von seiner Position her schenkt er ein großartiges Aussichtserlebnis. Im Sommer ist das Hühnerspiel deshalb und auch wegen der Flora in der Gipfelflanke ein begehrtes Ziel für Bergwanderer; im Winter, wenn Wetter und Schneeverhältnisse stimmen, ein Skifahrertraum. Beides, den Sommer- und den Winterwunsch, erfüllt schnell und einfach ein Sessellift, der ab Gossensaß mit Zwischenstation bei der Hühnerspiel-Hütte (1868 m) zum Gipfel schwebt. Die großen, die mächtigen Berge mit Höhen über 3000 Meter ragen im Stubaier Hauptkamm, mit dem der Zentralalpenkamm sich von den Zillertaler zu den Ötztaler Alpen fortsetzt. Die Stubaier Alpen säumen vom Brenner herüber das Pflerschtal und setzen ihm die hochalpine gletschergeschmückte Krone auf (Bild Seite 16). Die Schneespitze, das Pflerscher Hochjoch, die Feuersteine und die Aglspitze, das sind die Ziele, die sich der Bergsteiger wünscht, wenn er in das Pflerschtal fährt und vom Weiler Stein, den hintersten und obersten Bauernhöfen, hinaufsteigt zur Magdeburger Hütte.

Jede Krone besitzt einen besonderen Stein, der alle anderen überstrahlt, selten und daher überaus kostbar ist. Eine Laune der Erdgeschichte hat vor Millionen Jahren eine Dolomitbank zum kristallinen Zentralalpenkamm vorgeschoben und zwischen dem Pflerschtal und dem Nordtiroler Gschnitztal den Kalkstock der Tribulaune hinterlassen. Der mächtigste und markanteste Gipfel ragt über dem Pflerschtal, und so ist der 3096 Meter hohe Pflerscher Tribulaun (Bild oben) der Edelstein im Kranz der Pflerscher Bergwelt.

3 Sterzing – Stadt am Brenner

Das Eisacktal bündelt auf einer Strecke von 6 Kilometern die Verkehrswege von Gossensaß hinab nach Sterzing. Die Autobahn braucht mächtige Stützen am sonnseitigen Hang, die Staatsstraße in der Talsohle zwei lange Tunnels, die Bahnschienen schlängeln sich links von Straße und Eisack dem Bahnhof Sterzing zu. Es grüßen von der Ostseite die nördlichste aller Südtiroler Burgen, die Halbruine Straßberg, und der offensichtlich mit besonderem Zimmermannsstolz errichtete Doppelzwiebelturm der barocken Stephanskirche vom Dörfchen Ried. Nach der Bergbahn-Talstation zum Roßkopf am Nordrand der Stadt Sterzing empfängt ein großer Parkplatz die motorisierten Besucher; von Gossensaß herunter haben wir die Eintausender-Höhenlinie durchfahren, wir parken in 980 Meter Meereshöhe.

Die wertvolle geographische Lage von Sterzing war und ist augenscheinlich. Der weite Raum vor dem Anstieg zum Brenner bewog schon vor bald 2000 Jahren die Römer, hier irgendwo an einem vor dem Wasser sicheren Ort ihr »Castellum Vipitenum« zu errichten. Als Rom die Macht verlor, blühte die Siedlung weiterhin auf, erhielt unter Meinhard II. von Tirol (1258–1295) das Stadtrecht und von Herzog Rudolf IV. im Jahre 1363 als besondere Gunst den Durchzug der Brennerstraße durch die Stadttore verbrieft. Handel und Gewerbe nahmen zu, mit dem Silberbergbau im Ridnaun, dem Marmorstein von Ratschings und Hilfsdiensten zum Brenner wurde Sterzing ab dem 14. Jahrhundert eine reiche Stadt.

Die Neustadt ist die »gute Stube« von Sterzing. Wir betreten sie nach dem Gang durch die Altstadt durch das Tor im Zwölferturm. Der hohe, schlanke Zwölferturm steht in Stadtmitte, mit seinem markanten Treppengiebel prägt auch er das unverwechselbare historische Sterzinger Stadtbild. Warum nun heißt dieser Stadtteil »Neustadt«? Im Jahre 1443 wurde fast alles, was vordem hier stand, ein Raub der Flammen. Eben zu dieser Zeit gelangte Sterzing, wie schon vorausgeschickt, zu allgemeinem Wohlstand, die Stadt selbst sogar zu Reichtum; im Wiederaufbau brauchte nicht gespart zu werden. Es entstanden die prächtige Doppelreihe erkergeschmückter Bürgerhäuser, zinnengekrönte Hausgiebel, die heimeligen Lauben, die großzügigen Lichthöfe mit breiten Treppenaufgängen, der Zwölferturm und gut verteilt dazwischen die vielen Wirtshäuser.

Wo kehren wir ein? In der »Post« oder beim »Lammwirt«, beim »Mondschein« oder bei der »Lilie«, vielleicht beim »Grauen Bär«? Jeder Wirt hat sein goldenes Aushängeschild und im Haus gemütliche Gewölbe, in denen es sich so gut sitzen, essen und trinken läßt. Zur warmen Jahreszeit wird auch der Bürgersteig zur Gaststube – die Straße ist längst Fußgängerzone –, ungezählte, meist rote Geranien schmücken die Erker, bedeutende, verdiente Persönlichkeiten der Stadt, Heimat- und Vaterlandsdichter bleiben lebendig durch Erinnerungstafeln an den Hausfassaden, angebracht zwischen Tür und Fenster. Kaum weniger als die Neustadt erfreut auch die Altstadt. Vom eingangs erwähnten Parkplatz her öffnet sie sich mit einer schönen, leicht geschwungenen schmalen gepflasterten Gasse. Interessiert betrachten wir die »Krone«, ein altrenommiertes Gasthaus, früher der »Sterzinger Bräu«, Jahreszahl 1560, beim »Roten Adler« schauen wir zum Zwöl-

ferturm, vor ihm am Torplatz steht die Spitalkirche, gegenüber das Gasthaus »Schwarzer
Adler«, ein Wirtshausname, der in Südtirol
einem Gütezeichen gleichkommt.

Bauwerke, Kunstwerke. Neben dem Zwölferturm muß sogleich das Rathaus genannt sein,
die besondere Zierde der Neustadt. Wohlstand und Kunstsinn der Bürgerschaft in der
Zeit städtischer Hochblüte kommen im Äußeren, in einem Eckerker – er ruht auf Rund-
pfeilern aus Marmor – und in der reichen
Innenausstattung voll zur Geltung. Der Innenhof ist ein Juwel für sich mit dem original
römischen Meilenstein aus Ratschinger
Marmor und dem Mithrasstein aus gleicher
Zeit und gleichem Material.
Die überaus stattliche Pfarrkirche »Zu unserer lieben Frau im Moos« steht etwas außerhalb im Süden der Neustadt. Sie barg einmal
ein künstlerisches Kleinod, geschnitzt in
Holz, den berühmten Multscher Altar, aufge-

stellt im Jahre 1458. Der jetzige Altar besitzt
von diesem Kunstwerk noch die fünf großen
Schreinfiguren Maria, Ursula, Barbara, Katharina und Apollonia. Die Größe dieses Sa-
kralbaus überrascht und beeindruckt wohl
jeden Kirchenkenner. Der Bau gilt als die
größte Pfarrkirche Tirols, flächenmäßig weit-
läufiger noch als der Brixner Dom, die First-
höhe beträgt 32,4 Meter. Warum aber steht
die Pfarrkirche außerhalb der Stadt, früher
einmal fast im gefürchteten Sterzinger Moor?
Die Volksüberlieferung erklärt es: »... damit
die Ridnauner Bergknappen es näher haben,
da ja viel von ihrem Geld in dem gewaltigen
Bau steckt.«
In unmittelbarer Nähe erwartet das
»Deutschhaus«, das frühere Deutsch-Or-
dens-Haus, den Besuch. Tiefes Mittelalter
auch hier, die Ursprünge der Anlage stammen aus dem 12. Jahrhundert. Eine besonders interessante Beigabe samt Einrichtung
und Ausmalung ist die im Jahre 1733 ge-

weihte achteckige Elisabethkirche, nachdem
ein Brand die frühere Heiliggeistkapelle ver-
nichtet hat. Heute gehört dieser gepflegte,
ansehnliche Komplex der Gemeinde Sterzing, die Stadt etablierte darin ein Multscher-
Museum. Errichtet zwischen Ordenshaus
und Pfarrkirche gedenkt Sterzing mit einem
würdigen Ehrenmal seiner in beiden Welt-
kriegen gefallenen Soldaten.

*Die Sterzinger Neustadt (große Bilder) im Leben
und Treiben eines Sommertages, wenn die Südtirol-
Urlauber vom Parkplatz am Ortsanfang, vorbei am
Gasthaus »Zum Schwarzen Adler« und der Spitalkirche (kleines Bild) durch das Tor im Zwölferturm
hereinströmen in die Neustadt und dort bei einem
Wirt in der Sonn- oder Schattseite zukehren.*

19

4 Das Sterzinger Becken

Die weite Ebene südlich von Sterzing bis hinab nach Freienfeld und Stilfes war einmal ein gewaltiger, nasser Schwamm, das Sterzinger Moos. Seit Menschen herauf von Süden oder herab von Norden das Moor passieren mußten, war es gefürchtet, die beidseitigen Talhänge erlaubten keine Umgehung; so baute man einen Knüppeldamm quer durch das Moor für Fußgänger, Wagen, Roß und Reiter.

Vom Volksmund durch Generationen weitererzählt, geistern Sagen und schaurige Begebenheiten, die sich im Moor zugetragen haben sollen, gleich Irrlichtern bis herauf in unsere Zeit: »Bitterlich im Moor müssen die Frauen büßen, die in jungen Jahren zu hochnäsig, in alten Zeiten zu häßlich waren, um einen Mann zu finden. Klagend stehen sie im Moor, recken die Hände nach jungen Fuhrknechten aus, die auf dem Damm über das Moor kommen, halten ihnen ihr blutrotes Herz, ja sogar einen prall gefüllten Geldbeutel entgegen …«

In den Jahren 1875 bis 1877 wurde das Moor entwässert, die nun trockene Ebene durchschneidet heute die Autobahn. Der Eisack ist begradigt, die Eisenbahn bleibt links in Hangnähe, die Staatsstraße, als Brennerstraße der älteste Verkehrsweg, zieht am linksseitigen Hangfuß in einer Schlängellinie hinab nach Freienfeld. Die Ebene ist heute weithin ein grüner Wiesenplan, abgesehen von den Gasthöfen an der Staatsstraße gibt es zwischen Sterzing, Freienfeld und Stilfes nur den Weiler Elzenbaum an der Auffahrt zum Penser Joch. Freienfeld markiert den Südrand des Sterzinger Beckens und liegt als Häusergruppe zentral im Talboden, gestreift von Staatsstraße, Eisenbahn und Autobahn. Der Ort ist Sitz der Gemeinde, zu der die nahen Kirchdörfer Trens und Stilfes gehören. Elzenbaum verbirgt seine wenigen enggescharten Häuser hinter den Felsen von Reifenstein und gehört ebenfalls zu Freienfeld.

Das Stadtwappen von Sterzing zeigt den Tiroler Adler und einen alten, gebeugten Pilger mit Rosenkranz – der Volksüberlieferung nach war er, der Pilger Störz, der Gründer von Sterzing. Diese mehr oder weniger deutliche Historie verbindet sich mit dem Sterzinger Moor, das viel früher einmal ein seichter See war. »Der fromme Mann war weit gewandert zu diesem See, und weil das Wasser fischreich war, blieb er dort und baute sich ein Haus. Bald schon bekam er Gesellschaft, es entstand eine Siedlung, die sich nach ihm benannte, und schließlich ›Sterzing‹ hieß.« –

Sprechenstein und Reifenstein. Nahezu jede Talschaft besitzt ein natürliches oder bauliches Wahrzeichen, ist sie besonders bevorzugt, darf sie stolz auf zwei Wahrzeichen sein. Das Sterzinger Becken glänzt mit seiner Stadt und mit den Burgen Sprechenstein und Reifenstein, die niemand übersehen wird, wenn er nach Süden die Stadt verläßt. Auf einem Felssporn links über Eisack, Bahntrasse und Staatsstraße behauptet die Burg Sprechenstein den wohl besten Platz. Diese Wehranlage fällt gewiß zuerst auf, der zweite Blick gleitet zum Gegenüber, zur Burg Reifenstein auf der Westseite des Sterzinger Beckens. Reifenstein nützt das einzige Felsenriff, das sich aus der Ebene erhebt, und ist eine der schönsten Burganlagen in Südtirol mit wertvollen Kunstschätzen im Inneren. Der Ursprung von Reifenstein reicht bis ins 12. Jahrhundert, der von Sprechenstein ins 13. Jahrhundert zurück. An Sprechenstein gefällt die eigenwillige, gesonderte Anlage des Kapellentrakts sowie der runde Bergfried; er ist

eine Südtiroler Seltenheit, es gibt im ganzen Land insgesamt nur sieben Rundtürme. Die Burg Reifenstein kann im Unterschied zu Sprechenstein von Ostern bis Allerheiligen besichtigt werden (Bilder links).

Der Roßkopf, ein vom Anschauen her eher unscheinbarer »Hügel«, ist trotzdem für Sterzing ein wichtiger Berg. Der Wanderer fühlte sich schon immer von ihm angezogen, denn die Blütezeit der Almrosen, die große Fernsicht an klaren Tagen, sie vor allem werben für eine Tour zum Roßkopf. Wir dürfen wählen: entweder zu Fuß zur Roßkopfhütte und zum Sterzinger Haus oder mit der Seilbahn dorthin. Nehmen wir die Gondel, ist der Weg von der Bergstation (1860 m) zum Gipfelkreuz in 2189 Meter Höhe fast zu kurz. Seine wirklich große Zeit hat der Roßkopf im Winter, wenn von Dezember bis Ostern der Skisport regiert. Bis zum Frühjahr gilt er als schneesicher, die Pisten mit 1000 Metern Höhendifferenz nach Sterzing begeistern den

Könner wie die gemeinschaftlich skifahrende Familie. Um dem Roßkopf weiterhin ein für den Skifahrer wichtiges Gütezeichen zu sichern, investiert Sterzing viel, seit Ende 1987 rotiert eine moderne, leistungsfähige Umlaufbahn. Jetzt befördern 99 Gondeln, eingehängt in ein Trageseil von 2719 Meter geneigter Länge, in der Stunde 1670 Personen zur Bergstation – Ski heil!

Bilder links **Zwei Burgen empfangen uns im Sterzinger Talbecken: Burg Sprechenstein (oben) links der Autobahn und Burg Reifenstein rechts der Autobahn, beide in sehr schöner Position auf einem Felsenriff.**

Bild oben **Die Brenner-Autobahn in der Einmündung zum Sterzinger Becken, links der Autobahn liegt Sterzing, darüber die Nordkette der Sarntaler Alpen.**

5 Pfitscher Tal und Pfitscher Joch

Das Pfitscher Tal mündet von Nordosten herein zur Sterzinger Talweite. Den Ursprung gibt ihm der Zillertaler Hauptkamm, genau gesagt das 2248 Meter hohe Pfitscher Joch; hier grenzt Österreich an Italien. Durch die neue Staatengrenze wurde das Pfitscher Joch ab 1920 eine Grenzstation, in den Sommermonaten von österreichischen wie von italienischen Zollbeamten besetzt, der Grenzübertritt ist erlaubt, wird zeitweise aber kontrolliert. Die Höhendifferenz vom Joch zum Sterzinger Becken beträgt 1300 Meter, und schon im Sterzinger Boden, im Wiesenplan beim Dorf Wiesen (Gemeindesitz), beginnt der Gemeindebereich von Pfitsch.

Die landschaftliche Schönheit des Pfitscher Hochtales, das sich hinter einer gut 300 Meter hohen Steilstufe verbirgt, kann von Wiesen aus niemand ahnen. Erst nach 10 Kilometern, nach Überwindung der Stufe hinauf zu einem Wasserstau (1362 m), stehen wir oben »in der Wehr« an der Schwelle zum Innerpfitsch.

Ein flacher Wiesenteppich, unerwartet weit, reich und schön, geradezu verschwenderisch für ein Hochtal so hautnah am Zentralalpenkamm, ist die große Überraschung. Ein Bergsturz irgendwann in grauer Vorzeit riegelte das Tal »an der Wehr« ab, staute die Gletscherwasser auf, bis ein gewaltiger Ausbruch im Jahre 1080 den Damm öffnete und die Wasser abfließen konnten. Geschiebe vom Hauptbach und den Seitenbächen füllten die Mulde, die Verlandung und letztlich auch die ordnende, kultivierende Hand des Menschen schufen den Wiesenboden, der nun seit langem schon die Existenzgrundlage der Pfitscher Bauern ist. Dazu gehören die dichten Wälder, rechts hinauf zur hohen, abenteuerlichen Zackenreihe der Pfunderer Berge, links weniger steil zur Hauptkammhöhe.

Nach dem gestauten Wasser erreicht die Talstraße mit Kilometer 14 ab Sterzing das Kirchdorf Kematen, den Siedlungskern, plaziert auf linksseitiger Hangstufe. Die Weiterfahrt zum 6 Kilometer entfernten St. Jakob steigert das Landschaftsbild im Blick auf die Berge am Pfitscher Joch. Der Weiler Stein ist die letzte, höchstgelegene Siedlung (1555 m), von dort können wir auf öffentlich befahrbarer, geschotterter ehemaliger Militärstraße noch etwa 11 Kilometer direkt zum Pfitscher Joch hinauffahren (Sterzing–Pfitscher Joch 31 km).

Die Gemeinde Pfitsch hat im Wappen drei Bergkristalle, ein Hinweis auf den Mineralreichtum und auch auf die bergmännische Vergangenheit des Tales. Vom 15. bis Anfang des 18. Jahrhunderts wurden Kupfer und Schwefelkies gefördert, wobei der Pfitscher Schwefel von großer Reinheit gewesen sein soll.

Bild rechts **Ein warmer Sommertag auf der Seenplatte am Pfitscher Joch, darüber die Rotbachlspitze mit der Westflanke herab zum Joch.**

Bild unten **St. Jakob in Innerpfitsch, im Hintergrund die Rotbachlspitze und das Firndach der Hochfernerspitze.**

Die Bergwelt am Pfitscher Joch ist ein Traum für Bergsteiger und Wanderer, auch für verwöhnte, extreme Leute, die steigeisenbewehrt gerne steilstes Gletschereis bewältigen wollen. Zur Hochtourenzeit haben deshalb die Eiskaskaden am Hochferner und am Griesferner nahe dem Hochfeiler häufigen Besuch. In der Auffahrt zum Joch rücken diese steilen Hängegletscher, gegiebelt von den glatten, gleißenden Firndächern der fast 3500 Meter hohen Hochfernerspitze und der Weißspitzen, ins Blickfeld. Wer als Wanderer oder Bergsteiger zur neuen Hochfeilerhütte oder gar zum Hochfeiler selbst möchte, parkt an der dritten Kehre und geht auf markiertem Steig hinein in das Gliedertal.

Die Straße zum Pfitscher Joch hat ihre eigene Geschichte. Italien wollte seine erst 1919 erhaltene neue Zentralalpengrenze auch militärisch absichern. Deshalb entstand in der Faschistenzeit am Hauptkamm ein Netz von Militärstraßen, das heute teils dem Tourismus dient. Unsere Straße ist in diesem Netz ein Faden – als Pfitscher Traum vielleicht einmal über das Joch hinweg ausgelegt ins österreichische Zillertal –, der Naturfreund aber wünscht sich die »heile Bergwelt«!

Am Pfitscher Joch stehen zwei kleine, aus Stein erbaute Zollwachhütten, herüben in Südtirol versorgt das in den Sommermonaten von Mitte Juni bis Oktober bewirtschaftete Pfitscher-Joch-Haus (2277 m) die zahlreichen Touristen. Das Pfitscher Joch sollten wir früh am Tag aufsuchen und bei schönem Wetter einen ganzen langen Tag auf dieser zauberhaften Höhe in hochalpiner Umgebung verbummeln. Das ausgedehnte Jochplateau haben einmal die Gletscher gehobelt; glatter grauer Fels modelliert viele seichte Steinwannen für klare Wasser, Gräser grünen, Blumen blühen, darüber die Wildöde hoher Berge, die uns einladen zur Gipfeltour. Die nahe Rotbachlspitze (2895 m), in einer Stunde gut erreichbar, lockt am stärksten, wer gerne höher und schärfer steigen möchte und auch das Eis nicht scheut, besucht den 3410 Meter hohen Schrammacher im Grenzkamm. Der Wanderer schließlich findet am Landshuter Höhenweg zur Landshuter Hütte ein lohnendes Tagesziel. Wenn wir wollen, können wir am Pfitscher Joch bleiben, im Haus auf der Jochhöhe, einem privaten Gasthaus, geführt von Südtiroler Wirtsleuten, geöffnet von Ende Juni bis Anfang Oktober.

Die Rotbachlspitze wird vom Pfitscher Joch aus viel besucht, den Aufstiegsweg können wir uns aus der Sicht vom Joch gut vorstellen. Über den markanten Südwestrücken steigen wir in $1^1/_2$ bis 2 Stunden – wohl steil, aber in wenig schwieriger Route – hinauf zum Gipfel in 2895 Meter Höhe. Wir rasten beim italienischen Grenzstein Nummer 162, bestaunen die nahen, wildzerrissenen Eiskatarakte von Griesferner und Hochferner und bewundern die große Aussicht nach Norden: zum Tuxer Kamm von der Sagwand über Schrammacher, Fußstein zum Olperer und bis zum Hohen Riffler, fast schon im Mayrhofener Bereich.

Bild oben **Das Pfitscher-Joch-Haus auf der Südtiroler Seite der Staatengrenze, im Hintergrund grüßt die Pfunderer Bergwelt.**

Bild rechts **Die Landshuter Hütte am Kraxentrager im Grenzverlauf zwischen Italien und Österreich. Durch das Haus, zwischen den roten und weißen Fensterläden, zieht die Grenze.**

6 Landshuter Hütte, Haus auf der Grenze

Ein Schild am Auslauf der Pfitscher-Joch-Straße beim italienischen Grenzposten gibt die Wegestrecke zur Landshuter Hütte mit 2$^1/_2$ Stunden an, zügige Geher halten diese Zeit ein. Wer gerne auch mal stehen bleiben, viel schauen und ohne von Eile getrieben wandern möchte, braucht 3 bis 3$^1/_2$ Stunden. Der Hin- und Rückweg in einer Tagestour ergibt somit mindestens 6 Stunden Gehzeit, mit Kindern gewiß länger. Dies zu wissen ist wichtig, wenn wir vorhaben, vom Pfitscher Joch aus zur Landshuter Hütte zu gehen – also möglichst frühen Start einplanen! Wo nun liegt die Landshuter Hütte, warum wird sie vom Pfitscher Joch aus so gerne besucht, und was an ihr ist das Besondere?

Im Jahre 1899, zu einer Zeit, als noch niemand die Teilung Tirols ahnen konnte, erbaute die niederbayrische Alpenvereinssektion Landshut auf der Kammhöhe am Kraxentrager – Meereshöhe 2693 Meter – die Landshuter Hütte. Dieses Haus sollte der Stützpunkt sein im gleichbenannten hochalpinen Höhenweg vom Hühnerspiel über Flatschspitze, Wolfendorn und Wildseespitze zum Pfitscher Joch. Die Hütte in solch bevorzugter Lage war ein Volltreffer, damals aber hauptsächlich vom Brenner herauf besucht (4 Std.). Das Pfitscher Joch war ein mehr oder weniger verwaister Ort, nur für die Einheimischen wichtig im Pendel zum österreichischen Zillertal. Die neue Grenze, 1920 festgelegt, änderte die Verhältnisse schlagartig. Ein seltsamer Rösselsprung der Vermesser trennte die Hütte mittendurch, teils nach Österreich, teils nach Italien! Der italienische Staat gab seine Hälfte dem italienischen Alpenclub (CAI Sterzing), die österreichische Seite verblieb der Sektion Landshut. Die Zeitläufte seitdem ließen den italienischen Teil fast verfallen, die deutsche Sektion und

die tüchtigen Südtiroler Hüttenbewirtschafter aus dem Pfitscher Tal (seit 1972) hegten und pflegten die Landshuter Hütte aber weiterhin in der Hoffnung auf bessere Zeiten – im Hinblick auf eine mit dem italienischen Alpenclub vielleicht gemeinsame Hütte. Diesen Wunsch haben die vergangenen achtziger Jahre erfüllt. Die Alpenvereinssektion Landshut und der CAI Sterzing bekamen grünes Licht und gewiß auch Geld: Heute ist die Landshuter Hütte ein großzügiges, modernes Haus, in dem es sich gut einkehren und auch bleiben läßt, immer aber noch das »Haus auf der Grenze«, denn Italien wie Österreich verschenkten keinen Quadratmeter Boden.

Im Gegensatz zu früher kommt der meiste Besuch jetzt vom hochgelegenen und leicht erreichbaren Pfitscher Joch. In oft kaum merkbarer Steigung auf gut gelegtem Pfad ist die Tour zur Landshuter Hütte der beste Wandertip, den das Pfitscher Tal zu vergeben hat. Der Bergsteiger findet ein Gipfelziel: den 2998 Meter hohen Kraxentrager, den beliebten Hausberg der Landshuter Hütte.

7 Das Ridnauntal

Das Ridnauntal ist »ein Tal der großen Herrlichkeiten«, sagte vor nun schon fast 100 Jahren der Tiroler Naturforscher Dalla Torre. Damit meinte er die gleißenden Firne des Übeltalferners und die Gletscherberge darüber: Wilder Freiger, Wilder Pfaff, Zuckerhütl und Sonklarspitze. Bis weit in den Sommer hinein glänzt diese strahlende Dreitausenderkrone blendend weiß herab ins Tal, wirkt bis hinaus in das Sterzinger Becken und zieht gleich einem Magnet die Natur- und Bergfreunde aller Schattierungen hinein ins Ridnaun.

Der kleine Ort Gasteig am Beginn der Jaufenstraße lenkt aus dem Sterzinger Raum die Talstraße den ebenen Boden einwärts zur Ortschaft Stange und fast in Berührung des erlengesäumten Ridnaunbaches weiter nach Mareit, dem äußeren Ridnauner Kirchdorf. Die erste Aufmerksamkeit dort gilt jedoch weniger dem spitzen Turm der Pfarrkirche, vielmehr dem prächtigen, von zwei starken Türmen flankierten Prunkschloß Wolfsthurn auf dem nahen Hügel darüber.

Dieser historische, hochherrschaftliche Sitz der Freiherren von Sternbach ist als Barockschloß eine Südtiroler Besonderheit, im Hinblick auf die Baulichkeit ein Gewinn für die gesamte Talschaft. Herein von Gasteig bis Mareit fahren wir durch ein breites, flaches Tal, hinter Mareit jedoch teilt eine etwa 300 Meter hohe Steilstufe das Ridnauntal in einen äußeren und einen inneren Abschnitt. Die Straße schwingt über diesen in alter Zeit entstandenen Bergsturz linksseitig höher, erreicht beim Gassenhof die Schwellenhöhe und hat bis zum Talschluß in Maiern (1417 m) nun den weiten, mehr oder weniger ebenen Boden von Innerridnaun vor sich.

Im Innerridnaun begegnen wir den Spuren alter bergmännischer Vergangenheit, dem »Erzweg« und der Magdalenenkirche. Die 1482 geweihte spätgotische Knappenkirche St. Magdalena auf einem aussichtsreichen, bewaldeten Hügel rechts der Straße bietet in der Innenausstattung eine kunsthistorische Kostbarkeit. Die Ridnauner Bergknappen vom Schneeberg verehrten in dem reichgeschnitzten und bemalten Flügelaltar (aufgestellt 1509) wohl auch ihre Schutzheiligen Georg und Laurenzius, in der Hauptfigur des Altars aber ganz besonders die Sünderin Magdalena. Vielleicht, weil auch sie, wie alte Chroniken berichten, des öfteren einen lasterhaften Lebenswandel führten und des Vorbildes von Magdalena bedurften, die schließlich zur Heiligen aufstieg.

Ridnaun mit der barocken, gut ausgestatteten Pfarrkirche zum hl. Joseph und dem gediegenen Sonklarhof ist ein zwar kleiner, aber der zentrale Ort im inneren Ridnaun, er gibt dem Tal den Namen. Bis hinein nach Maiern liegt die Ridnauner Welt offen, eine Welt, die heute auch der Fremdenverkehr, zu allererst aber der Bergbauer in Kultur von Haus und Hof, von Wald und Wiese prägt. Die Höfe liegen im Talboden, bilden mit dem Wirtshaus den Weiler Maiern und teilen den Sonnenhang auf der drüberen Seite des Ridnauntales unter sich auf.

Der Ridnaunbach bringt die Gletscherwasser vom Übeltalferner, neben dem Gebirge ist er die landschaftliche Kostbarkeit von Ridnaun. Die beiden besonders wertvollen Abschnitte des Baches – der Fernerbach mit seinem Ursprung am Gletscher bis zum Talschluß in Maiern und die Achrainschlucht im Mittellauf des Baches zwischen St. Magdalena und Mareit – entziehen sich dem Autotouristen, nur der Wanderer erlebt die je nach Wasserschüttung mehr oder weniger lebhaften Tumulte im engen, steilen Gefels der Bachführung.

Wasserläufe im natürlichen Bett, sofern sie auch bei Hochwasser kein Kulturland und keine Siedlung gefährden können, sollte der Mensch in ihrer Einmaligkeit als Naturdenkmal erhalten. Das Wasser von Ridnaun ist schützenswert, niemandem sollte es erlaubt sein, es weiterhin unnötig zu zähmen oder gar als Energielieferant zu nutzen!

Die Ridnauner Bergwelt hat, wie es bei einem Gebirgstal nicht anders sein kann, zwei Seiten: einmal den Aglskamm im Norden, zum zweiten den Ratschingskamm im Süden. Der Aglskamm ist ein Ausläufer der Stubaier Alpen, bei den Feuersteinen löst er sich mit der Aglspitze vom Hauptkamm und zieht über Wetterspitze und Telfer Weißen nach Südosten. Mit dem Roßkopf setzt er, von 3194 Meter an der Aglspitze bis zu seinem Auslauf am Roßkopf um 1000 Meter niedriger, den Fuß in das Sterzinger Becken. Die Wetterspitze (2718 m) und die Telfer Weißen (2566 m) erhalten aus dem Ridnauntal allgemeine bergsteigerische Aufmerksamkeit. Innermareit weist den Weg zur Wetterspitze,

Bild links *Die Wildbachverbauung hat den Ridnaunbach in seinem Verlauf von Mareit hinaus zum Sterzinger Becken in das Korsett steinerner Kaskaden und Dämme gezwängt, das Wasser also gezähmt, dem Bild damit aber einen interessanten Vordergrund gegeben. – Im Mittelgrund erkennen wir den Barockbau von Schloß Wolfsthurn; links darüber der Firngipfel des Botzer, die steile Wand des Hochgwänd, in Bildmitte das verschneite Zuckerhütl und der Felsgipfel des Becher, rechts der breite Giebel des Wilden Freiger.*

Bild rechts oben *Der Talschluß von Ridnaun im Blick hinein nach Maiern. Die Kapelle, St. Lorenzen, gehört zum Weiler Inner-Mareit.*

Bild rechts unten *Liebevoll zusammengestelltes Stilleben an einem alten Ridnauner Bauernhof, die Talstraße führt direkt daran vorbei.*

die Tour zu den Telfer Weißen – ein heller Doppelgipfel aus Kalkstein – ist besonders lohnend in der Kammüberschreitung ab Roßkopf.

Der Ratschingskamm trennt das Ridnauntal vom Ratschingstal und erhebt als beliebte Gipfelziele die Hohe Ferse (2669 m) und den Mareiter Stein (2041 m). Beide Berge können sowohl aus Ratschings als auch aus Ridnaun erreicht werden. Die günstigeren Ausgangsorte liegen jedoch im Ridnauntal, der Ort Ridnaun für die Hohe Ferse, Mareit für den Mareiter Stein.

Der Mareiter Stein ist weniger als Berg, vielmehr als »Stein« berühmt. Sein Waldmantel wächst auf Marmor: eine blendend weiße, wertvolle Hinterlassenschaft aus dunkler, Millionen Jahre alter Erdgeschichte, seit Jahrhunderten und bis heute abbauwürdig.

Südtiroler Weg zum Wilden Freiger? Diese Frage wird mancher Ostalpenbergsteiger erst nach einigem Nachdenken beantworten können; gewiß auf Anhieb weiß er aber den Nordtiroler Weg, die Freiger-Tour aus dem

Stubaital. Die Wege zum Stubaier Hauptkamm aus Südtirol, die Tour aus dem Ridnauntal zum Wilden Freiger waren jahrzehn-
telang fast vergessen.
Aus meinem Buch »Südtirol – Zwischen Bozen und Reschen, Bergwandern und Bergsteigen« übernehme ich folgenden Absatz:
»Schuld daran ist weniger der lange und müh-
same Anmarsch, vielmehr waren die Grenz-
verhältnisse und die Schließung der Schutzhütten am Übeltalferner ausschlaggebend.
Mitte der siebziger Jahre wurde jedoch die
Müllerhütte am Pfaffennieder geöffnet, 1979
die Teplitzer Hütte, und seit dem Sommer
1980 ist auch das Becherhaus wieder bewirtschaftet – eine Einladung, die Bergwelt am
Stubaier Hauptkamm auch aus Südtirol wieder aufzusuchen. Der Wilde Freiger war
schon immer mit seinen Gletscheranstiegen
von den Nordtiroler Stützpunkten Sulzenau-
Hütte und Nürnberger Hütte berühmt. Aus
Südtirol bietet sich jedoch eine fast eisfreie
Route zum Gipfel an. Nur in der kurzen Ent-

fernung vom Becherhaus zum Freiger-Süd-
grat weicht der Aufstieg in die Randzone des
Übeltalferners aus. Der Wilde Freiger winkt
deshalb hinab in das Ridnauntal auch jenen
Bergsteigern zu, die den Gletschern gerne aus
dem Weg gehen.
Ausgangsort für dieses Zwei-Tage-Unterneh-
men ist der Parkplatz bei der ehemaligen Erz-
aufbereitung Maiern (1417 m) im Talschluß
von Ridnaun. In der 2000-Meter-Höhendiffe-
renz zum Freigergipfel und der erheblichen
Strecke dorthin muß der erste Tourentag, der
Aufstieg über die Teplitzer Hütte zum Becherhaus, die Hauptlast tragen. Die Teplitzer
Hütte verdient eine Einkehr, aber der Freiger
ist am nächsten Tag sicherer, wenn man zu den
$3^{1}/_{2}$ Stunden Gehzeit die gut 3 Stunden zum
Becherhaus noch auf sich nimmt. Den Schluß-
anstieg über den blockigen Südgrat erleichtert
eine alte Steiganlage: Auf dem Firndach zu der
kleinen Felsspitze, am Kreuz in 3419 Meter
Höhe, klingt das Bergerlebnis Wilder Freiger
in vollem Akkord.«

Bild oben **Der Bach, der uns so frisch und munter
entgegenfließt, kommt heraus von Inner-Ratschings,
vom Weiler Flading. Dort wurde einmal Marmor
gebrochen, der Ratschingskamm rechts über der
Talkirche besteht zum großen Teil aus weißem Marmor. Neben der Landschaft ist dieser Stein der
Schatz des Tales und für den Ratschingsbach ein
ausnehmend schöner und seltener Schmuck. – Die
St.-Andreas-Kirche steht im Mittelpunkt der Talschaft, sehr gut plaziert auf einem Hügel beim Dorf
Bichl, dem Ratschinger Hauptort.**

Bild rechts **Im steilen Sturz durch die Gilfenklamm verläßt der Ratschingsbach sein Tal, seit
Jahrtausenden poliert er den Marmorstein der
Klamm. Das Zentrum der Gilfenklamm, das
»Kirchl«, ist bei Hochwasser ein brodelnder Kessel,
ein dröhnendes Theater, ein großes Schauspiel für
die Besucher.**

8 Gilfenklamm – Ratschingstal

Der Name »Ratschings« nennt ein Tal und eine politische Gemeinde. Von den 116 Stadt- und Landgemeinden Südtirols ist Ratschings mit 203,5 Quadratkilometern flächenmäßig die sechstgrößte »comunita« in der Provinz Bozen. Innerhalb von Südtirol gilt Ratschings als relativ junge Gemeinde, erst 1929 entstanden aus den fünf sehr alten Gemeinwesen Mareit, Ridnaun, Telfes, Jaufental und Ratschings. Sie zählt etwa 3500 Einwohner, Gemeindesitz ist die kleine Ortschaft Stange im Ridnauntal am Eingang zum Ratschingstal.

Ridnaun ist hinaus nach Sterzing weit offen, Ratschings aber verschlossen. Zwei Wege führen von Stange ins Tal: Der Urweg gehört dem Talbach, die Gilfenklamm ist sein Werk. Unser Weg, eine breite Straße, die dem Mareiter Stein mühsam und teuer abgerungen werden mußte, erreicht erst nach mehreren Kehren beim Gasthaus am Jaufensteg – Meereshöhe 1150 Meter – den eigentlichen Taleingang. Der Jaufensteg markiert das Höhenniveau: auf etwa 10 Kilometer bis Flading im inneren Ratschings steigt die Straße nur 300 Meter an.

Die Verschlossenheit dem Sterzinger Becken zu, der früher elende, steile Weg, hat das Tal gewiß vor mancherlei Bösem bewahrt. Das moderne Ratschings, die »Ski- und Wanderregion Ratschings«, mit Zentrum am Kirchdorf Bichl, vom Gasthaus »Jaufensteg« etwa 5 Kilometer talein, möchte Gäste sehen im Sommer wie im Winter. Ab Jaufensteg läuft die Talstraße durch einen anfangs noch schmalen Wiesenboden, einzelne Bauernhöfe bewahren das Alte, die neue Zeit stellte da und dort eine Gästepension hinzu. Innerratschings mit dem Kirchdorf Bichl bietet alles, was der Gast im normalen Anspruch sich wünscht.

Der Sesselliftverbund von Bichl hinauf zu den nordseitigen Jaufenhängen gewährt nicht nur dem Wintergast, sondern auch dem Sommerbesucher sehr viel Freiheit zu Alm, Wald und Wiesen und zum Berg. Besonders schön wird das Tal jedoch beim Wandern an dem von weißen Marmorblöcken gesäumten Bach entlang durch Wiesen und Auengründe hinein zur Einschicht von Flading (1482 m). Drei Bauernhäuser, eines davon mit Wirtsstube, eine Kapelle, das ist Flading seit nun schon langer Zeit; und hoffentlich niemand hat vor, daran etwas zu ändern! Wollen wir von Flading zum Berg, steigen wir hinauf zur Hohen Kreuzspitze (2746 m), zu einer herrlichen Aussicht nach Norden.

Die Gilfenklamm, vom Wasser geschaffen, ein Schauplatz uriger Kräfte in enger Schlucht aus weißem Marmor! Das Wasser spendet der Ratschingsbach; in einem 200-Meter-Gefälle stürzt er vom Jaufensteg herab nach Stange – damit das Werk auch gut gelinge und einmalig würde, stiftete der Mareiter Stein den Marmor.

Der Naturfreund von heute genießt mit nur geringem Obolus als Eintritt das Erschließungswerk der Naturfreunde von gestern. Die »Gestrigen«, das waren von 1893 bis 1895 die Alpenvereinssektion Sterzing, der Bezirksrichter Franz Engel und der Gastwirt Franz Wiedner vom Talort Stange. Wenige Jahre später meinte das obrigkeitsfromme Tiroler Volk, die Gilfenklamm in »Kaiser-Franz-Joseph-Klamm« umtaufen zu müssen. Den Kaiser in allen Ehren, den vertrauten Namen Gilfenklamm formte der Volksmund einfacher und leichter, und so blieb die kaiserliche Taufe nur an der Erinnerungstafel haften.

In der Gilfenklamm, geöffnet von Mai bis in den Oktober hinein, herrscht zur Haupturlaubszeit und an den Wochenenden auf den schmalen Holzstegen und Treppen im Klamminneren oft ein arges Gedränge. Wasserspiele solcher Art toben natürlich besonders wild, wenn oben im Gebirge der Schnee schmilzt, die Wasserführung im Ratschingsbach also üppig schäumt. An einem Sonnentag zur Mittagszeit bei hochstehendem Licht veranstaltet die Klamm ihr eindrucksvollstes Schauspiel: Das Theater dröhnt, die Wasser stürzen, strudeln durch blanke, ausgewaschene Becken, das Licht reflektiert im Wasserstaub den Regenbogen: ein Naturwunder seit 1000 Jahren und unvergänglich – so lange ihm der Mensch nichts antut!

9 Jaufental und Jaufenpaß

Das Tal kommt herab von der Jaufenspitze und vom Jaufenpaß, es mündet bei Gasteig am Beginn der Jaufenstraße in das Sterzinger Becken. Fixiert auf den Paß bemerken die meisten Autofahrer diese Einfahrt kaum, und somit bleibt das Jaufental von vielen Südtirolfreunden unbeachtet.

Die Straße zwängt sich durch einen Felsspalt, bleibt mit dem Jaufenbach auf etwa 100 Meter in direkter Tuchfühlung und braucht zum ersten bäuerlichen Kulturgrund nur eine geringe Steigung. Grüne Wiesenhänge gleiten herab vom Wäldersaum und stoßen im Talgrund auf Wasser und Verkehrsweg, die von Außertal (1040 m) bis zum Hauptort Mittertal (1164 m) eng verbunden bleiben. Die Höfe zu beiden Seiten leben schon lange im Tal, im Ursprung gewiß noch vor der Talkirche zur hl. Ursula aus dem Jahre 1516. Mittertal ist von Gasteig nur 4 Kilometer entfernt, 2 Kilometer weiter, in der Höhe von 1475 Meter im Talschluß, nisten die Höfe von Schluppes. Die Hänge darüber schwingen hinauf zum Jaufenpaß und zum Steilfels der Jaufenspitze, das Gipfelkreuz grüßt das Tal.

Wer nun möchte im Jaufental verweilen, das seit jeher klein und offensichtlich auch bescheiden geblieben ist? Wer die stille Geborgenheit schätzt, die Beine bewegen will und das Auto vergessen kann, ist dort in guten Gasthöfen bestens aufgehoben.

Der Paß braucht von seiner Bedeutung her keine besondere Vorstellung. Vom Jaufenpaß wissen wir, daß er von Sterzing die kürzeste Fahrt nach Meran (60 km) ermöglicht und Wintersperre hat.

Die Auffahrt beginnt von Sterzing her bei dem schon bekannten Ort Gasteig mit sogleich erheblicher Steigung, deshalb auch bald ein interessanter Blick durch Waldlücken hinab ins Ridnauntal und hinüber zum Aglskamm mit den Hangdörfern Ober- und Untertelfes. Die Jaufenstraße gewinnt die freie Hangterrasse von Kalch (1443 m), der einzigen Siedlung am Weg, und damit einen vielgerühmten Alpenblick zum Stubaier Hauptkamm und zum Aglskamm. Nach Kalch schwingt die Jaufenstraße nochmals auf 400 Höhenmeter durch dichten Bergwald, die Hänge gleiten jetzt hinunter in das Ratschingstal, bei Kehre 7 lenkt die Straße in die baumfreie 2000-Meter-Höhe am Jaufenhaus.

Am Anfang war, irgendwann in grauer Vorzeit, aber belegt durch vorgeschichtliche Funde, der »Urweg« über den Jaufen. Wohl keiner wird wissen, wo und wie dieser Weg verlaufen ist, die Kenntnis aber, vom historischen Jaufenweg, bis zur Trassierung der jetzigen Straße im Jahre 1912 als »Samerschlag« bekannt, ist fest überliefert. Vor dem heutigen Jaufenhaus diente seit dem 12. Jahrhundert ein »hospizium« dem Übergang, die Kapelle am Jaufenhaus stammt aus dem 17. Jahrhundert. Der Jaufenwirt ist im Hin und Her zwischen Sterzing und St. Leonhard im Passeier ein viel und gerne angenommener Platz zur Rast und gelegentlich wohl auch zur Bleibe. Der Ort bekommt viel Sonne, hat weiten Ausblick und einen alpin interessanten, nahen Wächter: die aus dieser Sicht ungewöhnlich steile, mit plattigem Fels aufgerichtete, 2481 Meter hohe Jaufenspitze.

Vom Jaufenhaus zum Paß legt die Straße auf wenige Kilometer (Sterzing–Jaufenpaß 18 km) noch 3 Kehren aus, die Kehre 10 schwenkt ein zum Straßenscheitel, das Schild dort verkündet: m 2094 ü. d. M.

Bild links **Blick von einer Anhöhe zum Verlauf der Jaufenstraße vom Jaufenhaus herauf zum Paßeinschnitt. Am Horizont über dem Jaufenhaus glänzt der Zillertaler Hauptkamm.**

Bild rechts **Das Jaufental herein von Gasteig im Sterzinger Becken. In Talmitte der Hauptort, das Dorf Mittertal, rechts oben die Höfe von Schluppes, der Kammeinschnitt direkt darüber markiert den Jaufenpaß.**

10 Sterzing – Penser Joch

Das Penser Joch ist nach dem Jaufenpaß der zweite, mit einer Staatsstraße erschlossene Ausweg vom Sterzinger Becken über das Gebirge hinweg in ein anderes Tal. Wollen wir ab Sterzing die Landeshauptstadt Bozen »verkehrsberuhigt« und durch ein neues Landschaftsgebiet erreichen, führt die Fahrt über das 2214 Meter hohe Penser Joch. Die gesamte Strecke ist knapp 70 Kilometer lang, von Sterzing zum Penser Joch 15 Kilometer, 7,4 Prozent mittlere Steigung.

Das Joch, die Höhe sagt es, liegt hoch im Gebirge. Ab November bis Ende April herrscht am Paßscheitel meist tiefer Winter, auch totale Einsamkeit, denn die Straße wird ab den beiderseits letzten Höfen nicht geräumt: also Wintersperre von November bis Mitte Mai.

Wäre die Penser-Joch-Straße nicht 1933 vom italienischen Faschismus, damals für das Militär, gebaut worden, müßte sie längst als dringend notwendiger Südtiroler Reiseweg eröffnet worden sein. Vom Frühsommer bis zum Spätherbst ist diese Straße von Nord wie Süd eine gerne befahrene Route für die Ein- und Ausreise.

Die Auffahrt zum Joch beginnt gut beschildert im Bereich der Sterzinger Autobahn-Mautstelle. Ab dem Weiler Elzenbaum nahe der Burg Reifenstein zieht die Trasse in mäßiger Steigung durch nordostseitige Waldhänge kurvenreich höher. Ein auffälliger Felsdurchlaß schenkt einen informativen Rückblick nach Sterzing und zur Autobahnschlange hinauf zum Brenner. Die Straße schwenkt in die offenen Wiesenhänge zum Egger Tal, nach etwa 6 Kilometern grüßt der Weiler Egg (Bild rechts unten). Die freie Ortshöhe (1498 m) dieser kleinen bäuerlichen Gemeinschaft verführt zum Halt, zu schön ist der Blick auf Tal und Berg: hinab zum oberen Eisacktal in die Weitung bei Mauls, darüber die Westformationen der Pfunderer Berge, der Nahblick bleibt am wuchtigen Felskopf der Tatschspitze hängen. In der Weiterfahrt durch lichte südostseitige Hänge gewährt die Straßenführung aus einer nächsten Kehre heraus den ersten Blick zum Penser Joch.

Die breite, sanft geschwungene Jochsenke wird kaum jemand, sofern er auf einer Ausflugs- oder Urlaubsfahrt unterwegs ist, ohne Halt durchfahren wollen: Zu großartig ist bei günstigem Wetter die Aussicht zu Südtiroler Bergen und Tälern! Halt und Einkehr erwartet am Joch natürlich auch ein Wirtshaus, der 1960 eröffnete »Alpenrosenhof«. Bergwanderer parken hier heroben oft früh am Tag, zur leichten Tour lockt die Tatschspitze, anspruchsvoller erweist sich das berühmte Sarntaler Weißhorn. Für spätere Besucher sind der nahe Jochsee oder der grüngewandete Zinseler noch lohnende Nahziele.

Bild links unten **Kaum jemand, der von Sterzing oder aus dem Sarntal zum Penser Joch kommt, fährt ohne anzuhalten durch, wenn das Wetter so schön ist, wie die Bilder zeigen. Die Jochhöhe verspricht große Ausblicke zum Zentralalpenkamm und von einem kleinen See unweit des Joches vielleicht auch ein stimmungsvolles Bild hinein zu den inneren Sarntaler Bergen.**

Bild rechts **Das Gasthaus »Alpenrose« am Penser Joch, geöffnet das Jahr über im Einklang mit der Wintersperre der Straße, mit viel Parkplatz vor der Haustür.**

Bild unten **Der Weiler Egg an der nordseitigen Straßenrampe zum Penser Joch. Links die Tatschspitze, vom Joch ein leicht erreichbares, sehr lohnendes Wanderziel.**

11 Sterzing – den Eisack abwärts

Der schnelle Reisende, unterwegs im Wipptal von Sterzing auf der Staatsstraße über etwa 22 Kilometer hinab nach Franzensfeste, registriert den Straßenort Freienfeld (auch Seite 20), die Burg Welfenstein hart an Hang und Straße, die Ortsenge beim Staflerwirt, das von Kastanienbäumen gerahmte Gasthaus »Sachsenklemme«, die enge Fahrt durch das Dorf Mittewald und schließlich Ort, Stausee und Wehranlage Franzensfeste – das Brixner Talbecken liegt offen vor ihm.

Bei Freienfeld versäumt der Eilige den Besuch in Maria Trens, dem Dorf links oben am Hang, und auch den Abstecher über Eisenbahn und Autobahn nach rechts hinüber zum Dorf Stilfes. Mit der Pfarrkirche St. Peter ist Stilfes ein sehr alter Ort, Geschichtsforscher sehen die historische Brennerstraße dort drüben. Freienfeld selbst war beim Bau der Eisenbahn Fundort römischer Münzen. Aufsehen aber erregte der nach 1880 in Freienfeld entdeckte römische Meilenstein mit der Inschrift »Septimus Severus« (201 n. Chr.), heute im Ferdinandeum zu Innsbruck.

Nach Freienfeld rücken die Talhänge näher zum Eisack, zu den Verkehrswegen. Die Staatsstraße streift Welfenstein, eine Burg alten Ursprungs, im heutigen Bild aber erst zwischen 1893 und 1897 als romantisch empfundener Neubau errichtet. Noch bleibt das Wipptal offen und gibt vor seiner fast schluchtartigen, beidseits bewaldeten Enge hinab nach Mittewald der Ortschaft Mauls Platz genug, sich auszubreiten. Der Dorfkern mit Pfarrkirche zum hl. Oswald nistet links in einem Talwinkel, an der Staatsstraße steht der prächtige Gasthof Stafler »Zum Einhorn«.

Maria Trens bezieht seine Bedeutung aus nun schon jahrhundertelanger Wallfahrt zur Trenser Mutter Gottes. Die Marienverehrung reicht urkundlich belegt zurück bis 1345, als eine erste Kapelle die Wallfahrer aufnahm. Der stattliche Kirchenbau von heute stammt aus dem Jahre 1498. Bis dahin waren viele Wunder geschehen, die Einkünfte der Pfarrei ermöglichten die neue große Marienkirche und 1726/27 schließlich auch eine eigene Gnadenkapelle mit Marmoraltar.

Zur hohen Zeit der Wallfahrt bis zum vergangenen Jahrhundert pilgerten jährlich an die 20 000 hilfe- und gnadensuchende Menschen nach Maria Trens, seit 1950 soll die Wallfahrt nach längerer Stille wieder ständig zunehmen.

»Heute noch pilgert das Südtiroler Volk in all seinen Anliegen zur Trenser Mutter Gottes, und so mancher legt den ganzen Weg von weither zu Fuß zurück, wie etwa die Sarner, die trotz Penser-Joch-Straße durch das Tal von Egg nach Trens wallfahren.« (Rampold, Band »Eisacktal«, Südtiroler Landeskunde) Sogar kaiserliche Hoheiten besuchten den Wipptaler Gnadenort, an der südlichen Zufahrt von der Staatsstraße hinauf nach Trens (1 km) verkündet ein Gedenkstein:

> »Erinnerung an die Anwesenheit Sr. Majestät des Kaisers Franz Joseph I., des Kronprinzen Rudolph und der Erzherzöge Albrecht, Karl, Ludwig, Wilhelm, Rainer und Heinrich 1878.
> Gewidmet von den patriotischen Gemeinden Trens und Stilfes. Dieser Stein wurde am 14. 10. 1887 eingeweiht, 1935 in der Faschistenzeit abgebrochen, beschädigt und heimlich vergraben. Aufgefunden am 28. 3. 1978. Wiedererrichtet von den Bürgern der Gemeinde Freienfeld am 28. 6. 1981.«

Das Denkmal stiftete im Jahre 1902 der Andreas-Hofer-Verein zu Wien. Im Abstand zum damaligen Ereignis gedenkt es aller gefallenen Soldaten, der Tiroler Schützen, der Sachsen und Bayern. Die Kapelle in gotischem Baustil stammt aus dem Jahre 1512, ist sehenswert, wird liebevoll instand gehalten, muß aber verschlossen bleiben (Schlüssel im Gasthaus).

Die Welt von Puntleid liegt, von unten aus dem Wipptal nur mit Bauernhof, Wiesenfleck und Wald sichtbar, oberhalb des Weilers Graßstein mit Blick hinunter zur Sachsenklemme. Die Höfe auf der schmalen Hangterrasse 400 Meter über dem Tal mußten früher einmal dem Kloster Neustift zinsen.
Kaum jemand wird in der Fahrt auf der Staatsstraße die geringe Fraktion Graßstein und die Zufahrt zum Ort bemerken und somit auch den Weg nach Puntleid nicht wissen. Ein Hof hat dort oben noch das Auskommen,

hinauf zum Berg scheint dichter, dunkler Wald die Welt zu verschließen. Die Forststraße und bald ein markierter Steig verführen den Wanderer zum Weitergehen, erst oben bei der Alm, im stillen Reich der Urnatur am Puntleider See, verebbt der laute Verkehrsstrom des Tales. Der Puntleider See füllt in 1850 Meter Höhe eine weite Karmulde unter hohem Fels – ein Schatz, ein kostbares Südtiroler Juwel.

Bilder Seite 34   Der Gasthof Stafler »Zum Einhorn« an der Brennerstraße bei Mauls.
Das Kirchdorf Maria Trens bei Freienfeld ist ein berühmter Eisacktaler Wallfahrtsort.

Bild links   Der Obelisk beim Gasthaus »Sachsenklemme« erinnert an ein Geschehen im Tiroler Freiheitskrieg von 1809.

Bild unten   Der Puntleider See, ein verstecktes, idyllisches Bergwasser hoch über Graßstein im Eisacktal.

Dieser Gedenkstein, den nun gewiß niemand mehr versteckt, ist ein Dokument 100 Jahre Tiroler Zeitgeschichte im Wechselbad vom Kaiser zu den faschistischen Schwarzhemden bis zu unserer modernen Demokratie.

Die Sachsenklemme erinnert im Namen an ein Geschehen im Tiroler Freiheitskampf vom Jahre 1809.
Nach der Ortschaft Mauls, im Druck der steilen Berghänge von links und rechts, rücken der Eisack und die Verkehrswege nah zusammen. Das Tal erfährt bei Graßstein an der Engstelle mit dem bezeichnenden Namen »im Sack« eine Biegung, in der nun starken Südostrichtung weitet es sich und weist dem Kirchdorf Mittewald einen bescheidenen Platz mit gleichem Auskommen zu. In der Biegung, eingekeilt zwischen Staatsstraße und Autobahn, steht das zur Jahrhundertwende aus Granitquadern solide und sehr ansehnlich erbaute Gasthaus »Zur Sachsenklemme«. Wie kommt die Örtlichkeit zum Namen, was ist geschehen? Das Denkmal am Gasthaus, ein steinerner Obelisk hinter der Kapelle »St. Anna im Sack«, von der Staatsstraße aus kaum sichtbar, gibt die Antwort.
Am 4. und 5. August 1809 mußten die Franzosen mit ihren Verbündeten, den Bayern und Sachsen, zwischen Franzensfeste und Graßstein eine vernichtende Niederlage hinnehmen. »Im Sack«, der heutigen Sachsenklemme, traf es besonders hart die sächsische Vorhut; die in aller Eile aufgebotenen Tiroler Schützen erwarteten die Sachsen weniger in der Talsohle als oben am Hang. Als die Truppen herab von Mauls anrückten, schickten die Tiroler wahre Steinlawinen hinab zur Straße. Gegenwehr war kaum möglich. Die Unglücklichen erschlug der Fels, ertränkte der reißende Eisack.

12 Franzensfeste

Der Ort. Wenn wir von Sterzing hinab nach Brixen die Autobahn-Maut bezahlen, fahren wir an Franzensfeste vorbei. Aus der Enge des oberen Eisacktales, dem Wipptal, schleudert uns die Autobahn mit einem Tunnel und einem Viadukt plötzlich hinaus in die lichte, verheißungsvolle Weite des Brixner Talbekkens. Benützen wir die Staatsstraße, empfangen uns Ort und Feste, wir können abschätzen, was Franzensfeste – Meereshöhe 747 Meter – gestern, heute und auch noch morgen so wichtig macht.

Durch die Erfahrungen, die Napoleon den Völkern, vor allem Österreich, aufzwang, zählte für die Zukunft die strategisch günstige Position der Talenge, deshalb verschließt die Franzensfeste einem Riegel gleich das obere Eisacktal gegen Brixen. Nach ihr kam die Brenner Eisenbahn und baute den Platz nördlich der Feste Zug um Zug zu einem großen Rangier- und Umladebahnhof aus, und erst mit Feste und Eisenbahn entstand die Ortschaft Franzensfeste. Der Ort als solcher ist also jung, die Eisenbahn vor allem war und ist der Arbeitgeber für die Bevölkerung. Die Staatsstraße schneidet links vom Bahnhof den Ortskern und berührt den Stausee vor der Festung, dabei unterläuft die Straße den geschwungenen Viadukt der Autobahn. Die Festung versperrt der Staats-

straße den Talausgang, deshalb schneiden Straße und Eisenbahn den mittleren Festungstrakt. Der Eisack muß in Franzensfeste den ersten Wasserstau hinnehmen, seit 1935 schon versorgt sich die Stadt Brixen dort mit elektrischer Energie. Die Brenner Eisenbahn verzweigt in Franzensfeste. Die Pustertaler Schiene, eröffnet 1871, war zur Zeit der Donaumonarchie – bekannt als Südbahn – eine wichtige innerösterreichische Ost-West-Achse zwischen Drau-, Puster- und Eisacktal.

Die nahe Zukunft wird Franzensfeste voraussichtlich gewaltig umkrempeln: Wird die Brenner-Flachbahn mit einem Basistunnel unter dem Brenner hindurch verwirklicht, bekommt Franzensfeste das Südportal dieser Mammutröhre.

Bild oben **Die Brenner-Staatsstraße, der Autobahn-Viadukt und der Ort Franzensfeste im Blick von Süden.**

Bild rechts oben **Der Autobahn-Viadukt überbrückt den Eisack-Stausee bei Franzensfeste und läuft zur Festung hin aus.**

Bild rechts **Schauen wir von der Staatsstraße beim Viadukt nach Süden, scheint die Franzensfeste gleich einem gewaltigen Riegel den Verkehrswegen, der Eisenbahn, der Autobahn und der Staatsstraße, den Eingang zum Brixner Talkessel zu versperren.**

Die Feste, längst nur noch historisches Relikt, bedeutet für die Landesverteidigung keinen Trumpf, für Eisenbahn, Brennerstraße und Autobahn aber seit eh und je ein massives Verkehrshindernis. Warum nun wuchtet dort die Festung, wer und welche Zeit hat sie errichtet, von wem hat sie den Namen?

Das Warum beantworten die Zeilen vorher. Kaiser Ferdinand I. von Österreich ließ dieses monumentale Festungswerk in den Jahren 1833 bis 1839 errichten und benannte die Feste nach Franz I. von Österreich, der vor ihm regierte. Das Hauptwerk sitzt in der Talsohle, ein Nebenwerk rechts oben westlich am Hang, die geplante Ausdehnung nach links, nach Osten hinüber zur Schabser Höhe, mußte aus Kostengründen unterbleiben. Die Kosten damals, als das Volk jeden Gulden gewiß zweimal umdrehte, bevor es ihn ausgab, waren trotz der billigen Arbeitskräfte kaum zu bezahlen. Josef Rampold erzählt in der Tiroler Landeskunde die Anekdote: »... daß Ferdinand I., der höchstpersönlich zur Einweihung der Feste gekommen war, gefragt hat, ob die Festung aus Silber gebaut sei; Beiträge habe er jedenfalls in diesem Sinne genug bewilligen müssen.«

Ist die Geschichte wahr, so hat dieser Humor aus kaiserlichem Mund gewiß die anwesende

Generalität sehr verdrossen, denn schließlich signalisierte er: Das Werk ist wohl gut gelungen, aber keinen Gulden mehr aus der Staatskasse für die Erweiterung des militärischen Spielplatzes hinüber nach Schabs! Die enormen Baukosten verursachte hauptsächlich das verwendete Material. Die Landeskunde schreibt: »... daß sich der Bau vor allem deshalb so verteuert hat, weil man nicht den als zu wenig hart geltenden Granit von der Umgebung und aus Graßstein verwendete, sondern die Quadern den weiten Weg von Pfalzen bei Bruneck her transportiert hat.« Im Rückblick auf die Geschichte seitdem wissen wir, der angeblich weichere Stein hätte genügt, die Festung brauchte ihre Qualität nie unter Beweis zu stellen.

In der Feste kommandiert nach wie vor das Militär, heute das italienische. Die Gemeinde Franzensfeste möchte das Werk gerne wenigstens teilweise nützen und denkt über seine Zukunft laut nach. Der Vorschlag, eine dauerhafte Ausstellung über die Geschichte der Franzensfeste im Wehrbau selbst einzurichten, damit der denkwürdige Bau weiter in das Bewußtsein der Bevölkerung rücken und eine Werbung für den Ort sein kann, wurde bei einem Diskussionsabend der Gemeinde im August 1988 mit viel Beifall aufgenommen.

Das Eisacktal

Die Topographie, die Landesbeschreibung, sieht das Eisacktal als Einheit zwischen Brennerpaß und Bozner Becken. Die Höhendifferenz, 1100 Meter bei einer Tallänge von rund 100 Kilometern, baut sich jeweils in einer markanten Stufe auf kurze Entfernung zweimal ab: einmal zwischen Brenner und Sterzing und nochmals von Franzensfeste zum Brixner Becken. Das Brennergefälle bewirkt keine einschneidende Klimaänderung. Im oberen Eisacktal, im Wipptal, weht der Wind herab vom teils vergletscherten Hochgebirge, die Luft ist rauh, aber frisch, das Klima somit voller Reize für Menschen, die den Aufenthalt in 1000 Meter Meereshöhe und darüber lieben und schätzen. Die zweite Geländestufe jedoch, das Gefälle von Franzensfeste (747 m) nach Brixen (561 m), ist eine elementare Klimaschwelle – im Tal oben nur Wald und Wiese, unten reifen Obst, Wein und die Edelkastanie.

Sollen wir nun das Eisacktal von Brixen nach Bozen ungeteilt betrachten oder bietet die Geologie, die Erdgeschichte, einen Anhalt, das Tal nochmals zu unterteilen?

Die »Südtiroler Landeskunde« (Rampold, Band »Eisacktal«) teilt das Tal dreimal: in das obere Eisacktal, Wipptal genannt (siehe Seite 12), das Brixner Becken von Franzensfeste nach Klausen und in das untere Eisacktal von Klausen nach Bozen. Das Brixner Becken von Franzensfeste bis Klausen, etwa 25 Flußkilometer, ist die Mitte, also das mittlere

Eisacktal. Bis hinab nach Klausen bleibt das Tal selbst, in seinem Grund am Eisackufer, fast ohne schattigen Winkel, das Hochgebirge der Dolomiten steht weit im Hintergrund. Behaglich lehnen sich die Hänge zurück, bilden geräumige Terrassen, von denen Kirchdörfer wie von einem Balkon hinübergrüßen zum Nachbarn. Wiesen und Wälder fließen in weichen Linien hügelig sanft zueinander, als sonniges, freundliches Mittelgebirge begleiten sie den Eisack.

Am Eisackufer jedoch ändert sich ab Klausen das Talbild: Das untere Eisacktal ist in der Sohle ein schmaler, mit teils senkrechtem Porphyrfels gewinkelter Graben. Der wenige Raum zwingt die Verkehrswege zu abenteuerlichen Kunstbauten, den Eisack in ein sehr enges, steinernes Korsett und den Menschen hinein in winzige Nischen, in bescheiden gebliebene Siedlungen, hart an der Straße der Wirt am Weg. Der Reisende früherer Zeiten verweilte kaum irgendwo zwischen Klausen und Bozen, er trachtete danach, die durch den Kuntersweg nach 1314 für den allgemeinen Verkehr aufgeschlossene Schlucht möglichst schnell zu passieren.

Vom Brenner hinab nach Bozen teilt das Eisacktal die Provinz Bozen, also Südtirol, in Ost und West. Das Tal ist die wichtigste Verkehrsader des Landes, aber belastet fast bis zur Grenze. Nach oben zu ist es weit offen, gesegnet mit nahezu allem, was sich der Südtirol-Urlauber wünscht.

Was nun wünscht sich der Urlauber, der von weit her, vielleicht vom hohen Norden über den Brenner in das Eisacktal einfährt? Gewiß vor allem viel Landschaft, nicht unbedingt hohe Berge, vielmehr freundlich aufgeschlossenes, mit Dörfern, Weilern und Einzelhöfen besiedeltes Mittelgebirge, vielleicht die sonnige Landschaft des unteren Eisacktales wie im Bild nebenan.

Das große Bild veranschaulicht den Landschaftscharakter des unteren Eisacktales von Klausen abwärts nach Bozen, den Abschnitt zwischen Atzwang und Blumau. – Auch Technik kann schön sein, harmonisch paßt sich die Autobahn dem Gelände an.

Bild links Mit der Edelkastanie, diesem herrlichen Baum, ist das Eisacktal reich beschenkt, besonders die südostseitigen Hanglehnen tragen ausgedehnte, prächtige Haine. Die stachelige Fruchtkugel platzt zur Reife im Herbst und schüttet den Inhalt, drei bis vier Kastanien, zur Erde – rechtzeitig zur Törggelezeit als köstliche Zutat zur Jause mit Brot, Wein und Speck.

13 Brixen, die Bischofsstadt

Brixen, im Wappen das Lamm mit Osterfahne, ist die älteste Stadt Deutschtirols. Die Begründung dafür liegt in keiner Urkunde, wohl aber, nach Meinung der Historiker, in der um das Jahr 1030 vollendeten Stadtmauer. Zu dieser Zeit waren die Jünger von Kassian von Immola, dem Bistumspatron, schon herabgestiegen vom Säbener Felsen und hatten den ständigen Bischofssitz eisackaufwärts nach Brixen verlegt; das Stadtrecht bekam Brixen im Jahre 1380.

»Unterm Krummstab ist gut leben«, hieß es einst – wenn man sich wohlverhielt; diese Anmerkung belegt die Geschichte vieler Fürstbistümer. Brixen gedieh, der Bischofssitz stieg auf zum Fürstbistum, wurde durch kaiserliche Gunst Lehensherr der Schutzvögte, blieb dennoch aber in der Zeitenuhr des Mittelalters weniger eine politische Macht, vielmehr ein kirchlich-geistiges Zentrum streng konservativer Prägung. Aus diesem Grund tobte der Bauernkrieg im Jahre 1525 in Brixen mit besonderer Härte. Dem Fürstbischof schwankte der Boden unter seinem Sitz. Die Säkularisation vom Jahre 1803 traf die Kirche schwer; weil sie ihr Besitz und Pfründe nahm, mußte auch eine Stadt wie Brixen darunter leiden. Die fürstbischöfliche Residenz verlor an Ausstrahlung, der Puls der Zeit schlug in Brixen ruhig durch das 19. Jahrhundert. Das Brixen unserer Tage ist seit 1964 nicht mehr Sitz des Bischofs – Dr. Wilhelm Egger residiert in Bozen –, aber die Stadt erlebt eine neue, glanzvollere Karriere als je zuvor. Brixen hat seine Einrichtung verbessert, ohne Altes zu beschädigen, hat die Farben aufgefrischt – so schön wie heute war Brixen noch nie.

Der Gang in die Altstadt beginnt für die meisten Besucher bei dem großen Parkplatz an der Staatsstraße, von dort sind es nur wenige Schritte zum Sonnentor, dem Eingang durch die historische Stadtmauer zur Altstadt. Den Weiterweg teilt das Erhardskirchlein, nach rechts vorbei an der »Goldenen Traube« durch die schmale Domgasse direkt zum Domplatz, nach links zu den Kleinen Lauben. Sie stehen im Rechteck zu den Großen Lauben, dem früher wie auch heute geschäftigen Stadtkern von Brixen. Geld ausgeben, einkehren beim Wirt, das gehörte schon immer zu einem Stadtbesuch. Die Großen Lauben, der Laubengang dieser prächtigen Altstadtzeile, ruhen in gediegener Wohlhabenheit. Der Wirt »Zum Schwarzen Adler« präsentiert den dreiköpfigen »Wilden Mann«, vielleicht hatte er einmal die Aufgabe, von seinem hohen Sockel die Kleinen Lauben, die Gasse zum Säbener Tor und die Großen Lauben zu überwachen. Die Großen Lauben münden zum Pfarrplatz, dort bewundern wir das Pfaundlerhaus, das Michaelstor und den »Weißen Turm« der Stadtpfarrkirche. Mit seinem hellen Helm gilt der Turm als das Wahrzeichen der Stadt, mit 72 Meter ist er um 4 Meter höher als die beiden Domtürme, vor denen wir stehen, wenn wir mit wenigen Schritten nach rechts zum Domplatz einbiegen. Als grüne, blumengeschmückte und mit Kastanien bestandene Prachtinsel im Herzen der Stadt ist der Domplatz für viele Brixenbummler das wichtigste Ziel.

Der Dom, so, wie er uns zu andächtiger Einkehr erwartet, datiert aus den Jahren 1745 bis 1755. Die vergangene hohe Zeit des Brixner Fürstbistums und seinen Reichtum bewahrt der Dom in fürstlichem Barock: im Maß von Langschiff und Kuppel, in der kostbaren, vielfarbigen Marmorverarbeitung und im kunstvollen, farbenprächtigen Schwung der Deckengemälde.

Das kunsthistorische Brixen zu suchen, genügen vom Domplatz wenige Schritte. Der Dom selbst ist in der Innenausstattung ein

Bilder links **Die Großen Lauben, der Kern der Brixner Altstadt, und der Eingang zur Altstadt beim Sonnentor mit Blick zu den Domtürmen.**

Bild oben **Der Domplatz ist Brixens beste Stube und auch der Stolz der Stadtgärtner, die mehrmals im Jahr die Blumeninseln neu bepflanzen.**

Kunstwerk für sich, dem Langschiff nach hinten angeschlossen wölbt der berühmte Brixner Kreuzgang 15 zierliche, freskengeschmückte Arkaden, entstanden zwischen 1390 und 1500. In der Torhalle beim östlichen Ausgang befindet sich die Tür zum Domschatz, eine Sammlung wertvoller sakraler Gold- und Silberschmiedearbeiten und Meßgewänder. Zwischen Pfarrkirche und Dom liegt der alte Friedhof: inmitten von grünem Rasen die Totenleuchte, rundum an den Außenwänden beider Kirchen marmorne Grabsteine adeliger Familien und Domherren, an besonders günstigem Platz der Gedenkstein für den ruhelosen Ritter Oswald von Wolkenstein (1377–1445). Der »Einäugige«, langbärtig, mit Kreuzfahrerstandarte in der Rechten, Pfauenfeder in der Linken, gegürtet mit mächtigem Schwert, steht in festlicher Gewandung mit gesporntem Eisenschuh auf zwei Wappenschildern. Oswald von Wolkenstein selbst war 1407 der Stifter des Denkmals zur Ehr und Erhöhung seines Ansehens, und

bis heute ist in Südtirol der wilde Sänger, der feinsinnige Poet lebendig geblieben:

> *»Ich sprich es wol auf meinen ait:*
> *Je grösser lieb, je merer lait,*
> *kumpt von den schonen Frauen.«*

Vom Domplatz am Weg zur fürstbischöflichen Burg, zur Hofburg, steht am Hofburgplatz die »Jahrtausendsäule«, 1000 Jahre Brixen verkünden die Jahreszahlen 901–1901. So weit datiert Brixen zurück, wenn wir die Urkunde vom 13. September 901, mit der Ludwig IV. der Säbener Kirche die Ländereien »Prichsna« schenkte, als Urquell des heutigen Brixens anerkennen.

Die größten Schätze im Hinblick auf die geschichtliche Vergangenheit des Bistums birgt die Hofburg in sechs Abteilungen: die kirchliche Kunst des Mittelalters und der Neuzeit, der Kaisertrakt, der bischöfliche Trakt mit Fürstentumgeschichte, die geistliche Kanzlei, die weltliche Hofkanzlei und die vielgerühmte Krippenschau.

14 Das Brixner Becken

Wir blicken über die Tallandschaft von Brixen: »Welche Fülle, welches Licht! Und dieser Zauber über den Kastanienhainen und Weingeländen! Weich fließen die Töne und zart sind die Schatten, die dort über Hügel, über Bergzügen, um alte Sitze und uralte Kirchen verblauen. Das ist Brixen. Das ist das Eisacktal ...«

So schwärmt Paul Turtschenthaler vom Brixner Becken und meint damit das mittlere Eisacktal, zu dem wir herab von Franzensfeste einfahren. Brixen, der Mittelpunkt dieser schon immer hochgelobten Talschaft, hält uns zuerst auf, deshalb die Voranstellung im Kapitel »Das Eisacktal«.

Auf der Staatsstraße nach Brixen passieren wir das Schild »600 Meter Meereshöhe«, links ein steiler, aber wenig hoher Hügel mit dem vielleicht nördlichsten Weingarten Südtirols. Er gehört zum Grisser Hof, die Sonne schmeichelt der weißen Silvanertraube. Wir streifen die Ortschaft Vahrn, beim »Lammwirt« winkt die Abzweigung nach rechts hinauf zum Ortskern mit Kirche. Vahrn, ein geschätzter Ferienort, hütet einen fast heiligen Hain sehr alter Edelkastanien. Der nördlichste Kastanienhain Südtirols und Vahrn fast ebenbürtig wurzelt drüben in Aicha nahe Franzensfeste am Nordrand der Hochfläche von Natz/Schabs. Dieses sonnige Hochplateau – Seehöhe zwischen 770 und 900 Meter – stellt einen Fuß nach Süden, hinein zwischen Eisack und Rienz. Oben trägt es die Kirchdörfer Schabs, Viums, Natz, Raas und Elvas; Kiefernwälder, Äcker mit Feldfrüchteanbau, schmale Zeilen steil angelegter Weingärten unterteilen die Südhänge hinab nach Brixen.

Jedes Dorf ist auch ein Feriendorf mit Wanderwegen in alle Richtungen.

Der Eisack fließt durch die Stadt Brixen, zwischen der Altstadt und dem Ortsteil Stufels erreicht er mit Flußkilometer 50 in etwa seinen Halbweg nach Bozen und empfängt von links in schluchtartiger Einmündung die Rienz, das Pustertaler Talwasser. Beide Flüsse bedeuteten zu Hochwasserzeiten sehr oft eine starke Gefahr für das Brixner Becken, bis die Flußregulierung der Jahre 1883/85 Stadt und Land diese Bedrohung nahm. Gestärkt durch die Rienz rauscht der Eisack hinein in die nach Süden offene Talweite. Im ebenen Boden wachsen reichlich und gut die »Brichsner Öpfl«, links dehnen sich die bewaldeten Plosehänge, wir erkennen das stattliche Dorf Albeins. Rechts über Fluß, Eisenbahn und Staatsstraße schließt der weitläufige Pfeffersberg mit Wald, Wiese und kleinen bäuerlichen Gemeinschaften zum breit hingestreckten Königsanger auf.

Bild oben   Brixen, gesehen von Süden, in der Auffahrt nach St. Andrä, im Hintergrund südwestliche Ausläufer der Pfunderer Berge.

Bild links   Vom Parkplatz vor dem Kloster Neustift strömen die Besucher herein zu den Innenhöfen, vorbei an der Michaelskapelle, allgemein die »Engelsburg« genannt, vorbei auch am Stiftskeller, der ein beliebter Neustifter Treffpunkt ist. – Ausgeschenkt wird Eisacktaler Wein, gewachsen und gereift in klösterlichem Eigenbau, ein blanker, hellgelber Weißwein, gekeltert aus der Silvanertraube (Einklinkbild).

Das Schalderer Tal, wer weiß von ihm? Wollen wir hinein in das wenig bekannte, schmale Tal, hinauf zum Dorf Schalders (1166 m) und zum seitlichen Weiler Spilluck (1273 m), müssen wir von Vahrn steil gegen den Berg fahren – 18 Prozent Steigung verkündet ein Schild. Dort oben, eingeklemmt in den schattigen Bachwinkel unter dem Dorf, träumt das aufgelassene Bad Schalders vergangenen, vergnügten Zeiten nach. Der Schalderer Bach führt prächtiges, schnelles, aber kaltes Wasser, den noch ansehnlichen dreistöckigen ehemaligen Badehäusern mit schön gesägten Holzveranden möchte man Hilfe wünschen, damit ihr anheimelnder Habitus erhalten bleibt. Das Bad, ein typisches »Bauern- und Bürgerbadl« aus kaiserlicher Zeit, stand einmal hoch im Kurs, besonders bei Überetscher Weinbauern, denen das Wasser den Magenweinstein auflösen sollte.

Im Schalderer Tal, umgeben von steilen Hängen, ist alles einfach geblieben, wer schon möchte dort oben leben? Augenscheinlich fast nur der Bergbauer, er ist mit Berg und Tal seit Jahrhunderten verwachsen und weiß es nicht anders. Der Weiler Spilluck – aus der Schalderer Straße schwenkt ein Abstecher dorthin – liegt vollends im Abseits, aber gibt es einen besseren »Brixenblick« als den von Spilluck?

Kloster Neustift liegt im Brixner Becken, nur 3 Kilometer von der Stadt nach Norden zu entfernt – wer in Brixen weilt, besucht auch Kloster Neustift.

Die Klostergründung datiert im Jahre 1142, und seitdem, so lesen wir bei Josef Rampold, »obliegen die nach der Regel des hl. Augustinus lebenden Chorherren den klassischen klösterlichen Aufgaben, und sie tun dies in allen Bereichen bis auf den heutigen Tag, im Pflegen von Chorgesang und Kirchenmusik, in der Bibliothek – der schönsten im Land –, im Behüten einer kostbaren Gemäldesammlung, im Klosterkonvikt und im mustergültigen Obst- und Weinbau, in der Bewahrung der kostbaren Kunstschätze aus mehreren Stilepochen und nicht zuletzt in der Seelsorge auch außerhalb des Stiftes«.

Fürwahr eine mehr nach innen gekehrte Lebensart dieser würdigen geistlichen Herren, die heute niemand in Frage stellt, wohl aber im Jahre 1525, zur Zeit der Bauernkriege.« Wenn jemals der Pulsschlag in Neustift schnell und aufregend gewesen ist, dann gewiß am 12. Mai 1525. Das Landvolk, erbost durch harte Abgaben und Frondienste, stürmte das Kloster und verwüstete es schwer, mußte jedoch nach verlorener Schlacht den Schaden – die Chronik nennt 24000 Gulden – bis auf den letzten Heller ersetzen. Die alte Brennerstraße führte an Neustift vorbei, deswegen unterhielt das Kloster eine Herberge und später auch ein Spital. Oswald von Wolkenstein kaufte sich dort ein, liegt im Kreuzgang begraben, aber keiner weiß die Stelle.

Die Klosterkirche zu Neustift gilt als barockes Juwel, das schönste im Land Tirol. Der kunsthistorisch interessierte Besucher wird sehr viel Zeit brauchen, um alle Kostbarkeiten, baulich wie gegenständlich, richtig zu sehen und zu würdigen.

Peter Mayr, Wirt in der Mahr

»Im Jahre 1809 Landsturmcommandant, geboren zu Siffian am 15. August 1767, von den Franzosen am 20. Februar 1810 auf der Holzreife zu Bozen standrechtlich erschossen, nachdem er verschmäht hatte, Leben und Freiheit durch eine Lüge zu erkaufen.«

So verkündet die Inschrift auf einem Grabstein am Dom zu Bozen. Wo lebte Peter Mayr, was ist geschehen?

Zur »Mahr«, einem ebenen Winkel hart am Hang zum Pfeffersberg, steht ein gepflegtes, stattliches Wirtshaus, der »Wirt in der Mahr«; von Brixen gehen wir in $1/2$ Stunde dorthin. Peter Mayr war zur Zeit des Tiroler Freiheitskampfes 1809 der Wirt, hoch angesehen in Stadt und Land. Als Schützenhauptmann befehligte er den Brixner Landsturm, kämpfte mit Andreas Hofer in den Schlachten am Berg Isel zu Innsbruck und ließ sich, wie Hofer auch, nach dem Frieden von Schönberg überreden, weiterzukämpfen, obwohl er wußte, was er damit riskierte. Das vizekönigliche Edikt vom 12. November 1809 stellte das Tragen von Waffen unter Todesstrafe. Durch Verrat von den Franzosen gefangengenommen, mußte er das Todesurteil hinnehmen. Der kommandierende General ließ Großmut erkennen und stimmte einer neuerlichen Gerichtsverhandlung zu, die Peter Mayr hätte retten können. Es wurde ihm nahegelegt, gewiß von seiner schwangeren Frau und seinen Kindern auch händeringend darum gebeten, zu bekunden, er habe diesen Erlaß weder gelesen noch gekannt. Eine goldene Brücke also zum Leben, die der General dem Mahrwirt bereit war zu bauen. Mit dem berühmten Satz: »Ich will mein Leben durch keine Lüge erkaufen« schlug Peter Mayr diese Gnade aus.

15 Das Lüsner Bergland

Das Lüsner Tal und sein Bergland, diese freundliche Mittelgebirgslandschaft, ein hügeliger Wald- und Wiesenwinkel zwischen Plose, Peitlerkofel, Rodenecker-Lüsner Alpe und Schabser Hochplateau, wird so mancher Südtirolfreund vielleicht gar nicht wissen: Von Brixen führt eine neue, 13 Kilometer lange Straße zum Zentrum von Berg und Tal, zum Kirchdorf Lüsen. Dort, in 981 Meter Meereshöhe, im gepflegten, heimeligen Ortskern, im Schutze der Pfarrkirche St. Georg, ist gut bleiben, auch im Winter, denn Lüsen bietet Zubringerdienste zum Skikarussell an der Plose und zu den Langlaufloipen droben auf dem Rodenecker Almrücken. Die beste Zeit für Lüsen bleibt jedoch der Monatslauf vom Frühsommer bis zum Herbst, wenn die Wege zu Alm, Wald und Berg auf den Wanderer warten. Abwechslung in alle Richtungen gibt es genug, Lüsen liegt günstig zu den Bergzügen ringsum, sogar zum Peitlerkofel, dem Nordpfeiler der Westlichen Dolomiten. Auch das Auto hat Auswege: im Bachgraben der Lasanke hinauf gegen den Peitlerkofel und weiter zum Würzjoch oder hinüber ins Villnöß, besonders lohnend aber dorthin, wo Lüsen am sonnigsten ist, zu den Berghöfen in den Südhängen der Lüsner Alpe.

Im Dorf zeigt das Schild »Lüsen Berg« die Auffahrt. Das asphaltierte Sträßchen ist schmal und kurvig und muß zur ersten Station, dem Gasthaus »Tulperhof«, 700 Höhenmeter überwinden. Die Höhe, 1625 Meter, überrascht mit großer Aussicht, jedoch erst die Weiterfahrt zum Gasthaus »Villpeder Hof« und zu seinem idyllischen Kirchlein St. Maria (Bild oben) vollendet das Bild. »Maria Schnee« ist der Platz, von dem aus wir das Lüsner Bergland am besten überschauen.

Kurz hinter St. Maria erreicht die Straße nach 11 Kilometern ab Lüsen bei einem Waldparkplatz den Scheitelpunkt (1750 m). Wegeschilder weisen den Waldspaziergang zur Ronerhütte (1832 m) und, wenn wir Lüsen verlassen wollen, die Weiterfahrt hinab nach Rodeneck.

Bilder links **Kloster Neustift und das Gedenkschild für Peter Mayr, dem Wirt in der Mahr.**

Bilder rechts **Im Lüsner Bergland das Dorf Lüsen; im Hintergrund ragt der Peitlerkofel auf. Oben die Kapelle »Maria Schnee«.**

16 Brixen – Palmschoß – Plose

Die Fahrt von Sterzing nach Brixen zeigt in Franzensfeste, lange bevor wir die Stadt selbst sehen, einen mächtigen, breit hingestreckten Berg, unten bewaldet, oben kahl – das ist die Plose. Kommen wir im Frühjahr, trägt der Ploserücken blanken weißen Firn, im Brixner Becken grünt und blüht es; ein Ausflug zur Plose bedeutet fast eine Rückkehr in den Winter. Die Plose – vom Tal auf geringe Entfernung 2000 Meter Höhendifferenz zum Gipfel – ist im oberen Teil sehr wander- und skifreundlich, für eine Stadt wie Brixen ein klassischer Hausberg; die Plosehütte in 2447 Meter Höhe bietet ein überwältigendes Südtiroler Alpenpanorama!

Eine Seilbahn und eine moderne Straße erschließen von Brixen aus den Bergstock. Die Seilbahn zur Bergstation Kreuztal mit Zwischenstation in St. Andrä erledigt ihre Aufgabe direkt, die Straße muß im Plose-Südwesthang eine weite Schleife hinein in das Aferer Tal auslegen. Bevorzugen wir die Straße, bekannt als »Brixner Dolomitenstraße« (Sepp Schnürer: »Dolomiten«), kommt auf der Fahrt über die Kirchdörfer St. Andrä (958 m) und St. Georg in Afers (1505 m) hinauf nach Palmschoß der Einblick in die Bergbauernwelt des Aferer Tales, die Dolomitenschau zu den Villnößer und Aferer Geiseln noch hinzu. Die Örtlichkeit Palmschoß (1734 m), Hotel und Gasthof, mit interessantem Nahblick zu den Aferer Geiseln, erreichen wir bei Kilometer 16, zum Treffpunkt mit der Seilbahn in Kreuztal haben wir noch 6 Kilometer Auffahrt.

Bei Palmschoß entspringt in 1830 Meter Höhe die Quelle für das beliebte Plose-Mineralwasser. Dieses sehr bekömmliche Wasser wird seit 1958 nach Brixen abgeleitet und dort abgefüllt. Der Parkplatz am Restaurant »Kreuztal« (2023 m) ist Ausgangsort zur Plosehütte. Dorthin schwebt ein Sessellift; das Auto aber muß auf etwa 4 Kilometer fast eine Geländefahrt unternehmen, will es bis zum Gipfelhaus hinaufkommen.

Die Plosehütte ist im Ursprung ein Alpenvereins-Schutzhaus, errichtet im Jahre 1887, hat also die 100-Jahr-Feier hinter sich. Heute gehört die Hütte dem italienischen Alpenclub (CAI), Öffnungszeit von Ende Mai bis Ende Oktober.

Dolomitenpanorama von der Plose: Im Vordergrund die Aferer Geiseln, nach rechts die Villnößer Geiseln und das Langkofel-Massiv.

17 Zwischen Brixen und Klausen

Die Gegend zwischen Brixen und Klausen bietet zweierlei: einmal das Tal selbst, zum anderen die beidseitigen Höhenzüge. Die etwas steileren Hänge zur Linken richten sich nach Nordwest, die sanfteren zur Rechten nach Südost aus. Himmelsrichtung und Neigung beeinflussen das Klima und lenkten den Menschen schon früh hinüber zur siedlungsfreundlicheren Südostseite mit weniger Wald, schwach geneigten Geländeschultern und viel Platz für Dorf, Weiler und Einzelhof. Drüben auf der Nordwestseite dominieren schattige, teils steile Waldhänge und zwei Taleinschnitte, die in die Hangformation eingreifen und sie teilen: das Aferer Tal und das Villnößtal, hinein zu den Villnößer Geiseln.

Pfeffersberg und Königsanger, diese beiden Landschaftsbegriffe gehören zur oben angemerkten Südostseite für die Gegend zwischen Brixen und Feldthurns. Der Pfeffersberg vereinnahmt in der Höhe zwischen 700 und 900 Meter die Orte Tils, Pinzagen, Tötsch und Tötschling und unten am Eisack die Häusergruppe »in der Mahr« (siehe Seite 44). Die genannten Fraktionen gehören zur Stadtgemeinde Brixen, der Name »Pfeffersberg« stammt von der Burgruine unweit von Pinzagen.

Der Mensch früherer Zeiten, vielleicht vor Christi Geburt, hat am Pfeffersberg rätselhafte Spuren hinterlassen, die niemand deuten kann. Die Tötscher Heide, eine 15 Hektar große Fels- und Wildrasenfläche, bewahrt Gletscherschliffe aus der letzten Eiszeit vor 20 000 Jahren. Die darin von Menschenhand eingemeißelten geometrischen Figuren, ähnlich dem uns bekannten Mühlespiel, geben das Rätsel auf: Haben Hirten auf den Vierecken »gespielt« oder gehören die Felsenbilder zu einer vorgeschichtlichen Kultstätte? Tötschling überrascht mit zwei »feindlichen« Kirchen aus dem 14. Jahrhundert. St. Johannes Evangelist und St. Nikolaus stehen sich direkt gegenüber, weil zwei zerstrittene Herren es unbedingt so wollten. Tötschling, so meint Josef Rampold, müßte »mit seinem malerischen Kirchlein, mit schönen alten Bauernhäusern und wahren Kastanienriesen unter allen Plätzen um Brixen einen bevorzugten Platz erhalten«. Der notwendige Straßenbau am Pfeffersberg nach Feldthurns und über Pinzagen und Tils bis zum Perlunger Hof hat der Gegend gewiß manches genommen, der Bergbauer jedoch ist angewiesen auf die problemlose schnelle Verbindung zu seinem Handel im Tal.

Feldthurns liegt außerhalb der engeren Brixner Umgebung, in Zufahrt über den Pfeffersberg ist es von Brixen 8 Kilometer entfernt. Der Ort, oben auf der sonnigen Eisacktaler Südostseite auf breiter Geländeterrasse angesiedelt, steht bei vielen Südtirolfreunden hoch im Kurs. Feldthurns ist auch Gemeinde, hat 2200 Einwohner, fast 25 Quadratkilometer Fläche und wird von Sonne und Klima verwöhnt. Der Hauptort verzeichnet 850 Meter, der Gemeindeableger Schrambach St. Peter (Bild Seite 4–5) unten im Eisacktal etwa 450 Meter, die höchsten Ortschaften Schnauders und Garn liegen zwischen 1000 und 1200 Meter Meereshöhe – vom Eisacktal hinauf nach Garn also fast 800 Meter Höhendifferenz! Die empfindliche Weinrebe wächst in Hangstreifen unten in Schrambach, Laubwald in der Stufe hinauf nach Feldthurns, dort gedeihen Edelobst und die Edelkastanie, Feldfrüchte, auch Getreide, die oberen Dörfer kultivieren die Wiese als wichtigste Grundlage für Viehhaltung und Einkommen.

Das hauptsächliche Landschaftsmerkmal um Feldthurns ist die Edelkastanie, als bauliches Wahrzeichen grüßt Schloß Velthurns, deshalb im Gemeindewappen die zwei Burgzinnen. Das Schloß gehört seit 1978 dem Land Südtirol und wurde bis 1983 mit großem Kostenaufwand restauriert. Schloß Velthurns ist jetzt eine für die Allgemeinheit zugängliche, überaus wertvolle kunsthistorische Sehenswürdigkeit.

So wie Velthurns das Dorf heute ziert, stammt es aus der zweiten Hälfte des 16. Jahrhunderts. Kardinal Madruz, damals kirchlicher Herr in Brixen, ließ das Schloß errichten, und bis zur Säkularisation im Jahre 1803 diente es den Brixner Fürstbischöfen als Sommerresidenz. Von außen scheint das Schloß eher schlicht zu sein, eine Täuschung, denn das Innere, zwölf prunkvolle Räume, das Fürstenzimmer mit einer Ausstattung, die kostbarer und edler kaum sein könnte, spiegeln die damals beim Kirchenadel herrschenden hohen Ansprüche. Das Fürsten-

zimmer zeigt in meisterhafter kunsthandwerklicher Verarbeitung 33 verschiedene Sorten Hölzer, auch der herrliche Kachelofen ist ein handwerkliches Kunststück.

Viele tausend Besucher gehen jährlich durch die Räume, nachher vielleicht zum Wirt, und so profitiert das Dorf vom vergangenen Glanz des Brixner Fürstbistums.

Im mittleren Eisacktal können wir schöner kaum wohnen als in den südostseitigen Hanglagen zwischen Brixen und Klausen. Die Dörfer Feldthurns, Verdings, Garn, Latzfons, entlegene Weiler und Einschichthöfe besitzen dort oben herrliche Sonnenbalkone.
Das Bild oben mit dem Kirchturm von Garn ist typisch für diese Landschaft; das Bild links zeigt Schloß Velthurns, im Bild darüber die Darstellung des Lebensrades aus der Zeit um 1730 in der Friedhofskapelle von Verdings.

18 Das Haus am Radlsee

Im vorangegangenen Artikel war von einem »Königsanger« die Rede, und dieser Anger muß, wenn wir dem Namen glauben wollen, wohl ein besonderes Gefilde sein. Wir wissen, daß er über dem Brixner Pfeffersberg liegt. Folgen wir dem Wandertip zum Radlseehaus, betreten wir den Königsanger, einen freien Bergrücken; das Gipfelkreuz der 2439 Meter hohen Königsangerspitze markiert den höchsten Punkt.

Die Aussicht von dort zu den Dolomiten gehört längst zum Allgemeinwissen aller Südtiroler Bergfreunde, für Brixen ist der Königsanger ein zweiter Hausberg. Die vielen Wanderfreunde, die zu einem Hausberg kommen, brauchen Einkehr und Labung, also eine Schutzhütte, und dafür fühlte sich der Südtiroler Alpenverein (AVS) mit seiner Sektion Brixen zuständig. Der passende Bauplatz war kein Problem, denn wo am Königsanger könnte es schöner sein als am Radlsee? Der See glänzt in einer Mulde unter der Königsangerspitze und ist neben Spitze, Hütte und Aussicht ein nächster Grund für den Ausflug zum Königsanger.

Keinem Wasser irgendwo draußen im flachen Land wollte der Mensch die Geheimnisse und Sagen andichten, die einem See hoch im Gebirge so gut anstehen und das Wasser geheimnisvoll umranken. Die Hütte am See ist ein besonderer Wunsch und meist auch ein wertvoller Schatz für den Besitzer.

Das heutige Radlseehaus stammt aus dem Jahre 1956. Der Bau bedeutete für die Sektion Brixen eine erhebliche finanzielle Kraftanstrengung – damals 20 Millionen Lire –, trägt aber reiche Früchte. Die nach Süden zu offene, freie Lage, Meereshöhe 2257 Meter, gibt dem Schnee ab Mai keine und erst im späteren Herbst wieder eine Chance; das Radlseehaus richtet sich deshalb auf eine Öffnungszeit von Mitte Juni bis Anfang Oktober ein. Die »Hausfreunde«, diese Einschätzung paßt gewiß für fast alle Besucher, kommen zum Großteil vom Berghof Perlunger am Pfeffersberg und von Schnauders bei Feldthurns. 3 bis 4 Stunden Gehzeit fördern Fitneß und Appetit: Zur Mittagszeit ist das Radlseehaus voller hungriger Gäste, am Königsanger zwar ohne Konkurrenz, aber mit bester Bedienung und Bewirtung! Viele bleiben zur Nacht (40 Betten und Matratzenlager), vielleicht um Sonnenuntergang und -aufgang von der Königsangerspitze aus zu bewundern oder weiterzuwandern: hinüber zum Latzfonser Kreuz, zur Kassianspitze, hinab ins Schalderer Tal oder gar nach Durnholz im Sarntal.

Das Radlseehaus am Radlsee, links die Königsangerspitze – eine berühmte Aussicht nach Osten zu den Dolomiten.

19 Klausen und Kloster Säben

Klausen (525 m), die Stadt im Schutze des Klosterfelsens von Säben 11 Kilometer südlich von Brixen, hält wohl jeden Südtirolbesucher irgendwann einmal auf; neben dem Reiz von Alt-Klausen sorgt auch das Eisacktal für einen Besuch. Der Säbener Felsen zur Rechten und die Waldhänge zur Linken drücken zum Tal und zwingen den Fluß und die Verkehrswege in enge Tuchfühlung zum Ort. Zwischen Eisack und Fels bleibt Klausen fast nur der Raum für zwei schmale Häuserzeilen, aber diese Zeilen formieren eine berühmte Südtiroler Gasse, die Klausener Altstadt. Der große Parkplatz am Eisackufer reguliert den Besucherstrom: Die Klausen-Visite beginnt meist im Gang durch das Brixner Tor

zur Oberstadt und läuft vom Pfarrplatz durch die Unterstadt zum Thinneplatz im Süden der Stadt.

Alt-Klausen und die auf gewachsenem Fels hinzugestellte Burg Branzoll datieren im Ursprung bis zum Jahre 1202 zurück. Zweistöckige Hausfassaden, verziert mit schmaler Erkerrippe, Torbögen, schöne Portale zu Haus und Innenhof, kunstvoll geschmiedete und bemalte Wirtshausschilder, stille, malerische Nischen, der kleine Laden, der Handwerker im Winkel – mit dieser Idylle, im ganzen gesehen eine gepflegte Kulisse mittelalterlicher Zeit, bewahrt Klausen ein im Kern fast unversehrtes Stadtbild. Diese historische Stadtzeile, die ideale Fußgängerzone unserer Tage, muß aber leider das Auto hinnehmen, und dagegen gibt es allem Anschein nach kein Rezept.

Für die einheimische Bevölkerung im Umkreis, auch für die Dolomitentäler hinein nach Villnöß und Gröden, ist Klausen ein wichtiges Zentrum für Handel und Begeg-

nung an den Kirch- und Markttagen. Innerhalb der Stadt leben 2400 Einwohner, mit den Eingemeindungen auf der Säbener Seite bis hinauf nach Verdings und Latzfons, auf der Dolomitenseite nach Gufidaun, verwaltet das Bürgermeisteramt etwa 4000 Personen. Der Eisacktaler Wein schließlich hat in Klausen seinen wichtigsten und größten Keller. Die Kellereigenossenschaft keltert und vermarktet fast alle Reben, die im Eisacktal reifen (siehe Seite 52).

Klausen – die Chronik hat Belege genug – war immer auch ein Treffpunkt der Bohemien, Künstler und Dichter, also gewiß sehr oft der Ort für fröhliches Zechen. An diese Tradition knüpft die Stadt an: Jährlich zum Ausklang der Saison im Oktober bringt ein großes Weinfest neuen Schwung hinein in die mittelalterliche Stadtgasse.

Das Städtchen Klausen, geschmiegt an den Säbener Felsen, gekrönt vom Kloster Säben und bewacht von der Burg Branzoll.

Kloster Säben. Vielleicht wollen wir, nachdem wir Klausen besucht haben, auch über Säben einiges wissen, von diesem Ort, der nun schon lange, noch bevor es Klausen gab, in der Geschichte festgeschrieben steht.

Nach dem Jahre 900 verlegten die Brixner Fürstbischöfe ihre Hofhaltung nach Brixen, nützten aber weiterhin den steilen, abweisenden Säbener Dioritfelsen für eine Burg, wohl auch zum Schutze der eigenen Haut, denn allzuoft bedeutete Säben für die Purpurträger eine rettende Insel. Die fürstbischöfliche Ära zu Säben beendete 1535 ein Blitz, in der ausgebrannten Ruine verblaßten Glanz und Macht vergangener Zeiten.

Die Benediktinerinnen, ein Nonnenorden, der noch heute auf Säben betet und arbeitet, kamen im Ausklang des 17. Jahrhunderts zum Wiederaufbau nach Säben, diesmal zu einem Kloster; 1699 wurde Säben zur Abtei erhoben. In den Konvent, in die Stille von Gebet und Erbauung, fegte jäh ein harter Windstoß, als Napoleon und die Bayern das »heilige Land Tirol« mit Krieg überzogen und auch Säben besetzten. Bayern, der neue »unheilige« Herr in Tirol, hob 1808 das Kloster auf, der Orden mußte gehen. Erst nach 1813, als die Niederlage Napoleons auch den bayrischen Rummel in Tirol endgültig beendete, kehrten der Orden und damit Ruhe und Frieden nach Säben zurück.

Die Säbener Glocken auf der Spitze des Felsens in der Heiligkreuzkirche und in der Marienkapelle rufen die Klosterfrauen zum Gebet, aber das Land auch zur Wallfahrt; die Männerwallfahrt zur Mutter Gottes auf dem »heiligen Berg« ist urkundlich lange zurück bezeugt. Der Gadertaler Kreuzgang, Männer aus den ladinischen Gemeinden, pilgern im dreijährigen Turnus über die Villnößer Dolomitenjöcher nach Säben. Wallfahrt für Wallfahrt kommen mehrere hundert Gläubige – Säben bleibt lebendig, gewiß auch im nächsten Jahrtausend.

Eisacktaler Wein, damit meint der Kenner vor allem die weiße Traube in Wachstum und Reife zwischen Brixen und Bozen. Zur Kellereigenossenschaft mit Sitz in Klausen liefern 120 Eisacktaler Weinbauern. Die Kellerei hat flächenmäßig das größte Einzugsgebiet in Südtirol, trotzdem aber nur den Ertrag von 20 Hektar Anbaufläche: 1987 insgesamt 7000 Hektoliter Weißwein und 950 Hektoliter Rotwein.

Das herbe, trockene Klima, die vielen Sonnentage reifen den »Eisacktaler«, so die kontrollierte und geschützte Ursprungsbezeichnung der längs des Eisack erzeugten fünf weißen Typenweine = DOC-Weine, Sylvaner,

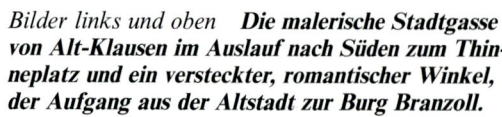

Müller-Thurgau, Gewürztraminer, Veltliner und Ruländer. »Diese Weine zeichnen sich durch ihre Eleganz und Frische aus und kommen den Weißweinen nördlich der Alpen am nächsten«, so die Selbstaussage der Südtiroler Weinwirtschaft zum Eisacktaler Wein.

Bilder links und oben **Die malerische Stadtgasse von Alt-Klausen im Auslauf nach Süden zum Thinneplatz und ein versteckter, romantischer Winkel, der Aufgang aus der Altstadt zur Burg Branzoll.**

Bild rechts **Von Klausen gehen wir in einer halben Stunde, vorbei am Achteckbau der Liebfrauenkirche hinauf zum Kloster Säben. Die Kirche von Teis im Hintergrund weist den Eingang zum Villnößtal.**

20 Die Wallfahrt zum Latzfonser Kreuz

Latzfons, das Dorf, von dem die Wallfahrt ausgeht, liegt auf sonniger südostseitiger Hanglehne, 600 Meter über Eisacktal und Klausen-Stadt. Aus Klausen gibt es eine Direktauffahrt im schmalen Thinnebachgraben zum Weiler Pardell und weiter nach Verdings mit Einmündung in die breite Hauptzufahrt, die von Feldthurns herüberkommt. Aus dieser Straße zweigt vor Latzfons die Auffahrt nach Garn ab, wenig später erscheint das Kirchdorf Latzfons (1160 m). Für den neuen Ortsteil hat Latzfons eine gute südostseitige Hanglage geopfert, der alte Ortskern mit den Gasthäusern »Zum Weißen Kreuz« und »Zum Hirschen« drängt sich nahe der Kirche. Das Dorf und die vielen im Umkreis weit und hoch verstreuten Berghöfe bilden eine jahrhundertealte bäuerliche Gemeinschaft, der Mittelpunkt, die Pfarrkirche zum hl. Jakob, steckt mit dem Gründungsjahr irgendwann im 12. Jahrhundert tief im Schoße unseres Jahrtausends.

Latzfons hat einen großen Ausblick nach Osten, die Zackenreihe der Geislerspitzen und der massive Rücken des Schlern zeigen ein sehr schönes und dazu gegensätzliches Dolomitenbild. Der tiefe Graben unter dem Dorf, das Thinnebachtal, zielt direkt nach Klausen und teilt deutlich die Landschaft: herüben die sanfte Hochflur des mittleren Eisacktales über Feldthurns hinauf nach Brixen, drüben die Hangschultern und Waldhügel des unteren Eisacktales über Villanders und Barbian zum Ritten.

Das Latzfonser Kreuz, die Wallfahrtskirche auf der Ritzlar Alpe in der fast himmelnahen Höhe von 2300 Metern, gut 3 Stunden von Latzfons entfernt, verdankt Ursprung, Namen und Bedeutung dem Wetterkreuz zum »Schwarzen Herrgott«. Im Jahre 1700 trug das Volk in feierlicher Prozession den Herrgott hinauf zur Alpe, auf daß er Haus und Hof, das Vieh, Feld, Wiese und Wald fürderhin beschützen möge vor Unwettern, die herab vom Ritzlar die Latzfonser Gegend immer wieder schwer heimsuchten. In der Zeit bis 1743 erflehte der Herrgott wohl selbst vom gläubigen Volk ein Dach überm Kopf – endlich ermöglichten die angehäuften Spenden das erste Kirchlein. Den heutigen hübschen neugotischen Bau mit Spitzturm und kleinem Geläut errichtete die Pfarrgemeinde Latzfons zwischen 1867 und 1869.

Die Wallfahrt lebte bis herauf in unsere Zeit fast ausschließlich vom Landvolk der umliegenden Dörfer und Weiler. Zum Hauptfest, dem Magdalenatag am 22. Juli, wandern derzeit Gläubige aus dem gesamten Eisacktal, auch von den nahen Dolomitentälern, und natürlich auch viele Urlaubsgäste hinauf nach Ritzlar, der höchstgelegenen Wallfahrtsstätte Europas.

Am Ort innerer Läuterung braucht der Mensch seit jeher auch ein Wirtshaus zur Stärkung des Leibes. Das erste Hospiz um 1800, von der Gemeinde Latzfons erbaut, brannte 1850 bis auf die Grundmauern nieder. Auch der Zweitbau hatte wenig Glück und gewiß auch wenig Pflege: »1947 mußte dieses Wallfahrerhospiz wegen Baufälligkeit und dicker Mistschicht endgültig geschlossen werden.« Das einfache Schutzhaus von heute, solide gebaut und 1952 zum Magdalenatag eröffnet, ist eine gute Einkehr, privat bewirtschaftet, die Saison läuft von Ende Juni bis zum Oktober. So lange das Hospiz geöffnet bleibt, empfängt der »Schwarze Herrgott« auch die Gläubigen. Mit dem Wirt kehrt er zurück ins Tal, das Herrgottskreuz in die Pfarrkirche von Latzfons.

Bild oben **Die Wanderer haben das Ziel ihres Aufstiegs, die Wallfahrtskirche zum Latzfonser Kreuz, fast erreicht; rechts das Hospiz, denn jede Wallfahrt braucht auch ein Wirtshaus zur gemütlichen Einkehr.**

Bild rechts **Die Hangneigung des Ackers ist für einen Traktor zu steil, also muß ein kräftiger Haflinger-Vorspann helfen, den Boden umzubrechen. Eine harte Arbeit für zwei Personen, denn die Pferde müssen geführt werden.**

Kassianspitze und Wallfahrt, beides paßt gut zusammen, denn wollen wir von Latzfons die Spitze erreichen, müssen wir zuerst zum »Schwarzen Herrgott« pilgern. Von Latzfons fahren wir bis zum Kühhof und parken dort in 1550 Meter Höhe, auf einem für den allgemeinen Verkehr gesperrten Alm- und Forststräßchen beginnt die Wallfahrt.

Aus dichtem Fichtenwald wandern wir hinaus zu sanften, reich mit kugeligen Zirben geschmückten Almwiesen, halten nach einer Stunde an der Klausener Hütte (1919 m) kurze Rast; das für uns wichtige Ziel, das Latzfonser Kreuz, Kirchlein und Hospiz, grüßen herab vom Berg. Wenig über der Klausener Hütte bei einer Alm – dort ein herrlicher Blick zu den Dolomiten (Bild Seite 60/61) – erwartet uns der Kreuzweg: 15 Stationen, liebevoll und mit Können geschnitzt in starke Lärchenstämme (eingeweiht im Juli 1982), geleiten zur Kirche.

Die Kassianspitze gehört alpin-geographisch zu den Sarntaler Alpen und ragt in einem nach Süden zu offenen Bergstock als mittlere, 2581 Meter hohe Spitze, rechts die Ritzlarspitze, vom Hospiz 300 Höhenmeter zum Gipfel. Jeden Sommer steigen einige tausend Bergfreunde und Wallfahrer auf steinigem Weg zum höchsten Kreuz über Latzfons, zur berühmten Aussicht von der Kassianspitze.

21 Villanders – Bad Dreikirchen – Barbian

Die Namen Villanders und Barbian gehören zu zwei Eisacktaler Kirchdörfern, bleiben aber nicht nur im Ort, sie gelten bis hinunter zum Eisackfluß, hinauf zum Berg bis weit über 2000 Meter Höhe und schließen Bad Dreikirchen mit ein: Von der Weinrebe bis zum Zirbelzapfen reicht das Gemeinwesen beider Orte. Villanders und Barbian, vom Tal zum Berg als Landschaft gesehen, wirken als Einladung für jeden Südtirolfreund: »Komm' rauf, bist du einmal heroben, brauchst du das Tal nicht mehr!« Auch der Bauer, so erzählt die Landeskunde, erzeugte einst alles Lebenswichtige selbst, sein Ehrgeiz war es, vom Hof zu leben und nur Tabak und Salz kaufen zu müssen. Folgen wir der Verheißung, suchen wir den Inhalt.

Am Eisack nistet der schmale Rebgarten. Steiler, massiver Porphyr trägt 400 Meter über dem Fluß die Wiesenterrassen von Villanders und Barbian, Weiler und Einzelhöfe verstreuen die Dörfergemeinschaften in die

Hänge hinauf zum Bergwald, Lärche und Zirbe leiten über zur Almweide, darin steht die »Schupfe«, die Heuhütte, heute auch umfunktioniert zur Sommerresidenz eines Städters. Feuchtmoose, Hochweiden mit silbergrauem Bürstling, die Latsche, dichter, niedriger Bodenwuchs schließen auf zum Bergzug, der vom Rittner Horn über den Sattelberg zum Villanderer Berg zieht. Dort oben, an der Sarner Scharte, grenzt Villanders an die Gemeinde Sarntal jenseits des Berges, am Sattelberg berührt Barbian die Gemeinde Ritten. Der höchste Punkt am Villanderer Berg, 2509 Meter, zeigt eine Aussicht, die den Kenner mehr begeistert als die berühmte Schau vom Rittner Horn (2259 m). Großes Aussichtsglück also, wenn wir auffahren zur Villanderer Alm, bei der Gasser Hütte (1744 m) parken und dann noch einen 3-Stunden-Anstieg auf uns nehmen.

Wir gehen über die Alm, die Weide erscheint uns eher mager als fett, aber vielen hundert Rindern, Pferden und Schafen gibt sie den Sommer über ein gutes Auskommen und würziges Almheu für den Winterstall. Vom Ertrag der Heuarbeit auf der Alm in 2000 Meter Höhe sagt ein alter Spruch:

»Pro Schnitt a Goaßbiß, oamal wetzen a Kumpf voll, in Tog a Heutuch voll.«

Bad Dreikirchen, Meereshöhe 1120 Meter, liegt zwischen Villanders und Barbian, 200 Meter über der Straße, auf der wir von einem Ort zum anderen fahren. Das Auto bleibt ausgesperrt, und darüber ist Bad Dreikirchen gewiß sehr froh. Wollen wir die einzigartige Örtlichkeit genießen, gehen wir zu Fuß – ab Parkplatz an der Straße 1/2 Stunde – für einen ausgiebigen Spaziergang also fast zu wenig. Der Glaube an die heilende Kraft des Wassers begleitet die Menschheit durch alle Zeiten. Früher gab die Badekultur sehr wohl auch einen tiefen Einblick in die jeweiligen Sitten und Gebräuche. In Tirol war das Badewesen offen für alle Stände, der Edelherr, der Bürger, Bauer und Knecht, sie alle trafen in der »Badstub« aufeinander; auch die Frauen, die Eheleut sittsam im gemeinsamen lärchenen Holzbottich, gut zugedeckt, damit die Wärme bliebe.

Bad Dreikirchen reiht sich ein in die lange Liste der Tiroler Bürger- und Bauernbäder,

deren große Zeit nun längst vorbei ist. Der Ursprung mag in einem Wasserheiligtum heidnischer Gottheiten liegen, das Christentum, vertreten durch St. Nikolaus, Gertraud und Magdalena, ist seit dem 13. Jahrhundert in den drei merkwürdig zueinander gebauten Kirchen ansässig. Der neuzeitliche Badebetrieb erscheint 1811 mit einem ersten Datum, das Jahr 1855 zählte 400 Badegäste. Bekannte und berühmte Leute nahmen in Dreikirchen oft für mehrere Wochen Quartier, um leibliches »Unwohl« mit dem Wasser zu kurieren. »Die Wirkung der Bäder wird unterstützt durch die hohe, geschützte Lage, die herrlichen Spaziergänge im Nadelwalde und das vorzügliche Trinkwasser«, so lobt ein Bäderalmanach von 1896. Dichter und Maler waren zu Gast, der eine hat es besungen, der andere gemalt. Beide Naturen schöpften Eingebung und Muse gewiß auch im unvergleichlichen Blick auf die Eisacktaler Hochflur bis hin zu den Dolomiten.

»Unter der Lärchen wehenden Fahnen sitze ich oft und schaue ins Land.«

(Aus dem Gedicht »Dreikirchen« von Erich Kofler)

Bild oben **Bad Dreikirchen, einst ein beliebtes Bauernbad, ist heute ein vielbesuchter Eisacktaler Ausflugsort mit Gästen fast das ganze Jahr über.**

Bild rechts oben **Der Johannser Hof auf halber Höhe zwischen Klausen und Villanders führt seinen Ursprung bis ins 13. Jahrhundert zurück.**

Bilder Mitte und rechts **Villanders im Schmuck von Wiesengrün und blühenden Edelkastanien – weithin grüßen seine Kirchen das Land.**

Villanders und Barbian betrachten wir, nachdem wir beide Namen als gemeinsame, ineinanderfließende Landschaft gewürdigt haben, nun einzeln als Ort.

Villanders besitzt mit seinen zwei weithin sichtbaren Kirchtürmen eine starke Ausstrahlung. St. Michael, den kleineren Turm, erwähnt die Chronik schon 1344; St. Stephan, die stattliche Dorf- und Pfarrkirche, datiert bis 1400 zurück. Dazwischen liegt der Friedhof – eine Sammlung kunstvoll vom »Gassenschmied« im Ort gearbeitete Grabkreuze. Das Langhaus der Pfarrkirche zeigt stattliche Ausmaße, das Licht im Inneren verteilen eine prachtvolle Fensterrose über dem Hauptportal und schmale gotische Fenster im Langschiff. Glasgemälde leuchten auf, zeigen Bergknappen bei der Arbeit, sie erinnern an die mittelalterliche bergmännische Vergangenheit von Villanders. Das nahe Pfunderer Bergwerk im Thinnebachtal existierte bis herauf ins 19. Jahrhundert und war

für Klausen, Barbian und auch für Villanders über Jahrhunderte wichtiger Arbeitgeber. Barbian ist von Villanders durch den Zargenbachgraben geschieden, der die Gemeindegrenze hinab zum Eisack trägt. Wir erreichen Barbian auf der Straße herüber von Villanders oder aus dem Tal in der Auffahrt (4,5 km) bei Waidbruck. Villanders liegt 880, Barbian 830 Meter hoch, Barbian muß sich einschränken, es gibt keinen ebenen Platz, und so stehen die Pfarrkirche zum hl. Jakobus, die Gaststätten »Lamm« und »Traube«, der »Rößlwirt« und alle übrigen alten und neuen Gebäude eng beieinander. St. Jakob hat aber einen schiefen Turm. Von welcher Seite auch immer wir die Kirche betrachten, den Turm – er stammt aus dem 13. Jahrhundert – können wir nicht senkrecht rücken. Das Gemeindewappen von Barbian versinnbildlicht Bad Dreikirchen und mit einer Stange die alte Zollstelle Kollmann, unten an der Brennerstraße, ebenfalls zu Barbian gehörig.

Die Edelkastanie ist in keinem Südtiroler Landstrich so verbreitet und seßhaft wie zwischen Feldthurns, Villanders und Barbian. Prächtige Einzelbäume und in sich geschlossene Haine gibt es im gesamten Land bis in die Höhe von 800 Meter, für das mittlere Eisacktal aber ist die Edelkastanie der Charakterbaum.

Die »Kösten« ist in Südtirol kein Wildbaum, sondern ein Kulturbaum, Stück für Stück gezählt, fast genießt sie »Ehrenbürgerrechte«, die niemand ohne weiteres antasten darf, jeder geschlagene oder vom Wetter gefällte Baum muß durch eine Neupflanzung ersetzt werden. Die drehwüchsigen, im Umfang oft mehrere Meter starken Stämme teilen sich in mächtige, weit ausgreifende knorrige Äste. Im Frühsommer zur Blütezeit glänzt über dem dunklen Blattgrün ein gelbweißer Schimmer, im Herbst platzt die stachelige Fruchtkugel und entläßt den Inhalt, drei, vier glänzend braune Kastanien.

22 Klausen abwärts nach Bozen

Die Stadt Klausen hat im Wappen einen silbernen Schlüssel auf rotem Grund. Der Schlüssel weist auf die Bedeutung des Ortes am Brennerweg hin, denn Klausen war und ist die Tür vom mittleren zum unteren Eisacktal, hinein in die enge Schlucht des Eisack über 30 Kilometer hinab nach Bozen. Der Fluß, die Eisenbahn, die Staatsstraße und die Autobahn berühren und schneiden sich, der moderne Verkehr braucht viele Kunstbauten, bis er hineinströmen kann in das Bozner Becken.

Wie und wo mag die römische Kohorte, der Troß der Kaiserzüge, der Handel im Mittelalter den Weg im unteren Eisacktal gefunden haben? Die Römer und auch die Kaiser überwanden die Schlucht oberhalb: Zwischen dem Ritten und dem heutigen Barbian – dafür gibt es viele handfeste Hinweise – muß wohl das Hin und Her verlaufen sein. Wie hätte der Mensch früherer Zeiten ohne technische Hilfsmittel die Schlucht passieren können, wenn noch in unserem Jahrhundert der Eisack immer wieder Staatsstraße und Eisenbahn blockierte! Der Handel – er war auf den Lastkarren und damit auf einen möglichst kontinuierlichen Weg angewiesen – erzwang schließlich die Passage im Talgrund.

Der Bozner Kaufmann Heinrich Kunter trotzte im Jahre 1314 dem Eisack einen Fahrweg ab, und weil er als Handelsherr ein gesundes Verhältnis zum Geld haben mußte, verlangte er für den »Kuntersweg« einen Zoll; Zahlstelle war die Zollstange in Kollmann. Herzog Sigmund, der »mit der leeren Tasche«, baute 1481/83 den Kuntersweg weiter aus und errichtete in Kollmann das Zollhaus, das wir auf der Fahrt von Klausen abwärts heute zollfrei passieren dürfen.

Der »obere Weg«, damit meinen wir im Unterschied zum »Kuntersweg« den Weg oben auf der Höhe 500 Meter über dem Tal: von Barbian nach Saubach, weiter zur Örtlichkeit »Rotwand« und vorbei an St. Verena nach Lengstein am Ritten. Damit folgen wir in Teilen dem »Urweg«, den in Umgehung der Eisackschlucht als erste wohl die rätische Urbevölkerung absteckte. Der Kirchenhügel St. Verena, aus dem Eisacktal sehr gut sichtbar, ist der deutliche Hinweis.

Der Gegend zwischen Barbian und Lengstein, im Mittelpunkt St. Verena, möchten wir die Abgeschiedenheit vergangener Jahrhunderte gerne zurückwünschen, als nach dem Ausbau der Straße durch die Eisackschlucht niemand mehr die alten Wege benützte – wir sollten zu Fuß nach St. Verena gehen. Die Gemeinde Barbian hat die Straße bis zum Graben des Diktelebaches, der Grenze zur Gemeinde Ritten, gut ausgebaut. Aus dem Bachwinkel fahren wir auf schmaler, geschotterter Straße hinaus in eine grüne Mulde un-

ter rotem Porphyrfels, der hier – deshalb der zusammenfassende Name »Rotwand« für die umliegenden Bauernhöfe – massiv zutage tritt. Vor uns eine ebene Hochterrasse, genützt für Acker und Wiese, leider etwas beeinträchtigt durch die gewaltige Hochspannungsleitung darüber, sonst aber so schön, daß wir vor allem im Frühling und wieder im Herbst, in der stilleren Zeit, hier unterwegs sein möchten. Von der Straße steigen wir durch Buchenwald in wenigen Minuten hinauf zum freien Kirchhügel, zu einem Ort, der nirgends seinesgleichen hat im gesamten Eisacktal.

Das Verena-Kirchlein wird 1256 erstmals erwähnt, aber schon viel früher müssen Menschen auf dem Hügel gewesen sein, deutliche Spuren am runden, einst vom Gletscher geschliffenen Fels deuten darauf hin. Vielleicht war die Kirche einmal eine Burg, niemand weiß Genaues. Tisch und Bank laden zur Rast, aus der Höhe von 900 Metern schauen wir in das Land.

Bild links   Mit solch üppiger Wasserführung überrascht der Eisack nur im Frühsommer, zur Zeit der Schneeschmelze auf den Gletschern der Zentralalpen, oder nach mehreren Regentagen. – Die Holzbrücke überspannt den Fluß zwischen Waidbruck und Atzwang, dient aber fast nur noch als Fußgänger-Übergang.

Bild Mitte   St. Verena am »oberen Weg« zwischen Barbian und dem Ritten.

Bild oben   Der Ansitz Lusenegg, links oberhalb von Klausen, den Eisack abwärts.

Bild rechts   Die Trostburg hoch am Hang über Waidbruck, an der Einfahrt zum Grödner Tal, ein Wahrzeichen im unteren Eisacktal.

Vom Eisacktal in die Dolomiten

Südtirol und Dolomiten, beides zusammen ist eine Verheißung, die in fast unwiderstehlichem Sog über die Brenner Autobahn weit hinaus in deutsche Lande wirkt. Welcher Begriff ist stärker, welcher spannt Erwartung und Vorfreude am meisten, wenn wir am Brenner nach Südtirol einreisen? Die erste Fahrt wird keine Antwort wissen, denn von ihr erwarten wir meist zu viel: die Öffnung des Landes mit einem Schlag, mit all seinen Schätzen vom Wein über die Burg zum Berg, zu den Dolomiten natürlich, zu welchem Gebirge sonst. An dieser Stelle nun der Hinweis: Südtirol ist mehrmals so groß wie die gesamten Dolomiten, und von den Dolomiten ist wiederum etwa nur ein Fünftel, ein Teil der Östlichen und ein Teil der Westlichen Dolomiten, in Südtirol. Die Vorstellung, Südtirol ist gleich Dolomiten, trifft also nicht zu, das vorliegende Buch erbringt dafür den Beweis.

Das Eisacktal, vom Brenner abwärts bis Franzensfeste auch Wipptal genannt, teilt im Zug zum Bozner Becken das Land in Ost und West, die Dolomiten versteckt es im östlichen Landesteil, fast unsichtbar aus dem Tal, und das mag eine übergroße Erwartung vielleicht enttäuschen. Aus dem Brixner Becken fahren wir auf der Autobahn jedoch nur 10 Kilometer, die Ausfahrt Klausen ist der erste Wink zu den Dolomiten. Das Villnößtal mündet

bei Klausen in das Eisacktal, besuchen wir Villnöß, sehen wir Dolomiten unserer Vorstellung: blanken, senkrechten Fels, hineingerammt in weiße Steinkare, die Geislerspitzen im Einklang mit der Talschaft Villnöß befriedigen auch hochgespannte Dolomitenwünsche. Die Ausfahrt Klausen schickt uns neben Villnöß auf herrlich trassierter Höhenstraße auch hinein nach Gröden.

Gröden – sowohl für Südtirol wie für die Dolomiten ein überaus wirksamer Name! Gröden ist der Magnet, dem niemand widerstehen kann, er verheißt den Langkofel, die Sella und zwei große, berühmte Dolomitenübergänge, das Grödner Joch und das Sellajoch. Das Grödner Tal selbst mündet aber nicht bei Klausen, sondern abwärts in Richtung Bozen erst bei Waidbruck in das Eisacktal. Dort überspannt die »Ponte Gardena« den Fluß, sie ist die Brücke hinein nach Gröden. Ab Waidbruck scheint das Eisacktal keinen Dolomitenausgang zu haben, so eng stellt der buschbewachsene Porphyrfels die Talkulisse. Kommen wir zum erstenmal, rauschen wir auf der Autobahn an den Eingängen zum Tierser Tal, zum Eggental vielleicht sogar vorbei, ohne sie zu erkennen. Die Ausfahrt Bozen-Nord ist wichtig. Die Landkarte zeigt bei Blumau die Einfahrt in das Tierser Tal und bei Karneid die Straße in das Eggental: hinauf zum sagenumwobenen Rosengarten, zum zauberhaften Karersee und zu den Türmen des Latemar. Die Täler von Villnöß, Gröden, Tiers und Eggen öffnen aus dem Eisacktal die Welt der Dolomiten.

Bild rechts **Die Eisacktaler Höhenrücken von Brixen auf der rechten Flußseite abwärts in Richtung Klausen zeichnen sich aus durch eine herrlich weite Schau zu den Dolomiten. – Am Weg zum Latzfonser Kreuz überblicken wir die Westlichen Dolomiten: von den Geislerspitzen (links) über die horizontal geschichtete Sella-Gruppe und den weißen Firnschild der Marmolata bis zum Langkofel und Plattkofel am rechten Bildrand.**

Bild links **St. Jakob, dieses Kirchlein oberhalb von St. Ulrich im Grödner Tal ist ein vielbesuchter Aussichtsplatz zum Langkofel.**

Die Dolomiten

Wenn wir die Dolomiten besuchen, dort wandern und bergsteigen, bekommt das kundige Auge einen guten Einblick in elementare Naturereignisse unserer Erde, im Ablauf unendlich weit zurück.

Die Sonne scheint seit dem Übergang vom Erdmittelalter zur Erdneuzeit – also seit über 60 Millionen Jahren – auf jene Berge, die wir heute die Dolomiten nennen. Im warmen Urmeer der Tetys stapelten sich unvorstellbare Mengen kalkhaltiger abgestorbener Meerestiere und Pflanzen Schicht für Schicht übereinander auf. Mit dem Abfließen der Wasser und gleichzeitiger Anhebung des »Baumaterials« kam das Gebirge ans Licht, wüst und ungeordnet, eine Landschaft ohne Leben. Die Jahrmillionen seitdem formten die Berge, gewaltige vulkanische Kräfte rissen das Gebirge auf und verschütteten es wieder, die Eiszeiten löschten Pflanzen und Leben aus, bis endlich die letzte Eiszeit mit ihrem Ablauf vor 10 000 Jahren die Dolomiten so hinterließ, wie wir sie heute sehen. Neue Pflanzen und Tiere nahmen Besitz; erst im zweiten Jahrtausend unserer Zeitrechnung, in dieser winzigen Spanne innerhalb des ganzen Geschehens, kultiviert der Mensch die Dolomitentäler.

Die Kunde von den Dolomiten ist kaum 200 Jahre alt. Der Franzose Deodat de Dolomieu erforschte um 1789 erstmals das Gestein, aber nochmals mußte ein halbes Jahrhundert vergehen, bis der Mensch zu den ersten Gipfeln vordrang. Der Brite John Ball kam am 19. September 1857 zum Monte Pelmo (3168 m), diese bergsteigerisch erlösende Tat war für die Dolomiten eine neue Geburt. Erst mit diesem Datum – kaum möchten wir es glauben – nahm das alte Europa das »Reich der bleichen Berge«, die Dolomiten, allgemein zur Kenntnis.

Westliche Dolomiten. Die Linie: Gadertal–Corvara–Campolongo-Paß–Arabba teilt die Dolomiten in Ost und West. Aus dem Eisacktal öffnen uns also die Täler Villnöß, Gröden, Tiers und Eggen die Westlichen Dolomiten. Südtirol hat daran einen großen Anteil, muß aber die Berge jenseits von Sellajoch und Karerpaß der Provinz Trient überlassen. Die Marmolata, höchster Gipfel der Westlichen Dolomiten, gleichzeitig auch höchster Berg der gesamten Dolomitenwelt, gehört zu den Provinzen Belluno und Trient, zu Südtirol zählen die Geislerspitzen, die Puez-Gruppe und teilweise das Sella- und Langkofel-Massiv, der Rosengarten und Latemar.

Bild rechts **Die Gschnagenhardt-Alm im Villnößer Wanderbereich, die Geislerspitzen mit Sass Rigais (links).**

Bild unten **St. Magdalena in Villnöß, im Wiesengrund dahinter St. Johann, darüber die Geislerspitzen.**

23 Villnöß und Geislerspitzen

Das Villnößtal ist herab vom Brenner das erste der vier Täler, das aus der großen Eisacktaler Verkehrsschiene hinlenkt zu den Dolomiten. Bis Villnöß im Jahre 1859 die Schluchtstraße bekam, mußte der Mensch mit der Kraxe auf dem Rücken die alten Wege gehen, aus dem Eisacktal über die Berge, im Pendel zwischen Teis und Gufidaun und St. Peter–St. Magdalena drinnen in Villnöß. Die Einfahrt bei Klausen in das Tal ist schmal, der Villnößer Bach kommt lebhaft und frisch heraus von St. Magdalena, dem Dorf 10 Kilometer weiter drinnen im Talschluß unter den Geislerspitzen. Nach wenigen Kilometern treten die stark bewaldeten Hänge zurück, die Straße steigt an, das Tal

bekommt Licht und Sonne und der Bach erste Uferwiesen. An der Straße der kleine Hof, der größere und stattlichere am Hang, mit dem ersten Blick zu den Geislerspitzen wissen wir: In Villnöß sind wir richtig, wenn wir ein ruhiges Tal suchen, die Dolomiten erleben wollen und zudem die Vorzüge einer hügelig sanften Wald- und Wiesenlandschaft schätzen.

St. Peter, das Kirchdorf in sonniger Hanglage auf 1150 Meter Meereshöhe, ist der Hauptort, das Zentrum für Tal und Gemeinde Villnöß. Was der Gast im normalen Anspruch braucht, findet er in den gepflegten Gasthöfen, Pensionen und Privatquartieren. Von St. Peter wenige Kilometer aufwärts erwarten uns im Talschluß zwei bekannte Kirchen, die Villnöß seit jeher besonders schmücken. Das liebliche St. Magdalena »im Berg« (1339 m) grüßt links im Hang; St. Johann nahe dem historischen Hof Ranui (1352 m) steht allein im grünen Wiesenboden, dahinter dichter, dunkler Bergwald und die leuchtenden Fels-

türme der Dolomiten. St. Johann und die Geislerspitzen! Dieses berühmte Motiv in glücklicher Komposition von Wiese, Kirchlein, Wald und Feld ist das klassische Dolomitenbild und für Villnöß ein Magnet mit starker Wirkung nach draußen.

Wenn wir die Geislerspitzen so nah und deutlich vor uns sehen, verspüren wir gewiß den Wunsch, hinaufzugehen zum Wäldersaum, zu den weißen Steinkaren, aus denen die Spitzen mit ihrer so unvergleichlichen Linie bis in Dreitausenderhöhen wachsen. Villnöß ist auf den Wandertourismus gut eingestellt, oben bei der Zanser Alm, in 1680 Meter Höhe, wartet ein zentraler Parkplatz. Wir finden den zauberhaften Munkelweg entlang der Geislerspitzen zur Brogles Alm, den Weg zur Schlüterhütte am Peitlerkofel, den anspruchsvollen Günther-Messner-Steig über die Aferer Geiseln: die kleine und die große Wanderung, auch die Gipfeltour zum Berg – für einen Südtiroler Dolomitenurlaub bleibt Villnöß nichts schuldig.

24 Grödner Tal und Grödner Joch

Das Tal. Das Grödner Tal läuft in Waidbruck an der Ponte Gardena dem Eisack zu aus, doch grödnerisch, ladinisch wird das Tal erst am Boden von Pontives, wenn wir durch die Enge der »Ladinischen Pforte« hinein nach St. Ulrich fahren. In der Talschlucht hinab nach Waidbruck und im Bereich der Höhenstraße herauf von Klausen nach Pontives ist alles deutschtirolerisch, erst die Ladinische Pforte, der Name spricht es aus, öffnet den Eintritt nach Gröden, in das wohl berühmteste Südtiroler Dolomitental.

Pontives (ca. 1100 m), früher ein Wiesenboden, ist heute ein modernes Gewerbezentrum, für das Gröden drinnen im Tal keinen Platz hätte opfern dürfen. Nach der Pfortenenge liegt das Grödner Hochbecken vor uns, geschmiegt zwischen Seiser Alm und Langkofelstock zur Rechten, Raschötz und Geislergruppe zur Linken, leicht nach Südost geschwungen, stößt Gröden in der Ausdehnung von etwa 10 Kilometern an die Sella – diese bleiche Felsenburg setzt Gröden die Dolomitenkrone auf!

Drei Orte: St. Ulrich, St. Christina und Wolkenstein – jeder von ihnen eine selbständige Gemeinde – verwalten das Jahr über das normale gemeindliche Leben, zur Winter- und Sommersaison zudem jedoch eine Gästeschar, die in den Hauptmonaten die Einwohnerzahl mehrfach übersteigt. Die Talschaft Gröden – Meereshöhe zwischen 1200 und 1600 Meter – zählt etwa 8000 Einwohner, mehr als 90 Prozent bekennen sich zur ladinischen Sprache. Hauptort ist der Markt St. Ulrich, er setzt Maßstäbe für die Infrastruktur: In der Summe dessen, was dem Gast im Sommer und Winter an guter bis nobler Herberge, an Seilbahnen und Liften und sonstigen Einrichtungen geboten wird, ist Gröden innerhalb von Südtirol führend.

Was interessiert den Grödner Gast noch, neben Berg und Ski? Wer Gröden sagt, meint sehr oft auch die Schnitzkunst, die in diesem Tal seit dem 17. Jahrhundert ausgeübt wird und Gröden – weil vor allem das Herrgottschnitzen gepflegt wurde – im katholischen Europa frühzeitig zu einem Begriff erhob. Diese Besonderheit ist für Gröden sehr wichtig; richtig und gut zu schnitzen wird in Fachschulen gelehrt und neben Massenware auch in hohem künstlerischen Anspruch verwirklicht. Der geschnitzte Herrgott war das erste Grödner Signal zur Außenwelt, das zweite sandte Paul Grohmann aus: Sein Gipfelsieg am Langkofel lenkte wiederum die Aufmerksamkeit nach Gröden.

Der aufstrebende Alpinismus stellte dem Fremdenverkehr die Weichen, die herrliche Dolomitenlandschaft rundum ist für das Gröden von heute das wohl größte Kapital.

Bilder oben **Mit der Schnitzkunst haben die Grödner einst ihr karges Dasein aufgebessert; dieser bescheidene Anfang ist heute ein weltberühmter Wirtschaftszweig.**
Ein liebevoll erhaltenes St. Ulricher Bürgerhaus, gewiß der Stolz des Besitzers, denn im Grödner Tal gibt es dazu kein Gegenstück.

Bild links **Häuser aus alter Zeit im Ortskern von St. Ulrich, sachverständig renoviert und deshalb für den Ort ein hübscher Schmuck.**

Bild rechts **Am Grödner Joch ist das alte Joch-Hospiz eine gemütliche Einkehr mit großem Ausblick nach Westen zur Langkofel-Ostflanke.**

Seilbahnen und Lifte – so sehen es inzwischen vielleicht auch die einheimischen Verantwortlichen – hat Gröden genug. Die Fahrt zur Höhe ist an jeder Talseite mehrfach möglich und verteilt sich auf die einzelnen Talorte. St. Ulrich besitzt die Gondel zum Pitzberg, ein großartiger Sonnenbalkon in 2000 Meter Höhe mit Ausblick und Wandermöglichkeiten zur Seiser Alm und zum Langkofel. Die St. Ulricher Sonnenseite lockt mit Raschötz und Seceda, diese berühmten Grödner Bergstationen werden von einem Sessellift und einer Gondelbahn erschlossen.
St. Christina, der mittlere Talort, ist zuständig für den Sessellift zum Monte Pana und für die Umlaufgondelbahn über die Südhänge hinauf zum Col Raiser. Wolkenstein bietet die Gondelbahnen zum Ciampinoi und verbindet sich mit dem Drahtseil hinauf nach Danterceppies mit dem Grödner Joch.

Das Grödner Joch ist die offene Grödner Tür zur ladinischen Verwandtschaft drüben im östlichen Gadertal. Die Jochhöhe, 2137 Meter, greift aus nach Süden zum Sellamassiv, nach Norden zu den Cirspitzen und erhält von Gröden, vom Talort Wolkenstein, und vom Gadertal, von Corvara über Colfuschg, die Zufahrt.
Die Grödner Trasse verläßt am Hotel Miramonte (Plan de Gralba, 1876 m) die Straße zum Sellajoch, ab Straßengabel noch 6 Kilometer zum Grödner Joch. Durch steinige Weideböden greift die Straße mit zwei Schleifen weit aus, hinauf zu einer markanten Rasenschulter, dort Tisch und Bank – wir sollten anhalten und schauen. Das ist die Stelle, wo der Langkofel der Wortsilbe »lang« gerecht wird; die Entfernung zu ihm – Luftlinie 4 Kilometer – ist so ideal, daß die Ausmaße der titanisch aufgerichteten Ostflanke –

1000 Meter Höhe und 1,5 Kilometer Breite – sowie der Wiesen- und Wäldersaum am Sokkel ein großartiges Bild ergeben. Ganz nah ragen die nordwestseitigen Türme der Sella, der Große Murfreidturm direkt über unserem Aussichtspunkt bricht die vom Grödner Joch bis hierher gerade verlaufende Felsenphalanx und gibt ihr die Richtung zum Sellajoch (Schnürer: »Dolomiten«).
Hinauf zum Grödner Joch rundet die Straße eine nächste Kehre, läuft in einer Geraden durch den Schottersockel der Murfreidtürme und braucht, befreit von allzu nahem Fels, im freien Gelände noch einige Kehren zum Joch. Wir sehen die grüne Wiesenschwinge, darin die Jochhäuser, darüber die Zackenreihe der Cirspitzen, in Dominanz die Große Cirspitze (2592 m). Vom Grödner Joch aus ist sie ein beliebtes Gipfelziel mit großem Ausblick zur Grödner Dolomitenwelt.

25 Sella und Sellajoch

Der große Vorteil von Gröden ist die bei normalen Verhältnissen problemlose Verbindung mit zwei berühmten Dolomitenpässen: zum Grödner Joch und zum Sellajoch. Aus dem Talschluß bei der Wiesenebene von Plan (1606 m) oberhalb von Wolkenstein greifen die Straßen aus, als wollten sie die Sella umarmen.

Plan war die Endstation der Grödner Bahn, einer Schmalspurschiene herauf von Klausen, Streckenlänge 44 Kilometer, Höhendifferenz knapp 1100 Meter. Bahn und Jochstraßen haben ein gemeinsames Geburtsdatum: den Kriegseintritt von Italien im Mai 1915 gegen Österreich. Zur Versorgung seiner Dolomitenfront baute Österreich eiligst diese Bahnlinie und die Paßstraßen.

Wie sah es vorher aus? Die Grödner Welt war in Plan zu Ende, hinauf zu den Übergängen führten nur holprige Karrenwege. Aber das Grödner »Bahnl« verlor 1960 wegen Unrentabilität leider seine Existenz; Schuld daran war das Auto, das nun die früheren Kriegsstraßen als hochwillkommenes Erbe zur Dolomitenfahrt nützt. Die Talschaft stiftete ihrer Bahn ein Denkmal. Auf dem ehemaligen Bahndamm nahe der Pfarrkirche von St. Ulrich steht der »feurige Elias«, die kleine Dampflokomotive, Baujahr 1915, als Andenken an schwere Zeiten, aber auch an manch lustige Begebenheit irgendwo auf der Strecke oder den Haltestationen. An die harte Wirklichkeit beim Bahnbau erinnert die Gedenktafel bei der Lokomotive:

»3500 Soldaten, 6000 Kriegsgefangene, 500 Zivilarbeiter, Ingenieure und Techniker haben den Bau im Herbst 1915 begonnen und innerhalb eines halben Jahres ausgeführt« – im Winter, bei Eis und Schnee!

Das Sellajoch. Jede Dolomitenfahrt – gibt es eine Ausnahme? – berührt dieses 2240 Meter hohe Joch, von keiner anderen Paßhöhe schauen wir so viele und so großartige Dolomitenberge! Diese deutliche Formulierung reduziert alle geschraubten Superlative auf den einfachen Nenner: Das Sellajoch ist der schönste Dolomitenpaß.

Vor der Paßhöhe empfiehlt das Sellajochhaus (2183 m) einen Halt, denn oben auf der Paßhöhe ist zur Hauptsaison bei gutem Wetter auch der letzte Platz besetzt.

Ein Tag am Sellajoch ist fast zu wenig, um das Erlebnis dieser Paßhöhe aufzunehmen. Die Jochwiesen schwingen vom Langkofeleck zu den Sellatürmen, der Langkofelstock zeigt die von Gröden abgewandte Fassaner Seite mit Fünffingerspitze und Grohmannspitze, bei der »Steinernen Stadt« rätseln wir über das Alter dieses gewaltigen Bergsturzes, und mit dem Marmolatafirn im Südosten haben wir noch nicht alles aufgezählt, was wir am Sellajoch von den Dolomiten sehen.

Bild oben   **Die Nordbastion der Sella-Gruppe im Blick von der Juac-Alpe oberhalb von St. Christina und Wolkenstein. Wolkenstein sehen wir unten im Tal, das Sellajoch liegt am rechten Bildrand.**

Bild links   **Vor uns das Sellajoch mit seinem Haus, aus der Sicht von einem Standort über dem Wirrwarr der »Steinernen Stadt«, einst ein Felssturz herab vom Langkofel. Das Joch prangt in frischem Grün, die Marmolata trägt makelloses winterliches Weiß, Neuschnee liegt auch auf der Pordoispitze und dem breiten Terrassenband, das die Sella-Gruppe fast lückenlos umgürtet. Links erkennen wir die Jochhöhe, die Straße nach rechts führt zum Rifugio Valentini.**

Die Sella – »Gralsburg Ladiniens« – diese Beifügung schmückt die Sellagruppe schon sehr lange und lenkt die Aufmerksamkeit auf den Begriff »Ladinien«.

Ladinien ist keine politische Einheit, die Landeskunde umschreibt mit diesem Wort den Lebens-, Sprach- und Kulturraum der Talvölker rund um die Sellagruppe. Dieser Lebensraum ist sehr beengt, er umfaßt im Westen das Grödner Tal, im Norden das Gadertal, im Osten das Buchensteiner Tal und im Süden das Fassatal. Im Schnittpunkt dieser Talschaften ragt zur Mitte gleich einer Burg das Sellamassiv.

Nach der Römerzeit, auch nach der bajuwarischen Siedlungswelle ab dem 6. Jahrhundert, blieben die inneren Dolomitentäler infolge der schweren Zugänglichkeit von außen fast unangetastet. Das Jahrtausend danach pflanzte den Keim für das Ladinien des Mittelalters bis hin zur Zäsur des Ersten Weltkriegs. In Schutz und Obhut der Habsburger gedieh in den Hochbecken an den Funda-

menten der Sella eine einfache bäuerliche Kulturlandschaft. Das Volk entwickelte eigene Sitten und verständigte sich auf »ladinisch«, der allen Tälern gemeinsamen Sprache; die Sprachwurzeln greifen im Vulgärlatein der Römer. Die ladinische Bevölkerung von heute lebt weniger vom Land, vielmehr von der Landschaft, also vom Fremdenverkehr. Die genannten Täler verdichten zur Sella hin den großen Dolomiten-Tourismus unserer Tage zu einem Schwung, dem anscheinend bis jetzt kein Halt entgegensteht.

Wo bleiben bei dieser Prosperität die Sprache, Kultur und Eigenart der Ladiner? Der italienische Staat macht es den Ladinern schwer, die Einheit zu wahren. Nach 1920 teilte er Ladinien: Das Gröden- und das Gadertal kamen zur Provinz Bozen-deutschsprachig; Buchenstein zur Provinz Belluno und Fassa zur Provinz Trient, beide sprechen italienisch. Die Provinz Bozen, also Südtirol, räumt den Ladinern gute Rechte ein, die anderen Provinzen fördern die Italianisierung.

26 Langkofel und Plattkofel

»Kofel«, das heißt Berg, lang und platt müssen demnach die Merkmale für den Langkofel und den Plattkofel sein. Beide gelten als Hauptgipfel der Langkofelgruppe, einem kompakten, geschlossenen Bergstock mit großer Ausstrahlung nach Gröden, zum Sellajoch, in das Fassatal und zur Seiser Alm. Die Langkofel-Dolomitenwelt ist weniger groß als hoch; in 6 bis 8 Stunden können wir sie umrunden. Der höchste Gipfel, die Langkofelspitze (3181 m), ist ein klassischer, berühmter Dolomitenberg, nur der erfahrene, gut ausgerüstete Bergsteiger darf sich den Aufstieg zur begehrten Spitze zutrauen. Wer Langkofel sagt, meint meist auch Gröden. Herab nach Gröden zeigt das Langko-

felmassiv ein besonders prächtiges Dolomitenbild, der Langkofel ist Grödens Stolz und Zierde. Die Spitze überragt hoch das Tal – unerreichbar, so meinten die Grödner –, bis im August 1869 der Wiener Paul Grohmann nach St. Ulrich kam, um dem Langkofel den Nimbus zu nehmen. Grohmann und seinen Begleitern Innerkofler und Salcher gelang der große Wurf: Am 13. August stand die Dreierpartie auf der Langkofelspitze.

Mit seinem Gipfelsieg hatte Paul Grohmann den Grödnern einen großen Dienst erwiesen: Wer fürderhin zum Langkofel wollte, auch nur zum Anschauen, kam nach Gröden. Die Erinnerung an Paul Grohmann, den erfolgreichen Dolomitenpionier, bleibt in Gröden lebendig, sein Denkmal steht in einem hübschen, etwas versteckten Naturhain oberhalb von St. Ulrich.

Möchten wir für den Langkofel die Namensgebung erforschen, müssen wir das Tal verlassen, auffahren zum Grödner Joch und von dort aus den Berg betrachten. Die gewaltige

gestreckte Ostflanke dürfte es gewesen sein, die ihm den Namen gab; so sehen es auch die Einheimischen, die den Langkofel auf ladinisch »Sass Lung« nennen.

Der Langkofel ist ein anspruchsvolles Bergsteigerziel, für viele Dolomitenfreunde also unerreichbar. Anders der Plattkofel, 2964 Meter hoch, der Westpfeiler innerhalb der Gruppe, die Beifügung »platt« signalisiert eine Schwachstelle. Wollen wir diese Schwäche wissen, gehen wir hinauf zum Plattkofel-Schutzhaus (2297 m) am Fassaner Joch; dort stehen wir vor dem »Platt«, der ausgedehnten Riffkalkböschung hinauf zum Gipfel. Dieser plattige, von dürftiger Vegetation durchwachsene Fels ermöglicht auch dem Bergwanderer das Gipfelglück.

Die Wanderer kommen vom Kirchlein St. Jakob oberhalb von St. Ulrich – herrlich dargeboten die Langkofel-Nordseite.
Einklinkbild **Das Grohmann-Denkmal oberhalb von St. Ulrich.**

27 Kastelruth, Seis und Völs

Das Eisacktal wirkt ab Waidbruck gegen Bozen eng, fast düster; frei und sonnig aber ist die Höhe darüber, das Mittelgebirge auf der linken Talseite schließt auf zu Puflatsch und Schlern. Der Mensch lebt schon sehr lange dort oben. Er hat die geräumige Hochterrasse über Jahrhunderte hinweg von zu viel Wald befreit, das Land eingeteilt in Wiesen, Felder und Äcker, Hof, Weiler und Dorf hinzugestellt und so zwischen 800 und 1100 Meter Höhe eine bäuerliche Kulturlandschaft geschaffen, in der zu leben heute ein großes Glück bedeutet. Die Gemeinschaft richtet sich nach drei Ortschaften aus, die den Ton angeben: Kastelruth, Seis und Völs.

Kastelruth ist im Schlerngebiet – so nennt sich die ganze Gegend um Schlern und Seiser Alm bis hinüber nach Gröden – der größte und einflußreichste Ort. Kastelruth hat den früher rein dörflichen Zuschnitt abgelegt, ist heute eine repräsentative Südtiroler Marktgemeinde mit fast 120 Quadratkilometern Wiesen, Wald, Bergen und Fels und zählte – laut Statistik von 1988 – 5522 Einwohner, in Aufschlüsselung nach der Sprachenzugehörigkeit 4397 Deutschtiroler, 124 Italiener und 831 Ladiner. Die Gemeinde reicht zwischen Waidbruck und Blumau hinunter zum Eisacktal, zu ihr gehört Seis und zum größten Teil auch die Seiser Alm, über den Panider Sattel greift sie aus nach Gröden bis zum Ufer des Grödner Baches und tangiert somit St. Ulrich – daher auch der ladinische Bevölkerungsanteil. Im Zeitalter vor dem Auto war für Kastelruth die Eisenbahnstation unten im Eisacktal sehr wichtig, von dort, von Waidbruck, erhielt Kastelruth im Jahre 1887 die erste Straße. Inzwischen gut ausgebaut, ist diese steile Trasse – 7 Kilometer nach Waidbruck – auch heute noch für Kastelruth ein notwendiges Band zum Eisacktal, die Hauptstrecke über Seis–Völs nach Blumau ist um 10 Kilometer länger.

Die Ortsgeschichte beginnt laut Urkunde zum Ausklang des ersten Jahrtausends mit dem Namen »Castelruptum«, der zerstörten rätischen Festung am nahegelegenen Schloßberg. Das Kastelruth von heute ist stattlich und gepflegt, der Kirchturm steht frei und hoch mit barocker Haube über dem gepflasterten, etwas engen Ortskern. Der schöne Floriansbrunnen mit der Jahreszahl 1884, gefaßt in Porphyr, kommt dafür aber sehr gut zur Geltung.

Völs am Schlern inmitten frühlingsgrüner Wiesenterrassen, links die Kirche St. Peter.

»Oswald-von-Wolkenstein-Ritt«, so lesen wir die offizielle Ankündigung für die seit 1983 gemeinsame zweitägige Veranstaltung der Gemeinden Völs und Kastelruth am dritten Wochenende im Juni jeden Jahres. Verfolgen wir dieses Schauspiel, erleben wir einen sportlichen Wettkampf zu Pferde, ausgetragen in der Turniertradition des ausklingenden Mittelalters, zur Zeit des Ritters Oswald von Wolkenstein (siehe auch Seite 41).

Der Wolkensteiner hat Wurzeln in der Trostburg und auf Burg Hauenstein am Schlern und erlebt mit diesem Ritt eine großartige Südtiroler Renaissance. Das Turnierspiel, geritten auf Haflinger Pferden, läuft im Bergauf und Bergab in mehreren Etappen durch die Gemeinden und wird mit der »Oswald-von-Wolkenstein-Standarte« und mit Geldpreisen belohnt. Die Standarte, eine schöne Bildschnitzerarbeit, ist der begehrte Wanderpreis für ein Jahr, der nächste Ritt stellt meist eine andere Mannschaft auf das Siegerpodest. Teilnahmeberechtigt ist jeder Südtiroler ab dem 16. Lebensjahr, vier Reiter bilden eine Mannschaft, drei müssen aus dem gleichen Ort, einer darf »ausgeliehen« sein. Die Kondition für Roß und Reiter sollte optimal sein, denn ein Spazierritt ist dieser Wettbewerb wahrlich nicht. Ringel- und Schilderstechen, Galopp mit Hindernissen, Torritt, so etwa lauten die Stationen, die jedes Mannschaftsmitglied einzeln bewältigen muß. Gewertet wird die Gesamtzeit der Mannschaft.

Seis und Völs. Von den drei Ortschaften, die auf dem Eisacktaler Sonnenbalkon oben bei Puflatsch und Schlern ein so herrliches Dasein führen, ist Seis die vornehme Adresse. Seit den Anfängen mit der Brenner Eisenbahn im Jahre 1867 – die frühen Gäste kamen von der Haltestelle Kastelruth mit der Kutsche zum Ort – stieg Seis auf zu einer Sommerfrische mit internationalem Publikum.

Die wichtigsten Anzeigen für ein ständiges Gästeinteresse kommen jedoch von der Landschaft, vom Schonklima dieser Höhe – 1000 Meter – und von der Sonne, die dem Schlerngebiet das ganze Jahr über angenehme Temperaturen schenkt. Wiesen, Wald und Feld gleiten in sanfter Welle von Dorf zu Dorf, im Spaziergang ohne aufregende Steigung kommen wir zu Örtlichkeiten, die wir besuchen müssen, wenn wir im Schlerngebiet verweilen: St. Valentin in grüner Flur, Bad Ratzes im Waldwinkel unter dem Schlern, die Burg Hauenstein, einst Sitz des einäugigen Ritters Oswald, den Völser Weiher, das verwunschene Wasser mitten im Wald, und das Dorf Völs.

Völs (880 m), als Merkmal die hübsche, weithin sichtbare Kirchturmzwiebel, blickt auf eine 1000jährige Geschichte zurück, viel Gutes wie Schlechtes mußte das Dorf hinnehmen. Eng, fast als wollten sie eine Burg bilden, stehen die alten, sorgsam renovierten Häuser in einem Halbkreis um die Pfarrkirche »zu Mariä Himmelfahrt«, von italienischen Meistern um 1550 eingewölbt, ein schönes Denkmal Südtiroler Spätgotik. Besuchen wir Völs, sollten wir auch beim nahen Schloß Prösels anklopfen; dieses gute Beispiel wehrhafter und stolzer mittelalterlicher Burgenherrlichkeit dürfen wir besichtigen.

Unseren Streifzug von Kastelruth über Seis nach Völs behütet der Schlern, sein gewaltiges Massiv ist allgegenwärtig.

Bilder oben und unten **Schloß Prösels, im Bereich von Völs am Schlern, und ein mit Lüftlmalerei geschmückter Gasthof in Kastelruth.**

Bild rechts **St. Valentin oberhalb von Seis, im Bergwald die Burgruine Hauenstein, darüber die Santnerspitze, ein nördlicher Vorposten im Schlernmassiv.**

28 Seiser Alm und Schlern

»Mit dem Schlern treten die bleichen Berge, die Dolomiten, erstmals nahe an das Eisacktal und lenken es mit steinerner Gebärde gegen die sonnige Weite des Bozner Talkessels.« Josef Rampold hat recht, der Schlern steht Bozen so nah wie kein anderer Dolomitenberg. Sein Baustein ist der Schlerndolomit, die beiden steilen Zacken, die Santner Spitze und die Euringer Spitze, fallen sofort auf, ansonsten ist der Schlern ein breiter, wenig gegliederter, 2500 Meter hoher Felsrücken mit einer Tiefendistanz von über 2000 Metern zu Bozen. Von welcher Seite auch immer wir schauen, wir spüren die Anziehung dieser einfachen Berggestalt und brechen auf, den Schlern und mit ihm die Seiser Alm zu besuchen.

Die Zufahrt beginnt in Seis: 10 Kilometer auf 900 Höhenmeter zum Großparkplatz Kompatsch am Westrand der Seiser Alm in 1844 Meter Meereshöhe; 50 Quadratkilometer, so sagen Leute, die es wissen müssen, ist die Seiser Alm groß. Wollen wir sie erleben, gehen wir zu Fuß. Kompatsch ist die Spinne im Netz, hier beginnen befahrbare, gesandete Wirtschaftsstraßen, Wege, schmale Wiesenpfade, die auch den hintersten Winkel der Alm erreichen. Der »Panorama-Hügel« ist von Kompatsch nur etwa 40 Gehminuten entfernt; von dort, aus der Höhe von 2000 Meter, sollten wir die Seiser Alm zuerst betrachten

und dann erwandern. Auf uns wartet ein fast baumloses, welliges Hochland mit Wiesenmulden und -kuppen, Feuchtwiesen in sanftem Gefälle zu einer Bachrinne, Moortümpel, jedes Biotop mit der nur ihm eigenen Flora. Das Erlebnis dieser Wanderung pocht am stärksten, wenn die Alm blüht. Die Sommermitte schmeichelt Gräsern und Blumen die letzte und stärkste Blüte ab, Wiesen leuchten und duften, Insekten schwirren, die Almnatur feiert Hochzeit. Ab 20. Juli schneidet die Sense Blume und Halm, die Alm verliert Reichtum und Pracht. Das feine, wertvolle Heu bleibt bis zum Winter in der »Dille«, der Heuhütte, oder landet erntefrisch sogleich unten im Hof, in Kastelruth, Seis und Umgebung. Wo die Heuarbeit nicht lohnt, weidet Vieh, auch das Pferd; Mittelpunkt der einzelnen »Almgerechtsame« ist die Schwaige, die den Sommer über bewohnte Sennhütte. Liegt sie günstig am Weg, wird Milch angeboten, auch die kleine Jause, ist also im Netz der Wanderwege die gesuchte Einkehr.

Als Almherr zeichnet die Gemeinde Kastelruth. Der »Castelrutterische Seiser-Almb-Zetl« aus dem 16. Jahrhundert regulierte über Jahrhunderte mit einfacher, aber strenger Anordnung die ebenso einfache Nutzung und auch das Almleben der Sommerzeit. Das Paradies von einst, als dieser Almzettel genügte, kann die Seiser Alm nicht mehr sein, sie atmet nur noch in wenigen Winkeln im ungestörten Rhythmus der Jahreszeiten, zu sehr hat sie der Fremdenverkehr verändert.

Die Erklärung zum »Landschaftsschutzgebiet« durch das Land Südtirol mit Aufstellung eines Gebietsplanes soll die Seiser Alm erhalten, die touristische Erschließung in

landschaftserträgliche Bahnen lenken. Doch die Meinungen darüber, was der Alm guttut und was nicht, dividieren weit auseinander. Konsequenter Naturschutz für die Seiser Alm tut not!

»Eine Reise auf den Schlern« – alle Wege auf den Schlern treffen am Schlernhaus zusammen. Ein Abschnitt aus meinem Dolomitenbuch erzählt vom Schlern: »Dieses antiquierte Wortspiel ›eine Reise auf den Schlern‹ paßt auch heute noch, obwohl aus dem ›Alpenreisenden‹ von anno dazumal längst ein Bergwanderer oder Bergsteiger geworden ist. Wer überlegt plant, die Zeit großzügig auf zwei Tage einteilt, dem bleibt der Schlern kaum etwas schuldig. Wege zu ihm gibt es aus mehreren Richtungen, leichte und anspruchsvollere, lange und kürzere, es kommt auf den Ausgangsort und auf den persönlichen ›Gusto‹ an. Der Allerweltsweg, in einer Tagestour für weniger geübte Bergwanderer das Richtige, startet am Parkplatz Kompatsch (1844 m). Ein markierter Wiesenpfad quert die Seiser Alm, stößt bei der Jausenstation

Saltner Hütte (ca. 1850 m) an die Schlern-Ostflanke und trifft auf den ›Touristensteig‹. Dort wird die vielleicht als gemütlicher Tagesausflug gedachte Unternehmung insofern ernster, als man überlegen muß: Habe ich das passende Schuhwerk, genügend Trittsicherheit und Ausdauer, um den Auf- und Abstieg, 600 Höhenmeter auf steilem, steinigem Pfad, zu schaffen? Das ist die Mindestanforderung, die der Schlern stellt. Der Touristensteig beginnt in Bad Ratzes (1205 m), einem hübschen nordseitigen Schlernwinkel, und verläuft, vorbei an der Schlernbodenhütte, (1726 m) zur Einmündung des Weges von der Saltner Schwaige herüber. Bei der Schlernbodenhütte weist ein Schild den ›Gamssteig‹. Diese Route über ein ausgeprägtes Felsenband hinauf zur Hochfläche ist für den erfahrenen und geübten Bergwanderer vielleicht der schönste Weg zum Schlern.«

Das Haus auf dem Schlern hat die 100-Jahr-Feier hinter sich und wird, so solide und geräumig, wie es derzeit dem Tourismus dient, wohl unverändert in das nächste Jahrtausend

eingehen. Der Schlern ist für Südtirol der Symbol- und Heimatberg, und diese hohe Wertschätzung schließt das Schlernhaus mit ein. Untrennbar gehören beide zusammen, Hausherr ist der Club Alpino Italiano.

Im Jahre 1885 eröffnete die Sektion Bozen des damaligen Deutschen und Österreichischen Alpenvereins das Schlernhaus. Der Bau war innerhalb der Sektion umstritten – »wer wird denn auf diesen öden, trostlosen Hügel, den Schlern, hinaufgehen?« – meinte Albert Wachtler, der damalige Vorsitzende. Johann Santner, Erstbesteiger der Santner Spitze, setzte den Bau des Schlernhauses durch, und seinem Argument: »Der Schlern ist einer der herrlichsten Berge der Heimat und von einer Hütte oben haben alle was«, stimmen seitdem Tausende von Bergfreunden begeistert zu.

Der Petz, die geborstene Gipfelfestung am Schlern, ist nur 20 Minuten vom Schlernhaus entfernt. Dort oben zu stehen, bedeutet die Erfüllung eines Südtirol-Traumes.

Bild oben **Die Schlernhäuser, ein beliebtes und begehrtes Wanderziel vom Großparkplatz auf der Seiser Alm, dahinter die Rosengarten-Hauptkette, über dem Schlernhaus die Rosengartenspitze.**

Bilder links **Eine Wanderung auf der Seiser Alm, wann im Jahreslauf ist sie am schönsten? In der Juli-Mitte, im vollen Reiz der einmaligen Wiesenflora! Die Schlern-Hochfläche ist frisch verschneit, rechts die Euringer und Santner Spitze** *(großes Bild).*

29 Tierser Tal und Rosengarten

Den Rosengarten sehen wir aus keinem anderen Tal schöner und großartiger als von Tiers. Das Tierser Tal mündet bei Blumau zum Eisack, die Straße hinauf nach Tiers ist steil und schmal, fast abenteuerlich: 7 Kilometer, für jeden Kilometer 100 Meter Steigung bis zur Einmündung in die neue Hochstraße herüber von Völser Aicha! Diese großzügige Zufahrt, in Abzweigung von der Straße Blumau–Völs, ist nun seit 1986 endlich verwirklicht, Tiers erhielt die problemlose Anbindung zum Eisacktal und Südtirol eine neue, herrliche Panoramastraße.

Der Breibach war für Tiers über Jahrhunderte hinweg Segen und Fluch zugleich. Herauf von Blumau, entlang dem Wasserlauf, entwickelte sich bis 1882 blühendes Handwerk, und Kleingewerbe, Sägewerke, Mühlen und Schmieden profitierten von der Kraft des Wassers im starken Gefälle herab von Tiers. Gefährlich angeschwollen war der Bach gewiß des öfteren, aber 1882 spülte das Wasser nach tagelangem starken Regen alles, was an seinem Ufer stand, einfach fort, schwemmte es hinab zum Eisack; der Mensch baute es nicht wieder auf. Im Jahre 1966 schlug der Breibach nochmals zu, für Tage riegelte er das Tierser Tal ab.

Die alte Straße zu erleben, bedeutet fahrerisches Geschick zu haben und Neugierde genug, das Tierser Tal von unten bis oben zu erkunden. Über mehrere Kilometer ist das Tal ein sehr schmaler Graben, gewinkelt vom buschbewachsenen Porphyrfels. Das »Häusl«, eingeklemmt zwischen Bach und Fels, der Zollwirt auf halbem Weg nach Tiers wissen noch vom Fuhrknecht, von Pferd und Wagen. Breien, die Talsiedlung, verteilt die wenigen Häuser beidseits am Hang, den »Aufstieg« nach Tiers kündigt die sogenannte »Fretta« mit 24 Prozent Steigung an. Die Fretta mündet direkt in die Hochstraße; vor uns, nur wenig entfernt, liegt das Kirchdorf Tiers, 1028 Meter Meereshöhe, überragt vom Rosengarten.

Im Unterschied zum benachbarten ladinischen Gröden ist Tiers ein deutsches Tal. Die Gemeinde zählt etwas über 800 Einwohner, davon kaum 20 Italiener. Große, schöne Kastanien säumen die Einfahrt zur Dorfmitte, die Pfarrkirche zum hl. Georg stammt aus den Jahren 1760 bis 1770. Tiers hat ein berühmtes Dolomitenmotiv: das Kirchlein St. Zyprian mit dem Rosengarten. Dieses Bild zu sehen, kommt der Südtirolfreund herauf nach Tiers.

Der Rosengarten baut Tiers eine Dolomitenmauer, nach oben scheint das Tal ohne Ausweg zu sein. Das Auto findet den Nigerpaß und von dort, entlang der hellen Felsfront des Rosengartens, die landschaftlich ungewöhnlich eindrucksvolle Hochstraße hinüber zum Karerpaß. Der Tierser Urlaubsgast, möchte er wandern und bergsteigen, geht hinein in das nahe Weißlahnbad (1175 m); dort mündet das wildschöne Tschamintal, das nur dem Fußgänger seine Reize preisgibt, herein

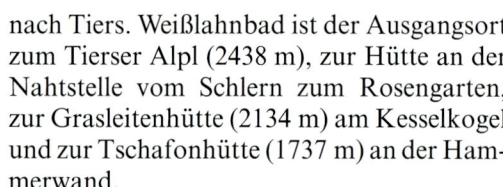

nach Tiers. Weißlahnbad ist der Ausgangsort zum Tierser Alpl (2438 m), zur Hütte an der Nahtstelle vom Schlern zum Rosengarten, zur Grasleitenhütte (2134 m) am Kesselkogel und zur Tschafonhütte (1737 m) an der Hammerwand.

Der Rosengarten zeigt hinab nach Tiers die drei Vajolettürme, die Laurinswand und die Rosengartenspitze, das Bild, von dem der Kenner sagt: Das ist der Rosengarten! Die Laurinswand lenkt die Gedanken auf die Sage von dem Zwergenkönig, der seinen Rosengarten einst verwünschte: Nie mehr, weder bei Tag noch bei Nacht, sollten die Rosen erblühen. In seinem Schmerz vergaß Laurin aber die Dämmerung, und so bewundern die Dolomitenvölker seitdem genauso wie der

Reisende von heute das Schauspiel abendlichen Lichtes am Rosengarten. Der senkrechte, pralle Fels glüht in sattem Rot, die uralte rätische Sage lebt auf, auch unsere Zeit hat ihr nichts genommen von der mystischen Glorie längst vergangener Tage. Haben wir Glück, wirft eine hohe Wolkendecke am Abendhimmel das Leuchten im Widerschein zurück – geheimnisvoller »Rosengarten«!

Bild oben **Die Rosengarten-Hauptkette, von links: Valbonkogel, Vajolettürme, Rosengartenspitze, Tscheinerspitze und Rotwand.**

Bilder links und rechts **Tiers am Rosengarten, mit Vajolettürmen, Laurinswand und Rosengartenspitze.**

Bild oben *Der Rosengarten, von links: Laurins-wand, Rosengartenspitze, Tscheinerspitze, Vajolon-paß, Rotwand.*

Bild unten *Der Latemar, Östliche Latemarspitze, Große Latemarscharte, Latemartürme.*

Bild rechts *Der Latemar im Spiegel des Karersees, ein Dolomiten-Traumbild mit großer Ausstrahlung. Im Frühsommer, zeitig am Morgen, wenn die Was-serschüssel bis zum Rand gefüllt ist und kein Wind-hauch den Spiegel zerstört, sollten wir dort sein – ein Wunschtraum vieler.*

Welschnofen im Eggental liegt an der Großen Dolomitenstraße, ist Wegweiser zu Karersee und Karerpaß, zum Rosengarten und Late-mar. In diese Aufzählung paßt besonders gut der Karersee, denn dieses Wasser gilt als Do-lomitenberühmtheit schlechthin. Welschn-ofen ist 20 Kilometer und fast 1000 Höhen-meter von Bozen entfernt, die Dolomiten-straße von Bozen herauf durch das Eggental zum Karersee und Karerpaß streift den Ort. Welschnofen, Meereshöhe 1182 Meter, hat also viel zu bieten, genug, um länger zu blei-ben. Zu den bereits erwähnten Vorzügen kommen die Wäldergeheimnisse des immer-grünen Karerforstes noch hinzu, in dem wir an heißen Sommertagen viele Stunden mit uns allein sein können. Der Aufschwung von Welschnofen begann mit der Straße zum Ka-rerpaß und dem Bau des Grandhotels Karer-see, beides von Theodor Christomannos zum Ausklang des 19. Jahrhunderts verwirklicht. Das Hotel war standesgemäß für höchste Herrschaften; das Umfeld, der sagenhafte Rosengarten, der magische Karersee, die Fel-senorgel der Latemartürme, war damals und ist letztlich auch heute das Feinste vom Fei-nen auf der Südtiroler Dolomitentafel.

Der Karersee ist von Welschnofen 5 Kilome-ter entfernt, das Schild am Parkplatz verkün-det 1520 Meter Meereshöhe. Wir alle wissen, daß um 7 Uhr morgens der Urlauber meist noch schläft; am Karersee gibt es um diese Zeit keine Unruhe, die Kioskbesitzer kom-men gegen 8 Uhr früh, noch hält kein Bus, kaum ein Auto, still ruht der See – es ist die Stunde, in der das Wasser nochmals Atem schöpft, bevor der große Lärm des Tages den Zauber zerbricht.

Früh am Morgen und wieder am Abend, viel-leicht im Frühsommer, wenn noch Winter-schnee in den hohen Latemarkaren klebt, die Schneeschmelze die Wasserschüssel bis zum Rand füllt und das Grün der hochstämmigen Uferfichten frühlingsfrisch strahlt, offenbart der Karersee seinen ganzen Reiz. Im Streif-licht der frühen oder späten Sonne, von kei-nem Wind gefächelt, spiegelt das unerklär-bare Farbenwunder der Wasser die ladinische Sage von der Seejungfrau zu uns herauf. Sie, so verrät diese zaubrische Mär, habe den Re-genbogen zu sich hinabgezogen – die Farben spiegelt der See –, der Karersee wird zum Märchensee. Die Tiefe? Vielleicht 7 bis 15 Meter je nach Wasserstand.

31 Eggental – Latemar – Deutschnofen

Das Eggental. Betrachten wir nur das Tal, verstehen wir darunter den Lauf des Eggenbaches von Obereggen vorbei am Kirchdorf Eggen St. Nikolaus nach Birchabruck und von dort, zum Schluß durch die wilde Eggentaler Schlucht, bei Kardaun die Einmündung zum Eisacktal. Der Begriff »Eggental« ist jedoch viel weiter gefaßt. Die Gebietszuteilung dafür schließt die Gemeinden Karneid, Welschnofen, also die Höhen von Steinegg, Obergummer und die Gegend um den Karersee mit ein und legt sich zudem über das ganze, dem Latemar nach Westen zum Etschtal hin vorgelagerte Mittelgebirge, umfaßt also auch das Gemeindegebiet von Deutschnofen. Die landschaftlich so schöne und für das Auto bequeme neue Straße von Steinegg über Gummer zur Einmündung in das Eggental kurz vor Birchabruck erschließt den nordöstlichen Eggentaler Höhenrücken, die Straßenschleifen von Birchabruck nach Obereggen, Rauth und Deutschnofen legen sich über das südwestliche Eggentaler Mittelgebirgsplateau. Das Eggental als Ganzes ist somit vorgestellt, auch die Siedlungsschwerpunkte wissen wir.

»Eggen ist eine ländliche Idylle«, so meint der örtliche Werbeprospekt – und eine liebliche dazu; so ergänzen wir, wenn wir dieses grüne Bauernland inmitten weicher Wälderkuppen auf Straßen, auf Feld- oder Wiesenwegen durchstreifen. Hermann Delago schreibt vom Eggental in seinem Dolomiten-Wanderbuch: »Weit ausgedehnte Waldungen, schöne Wiesen, Einzelhöfe und kleine Ortschaften, die Felsenpracht der nahen Dolomiten, die weiten, freien Ausblicke auf die Gletscher der Ortler und Ötztaler Hochalpen geben unvergeßliche Bilder weltentrückten, idyllischen Friedens.«

Hauptort oben auf den freien südwestlichen Höhen, dort, wo wir uns in das Eggental sogleich verliebten, ist Deutschnofen; im Namen suchen wir eine Verwandtschaft mit Welschnofen in der Talfurche. Hier wie dort loderten im Mittelalter Schmelzöfen, beschickt mit Erz vom nahen Latemar; im Unterschied von Welschnofen ist Deutschnofen – urkundlich 1179 »nova Teutonica« – aber eine germanische Siedlung, die Meereshöhe – 1350 Meter – gibt das Höhenniveau der gesamten Landschaft an. Wollen wir in und um Deutschnofen Urlaub machen, dürfen wir viel erwarten: ein ausgeglichenes Klima mit angenehmen Sommertemperaturen, gute

Gasthöfe, gepflegte Pensionen für einfache wie gehobene Ansprüche, Ferien auf dem Bauernhof, die Berge halten Abstand, sie gehören zum Latemar, dem Dolomiten-Aushängeschild von Deutschnofen.

Der Latemar. Fahren wir von Kardaun talauf gegen Birchabruck, kommt der erste Dolomitengruß, längst bevor wir den Rosengarten sehen, vom Latemar, auch das berühmte Motiv »Karersee« lebt vom Latemar. Die gleich einem Hufeisen geöffnete nordwestliche Felsenmauer, aufgerichtet von der Östlichen Latemarspitze und den Latemartürmen, die »Lahnen« (= Schotterströme) im Fluß hinein zum Karerforst und der Wasserspiegel

malen ein Dolomitenbild (Bild Seite 77) höchster Qualität. Betrachten wir die mehrere hundert Meter hohen, senkrechten Latemartürme, meinen wir, sie müßten ein vielgenutzter Spielplatz für extreme Kletterer sein. Fehlanzeige! Der Latemarkalk ist brüchig, also gefährlich, die Schotterreißen verraten es; in jeder Minute – so heißt es – fällt im Latemar ein Stein zur Tiefe. Der Kletterer meidet den Latemar, der Bergwanderer jedoch sucht die Wege auf der Südseite. Eine beliebte Tour führt von der Siedlung Karersee zur Östlichen Latemarspitze (2800 m), dem Hauptgipfel der Gruppe. Für einen Urlaub am Latemar kann Obereggen sehr gut das Zentrum sein, das Reiterjoch ist

St. Helena, ein Südtiroler Kirchenheiligtum in herrlicher Lage unweit von Deutschnofen mit Blick zum Rosengarten.

St. Helena. Das Eggental, reich an schöner, heiler Landschaft, hat bei Deutschnofen mit dem Helena-Kirchlein auch eine kunsthistorische Kostbarkeit zu bieten.

Von der Hauptstraße zweigt beim »Pföslwirt« ein Waldsträßchen nach St. Helena ab, nur 2 Kilometer dorthin. Den Frieden der Örtlichkeit – Kirche und ein Bauernhof, der stattliche Kreuzhof, bilden eine Einheit – sollten wir achten und St. Helena nur zu Fuß aufsuchen. »Es ist dies eins der allerschönsten Heiligtümer in der Umgebung von Bozen, einmal wegen der Lage auf lauschiger Waldlichtung vor dem Latemar, zum anderen wegen seines kostbaren Freskenschmuckes«, so das Lob der Landeskunde.

Die in Grundzügen romanische Kirche soll im 12. Jahrhundert von Bergknappen errichtet worden sein und auf »Silberstufen« stehen, dies meint der Sagenschatz des Volkes. Urkundlich wird St. Helena erstmals 1311 genannt, und aus dieser Zeit stammen die gotischen Malereien innen und außen: die Genesis der Schöpfungsgeschichte, das Opfer von Kain und Abel, die Evangelisten, die Kreuzigung, Maria und Katharina, Barbara und Margarethe und die hl. Helena. Die Legende verknüpft Helena mit der Auffindung des Kreuzes Christi: Helena soll Gastwirtin in Kleinasien gewesen sein, verehelicht mit einem römischen Offizier gebar sie Konstantin, den späteren Cäsar. Durch Cäsar stieg Helena auf zur »Augusta«, zur Kaiserin, sie wurde Christin und starb etwa um 330.

Bild oben **Die Pfarrkirche zu Deutschnofen, geweiht den hl. Bischöfen Ulrich und Wolfgang.**

Bild unten **Im Eggental mit Blick zum Latemar.**

nahe, und der Latemar lockt sogar mit einer Hütte. 700 Meter über dem Joch, in herrlich freier Position, steht das Rifugio Torre di Pisa (2671 m) und leitet uns hinüber zur »Hinterstube«, zur wanderfreundlichen Latemar-Südostseite. Die vom Karersee aus unnahbaren Gipfel haben aus dem Valsordakessel heraus ihre gute Seite. Die Reiterjochspitze, die Erzlahnspitze, die Latemartürme, dazu ein Klettersteig, befriedigen auch anspruchsvolle Wünsche.

Das Pustertal

»**Das Pustertal** ist eine Landschaft der großen Linien und der Weite«, verkündet die Südtiroler Landeskunde und trifft damit sehr gut ein Hauptmerkmal des Tales. Die Schriften, alte und neue, sprechen von einem »grünen Tal«, auch dieser Charakter stimmt: Wälder in sanftem Höhenschwung, Wiesen und Felder, also Grünland weithin und hoch hinauf. So erleben wir das Pustertal, wenn wir es durchfahren, von der Autobahn-Ausfahrt Brixen/Bruneck über Mühlbach–Bruneck–Toblach–Innichen–Vierschach bis zur Staatengrenze Italien/Österreich in Winnebach. Das Tal zieht die große Tiroler Längsachse entlang der Zentralalpen und trägt den Namen »Pustertal« über die Grenze hinweg – zum Schlagbaum in Winnebach 70 Kilometer – bis nach Lienz in Osttirol 100 Kilometer. Hydrographisch betrachtet ist das Pustertal eine Besonderheit, denn zwei Flüsse entwässern das Tal: Die Wasserscheide am Toblacher Feld lenkt die Drauquelle nach Osten, hinein nach Osttirol, die Rienz heraus vom Höhlensteintal nach Westen zur Vereinigung mit dem Eisack in Brixen.

Der Puls unserer Zeit schlägt im Pustertal, in der Talsohle am Rienzufer, mit schnellem, hartem Takt. Wie die anderen Südtiroler Haupttäler muß auch das Pustertal den Verkehr so hinnehmen, wie er anrollt, und mit ihm auskommen. Die österreichische Südbahn von Lienz durch das Pustertal nach Franzensfeste, 1871 eröffnet, gab das Startsignal zum wirtschaftlichen Wachstum. Die neue Grenze jedoch schnitt 1920 das Tal entzwei, der Aufschwung versickerte, die Eisenbahn mit Sackbahnhof in Innichen verkümmerte zu einer Nebenlinie. Die vergangenen achtziger Jahre haben die Südbahn wieder entdeckt, Italien elektrifizierte die Schiene, verbesserte die Streckenführung und hat mit sehr großem Aufwand die Pustertaler Bahn gut gerüstet für kommende größere Ansprüche im Zugverkehr mit Österreich. Sorgenkind der Pustertaler Talgemeinschaft wie der Landesregierung, auch gewiß sehr oft der Alptraum der Anwohner, die nicht von ihr leben, ist die Straße – scheinbar niemand kann ein überzeugendes Konzept zur Heilung der Pustertaler Verkehrsmisere vorlegen und auch durchsetzen.

Wo nun klopft der Pustertaler Pulsschlag so ruhig und friedlich, daß wir sagen, hier möchten wir zum Urlaub sein? Im Haupttal auf der Sonnenseite, in den mittleren freien Lagen zum Bergwald und natürlich in den Seitentälern ist so manch stille Insel verborgen, erschlossen von einer Straße, aber doch weit weg vom geschäftigen Tal.

»Reine Gebirgsluft vom Dufte der Wälder gewürzt, frisches, doch nicht zu rauhes Klima, gemütliche, zufriedene Bewohner, gute Gaststätten« – diese Pustertaler Vorzüge preist eine Werbeschrift vom Jahr 1893.

Bild links oben **Das Pustertal ist ein grünes Tal,** so lobte das Volk seit jeher die großräumig ge-streckte Talfurche, die heraus von Toblach von der Rienz entwässert wird. – Im Bild der Talverlauf bei Hebenstreit, wenig dahinter erwartet uns St. Lorenzen.

Bild links **Berghof-Idyll im Olanger Raum, in der Auffahrt zum Kronplatz.**

Bild oben **Die Rienzbrücke bei St. Lorenzen und die Türme des Marktfleckens, die zur Pfarrkirche zum hl. Laurenzius gehören.**

Bild rechts **St. Christophorus ist im Pustertal an sehr vielen Kirchen zu sehen. Das Fresko von St. Sigmund stammt aus dem frühen 16. Jahrhun-dert, mit seiner Größe und Farbenpracht leuchtet es bis hinaus zur Staatsstraße.**

32 Mühlbach und seine Klause

Mühlbach, Meereshöhe 775 Meter, öffnet das Tor zum Pustertal. Von Franzensfeste herein fahren wir 6 Kilometer, von Brixen herauf 10 Kilometer zum Ort. Die beidseitigen Talhänge rücken eng zusammen, die Rienz füllt, aufgestaut zu einem schmalen See, den Talgraben rechts unten; Mühlbach muß mit dem linksseitigen Hang zufrieden sein, hat dafür aber eine sonnige Lage.

Im Jahre 1969 feierte Mühlbach das 700jährige Bestehen seiner Marktgemeinde, einer Gemeinschaft also, die sich schon im 13. Jahrhundert über einen nur dörflichen Zuschnitt hinaushob. Der Ort besitzt keine Wiesen und Felder, aber den Valser Bach, der hier zur Rienz mündet, und seinen Platz in der Geländeklemme zur Rienz – heute eher von Nachteil, über Jahrhunderte hinweg jedoch ein Vorteil. Der Valser Bach drehte das Rad, schlug den Hammer, bewegte die Säge, spülte dem Gerber die Viehhaut, er war die Existenzgrundlage für vielerlei Handwerk und Gewerbe und damit für Mühlbach ein wichtiger Aktivposten. Die Talenge schließlich lenkte den Verkehr – hinein zum Pustertal oder hinaus zum Eisacktal – zwangsläufig durch den Ort: Der Straßenverlauf drängte den Radfuhrwerken und der Postkutsche in Mühlbach einen neuen Vorspann auf. Im Pustertaler Fernweg war Mühlbach eine feste Station zur Niederlage des Frachtgutes im dortigen »Ballhaus« und mit der »Wirtstafern zur Linde« auch eine angenehme Rast vor dem nächsten Reisetag. Der Name »Ballhaus« leitet sich davon ab, daß die meist ballenartig verpackten Waren gegen Gebühr dort gelagert werden mußten.

Die frühere Bedeutung ist längst hinfällig, für das ländliche Umfeld jedoch bleibt Mühlbach nach wie vor ein wichtiger Ort zur Zusammenkunft, zum Einkaufen und auch zum Feste feiern. Daß dies so Bestand hat, organisiert der rührige Verkehrsverein alljährlich im Juni das sogenannte »Mühlbocha Marktlfescht«. Die Mühlbacher Bürgerkapelle und auch Gastkapellen spielen auf, von Freitag abend bis Sonntag nacht blättert Mühlbach in der Historie, vereint das Volk zu festlichem Kirchgang und Einheimische wie Gäste zu geselligem Beisammensein in der »guten Stube«, im Ortskern oben bei der Pfarrkirche zu St. Helena.

Zur Marktgemeinde gehören die Fraktionen Meransen, Spinges und Vals. Diese Dörfer bedeuten für Mühlbach das Werbeschild für Urlaub auf sonnigem Südbalkon 600 Höhenmeter über dem Markt. Meransen, die ausge-

dehnte Streusiedlung in der Seehöhe von 1400 Meter, ist mittlerweile durch die Liftanlagen zur Gitsch (2510 m) auch für den Wintersport ein weit bekannter und gesuchter Ferienort.

Bild oben **Die Mühlbacher Klause muß mit der Pustertaler Staatsstraße leben und die Straße mit ihr, die mit zwei getrennten Fahrbahnen dieses historische Bauwerk durchläuft.**

Bild rechts oben **Mühlbach im Pustertal mit einer Brücke aus sehr alter Zeit, für den Pustertaler Schwerverkehr aber immer noch tauglich. Das Wasser, der Valser Bach, kommt herab vom gleichnamigen Tal.**

Bild links **Am Marktplatz in Mühlbach, Aufmarsch der Musikkapelle zur Pfarrkirche.**

Die Mühlbacher Klause steht dem großen Pustertaler Verkehr von heute direkt im Weg; diese Tatsache kann niemand umstoßen, es sei denn, er beseitigt die Klause.

Die graue Steinmauer der Klause trennt knapp hinter Mühlbach die Staatsstraße in zwei Einbahnen, rechts taleinwärts, links heraus, kein Weg führt vorbei, die Klause und die aufgestaute Rienz beanspruchen die gesamte Talbreite. Die Ursprünge der Klause liegen im 13. Jahrhundert begraben, den Bau von heute ließ Herzog Sigmund der Münzreiche zwischen 1464 und 1485 errichten – um Zoll zu kassieren. Im geräumigen Innenhof zwischen den beiden viereckigen Tortürmen stand der steinerne, wappengeschmückte Zahltisch, jeder Fuhrmann mußte darauf den Obulus entrichten, bevor er weiterfahren durfte. Für den Herzog diente die Klause zudem als Jagdschloß, auch als »Lustschloß«

bringt sie die Volksüberlieferung mit dem als lebenslustig bekannten Landesherrn in Verbindung.

Die weniger freundlichen Zeiten für die Mühlbacher Klause vermerkt die Chronik während der Bauernaufstände, als Michael Gaismair im Jahre 1526 die Klause vergeblich belagerte, und wieder für die Jahre 1809 und 1813. Franzosen und Bayern kämpften gegen die Tiroler um den Besitz der Festung, die schließlich schwer darunter litt und zur Ruine wurde. Der Klause drohte die völlige Auslöschung, als Mühlbacher Bürger die Mauern zum Abbruch erwarben.

Für die Mühlbacher Klause geht es jetzt darum, den derzeitigen Verkehr zu überleben. Irgendwann wird eine neue Pustertaler Straße das ehrwürdige Bauwerk von der gegenwärtigen Gefahrensituation befreien und der Klause die längst verdiente Ruhe gönnen.

Spinges, eine kleine dörfliche Enklave von Mühlbach, liegt hoch oben auf sonniger Höhe (1101 m) mit weitem Blick ins Land. Dort hat sich am 2. April 1797 zwischen den Franzosen und Österreichern eine blutige Schlacht zugetragen, und seitdem ist Spinges ein geschichtsträchtiger Ort. Historiker haben dieses Gemetzel erforscht und dabei der Bauernmagd Katharina Lanz die Heldenrolle zugebilligt.

»Männer, kämpfet für die Freiheit.
Laßt das Vaterland nicht knechten.
Für das Kirchlein, für die Unschuld
will ich fromme Jungfrau fechten.«

So lautet die Ehrentafel von 1897 für Katharina Lanz, dem »Heldenmädchen von Spinges«. Der heftigste Kampf tobte im Ortskern am Friedhof; todesmutig verteidigte Katharina ihr Dorf gegen die Franzosen.

33 Das Plateau von Rodeneck

Mit dem Namen »Rodeneck« verbindet der Südtirolfreund von heute vor allem die fast festungsgleiche Anlage der »Burg Rodenegg« in beherrschender Position auf der ausgedehnten Hochfläche im südlichen Nahbereich von Mühlbach. Dieses Hochplateau stürzt am Burgfelsen hinab zur schluchtartig eingegrabenen Rienz; die Zufahrt nach Rodeneck – so heißt der ganze Landstrich –, zur Burg, zum Hauptort Vill, zu den kleinen Weilern und Einzelhöfen auf dem Plateau zweigt in Mühlbach von der Pustertaler Staatsstraße ab. Das Rienztal also trennt Rodeneck von der benachbarten, nach Brixen orientierten Schabser Hochfläche, nach oben zu verliert sich das Rodenecker Gemeinwesen im dichten Bergwald zur Rodenecker Alm.

Die Burg Rodenegg reicht im Ursprung in das 12. Jahrhundert zurück, erlebte zur Mitte unseres Jahrtausends einen großen Aufstieg, war eine wahre Schatzkammer künstlerischer und antiker Kostbarkeiten, bis am 17. Mai 1694 ein durch Ungeschick ausgelöster Brand das Bauwerk fast vernichtete. Wiedererrichtet mußte Rodenegg sich gegen die Franzosen wehren, im 19. Jahrhundert drohte nochmal der Verfall. Die neuerliche Errettung verdankt Rodenegg dem kunstsinnigen, traditionsbewußten Grafen Arthur von Wolkenstein-Rodenegg. Die fachkundig erfolgte Restaurierung zur Jahrhundertwende geleitet die Burg Rodenegg nun hinein in das 2. Jahrtausend ihrer Geschichte.

Das Rodenecker Plateau nannte der Volksmund einst wegen der Fruchtbarkeit an Getreide und Obst den »goldenen Berg«. Vielleicht reizte der hellgelbe Schimmer ausgedehnter Buchweizenfelder zu solch hohem Lob, denn der Buchweizen war vor Jahrzehnten die Haupternte der Rodenecker Bauern. Der Buchweizenanbau, früher überall in Tirol heimisch, existiert heute nur noch vereinzelt, einige Hektar Anbauflächen halten auf Rodeneck die Tradition aufrecht. Buchweizenmehl, einmal in jedem Bauernhof vorrätig, ist selten und teuer geworden, wird aber wieder gefragt, denn die Südtiroler Küche besinnt sich auf alte Rezepte, die über Knödl und Nocken bis zu wohlschmeckenden Kuchen reichen. Der schwere »schwarzplentene« Knödl freilich, mit dem Bauersleut und Dienstboten fast jeden Tag den Magen traktierten, ist vom Speiseplan gestrichen.

Burg Rodenegg beherrscht das Rodenecker Plateau, das Dorf Vill mit der Kirche zur Himmelfahrt Mariens ist Verwaltungssitz der Gemeinde Rodeneck. Im Hintergrund die Waldflanken der Plose.

Das »Malefizurteil« zu Rodenegg

Die Grausamkeiten mittelalterlicher Hexenprozesse verebbten im ausklingenden 17. Jahrhundert und hatten zu Rodenegg ein für das Pustertal letztes »Malefizurteil«.

»... auf dem rechten Arm mit einer glühenden Zange einen Griff tun und darauf selbe Hand abschlagen, folgends ihn auf einer Leiter binden und mit dem Angesicht unter sich auf den Scheiterhaufen setzen und mit dem Brand vom Leben zum Tod richten.«

Dieser schreckliche Spruch traf am 30. Oktober 1645 den armen Sünder Mattheisen Perger, im Volksmund der »Lauterfresser« genannt.

Ein Südtiroler Almenidyll, wie es nur noch wenige gibt, uns aber im Valser Tal mit dem Hüttendorf der Fane Alm hoffentlich noch recht lange erhalten bleibt. Die Zufahrt ist bis zum nur wenig entfernten Parkplatz »Ochsensprung« gestattet (siehe auch Seite 86).

34 Valser Tal und Fane Alm

Der Valser Bach bringt im schnellen Lauf herab vom nordseitigen Gebirge nach Mühlbach die Kunde vom Kirchdorf Vals, 10 Kilometer und 600 Höhenmeter von Mühlbach entfernt. Die frühere und bis in die siebziger Jahre gültige, steile Auffahrt im schmalen Graben entlang dem Valser Bach war über das »Waschbrett« der alten Straße fast eine Tortur und für Vals wenig empfehlenswert. Die neue Trasse – im unteren Abschnitt auch die Zufahrt nach Meransen – gewährt dem Valser Tal die jederzeit sichere Verbindung mit dem Gemeindeamt unten in Mühlbach und war die Voraussetzung für den aufblühenden Fremdenverkehr, der Vals sonst vielleicht vergessen hätte.

Die Auffahrt mündet aus dem Wald heraus beim Badwirt (1180 m) in das offene, mit flachen Wiesen gepolsterte Hochtal. Das Grünland schwingt aus zu bewaldeten Steilhängen, in der Breite 1 bis 2 Kilometer, in der Länge etwa 4 Kilometer, die Valser Welt ist also eine kleine Welt. Mittelpunkt ist das Kirchdorf Vals mit der Pfarrkirche zum hl. Andreas, der Turm, schlank und spitz, steht seit 1483.

Durch die Jahrhunderte bis vor wenigen Jahrzehnten bestimmten der karge Ertrag aus der Landwirtschaft und die Viehhaltung das Einkommen der Familien. Die Bauernhöfe haben meist nur eine Firstlänge, Feuer- und Futterhaus deckt ein gemeinsames Dach. Ein Hochtal mit solch einfachem Zuschnitt mußte auch in der Einwohnerzahl bescheiden sein. Das Jahr 1840 schien mit 364 Personen den Höchststand zu melden, die Jahrhundertwende erlebten in Vals nur 303 Menschen und das Jahr 1971, die Zeit des beginnenden Aufschwungs 336 Personen. Die Volkszählung von 1981 registrierte 425 Einwohner, die alle gut in Arbeit und Brot stehen; mit der neuen Straße und einigen Skiliften, vor allem mit dem Sessellift zum Jochtal, hat Vals nun für Sommer und Winter ein zweites Einkommen. Der Gast von heute schätzt die sonnige, windgeschützte Hochlage – 1350 Meter.

Bild links **Die Musikkapelle von Vals im Auf-marsch zum Valser Kirchtag.**

Bilder links außen und unten **Die Fane Alm ober-halb von Vals (siehe auch Seite 85). Das Wasser, der Valser Bach, kommt herab von einem weiten, grünen Kessel unter hohen Bergen, in dem die Brixner Hütte eine gute Einkehr bereithält und deshalb – auch weil die Bergwelt dort oben so freundlich grüßt – ein beliebtes Wanderziel ist.**
Im Weg hinauf zur Hütte passieren wir die »Valler Schramme«, die enge, steile Kaskadenschlucht, durch die der Valser Bach zur Fane Alm einmündet.

Bild rechts **Die Kirche St. Martin in Pfunders, im Hauptort des Pfunderer Tales.**

Bild rechts unten **Heuarbeit im Pfunderer Tal. Es eilt – ein Gewitter steht am Himmel. Die Familie hilft zusammen, die Heumandl aufzurichten.**

Fane Alm – Brixner Hütte. Wer in Vals ver-weilt, hat den kleinen Hochkessel bald ausge-laufen, er verspürt den Drang zur Höhe. Die Straße vom Kirchdorf zum nahen Talschluß, von dort die schmale Trasse über sechs luftige Kehren steil höher zum Parkplatz Ochsen-sprung (ca. 1700 m) weist den Weg: zur Fane Alm, weiter zur Brixner Hütte, zur Labes-eben Alm und zum Wilden See, zu Örtlichkei-ten, die vom Parkplatz aus bequem in einen Tagesausflug passen. Am Ochsensprung stru-delt der Valser Bach heraus von der Almen-welt um Fane, die mit ihrem Idyll, den Hütten im Wiesengrund und dem klaren Wasser, eine Südtiroler Kostbarkeit darstellt (Bilder Seite 85 und 86). Das Wasser stürzt hinter dem Almdorf durch die Valler Schramme, eine steile Kaskadentreppe in enger Steilrinne. Durch die Schramme, fast in Berührung mit dem urigen Wasserlauf, wandern wir auf schmalem Pfad höher, der Brixner Hütte zu. (Vom Almdorf durch die Schramme ist ein Wirtschaftsweg geplant – sehr zum Leidwe-sen der Naturliebhaber.) Der Valser Bach hat in der »Pfanne«, einem grünen, reizvollen Becken, den Ursprung; dort wartet auf uns ein hübsches Blockhaus mit Terrasse – die im Jahre 1973 vom Südtiroler Alpenverein errichtete Brixner Hütte (2307 m).
Nach der Schramme mündet von links der Seebach in den Valser Bach; gehen wir seinem Lauf entgegen, leitet er uns zur Labeseben Alm; der Seebach bereitet uns vor auf das Landschaftserlebnis »Wilder See«. Dieses dunkle, sagenumwobene Wasser, gesammelt in einer Steinschüssel auf 2532 Meter Meeres-höhe, übt eine starke Anziehungskraft aus.

35 Das Pfunderer Tal

Die ausgedehnte Bergwelt südlich von Pfitscher Tal und Zillertaler Hauptkamm, eingefaßt vom Eisacktal im Westen, dem Tauferer Tal im Osten und dem Pustertal im Süden, trägt als Untergruppe der Zillertaler Alpen den Namen »Pfunderer Berge«. Das Pfunderer Tal, zu dem wir aus dem Pustertal bei der Ortschaft Niedervintl einfahren, ist für diese in weiten Bereichen einsame Alpenwelt das zentrale Tal, von Pfunders aus legte sich irgendwann der Name über Tal und Berg.

Die Kirche St. Martin, Meereshöhe 1159 Meter, von Vintl 10 Kilometer talein auf aussichtsreichem Bichl plaziert, ist zu den Sonn- und Feiertagen das Ziel des gläubigen Volkes, das von weit und hoch verstreuten Weilern und Einzelhöfen herabkommt zum Kirchgang. Pfunders ist eine einfache Welt, im Talboden selbst webt die neue Zeit wohl an ei-

nem moderneren, zeitgemäßen Ansehen, 500 Meter darüber hat der Bergbauer zwar den Stromanschluß, das Auto aber nicht immer eine Zufahrt. Ein Drahtseil mit kleiner Kabine bringt die täglich gemolkene Milch und die Schulkinder zur Talstation, die Grundschüler (einschließlich fünfter Klasse) bleiben im Tal, die Mittelschüler (sechste bis achte Klasse) fährt der Schulbus hinaus nach Vintl. Das Tal lebt von der Landwirtschaft, nur zu einem geringen Teil vom Fremdenverkehr; größerer Arbeitgeber ist ein Steinwerk, das den »Pfunderer Marmor«, einen grüngrauen, auch im Brixner Dom verwendeten schönen Serpentinstein, abbaut.

Die beidseitigen Talhänge tragen viel Wald, steile Wiesen, Unwetter und Lawinen haben Pfunders immer wieder gegeißelt. Die Pfarrchronik vermerkt die Lawinenkatastrophe von 1689 mit 27 Opfern, die »Lahn« von 1888 verschüttete neun Menschen, und die Lawine von 1951 forderte sieben Todesopfer. Der Bergbauer mäht die Wiese, bestellt den Acker, kultiviert den Wald, mit seiner Landschaftspflege ist er der Vorposten gegen die Gefahren der Bergnatur.

36 Pustertaler Sonnenstraße Terenten–Pfalzen

Bilder oben und unten **Mit den Bildern auf beiden Seiten besuchen wir den Pustertaler Oberstock, die Sonnenterrasse von Terenten-Pfalzen.
Oben das Kirchdorf Terenten mit der Pfarrkirche zum hl. Georg, unten eine interessante Geländeblöße, die Erdpyramiden von Terenten, nur eine knappe Wegestunde vom Ort entfernt.**

Bild rechts **Wie weitläufig der Hochbalkon von Terenten-Pfalzen ausschwingt, ist unten im Pustertal kaum zu ahnen. Auf der Pustertaler Sonnenstraße fahren wir von Terenten nach Pfalzen: vor uns die Kirchtürme St. Johann in Hasenried, St. Nikolaus in Issing, St. Cyriakus in Pfalzen und St. Valentin in Greinwalden.**

Aus der Pustertaler Staatsstraße weist bei Niedervintl ein Schild die »Pustertaler Sonnenstraße« aus. Diesem vielversprechenden Hinweis folgt irgendwann jeder Südtirolfreund, wenn er von Franzensfeste einfährt in das Pustertal. Lange Diagonale schneiden den sonnseitigen, mit Föhren bestandenen Hang, mehrere Kehren überwinden die zwölfprozentige Steigung, bei der Tafel »Grüß Gott in Terenten« fahren wir in den Oberstock des unteren Pustertales, auf die Hochterrasse von Terenten und Pfalzen.

Die Geographie dieser Landschaft ist leicht erklärt: Die Erdgeschichte hat diesen einmaligen Sonnenbalkon zwischen dem Pfunderer und dem Tauferer Tal in die Südböschung der Pfunderer Berge gelegt und ihm die ideale Meereshöhe zwischen 1000 und 1300 Meter gegeben. Die vorteilhafte Lage und das günstige Klima förderten die frühe Besiedelung, die nachweisbar weit bis in das 1. Jahrtausend zurückreicht. Seitdem hat der Mensch diese Höhenschulter fleißig kultiviert, die Großzügigkeit des Raumes, die sanften Geländeformationen erlauben nutzbringende Landwirtschaft, die Bauern auf Terenten und Pfalzen holten sich aus dem Tal nur Salz, Kaffee, Tabak und Wein. Terenten zeigt in seinem Wappen einen Pflug auf rotem Grund, ein Hinweis auf den ausgedehnten Feldbau der Gegend.

Kommen wir herauf von Vintl, ist das Kirchdorf Terenten (1210 m) die erste und gegenüber Pfalzen (1022 m) auch die höher gelegene Ortschaft. Beide Orte sind selbständige Gemeinden und verwalten etwas über 3000 Einwohner, die alle bajuwarischen Ursprungs, also Deutschtiroler sind. Die Landschaft der Pustertaler Sonnenstraße wirkt am stärksten auf der Fahrt von West nach Ost, von Terenten nach Pfalzen – zur Sommerzeit an einem klaren, sonnigen Nachmittag, wenn die Wiesen dichte Gräser und die Felder reife Früchte tragen. An der Gemeindegrenze von Terenten, beim Gasthaus »Niederhof«, erreicht die Sonnenstraße den höchsten Punkt (ca. 1300 m), dort sollten wir anhalten und schauen, das Bild auf der rechten Seite sagt mehr als Worte.

Die Gipfellinie der Pfunderer Berge über Terenten und Pfalzen schwankt zwischen 2400 und 2800 Meter Höhe. Für Bergwanderer ist Terenten ein günstiger Platz zum Bleiben; das nahe Winnebachtal zeigt den Weg zum Tiefrastensee und zu seiner Hütte.

Von Mühlbach nach Bruneck. Beide Orte verbindet die Pustertaler Staatsstraße (24 km). Die Mühlbacher Klause entläßt uns in die Talweitung von Vintl. Zur »Vintl«, so nennt der Einheimische die ebene Flur zwischen den Orten Nieder- und Obervintl, zeigt das Pustertal erstmals die großen Linien hoher Waldrücken, das Grün weiter Wiesen und Felder, von denen eingangs die Rede war. Die Staatsstraße verschont in Niedervintl den Ortskern, zielt aber in Obervintl zur Dorfmitte auf den alten Ansitz Töpsl zu, für den irgend jemand eine baldige Restaurierung spendieren sollte. Töpsl, dieser wuchtige Baukörper mit Erker, Schmiedeeisengitter am Fenster und Fresko an der Straßenseite, könnte, fachgerecht renoviert, der erste stilechte und dazu freundliche Willkommensgruß im Pustertal sein. Wenig später scheint linker Hand aus ebenem Wiesengrund die Kirche St. Sigmund auf. Der edle spätgoti-

sche Bau mit prächtig gemaltem Christophorus am Langschiff, von der Staatsstraße aus gut sichtbar, und herrlichem Flügelaltar aus dem 15. Jahrhundert bewahrt alte Pustertaler Kirchengeschichte.

Kiens, der nächste Ort, ist für das untere Pustertal das Handels-, Gewerbe- und Schulzentrum und mit seiner Industriezone zugleich ein wichtiger Arbeitgeber. Im Wappen glänzt ein silberner fünfzackiger Stern, je ein Zacken für die Gemeinde-Fraktionen Kiens, Ehrenburg, St. Sigmund, Getzenberg und Hofern. Ehrenburg – gleich hinter Kiens führt von der Staatsstraße eine Abzweigung über die Rienz dorthin – zeigt mit einem Meilenstein aus der Römerzeit 2000 Jahre zurück. Die Brücke in unsere Zeit schlägt das barocke Schloß Ehrenburg, in Baustil und Ausstattung eine Südtiroler Seltenheit; Ehrenburg darf besichtigt werden.

Die Weiterfahrt gegen St. Lorenzen versucht

ein breiter, gewaltiger Riegel zu versperren. Die Rienz muß um das Hindernis ein Knie auslegen (derzeit entsteht dort eine Staustufe), die Straße überwindet den Rücken am »Kniepaß« (800 m), läuft durch eine Talweitung und streift gemeinsam mit der Rienz einen starken Felsen, auf dem die ehemals berühmte Sonnenburg thront. Die Sonnenburg, der gleichnamige Weiler mit altem Häuserwinkel, der Ansitz Hebenstreit und das Kirchlein St. Johann im Spital bilden zusammen ein historisches Nest mit interessanter mittelalterlicher Geschichte.

Im 15. Jahrhundert herrschte auf der Sonnenburg die Äbtissin Verena von Stuben; ihr unseliger Streit mit Cusanus, dem Fürstbischof von Brixen, erschütterte das Land und stürzte das Volk in Not und Elend. Vielleicht tafeln und schlafen wir einmal in der Sonnenburg – der ehrwürdige Bau dient heute gehobenen Ansprüchen als Schloßhotel.

37 Bruneck, »Hauptstadt« im Pustertal

Geographisch gesehen sitzt Bruneck im Zentrum der östlichen Landeshälfte, in der größten Südtiroler Talweitung nach dem Bozner Becken, dort, wo das Pustertal großzügig Platz und Weite anbietet. Bruneck, Meereshöhe 835 Meter, hat 12 000 Einwohner, ist als wichtigster Ort im Pustertal auch der wirtschaftliche Mittelpunkt und deshalb der verwaltungsmäßige Sitz der »Bezirks- und Talgemeinschaft Pustertal« (25 Gemeinden von Corvara in den Dolomiten bis Prettau im Ahrntal, im Pustertal von Kiens bis Innichen).

Im Anfang waren die Verhältnisse für Bruneck weniger günstig, als sie heute erscheinen. »Bruneck« lag fern in der Zukunft, als die römische Brückensiedlung Stegen (heute Brunecker Stadtteil) und das römische Sebatum, heute das benachbarte St. Lorenzen, gegründet wurden und über das 1. Jahrtausend hinaus dominant in der Pustertaler Geschichte stehen. Bruneck verdankt seine Wiege dem Landgut Ragen – heute der östliche Stadtteil –, das zur ersten Jahrtausendwende das Bistum Brixen durch Schenkung bereicherte. Im 13. Jahrhundert sicherte und erweiterte Bischof Bruno diese Besitzung, indem er auf einer zur Rienz erhöhten Gelände-

ecke, am Kühberg, eine Burg errichtete, und erst dieses »Bruno-Eck« wurde – zwischen 1250 und 1288 – die Urzelle unserer Stadt. Der von Bischof Bruno planmäßig geförderte Ausbau mit Festungsgräben und Mauern, die Ansätze zu Bürgertum, Handwerk und Handel führten noch im 13. Jahrhundert zur allgemeinen Anrede »stat Bruneka«.

Das Anlehnungsbedürfnis der Bürger und Handwerker zum Burghügel muß stark gewesen sein, denn die Stadtgasse, die Altstadt, schwingt eng an den Hügel geschmiegt vom westlichen Ursulinentor zum östlichen Oberragentor, auch die Hochwassergefahr durch die Rienz mag dafür ein Grund gewesen sein. Der Platz war beschränkt, aber die Stadtplanung gewährte der Gasse dennoch Raum genug, damit der Frachtenverkehr, das Leben und Treiben auf der Pustertaler Fernstraße herauf von Triest und Venedig und weiter nach Augsburg, durch die Stadt pulsieren konnte. Die Gasse hat keine Lauben, dafür im Maß von Länge und Breite, in der gediegenen dreistöckigen Architektur der geschlossenen Häuserzeilen fast den Anspruch, ein mittelalterlicher »Stadtsaal« zu sein.

Die größte Katastrophe seiner Geschichte erlebte Bruneck mit dem Stadtbrand vom Oktober 1723. Ein heftiger Ostwind trieb die in einem Bürgerhaus ausgebrochenen Flammen vom Oberragentor bis zum letzten Haus am Ursulinentor und vernichtete bis auf die Grundmauern fast alles, was zum Stadtkern gehörte. Dieses Unglück hat Bruneck schwer geschlagen, der frühere Wohlstand kehrte nur langsam wieder zurück. Im Wiederaufbau erhielten die vordem im Oberstock meist höl-

zernen Häuser die hohen barocken Frontfassaden, Ziergiebel und Langerker, die Stadtgasse ist heute für Bruneck, ja sogar für ganz Südtirol ein schmuckes Aushängeschild und zum Segen der Bürger und aller auswärtigen Freunde eine Fußgängerzone. Die Stadtgasse wirkt am besten, wenn wir sie vom Ursulinentor her betreten und zum Oberragentor hinausgehen, etwa in der Mitte ermöglicht die Florianigasse durch das gleichnamige Tor den Ausweg zum »Graben«.

Einmal das Hindernis vor der Stadtmauer, trägt heute der Graben die mit starkem Durchgangsverkehr belastete Brunecker Hauptstraße und dazu unter dem Dach alter Kastanienbäume eine bei jung und alt überaus geschätzte Flanierpromenade, den für die Brunecker Urbanität so wichtigen Alleeplatz.

Anstatt der ehemaligen Stadtmauer gibt eine schon weit über 100 Jahre alte Häuserfront dem Stadtkern auch zum Graben hin ein repräsentatives Gesicht. Gegenüber der Hauptstraße renommiert das Hotel »Post« – Sr. Majestät Kaiser Franz Josef I. logierte anläßlich des Kaisermanövers im September 1886 dort mit großem Gefolge. Die »Post« ist in Bruneck hoch angesehen, die Einwohner, darunter fast 2000 Personen italienischer Abstammung, auch die Landbevölkerung, alle Schichten lieben diesen Stadttreff.

Verweilen wir in Bruneck, sollten wir durch das Oberragentor zur »Oberstadt« schlendern, dort vielleicht auch die mächtige Stadtpfarrkirche »zu Unserer lieben Frau« würdigen, vor allem aber die Rainkirche in dem hübschen Park am Burghügel aufsuchen.

Michael Pacher erscheint im Brunecker Archiv des 15. Jahrhunderts als »maister Michl, der maler und purger«, ab 1467 war Michael Pacher ein Bürger der Stadt Bruneck. Dies bezeugt, daß er als anerkannter Meister mehrere Jahre in der Stadt gelebt haben mußte; mit Recht identifiziert sich Bruneck im »Haus Michael Pacher« mit diesem großen Tiroler Altar-Schöpfer. Sein Werk hat die Nachwelt leider nur unvollständig bewahrt, die Fresken in den Kirchenkuppeln leuchten noch in bezwingendem Glanz, die Altäre jedoch entfernte Unverstand ganz oder in Teilen vom alten Ort.

Die letzte Arbeit, der Salzburger Altar in der dortigen Franziskanerkirche, erschöpfte seine Lebenskraft; während der Aufstellung verstarb Michael Pacher im Juli 1498.

Bilder oben   Die Rainkirche auf einer Geländestufe oberhalb der Brunecker Altstadt, geweiht der hl. Katharina.
Einzug der Taistner Musikkapelle am Tag der Vereine durch das Ursulinen-Tor zur Brunecker Stadtgasse.

Großes Bild   Das Talbecken von Bruneck. Das Pustertal erfährt dort die größte Weitung, die Ahr im Vordergrund mündet aus dem Tauferer Tal ein: links erkennen wir St. Georgen und Dietenheim, rechts oberhalb von Bruneck am Waldrand der Ort Reischach, am Horizont die Pragser Dolomiten.

Bild links   Schloß Bruneck, einst Sitz der Brixner Fürstbischöfe, heute eine kaufmännische Lehranstalt.

38 Die Talweitung von Olang

Wer von Bruneck spricht, meint meist auch den Kronplatz, und wer vom Kronplatz schwärmt, erzählt im gleichen Atemzug auch von Olang. Bruneck, Kronplatz und Olang bilden zusammen eine Dreisamkeit, besonders im Winter, wenn hier wie dort Seilbahnen und Lifte hinaufsurren zum Kronplatz (2277 m), der mit hoher, runder Kuppe sowohl den Brunecker Talkessel wie die Talweitung von Olang beherrscht.

Der Begriff »Olang« gilt als Sammelname für die liebliche Flur etwa 10 Kilometer von Bruneck nach Osten entfernt, dort, wo das Pustertal herauf von Bruneck durch die Geländeanhebung um 200 Meter ein neues Höhenniveau erhält. Die Staatsstraße streift die Orte Percha, Wielenbach und Nasen (von Percha beschilderte Auffahrt zu den Erdpyramiden von Platten), schwingt durch die Öffnung zum Antholzer Tal, läuft weiter gegen Welsberg und bleibt somit am Nordrand von Olang, ohne das Bauernland, das schöne Urlaubsgefilde der Talschaft, zu belästigen. Auch die Rienz, versunken in einem tiefen Graben und durch den nahen Stausee fast ohne Wasser, sowie die Pustertaler Bahnlinie halten Abstand zum Olanger Zentrum, zum Kirchdorf Mitterolang, einer gepflegten, traditionsreichen Ortschaft.

Der Gemeindesitz Mitterolang versammelt alle für den Fremdenverkehr wichtigen Einrichtungen, die Nachbardörfer Nieder- und Oberolang richten sich zu ihm aus. Bergwärts dehnt sich die Gemeinde bis zum Kronplatz aus und vereinnahmt dort das Kirchdorf Geiselsberg (1314 m) mitsamt den am Kronplatzhang ansässigen Weilern und Einzelhöfen. Die Gemeinde verwaltet rund 2500 Personen, sie ist seit ewigen Zeiten deutschtirolerisch, lebt in starkem Maße vom Fremdenverkehr, wenngleich auch die Landwirtschaft, Wiesen, Mais, Getreide und Feldfrüchte, sowie die Viehhaltung ein gutes Einkommen ermöglichen.

Olang avancierte längst zu einer erfolgreichen Pustertaler Ferienregion mit Saison fast das ganze Jahr über und hat kaum Sorgen, die Gästebetten zu belegen. Den bisherigen und auch den zukünftigen Erfolg garantieren die sonnige, von keinem allzu nahen hohen Berg beengte Talweite, die Meereshöhe – Mitterolang 1047 Meter – und die Ortslage im geographischen Mittel des Pustertales. Der in Südtirol einmalige Pustertaler Vorzug, die Nahtstelle zweier gänzlich verschiedener Gebirge zu sein, kommt im Raum von Bruneck und Olang voll zur Geltung. Durch das Tauferer und das Antholzer Tal streicht frische nördliche Gletscherluft von den Zentralalpen herein, im Süden lockt die Versuchung der »bleichen Berge«, in den Dolomiten verbirgt die Pustertaler Talgemeinschaft die ladinisch heitere Seele. Wir unterliegen nach Nord und Süd, nur wenige Kilometer von Bruneck wie von Olang entfernt, dem Reiz zweier Welten.

Bild links **Das Denkmal für Peter Siegmair am Dorfplatz von Mitterolang.**

Großes Bild **Blick auf Mitter- und Oberolang und den Verlauf des Pustertales in Richtung Welsberg; darüber Ausläufer der Gsieser Berge.**

Bild rechts oben **Die Friedhofkirche von Oberolang, im Hintergrund die ostseitigen Waldhänge vom Kronplatz.**

Peter Siegmair ist als »Held der Kinderliebe und Märtyrer der Wahrheit« in die Tiroler Geschichte eingegangen; sein Denkmal steht in Mitterolang am besten Platz, in einem kleinen Park. Peter Siegmair kämpfte im Tiroler Freiheitskampf von 1809 und flüchtete im Dezember des gleichen Jahres hinauf nach Geiselsberg zum entlegenen Rindlerhof, um sich der Gefangennahme zu entziehen.
»Das Lied vom Tharer Wirt« überliefert uns anschaulich das Geschehen:

> *»Der Tharer Wirt von Olang*
> *das war ein braver Sohn,*
> *den suchen die Franzosen*
> *er ist zum Berg geflohn.*
>
> *Dann lassen sie verkünden:*
> *›Stellt der Rebell sich nicht,*
> *so führen wir den Alten*
> *für ihn zum Blutgericht.‹*
>
> *Der Tharer Wirt von Olang*
> *kommt schnell herab ins Tal:*
> *›Gebt mir den alten Vater,*
> *nehmt mich, Herr General.‹*
>
> *Der Vater ruft in Banden:*
> *›Was lieferst du dich aus?*
> *Es weint um dich voll Liebe,*
> *dein junges Weib zuhaus.‹*
>
> *›Behüt dich Gott mein Vater,*
> *mein Weib, so lebe wohl.*
> *Die Eltern halt in Ehren,*
> *das gilt im Land Tirol.‹*
>
> *Sie haben ihn erschossen,*
> *er liegt in seinem Blut,*
> *doch alles Volk im Tale,*
> *lobt seinen Heldenmut.«*

Am 14. Januar 1810 starb Peter Siegmair, nur 35 Jahre alt, am Dorfplatz zu Mitterolang.

Bad Bergfall und Bad Schartl, beide Bäder heute leider nicht mehr in Betrieb, galten dereinst im 19. Jahrhundert mit ihrer Position einige hundert Meter über dem Tal als die gehobene, fast vornehme Olanger Erholungsetage. Bergfall – »die Stille des Bades wird nur vom Furkelbach und vom Lied hoher Bäume umrauscht« – verträumt die alte Zeit im Bergwald zur Dreifingerspitze, Bad Schartl (1435 m) schaut hinab ins Olanger Becken und weit hinein zu nordseitigen Pustertaler Bergen. Zu beiden Bädern kamen die Gäste von weit her, versprachen doch die Badeheiligen Rochus und Sebastian die Heilung von »Gliedersucht, Hüftwehe, Ischiatika, Kreuz- und Seitenwehe, Vergücht, Podagra, versalzenes Geblüth und weibliche Zuständ« – insgesamt gesehen also auch heutige Krankheiten.

Schartl zehrt von der Erinnerung an die gesellige Schartl-Runde, im Mittelpunkt der Lyriker Hermann von Gilm, der dem Bad die viel gesungenen Schartl-Lieder schenkte:

> *»Das erste Glas der schönen Welt,*
> *Da unten in der Stille,*
> *Dem dunklen Wald, dem goldnen Feld*
> *In seines Lebens Fülle.«*

39 Olang – Furkelsattel – Kronplatz

Der schönste Nahausflug von Olang per Auto führt über Geiselsberg hinauf zum Furkelsattel, 1759 Meter Meereshöhe. Die Paßstraße zu fahren ist ein Genuß, breit und gut ausgebaut erreicht sie nach 3 Kilometern ab Olang zuerst den kleinen Ort Geiselsberg. Möchten wir von der Furkel zum Kronplatz, unternehmen wir ab Paß-Albergo eine Fußwanderung über eine für den allgemeinen Verkehr gesperrte Alm- und Forststraße und sind nach etwa 5 Kilometern – Gehzeit 1$\frac{1}{2}$ bis 2 Stunden – auf der Gipfelplattform in 2277 Meter Höhe. Von Olang aus ist dies die bequemste Route zum Kronplatz, wenn wir vorhaben, die Beine zu bewegen, also etwas für unsere Gesundheit zu tun.

Die Einsamkeit und Wildnis der Kronplatz-Flanken in der Zeit einige hundert Jahre zurück mag schaurig gewesen sein, der Gang über die Furkel hinab ins ladinische Enneberg war mühsam und wegen der Bären auch gefahrvoll. Geiselsberg, bis 1480 eine Bauerneinschicht ohne Kirche, verdankt sein erstes Gotteshaus einem Versprechen. Die Legende erzählt, daß der Arndtbauer auf einem Gang nach Enneberg im dichten Wald auf der Furkel von einem Bären überfallen wurde. Wenn er aus dieser gefährlichen Lage glücklich davonkäme – so gelobte der Bauer –, würde er anstelle der bei seinem Hof stehenden hölzernen Kapelle eine richtige Kirche bauen. Der gerettete Bauer hielt sein Wort, und am 10. Oktober 1484 konnte die Kirche »zum hl. Wolfgang« geweiht werden. Simon von Taisten (siehe auch Seite 97) schuf, gut hineingepaßt in einen Rundbogenrahmen auf der Ostseite, das große Christophorusbild, datiert im Jahre 1489.

Geiselsberg ist die Urlauber-Höhendependance von Olang. Die Position am Osthang des Kronplatzes und die Höhenlage, 1314 Meter, geben dem Ort einen weiten Blick in das obere Pustertal in Richtung Welsberg, zum ausgedehnten Kammzug der Gsieser Berge zwischen Antholzer und Gsieser Tal und zum markanten Granitgipfel des Hochgall inmitten seiner Trabanten, den Bergen am Rieserferner. Der Tiefblick nach Olang zeigt, wie schön sich diese Talweitung in seiner Flurbereinigung darbietet, wie hübsch die Olanger Dörfer das Becken besiedeln, einander wohl nahe, aber durch Wiesen und Felder doch so weit getrennt, daß jedem Kirchturm die Eigenständigkeit erhalten bleibt. Die Geiselsberger Umgebung lebt von der schroffen Gebirgskette im Süden. Der Piz da Peres und die Dreifingerspitze, beide 2500 Meter hoch, bilden die für Bergwanderer verführerische Dolomitenkulisse, die Auffahrt von Geiselsberg zum Furkelsattel schiebt den Piz da Peres nahe heran zur Paßstraße.

Auf der Furkel – so die deutsche Ansprache – grenzt mit der Gemeinde Enneberg das ladinische Südtirol an das deutschtirolerische Olang, die Weiterfahrt über Enneberg nach St. Vigil öffnet die Welt der ladinischen Dolo-

miten (siehe Artikel 49 bis 51). Bleiben wir am Furkelpaß, lockt, wie eingangs empfohlen, der Kronplatz und für geübte, trittsichere Bergwanderer die Tour zum Piz da Peres und zur Dreifingerspitze.

Bild links **Die Nebel über dem Olanger Talkessel lösen sich auf. Die Fahrt zum Furkelsattel führt oberhalb von Geiselsberg vorbei am Rindlerhof (im Bild). Peter Siegmair, der Olanger Thararwirt, hielt sich dort versteckt, bis er sich den Franzosen stellte.**

Bild oben **Am Kronplatz, dem Skizentrum über Bruneck; Blick nach Osten über das von Wolken bedeckte Pustertal.**

Bild rechts **Gras, das am Morgen gemäht wurde, muß am Nachmittag gewendet werden – von Hand, am Hang in der Auffahrt zur Furkel.**

beim Fenster herausschaute, um von mitleidigen Menschen Nahrung zu erhalten.«
Um Hilfe in dieser schweren Zeit pilgerten die Olanger zur Mutter Gottes nach Enneberg. Die Wallfahrt war oft bedroht von Bären und Wölfen, die über Jahrhunderte in den ausgedehnten Wäldern am Kronplatz ein ständiges Domizil hatten.

Bild links Das »Spitzige Stöckl« bei Mitterolang in der Auffahrt nach Geiselsberg ist ein Pestbildstock aus dem frühen 15. Jahrhundert, einer der schönsten dieser Art in ganz Südtirol.

Bilder unten und rechts Bauernhöfe im Gsieser Tal. Das Gsieser Tal ist ein breites Tal mit ebenen, weiten Wiesenböden und sanften Hängen zu den Bergwäldern. Platz für die Höfe, ob nun im Tal selbst (siehe auch Bild Seite 98) oder an den Hängen, war genug vorhanden, und so hat der Bauer in gutem bajuwarischen Brauch einen Paarhof – Wohn- und Futterhaus getrennt – erstellt; das Wohnhaus mit vielen Kammern, denn der Kinderreichtum im Tal war sprichwörtlich. – Im Bild der blumengeschmückte Simmlerhof und die Harmerhöfe im Inneren Gsies.

Das »Spitzige Stöckl« von Mitterolang erinnert an die Pestjahre zur Mitte des 15. Jahrhunderts, die aber wiederum nur Nachfolger der grausamen Jahre um 1348 waren, als viele Gebirgstäler von dieser Seuche heimgesucht wurden. Aus dieser Zeit stammt der Spruch:

»Hattest du getrunken Bibernell (Anis),
warst du gestorben nicht so schnell.
Hattest du gegessen Baldrium,
warst du gekommen ganz davun.«

Tirol mußte im 14. Jahrhundert viele Naturkatastrophen erleiden, so eine Heuschreckenplage, die auch das Olanger Gebiet schwer schädigte. Die Chronik vermerkt im Jahre 1338 den dreimaligen Kreuzgang der männlichen Olanger Bevölkerung nach Kloster Säben. Als die Männer von der ersten Wallfahrt zurückkamen, fraßen die Heuschrecken noch an Gras und Halm; der Bittgang wiederholte sich sofort, konnte aber auch diesmal die Plage nicht vertreiben. Erst die dritte Wallfahrt fand die endliche Erhörung.
Die Cholera wütete in Südtirol im Jahre 1512, so auch in Olang. Der Pfarrer verkündete von der Kanzel, »in diesen Sterbeläufen das unnötige Ausgehen zu unterlassen, damit durch das unzeitige Herumlaufen die Krankheit nicht verbreitet werde«. Die Pest suchte im Jahre 1636 – dem Pestjahr in ganz Tirol – auch Olang wiederum schwer heim. Den Pfarrer Augustin Kofler raffte der »schwarze Tod« hinweg wie so viele andere; die Überlieferung erzählt: »... daß beim Juderbauer unter der Pfarrkirche das ganze Haus ausgestorben war bis auf ein altes Weiblein, welches

40 Das Gsieser Tal

Das Gsieser Tal hat seinen Ursprung hoch oben im Gebirge, im Grenzkamm zwischen Italien und Österreich. Schauen wir von dort, vom 2200 Meter hohen Gsieser Törl, hinab nach Norden, winkt das Osttiroler Defereggental zu uns herauf, im Rückblick hinein nach Gsies grüßt eine Tiroler Talschaft, die in weiten Bereichen fast noch so lebt wie vor 100 Jahren.

Der Bauernhof, meist ein Paarhof – Wohn- und Futterhaus als einträchtiges »Paar« – steht mit einfachem oder doppeltem hölzernen Obergeschoß auf gemauertem, weißgekalktem Erdgeschoß, darüber ein flacher Dachgiebel, da und dort noch holzgeschindelt, in jedem Fall aber eine meist schon jahrhundertealte Haube für das Haus. Er weiß von den Zeiten, als vier bis sechs, häufig bis zu zehn Kinder am großen Tisch saßen; das tägliche Brot muß dem Gsieser Bauern je-

doch immer ausreichend gegönnt gewesen sein, denn solide und behäbig, in Generationenfleiß erworbenem bäuerlichen Wohlstand sitzen die Höfe im Tal oder aneinandergereiht auf geräumiger Geländeleiste am flachen Hang. Das Gsieser Tal ist ein Tal der Weite und auch ein grünes Tal, kaum ein Acker für die Kartoffel, kein Mais, nur Wiesen, breit und eben, an den beidseitigen Talflanken die Wälderzeile, darüber gerundete, bis hoch hinauf grüne Kuppen. Diese Vorrede weckt Neugierde, vielleicht auch das Verlangen, das Gsieser Tal kennenzulernen.

Von Olang im Pustertal aufwärts kommen wir nach Welsberg, am Ortseingang weist eine Tafel das Tal. Der Gsieser Bach rauscht in enger, tiefer Schlucht heraus nach Welsberg, die Einfahrt zieht über einen Geländerücken links des Baches höher, läßt das Dorf Taisten links liegen und schwenkt durch eine Waldschneise nach Nordost in die ab dem Weiler Wiesen weit offene Talschaft. Der Gsieser Bach plätschert nun rechts in gemächlichem Lauf, sein Ufer, eine dichte Erlenreihe, ist die geschwungene Leitlinie fast bis hinein zum Kirchdorf St. Magdalena im Obertal. Die

Meereshöhe dort beträgt 1400 Meter, in Wiesen am Taleingang 1200 Meter, also nur 200 Meter Höhendifferenz auf die Entfernung von 15 Kilometern zwischen den genannten Orten. Die Siedlungen haben Platz genug, sich locker zu verteilen, der Einzelhof und Weiler meist am Hang, auch das Kirchdorf Bichl, St. Martin bleibt im Talgrund, St. Magdalena sitzt auf der Geländestufe hinein in das innere Gsies, dem Almwinkel zum Gsieser Törl. Keine Talseite scheint klimatisch benachteiligt zu sein: »Die Berge verdecken uns weder den Horizont noch rauben sie uns die Sonne am Morgen und Abend, uns scheint tatsächlich die Sonne am längsten«, meinen die Gsieser Bauern.

Dieser Vorteil liegt in der Talöffnung nach Südwest, ob Tal, Hang oder Berg, die Südwestseite hat immer die meiste Sonne.

Im Tal leben 2000 Menschen, mit 110 Quadratkilometern Fläche ist Gsies eine räumlich große Südtiroler Gemeinde mit St. Martin als Zentrum für die allgemeine Information. Die Pfarrkirche zum hl. Martin steht in Ortsmitte – umgeben von Wiesen. Wo sonst in Südtirol gibt es das noch?

Urlaub am Bauernhof, für so manche Großstadtfamilie mit Kindern ein Ferienwunsch, wird in Südtirol in vielen Tälern angeboten, und dafür hat der »Südtiroler Bauernbund« (Brennerstraße 7, Bozen) einen gesonderten Prospekt mit Adressen herausgegeben.

Gsies wirbt für sich mit dem Argument, ein Bauerntal zu sein, also ist »Urlaub auf dem Bauernhof« mit allem, was wir darunter verstehen, dort gut möglich. Für Gsies gibt es eine aufschlußreiche Untersuchung aus dem Jahre 1980: Der Großteil aller Urlauber hat mehr romantische als konkrete Vorstellungen vom Bauernleben. Er wünscht sich ein großes, blumengeschmücktes Bauernhaus, Vieh jeder Art am Hof, er schätzt die typische Bauernkost, die Eigenerzeugung von Milch, Butter, Käse und selbstgebackenes Brot. Die ruhige Lage, der »gesunde« Preis für Familien mit mehreren Kindern sind natürlich Voraussetzung. Die Ferienkinder wollen mit den Bauernkindern spielen, gerne auch mit ihnen essen am großen Familientisch, sie träumen von der gemeinsamen Entdeckung aller Hofwinkel, von Streifzügen hinaus zu Feld, Wald und Wiese und freuen sich auf Tage droben auf der Hochalm, fernab vom Tal. Die Untersuchung erbrachte weiterhin, daß neue Hotels nicht gewünscht werden, das Tal soll naturnah sein im Zusammenhang mit dem Brauchtum der bäuerlichen Bevölkerung. Die meisten Besucher unter dem Gästepublikum im Gsieser Tal sind im Alter von 25 bis 45 Jahren, sie bringen zwei oder drei Kinder im Pflichtschulalter mit und bleiben zwei Wochen. Gute Zimmer mit Frühstück sind gefragt – am Urlaubsende loben sie ihre Wahl, die kostbarsten Wochen des Jahres im Gsieser Tal verbracht zu haben.

Joachim Haspinger, der Kapuziner, war nach Andreas Hofer die markanteste Persönlichkeit des Bauernaufstandes gegen Napoleon 1809. Haspingers Vaterlandsliebe, sein unbändiges Temperament, seine bildhafte Predigt und seine Volksverbundenheit machten ihn in den Tagen der Volkserhebung zwangsläufig zu einem geborenen Bauernführer.

Im Kirchdorf St. Martin steht für Haspinger ein Denkmal, das den »Pater Rotbart«, so sein Spitzname, in einer für ihn gewiß typischen Pose zeigt: aufrecht, beseelt von fanatischem Willen zu Freiheit und Unabhängig-

keit der Tiroler, bereit, seine Ideale bis zum Letzten zu verteidigen. Nach der verlorenen dritten Schlacht am 1. November 1809 am Berg Isel war die Niederlage bittere Tatsache, der unheilvolle Einfluß von Haspinger trieb Andreas Hofer am 11. November zu einem erneuten Aufruf zum Kampf. »Haspingers Bild ist schwankend in der Geschichte, ihm wird die Hauptschuld zugemessen, daß der Befreiungskrieg Tirols mit einer Tragödie abschloß, weil er durch seinen Fanatismus ein rechtzeitiges Kriegsende nicht zuließ.«

Joachim Haspinger ist ein Sohn des Gsieser Tales, am 27. Oktober 1776 als Simon Haspinger in St. Martin geboren, nahm er 1802 als Novize im Kapuzinerkloster Eppan den Namen Joachim an. Der geistliche Lebensinhalt war ihm vorbestimmt, der besitzlose Kapuzinerorden, ein sogenannter Bettelorden, gab ihm die Heimat, die zu seiner Persönlichkeit gewiß sehr gut harmonisierte; er verstarb am 12. Januar 1858 zu Salzburg an Altersschwäche. Im Jahre 1959, zur 150jährigen Wiederkehr des Tiroler Freiheitskampfes, weihte die Gemeinde Gsies das Denkmal ein.

Bild oben **Typische Gsieser Talsiedlung, der Ort Unterplanken im Äußeren Gsies.**

Bild links **Das Haspinger-Denkmal in St. Martin in Gsies.**

Bild rechts **Niederdorf im Pustertal, gesehen von Westen, im Vordergrund die Mooskirche, rechts Sextener Dolomiten mit Birkenkofel.**

41 Welsberg – Niederdorf – Toblach

Im oberen Pustertal bilden zwischen Olang und Toblach in der Höhenlage um 1100 Meter die Orte Welsberg und Niederdorf zwei Schwerpunkte, zu denen sich Handel und Wandel orientieren. Beide Ortschaften müssen den Durchzug der Pustertaler Staatsstraße hinnehmen, Jahrhunderte hindurch gewiß ein Vorteil, heute eher ein Nachteil. Das Umfeld von Welsberg reicht hinein nach Gsies und zum Pragser Tal, Niederdorf ebenfalls nach Prags, ansonsten ist der weite Niederdorfer Talboden schon deutlich nach Toblach ausgerichtet. Das Dorf Taisten, Geburtsort des Malers Simon von Taisten (1450–1510) gehört zur Gemeinde Welsberg.

Welsberg, dieser Ort verdient innerhalb unserer Pustertaler Reise ein Anhalten; gute, gepflegte Gasthöfe laden dazu ein.

Mit dem Schloß Welsberg besitzt der Ort ein geschichtsträchtiges Zeugnis und im Geschlecht der Herren von Welsberg ein Fundament, das bis zum Jahre 1140 zurückreicht. Mitten im Ort steht der Ansitz Zellheim, auch Kempter-Haus genannt. Dieser Edelsitz datiert auf die Welsberger zurück, ging über Jahrhunderte durch mehrere Hände und beherbergte 1886 sogar Kaiser Franz Josef bei seinem Besuch im Pustertal. Die großzügige Restaurierung vom Jahre 1983 gab diesem historischen Bau den früheren Glanz zurück: Der Ansitz Zellheim ist für Welsberg, ja für das gesamte obere Pustertal ein ausnehmend schönes Schmuckstück.

Stolz blickt der Ort auf Paul Troger (1698–1762). Aus den dürftigen Verhältnissen des Elternhauses stieg dieser Name auf zu einem leuchtenden Stern im österreichischen Barockhimmel. Die Heimat ehrt den Künstler mit Denkmal und Straßennamen.

In Niederdorf mußte das Rodfuhrwerk anhalten, seine Fracht »niederlegen« und dem Rodführer übergeben, der das Recht zur Weiterbeförderung hatte. Aus dieser von der Obrigkeit bis zum späten Mittelalter geforderten Zwangsniederlage aller Waren in Niederdorf leitet der Ort seinen Namen ab. Maria Theresia schaffte 1751 den Rodzwang ab; private Spediteure übernahmen den Warentransport, der von Lienz auf dem Pustertaler Fernweg und von Venedig über Belluno auf der Strada d'Alemagna durch das Höhlensteintal nach Niederdorf rollte und über Mühlbach zum Brenner. Die Post, ob beritten oder mit Wagen, hatte in Niederdorf aus der Tradition des Rodfuhrwesens heraus eine für das gesamte Pustertal wichtige Station, so auch den durchgehenden Postwagen Wien–Mantua, den Maria Theresia 1754 einführte.

Was ist Niederdorf von dieser Bedeutung geblieben? Mit der Eisenbahn begann nach 1871 der Fremdenverkehr; der Dorfplatz, früher Station für Fuhrwerk und Post, ist heute Parkplatz für das Urlauber-Auto.

Toblach, diese Anrede gilt für das Kirchdorf Alt-Toblach, für die Hotel- und Geschäftssiedlung Neu-Toblach am Bahnhof und für den mehr oder weniger verbauten Raum dazwischen, dem Toblacher Feld, geteilt von der Pustertaler Staatsstraße nach Osten in Richtung Innichen. Am Toblacher Feld quert die Straße einen kaum merkbaren Geländescheitel:

»Toblacher Bergsattel m 1219 ü. d. M. Wasserscheide Rienz (Adriat. Meer) – Drau (Schwarzes Meer).«

Das Pustertal erfährt zwischen Niederdorf und Toblach und hinab gegen Innichen nochmals eine große und sehr flache Weite. Häufig weht ein frischer Wind, die Niederschläge bleiben unter dem alpinen Mittelwert, die Temperatur pendelt im Jahresmittel bei plus 5 Grad; das Toblacher Feld gilt in der Überlieferung als Kältepol des Landes. Die Sonnenscheindauer dagegen erreicht mit etwa 2000 Stunden im Jahr den vielleicht höchsten Wert für das gesamte Pustertal.

Toblach ist eine selbständige Gemeinde, nach Norden zur Staatengrenze Italien/Österreich, nach Süden hinein in die Dolomiten bis Schluderbach zur Provinzgrenze Bozen/Belluno. Den Flächeninhalt (126 km²) beleben zwei gegensätzliche Gebirge: die ruhige, sanft geformte Linie der kristallinen Schieferberge mit Gipfelhöhen bis 2600 Meter im nordseitigen Grenzkamm, dagegen aufregend steiler Dolomitenfels bis fast 3000 Meter Höhe im Süden.

Das Zentrum für Begegnung und Kirchgang ist Alt-Toblach. Im Mittelpunkt ragt der 76 Meter hohe Kirchturm; seine Fertigstellung im Jahre 1804 setzte dem Neubau der Toblacher Pfarrkirche (1764–1774), der stattlichsten Barockkirche im Pustertal, die Krone auf.

Bilder oben **Der Ansitz Zellheim im Ortszentrum von Welsberg.**
St. Christophorus, gemalt von Simon von Taisten im Jahre 1515 am Kirchturm von Aufkirchen unweit von Toblach.

Bild rechts **Toblach im Pustertal. Die Pfarrkirche zum hl. Johann dem Täufer, eine herrliche Barockkirche, ist für Toblach ein wertvoller baulicher Schmuck. Prächtig auch die Dolomitenkulisse, Felsspitzen im Haunoldstock mit Höhen fast 2000 Meter über dem Ort.**

Bild links **Schloß Welsberg im oberen Pustertal war einst Sitz der Herren von Welsberg, einem über die Jahrhunderte bedeutenden Pustertaler Adelsgeschlecht.**

42 Die Hofmark Innichen

Die Entfernung von Toblach nach Innichen beträgt 5 Kilometer; auf der Fahrt aus dem Toblacher Feld in das nun schmälere Pustertal verlieren wir ab Wasserscheide Toblacher Bergsattel (1219 m) nur knapp 50 Höhenmeter bis zum Ortskern von Innichen.

Im Pustertal ist Innichen der geschichtsträchtigste Ort. Geschichte? Damit verbinden wir im Hinblick auf Südtirol die Zeitvorstellung 2000 Jahre zurück, als 15 v. Chr. die Römer sich anschickten, die Alpenvölker zu unterwerfen, auch das Pustertal kontrollierten, bis schließlich auch sie im 5. bis 6. Jahrhundert neuen Kräften weichen mußten.

Das Pustertal, diese große, zentral-alpine Längsachse, ist ein Tal ohne Paß, aus dem Toblacher Feld offen nach Ost und West. Von Osten entlang der Drau (slawisch drave) rückten die Slawen an, von Westen entlang der Rienz die Bajuwaren. Herzog Tassilo III. sicherte die bajuwarische Landnahme: Mit den Mönchen unter Abt Otto aus der aufgelassenen Abtei Scharnitz gründete er 769 das Benediktinerkloster Innichen. Nur wer Latein sprach, war imstande, Geschichte zu schreiben; den latein- und schreibkundigen Mönchen verdanken wir die frühe Geschichtskunde und somit auch wichtige Daten darüber, was weiterhin zu Innichen geschah.

Das Hochstift Freising, durch vielerlei Rechte schon an Eisack und Etsch vertreten, saß mit der Ernennung von Abt Otto zum Bischof von Freising nun auch fest in Innichen. Kaiser Otto der Große gewährte im Jahre 965 dem Kloster größere Macht und größeren Besitz, auch das Recht der Immunität von der gräflichen Gerichtsbarkeit. Otto erhob Innichen zum Status einer Herrschaft, und mit dieser Huld gilt Otto der Große als der nochmalige Stifter und Gründer von Innichen. Das Kloster und damit die Herrschaft von Freising wuchs sich fast zu einem eigenen Pustertaler Kleinstaat aus: hinab bis Sillian im heutigen Osttirol und Rienz abwärts bis nach Welsberg. Das Kloster betete, lebte von Zins und Arbeit seiner Untertanen, die weltliche Verwaltung lag in Händen bestellter Vögte, und damit vergab es, wie sich zeigen sollte, die Herrschaft über Land und Leute. Die Vögte, die Grafen von Görz-Tirol (siehe »Südtirol im Bogen der Geschichte« Seite 8–9), handfeste Praktiker mit Gespür für die Macht, überspielten sehr bald die geistlichen Herren, wenig zimperlich dem Kloster gegenüber vereinnahmten die Görzer Grafen das Pustertal zur »Vorderen Grafschaft Görz«. Bis in das Mittelalter hinein

respektierten die Grafen fürderhin nur noch den engen Bezirk der Innicher Hofmark als Freising'schen Besitz.

Der Dom zu Innichen, die Stiftskirche des ehemaligen Klosters Innichen, so, wie wir dieses ehrwürdige Pustertaler Wahrzeichen heute bewundern, stammt aus dem 13. Jahrhundert. Neben dem Dom von Trient gilt der Dom zu Innichen als das bedeutendste romanische Denkmal Tirols. St. Kandidus, der Kirchenpatron, gibt dem deutschen »Innichen« den italienischen Ortsnamen »San Candido« und bezieht sich somit auf das Patronat der Stiftskirche.

Zur Wende vom 12. zum 13. Jahrhundert vernichtete ein Großbrand die damalige Kirche und fast auch die gesamte Siedlung. Im Jahre 1284 weihte Bischof Bruno von Brixen (siehe auch Bruneck) den heutigen Dom. Der mächtige Glockenturm wurde in den Jahren zwischen 1320 und 1325 errichtet, er vereinigt das ganze Bauwerk zu starker romanischer Monumentalität. Die gotische Vorhalle entstand um 1460, im Jahre 1554 wütete die Brandfackel wiederum, das Bauwerk selbst aber blieb erhalten. Das 18. Jahrhundert bedrohte mit Barockelementen die romanische Substanz, verstand die Kirche als nicht zeitgemäß und verwischte wertvolle Inhalte der Gründerzeit. Die Jahre 1968 bis 1970 gaben in einer Generalrenovierung dem Dom zu Innichen die frühere erhabene Würde wieder zurück. Als wertvollster Inhalt der Stiftskirche gilt die frei im Raum schwebende, ergreifend schlichte Kreuzigungsgruppe, deren Entstehungszeit niemand genau bestimmen kann, die Schöpfung dieses romanischen

Kunstwerks wird noch vor dem heutigen Kirchenbau vermutet. Das »heilig creiz«, so die Anrede des Volkes, – Christus der König mit Maria und Johannes zu beiden Seiten, die Füße gestützt auf den Kopf des unerlösten Adam – hat die vielen Fährnisse unbeschadet überstanden und genießt bis zum heutigen Tag hohe Verehrung.

Innichen und der Haunold. Wenn wir singen: »… bis zu des Haunolds Alpenreich, das tausend Blumen deckt«, weist das Südtiroler Bergsteigerlied den Weg quer durch das Land, vom Ortler nach Innichen. Im Wort »Haunold« schwingen ganz anders als beim schlichten »Kofel« Romantik und auch Geheimnis mit, die in der Fantasie keine Grenzen haben. Wie sonst könnte dem Haunold solch hohes Lob erklingen?
Vom Haunold weiß der Bergsteiger also schon längst, bevor er nach Innichen kommt und vom Marktplatz aus versucht, den Haunold aus der nahe im Osten ragenden Zackenreihe herauszufinden. Die Felsspitzen scheinen alle fast gleich hoch zu sein, aber das gute Auge erkennt ein Gipfelkreuz und bestimmt damit den Haunold. Der Aufblick schreckt, die steilen Nordabstürze, die Schotterrinnen wirken abweisend, nach Innichen schickt der Haunold keine freundliche Aufforderung zum Kommen.
Aber der passionierte Bergsteiger findet seinen Weg: »Bis heute gibt es keine bessere Empfehlung, als früh am Morgen aus dem Innerfeldtal bei der Dreischusterhütte in den Latschenleiten rechts des unverwechselbaren Köllbrenngrabens dem steilen Serpentinenpfad zu folgen, bis er sich im losen Gestein einer breiten Schotterreiße verliert. Mühevoll müssen wir Höhe erkämpfen, ehe die Abzweigung nach rechts in einer Schlucht wieder Steigspuren aufzeigt und eine splittrige Steilflanke den Weg zum Gipfelbereich erkennen läßt. Nach Überwindung einer kurzen Felsrinne stehen wir auf der schmalen Spitze des sagenumwobenen Haunold, aus 2966 Meter Höhe schauen wir hinein in den Marktplatz von Innichen.« (Schnürer: »Südtirol – Zwischen Bozen und Sexten«)
Unter einem Kreuz soll man zwar nicht an den Teufel denken, aber in einer Springenschmid-Geschichte sagt ein altes Tiroler Mandl: »Der Haunold ischt ein Tuiflsberg« – ein Urteil vielleicht auch nach Meinung allzu fröhlicher Haunold-Sänger vom Vorabend, wenn der Aufstieg die letzten Schweißtropfen aus dem Körper saugt.

Bild links **Das Südportal, das »Venezianer Tor« am Innicher Dom, eine besonders schöne und reiche Bauplastik.**

Bild unten **Der Markt Innichen im Hochpustertal am Eingang zu den Sextener Dolomiten, die sich mit dem Haunoldstock dolomitisch attraktiv zum Pustertal hin vorstellen.**

Vom Pustertal zum Zillertaler Hauptkamm

Die geologische Situation des Pustertales ist innerhalb der Ostalpen einzigartig. Im gesamten Verlauf von Mühlbach am Taleingang bis zum Auslauf in das Lienzer Becken in Osttirol wirkt das Pustertal als Fuge zwischen den Zentral- und den Südalpen – die Geologen sprechen von der »Pustertaler Linie«. Das Tal ist somit die Grenze zwischen den Gebirgen in Nord und Süd, die im Laufe der Erdgeschichte zu verschiedenen Zeiten, mit unterschiedlichen Vorgängen und Gesteinen entstanden und dadurch gänzlich verschiedene Erscheinungsformen aufweisen. Die Dolomiten, das Kalkgebirge der »bleichen Berge«, haben keine Ähnlichkeit mit dem kristallinen Gestein der Zentralalpen, den Gletscherbergen im Norden. Mit seinen Seitentälern hat das Pustertal sehr viel Anteil sowohl an den Dolomiten als auch an den Zentralalpen, und dieser Vorzug erhebt das Pustertal

zu einer einzigartigen Ferienregion! Der Zillertaler Hauptkamm vertritt die Zentralalpen zum Tauferer-Ahrntal und zum Mühlwalder Tal, die Täler zeigen die Wege zur Südtiroler Welt der Zillertaler Alpen.

Der Zillertaler Hauptkamm trägt in seiner gesamten Länge – 42 Kilometer von Ost nach West, von der Birnlücke an der Dreiherrnspitze bis zum Pfitscher Joch nahe dem Hochfeiler – die Staatengrenze zwischen Italien und Österreich, trennt also Südtirol von Nordtirol. Für das östliche Südtirol ist er die Gletscherkrone, wenngleich naturgemäß die größte Eisdecke vom Hauptkamm nach Norden, also nach Nordtirol abgleitet.

Die Birnlücke, diese deutliche unvergletscherter Kerbe, empfängt von Osten herüber durch die Venediger-Gruppe den Tauernhauptkamm; dort, im nordöstlichen Winkel von Südtirol, hebt der Zillertaler Hauptkamm das Höhenniveau von Gipfel zu Gipfel ständig an und im Westen, am Hochfeiler, über die Höhe von 3500 Meter hinaus. Der Zillertaler Hauptkamm bedeutet somit eine gewaltige Barriere und seit jeher eine hohe Hürde im gemeinsamen Tiroler Lebensraum, drüben im Zillertal und herüben im Pustertal. Der Mensch früherer Zeiten, längst bevor die Zentralalpen den Alpinismus herausforderten, suchte und fand im gegenseitigen Verkehr die möglichen Übergänge: Die Birnlücke (2667 m) und der Krimmler Tauern (2633 m) erlauben den eisfreien Wechsel hinüber ins Salzachtal, das Heiliggeistjöchl (2662 m), das Hundskehljoch (2559 m) und das Hörndljoch (2543 m) führen ins Zillertal. Diese Übergänge aus dem Ahrntal – am bekanntesten ist der Krimmler Tauern – bedeuten außerhalb der Winterzeit für die berggewohnte Bevölkerung und für Bergwanderer bei günstigen Wetterverhältnissen kein ernsthaftes Hindernis. Vom Hörndljoch nach Westen beginnt jedoch die fast durchgehende beidseitige mehr oder weniger starke Vergletscherung: Der Zillertaler Hauptkamm versperrt von der Wollbachspitze (3210 m) über Großen Löffler (3376 m) – Schwarzenstein (3360 m) – Großen Möseler (3478 m) bis zum Hochfeiler (3510 m) mit Eis und Firn jeden normalen Weg, erst das Pfitscher Joch (2248 m) öffnet herauf von Sterzing wieder eine eisfreie Passage hinüber zum Zillertal.

Bild oben **Die Aussicht vom Kronplatz nach Norden zum Zillertaler Hauptkamm. Die Spitze des Hochfeiler (links) ragt am höchsten, wir erkennen den Gipfelfirn am Hohen Weißzint (siehe auch Bild links), in Bildmitte den Großen Möseler, nach rechts die Hornspitzen im Anschluß zum Schwarzenstein.**

Bild links **Das Kirchdorf Lappach im Mühlwalder Tal und der Hohe Weißzint.**

43 Tauferer Tal – Sand in Taufers

Das Tauferer Tal ist die Verlängerung des Brunecker Talkessels genau nach Norden, hinein zum 15 Kilometer entfernten Sand in Taufers. Nahtlos, ohne Geländestufe, nur vom flachen Gaiser Murkegel etwas kupiert, aber sonst mit ebenem Boden fügt sich das Tauferer Tal bei Bruneck zum Pustertal. Von St. Georgen am Taleingang erfährt es bis nach Sand fast keine Veränderung, die Meereshöhe im gesamten Verlauf bleibt im Mittel bei etwa 850 Meter, das prächtige Talwasser, die Ahr, mündet also ohne Eile bei Stegen in die Rienz.

Taufers hat zwei Gemeindesitze, das Kirchdorf Gais im unteren Bereich und den Markt Sand im Talschluß am Eingang zum Ahrntal. Dazwischen liegen die Dörfer Uttenheim und Mühlen, und diese vier genannten Orte bilden die Siedlungsschwerpunkte und konzentrieren den Fremdenverkehr. Die beidseitigen Talflanken tragen viel Wald, von Osten mündet das Mühlbachtal durch einen schmalen Graben herab nach Gais. Auf dieser Seite, in der Höhe um 1500 Meter, fristen die Weiler Mühlbach und Tesselberg, drüben in der steilen Hangflucht der Uttenheimer Seite, in etwa gleicher Höhenlage, die Berghöfe Wechsleben, Lanebach und Planksteiner ein bescheidenes Dasein. »In Lanebach stirbt kein Bauer im Bett, den einen nimmt die Lahn (Lawine) mit, den anderen erschlagt's Holz und der dritte verkugelt« – so zitiert die Landeskunde den Volksmund, wobei mit »verkugeln« das Abstürzen gemeint ist. Diese Tauferer Talseite gestaltet das Bergbauerndasein besonders hart und schwierig, aber noch geben diese Höfe nicht auf. Lanebach und seine Nachbarn sollten wir von Uttenheim aus erwandern, Mühlbach erreichen wir von Uttenheim auf guter Straße, die Weiterfahrt nach Tesselberg und über Amaten hinab zum Brunecker Talkessel ergibt einen lohnenden Ausflug per Auto mit viel Ausblick in die Landschaft des Tauferer Tales.

Zwischen Mühlen und dem Hauptort Sand bereitet das Tauferer Tal einen mehrere Quadratkilometer großen ebenen Boden, gestaltet also den Talschluß weit und großzügig. Der Große Moosstock mit der stolzen Höhe von 3000 Meter beherrscht den Talkessel, der Schwarzenstein im Zillertaler Hauptkamm zeigt sich über dem schmalen Einschnitt des Ahrntales heraus nach Taufers. Fahren wir von Mühlen die Straße zur Gewerbezone, bekommen wir den direkten Blick über die Burg Taufers hinein ins Gebirge und damit ein sehr eindrucksvolles erstes Bild von Sand in Tau-

fers im Schmucke seiner Burg, verbrämt mit Gletscherglanz aus der Ahrntaler Bergwelt. Sand in Taufers ist der Ort, der das wirtschaftliche Leben, den Fremdenverkehr auf sich konzentriert und auch wieder verteilt: hinein in das Ahrntal, zum Reintal und auch zum Mühlwalder Tal. Den weiten Boden haben vor 20000 Jahren die Gletscher im Zusammenfluß aus den genannten Tälern ausgeschürft, geblieben ist eine nasse, sandige Ebene, einst von Auen bedeckt und von Wildwasser immer wieder »eingesandet« – der Ortsname leitet sich davon ab. Erst die letzten 100 Jahre legten den Boden trocken und gestalteten die fruchtbare Talweite, die dem Markt Sand ein so freundliches Vorfeld verleiht. Vom rechten Rand grüßen das Dörfchen Kematen, das Bad Winkel, am linken Rand steht an der Talstraße zwischen Mühlen und Sand die prächtige Tauferer Pfarrkir-

che »zu Maria Himmelfahrt«, eine wertvolle Hinterlassenschaft aus der Tiroler Spätgotik. Der hohe, mit Granitquadern errichtete Turm gleicht einem Finger Gottes – für Taufers seit 1527 die Wegweisung zur christlichen Einkehr.

Die Burg Taufers versperrt gleich einer Festung mit dreistöckigem Palas, einem mächtigen Bergfried und zwei Rondellen den Eingang zum Ahrntal. Das älteste Mauerwerk der Burg stammt aus dem 11. Jahrhundert, mehrere Jahrhunderte und viele Geschlechter haben daran gebaut, bis die Burg schließlich im 16. Jahrhundert das heutige Aussehen erhielt. Im Südtiroler Burgenkalender rangiert Schloß Taufers an vorderster Stelle. »Durch ein ausgeklügeltes System von Toren und Zwingern wird der Besucher schon am Eingang in die richtge Stimmung versetzt.

Bild oben   Einfahrt zum Ahrntal, aufgenommen aus den Talwiesen vor Luttach. Im Hintergrund der Zillertaler Hauptkamm, in Bildmitte der Schwarzenstein.

Bewundernswert ist die prachtvolle spätmittelalterliche Innenausstattung der Räume. Besonders hervorzuheben sind der Bibliotheks-, der Waffen- und der Gerichtssaal. Sehenswert ist auch die Burgkapelle mit gotischen Fresken, und man vergesse auch nicht, ins Verlies hinabzusteigen, um schaudernd vor Folterwerkzeugen zu stehen!« (Südtiroler Burgenprospekt)

Die Fresken in der Rundapsis der Kapelle werden Michael Pacher zugeschrieben. Die Burg, ein kirchlicher Privatbesitz, kann das ganze Jahr über besichtigt werden.

Bild links   Burg Taufers, ein edler Schmuck für den Ort Sand in Taufers und auch sein Wahrzeichen.

44 Das Ahrntal

Hinter Sand in Taufers strudelt die Ahr aus schmaler Felsenschlucht, sie bringt Gletscherwasser von der Dreiherrnspitze, die in 30 Kilometer Entfernung hoch über dem innersten Ahrntal eine seit Jahrhunderten gültige Landmarke setzt. Dreiherrnspitze? Im Mittelalter bestimmten die Grafen von Görz und Tirol und die Fürstbischöfe von Salzburg – drei Herren also – den Berg als gemeinsamen Grenzposten für ihre Länder. Diese Bedeutung hat die Dreiherrnspitze bis heute behalten: Tirol und Salzburg treffen am Gipfelkreuz auf Südtirol – Österreich auf Italien. Wollen wir die Dreiherrnspitze sehen und das Ahrntal mit seinem Leben und Treiben kennenlernen, fahren wir von Sand in Taufers der blanken, frischen Ahr entgegen: über Luttach–St. Johann–Steinhaus–St. Jakob–St. Peter–Prettau bis zur letzten Ortschaft Kasern,

pilgern weiter über die Stationen der überlieferten Frauenwallfahrt zur hl. Ursula nach Heiliggeist, zur hintersten Talkirche im Ahrntal. Die Meereshöhe dort beträgt 1600 Meter, von Sand also 700 Höhenmeter talauf über die Strecke von 26 Kilometern bis zum Parkplatz in Kasern.

In Luttach (962 m), der ersten Ortschaft, schwenkt das Ahrntal nach Nordost, und diese Richtung hält es gradlinig ein, bis es über Heiliggeist hinauf zur Birnlücke im Hauptkamm (siehe Seite 105) ausläuft. St. Johann (1018 m) ist der Ahrntaler Hauptort, das Schul- und Wirtschaftszentrum und mit der prachtvollen Barockkirche (1783–1785 erbaut) Sitz der Erzpfarre zum hl. Johannes dem Täufer. Wenig talauf erwartet uns ein enger Winkel hoher, hellrosa getünchter Steinhäuser. Dieses Ortsbild ist in Südtirol ohne Beispiel: »Steinhaus« erinnert an vergangene goldene Zeiten, als der Kupferbergbau in Prettau dem Ahrntal die erste wirtschaftliche Blüte brachte. In Steinhaus (1052 m), im früheren Faktorenhaus, sitzt die

Verwaltung für die Gemeinde Ahrntal, der Talschluß mit Kasern und Heiliggeist bis hinauf zur Dreiherrnspitze gehört zur Gemeinde Prettau. Von Steinhaus nach Prettau grüßt von einem Bühel die Kirche zum hl. Jakobus, und auf einem Felsenriff mit weitem Blick talaus steht das St.-Peter-Kirchlein. Die Talstraße bleibt unten an der Ahr, sie teilt mit dem Wasserlauf die etwa 2 Kilometer lange, düstere »Klamm«, den Zugang zur Talebene von Prettau.

Suchen wir auf der Landkarte das Dorf Prettau, so finden wir den Ort im nordöstlichsten Winkel von Südtirol, umgeben von hohen Bergen, ohne Ausweg für Verkehr und Wirtschaft, eine Sackgasse also für die etwa 700 Einwohner, die heute im Gemeindebereich leben. Das Einkommen sicherte über Jahrhunderte – damals für 1700 Personen – das Bergwerk; nach 1892, nach dem Ende dieser Ära, war die Not groß. Wer blieb, mußte von der Landwirtschaft leben, die Männer lernten die Schnitzkunst, die Frauen das Klöppeln. Der Fremdenverkehr brachte neue Hoffnung

– das Kapital, die heile Dreitausender-Bergwelt rundum – könnte im sanften Tourismus für Prettau und seine Bevölkerung die Zukunft sichern.

Das Prettauer Bergwerk lebt mit Bergwerksmuseum und Lehrpfad wieder auf – Kulturtourismus als Hilfe für die Ortschaft!

– 1470 –

»Vierhundert Jahr hat das Bergwerk geblüht,
viele Menschen haben sich darum bemüht,
die einen mit kräftiger, fleißiger Hand,
die andern mit Wissen und scharfem
Verstand.
Das Kupfer das beste gewesen ist,
vom Uralgebirg bis zur spanischen Küst',
es hat ins Tal gebracht gar reichen Segen,
Verkehr ist gewesen mit Schlitten und
Wägen. –
Da kam von Amerika Kupfer zu viel,
sie gewannen es dort mit leichtem Spiel,
das hat uns zugrund gricht' in kurzer Zeit,
mir ist um Mensch und Bergwerk leid!«

– 1894 –

Dieses Gedicht auf der Frontseite des ehemaligen Erzstadels in Steinhaus ist der Nachruf von Hugo Graf Enzenberg, des letzten Gewerken vom Prettauer Bergwerk.

Urkundlich wird das Bergwerk erstmals im Jahre 1479 erwähnt, der Abbau datiert jedoch viel weiter zurück. Vom 16. bis herauf in das 19. Jahrhundert gelangte das Bergwerk und mit ihm Prettau zu großer Blüte. Prettau hat der Konjunktur fast seinen gesamten Wald für die Schmelzhütte geopfert, und dieser Raubbau ist noch in Lawinenstrichen wirksam. In Steinhaus waren die Verwaltung und das Erzlager, dafür entstanden etwa im Jahre 1700 die mächtigen Steinhäuser, die dem Ort seither den Namen geben. Prettau mußte damals viele Menschen aufnehmen, die Bergknappen wanderten aus ganz Tirol herein ins Ahrntal und bauten ihre Häuser im sogenannten »Notdorf«; der im Tal weit verbreitete Schreibname »Nothdurfter« leitet sich davon ab.

Was ist ein Gewerke? Die Betreiber und Anteilseigentümer, die Geldgeber bezeichnete

das Angebot, begründet im Reichtum der Ahrntaler Bergwelt, ist ungemein großartig und vielversprechend.

Eine Sonderstellung nehmen die Alpenvereinshütten ein, die seit über 100 Jahren den Bergtourismus unterstützen. Dazu gehört die Chemnitzer Hütte (2420 m) am Nevesjoch südseits des Großen Möseler. Folgen wir dem Stabeler Höhenweg, führt uns diese hochalpine, anspruchsvolle Wanderroute zur Schwarzensteinhütte (2922 m) am Schwarzenstein, dem Südtiroler Sprungbrett zu diesem begehrten Zillertaler Gipfel. Der Talschluß in Kasern-Heiliggeist öffnet den Weg zum Krimmler Tauern, dem einst so wichtigen Paß hinüber zum salzburgischen Pinzgau. Dort oben unterstützt die Neugersdor-

fer Hütte (2568 m) den Lausitzer Höhenweg zur Birnlückenhütte (2440 m) – die große Aussicht zur Dreiherrnspitze begleitet diesen Weg. Der direkte Hüttenanstieg beginnt in Heiliggeist, führt entlang der Ahr durch die grünen Gründe zweier Almen bis zur Schneegrenze an der Birnlücke – auch diese Wanderung zählt zu den beliebten Ahrntaler Tagestouren. Wollen wir zur Lenkjöchlhütte (2590 m) am Fuß der vergletscherten Rötspitze, parken wir wiederum in Heiliggeist. Prettau empfiehlt den Weg zum Waldner See und Steinhaus die Tour zum Klaussee. im Blick von einem Ahrntaler Bergkamm zum anderen auf der Wanderkarte entdecken wir täglich neue Ziele – ein Ahrntaler Urlaub ist viel zu kurz!

man als »Gewerke«, so für Prettau den Brixner Bischof und maßgebende Pustertaler Geschlechter wie die Herren von Welsberg, Wolkenstein-Rodenegg, die Grafen von Tannenberg, die Freiherren von Sternberg bis zum Grafen Enzenberg, den letzten Besitzer. Der Bergbau förderte auch Mineralien ans Tageslicht. Neben dem Pfitscher Tal gilt auch das Ahrntal als reiche Fundstelle – in der Stube des Gasthauses »Kasern« schmücken die verschiedensten Mineralien und Erzstufen eine ganze Wand.

Bergwandern im Ahrntal. Vom Tal über die Bergbauern zur Jausenstation in mittlerer Höhenlage, von Hütte zu Hütte im Bereich gewaltiger, vergletscherter Dreitausender –

Bilder oben   Heimarbeit im Ahrntal: Maskenschnitzen und Klöppeln, heute noch ausgeübt hinten in Prettau und Kasern.

Bild links   St. Peter im mittleren Ahrntal hat auf einer Talschulter einen herrlichen Platz mit großer Aussicht zum Gebirge, zum Grenzkamm nach Osttirol, im Bereich der Rötspitze.

Bild rechts   Heiliggeist (1619 m) ist die hinterste Kirche im Ahrntal, von dort aus wandern wir – hinauf zur Lenkjöchlhütte, zur Birnlückenhütte und auch zur Neugersdorfer Hütte am Krimmler Tauern.

45 Mühlwalder Tal – Neveser Stausee

Das Mühlwalder Tal mündet in Mühlen zum Tauferer Boden, kommt herab vom Zillertaler Hauptkamm und hat im Hochkessel von Neves, den der Neveser Stausee auffüllt, seinen Ursprung. Das Tal ist etwa 16 Kilometer lang, vom Stausee in 1856 Meter Höhe bis hinab nach Mühlen durchrauschen die Wasser eine Höhendifferenz von 1000 Metern.

Die reiche Wasserführung, gespeist von den Gletschern am Hauptkamm, und das starke Gefälle garantieren für ständig verfügbare kostenlose Kräfte: Der Mühlstein mahlte das Korn, Sägewerke und Schmieden nützten das Wasser – frühzeitig bekam die Siedlung den Namen »Mühlen«; das Tal von Mühlen bergeinwärts – dort gab es außer dem Wasser nur

dichten Wald – hieß folgerichtig Mühlwalder Tal. Die ersten frühen Siedler haben viel gerodet, aber es verblieb Wald genug, so daß der Name weiterhin stimmt. Das Kirchdorf Mühlwald, Meereshöhe 1220 Meter, ist Mittelpunkt der Talschaft und Gemeindesitz für etwa 1500 Personen. Die Bevölkerung lebt vom Vieh, vom Wald, vom Holzreichtum, verarbeitet in Sägewerken, und auch vom Fremdenverkehr.

Mühlen ist also das Tor zum Mühlwalder Tal. Vom Ort heraus schneidet die Straße den sonnseitigen Hang, schöne Wiesen links und rechts der Talfurche malen ein lichtes Bild, besorgen den freundlichen Empfang. Der Mühlwalder Bach rauscht in tiefer, enger Furche, nach oben streben die Hänge weit auseinander, zur Linken stark bewaldet, zur Rechten, in der Sonnenseite, aber bis hoch hinauf besiedelt. Mühlwald grüßt mit der Pfarrkirche zur hl. Gertrud, die Straße bleibt in der Talsohle, passiert das zu einem kleinen See aufgestaute Bachwasser, den Kirchenhü-

gel und das Dorf und zieht entlang des nun kräftigen Bachlaufes höher, dem Dorf Lappach, der obersten Siedlung entgegen. Die Talflanken, nun beidseits stark bewaldet, rükken eng an Bach und Straße, und so paßt die Pension »Waldfrieden« sehr gut ins Bild. Wenig später überrascht das Mühlwalder Tal mit offener Weite, bildet in 1400 Meter Höhe eine geräumige Terrasse und bereitet dem Dörfchen Lappach einen guten Platz, den es seit einem halben Jahrtausend innehat. Hinauf zum Ort muß die Straße 12 Prozent Steigung überwinden, durch einen Tunnel möglichst umweltschonend läuft sie direkt zur Ortsmitte, zum Dorfwirt und zur Kirche.

In Lappach – ein kleines, gepflegtes Bergdorf mit der Kirche zur hl. Agnes – erhält die Mühlwalder Talstraße mit der Werksstraße zum Neves-Stausee (3 km) den direkten Anschluß zum Zillertaler Hauptkamm; als namhafter Vertreter schaut der Hohe Weißzint (3371 m, siehe Bild Seite 104) herab zum Ort. Die Fahrt hinauf zum Stausee ist einbahnig.

Vom Pustertal zum Rieserferner

Bild links **Der Neveser Stausee füllt den obersten Kessel im Mühlwalder Tal. Im Spiegel der ruhenden Wasser glänzt der frisch verschneite Zillertaler Hauptkamm, vom Hohen Weißzint (links) zur fast zierlich wirkenden Doppelspitze von Großem und Kleinem Möseler (rechts). – Hinten am nördlichen Seespitz, bei der Neves Alm (1680 m) ist ein Parkplatz. Die Edelraute-Hütte am Eisbruggjoch (2545 m) vom Parkplatz nach links und die Chemnitzer Hütte am Nevesjoch (2420 m) vom Parkplatz nach rechts sind beide etwa nur 2 Wanderstunden entfernt und freuen sich auf unseren Besuch.**

Bild unten **Ausblick vom Kronplatz zur Rieserferner-Gruppe, zur Gliederung dieser Bergwelt heraus zum Pustertal. Rechts der Hochgall, nach links der Magerstein und die hohe Felspyramide des Ruthner Horns, der Schneebigen Nock. In Bildmitte erkennen wir das stark bewaldete Wielental, das zur Schwarzen Wand, links vom Ruthner Horn, aufschließt.**

Vom Pustertal wissen wir mittlerweile sehr viel, der Begriff »Rieserferner« jedoch ist neu, wir wollen erfahren, was er umschreibt.

Der Rieserferner, ein mehrere Quadratkilometer großes Gletscherareal, liegt im Herzen einer Hochgebirgswelt, die von der alpinen Geographie als Rieserferner-Gruppe den Hohen Tauern zugeordnet wird. Mit diesem Gebirge schieben die Hohen Tauern einen alpinistisch sehr interessanten Ausläufer hinab zum Pustertal, die Staatengrenze Italien/ Österreich schneidet die Rieserferner-Gruppe, beläßt aber den größten und landschaftlich reizvollsten Abschnitt, den Gletscher selbst und seine Gipfel, in Südtirol. Geologisch gesehen ist das Rieserferner-Gebirge eine Tonalit-Insel inmitten von Alten Gneisen. Die Berge ragen hoch und steil weit über 3000 Meter hinaus, zum Pustertal entfaltet das Gebirge eine reiche Gliederung. Das Tauferer Tal, das Rein- und Antholzer Tal umschließen die Gruppe, das Kirchdorf Rein ist der günstigste Ausgangsort für die allgemeine Touristik.

46 Rein am Fuße des Hochgall

Der Hochgall, 3435 Meter. Dieser souveräne Berg ist aus der Sicht von Rein eine wahre Augenweide (siehe Bild rechts), für Bergsteiger ein Gipfelmagnet. Im Studium der Möglichkeiten unterliegt ein geübter Allround-Alpinist fast der Qual der Wahl: entweder über eine steile, schwierige Eisroute oder auf dem Felsweg über das Graue Nöckl und den Nordwestgrat. Diese Felsroute, mit Start an der Kasseler Hütte, gilt als »Normalweg«. Jeder erfahrene Zentralalpen-Bergsteiger wird bei günstigen Verhältnissen in etwa 4 bis 5 Stunden ab Kasseler Hütte den Gipfel erreichen. Eine große Tour zu einem berühmten Südtiroler Berg!

Bild oben Die Wasser des Rieserferner veranstalten im Sturz der Reinbachfälle, im »Tobel«, ein gro-ßes Spektakel. – Vom Tobelhof an der Straße nach Rein sind wir in wenigen Minuten an Ort und Stelle.

Bild Mitte Neuschnee am Hochgall. Der Normalweg über das Graue Nöckl und den Nordwestgrat (Bildmitte) muß erst wieder aper werden, soll eine Gipfeltour gelingen (rechts der Wildgall).

Bild rechts Das Kirchdorf Rein am Hochgall. Die Kasseler Hütte erkennen wir als kleinen Punkt über dem Bergwald unter dem Grauen Nöckl und dem Nordwestgrat des Hochgall.

Rein, dieses kleine Bergdorf zu Füßen des Hochgall im Reiche des Rieserferner, erreichen wir von Sand in Taufers auf guter, kühn und aufwendig angelegter Straße – 11 Kilometer zum Talschluß in Rein.

Das Reintal erweist sich als ein enger Graben, in dem die Wildwasser jedem Weg und jeder Straße seit jeher den Kampf angesagt haben. Der moderne Straßenbau überlistete den Reinbach mit einer kunstvollen, schwebenden Galerie, die niemand für möglich gehalten hätte, der die alte Auffahrt noch weiß. Seit den achtziger Jahren hat Rein nun die stets sichere Anbindung nach Sand, ist also voll integriert in die Tauferer Vier-Täler-Touristik-Region: Tauferer Tal, Ahrntal, Mühlwalder und Reintal.

Die Wasser des Reinbaches stürzen mehrstufig zu Tal, am eindrucksvollsten wohl im sogenannten »Tobel«; dort dröhnen sie, toben durch engen Fels und veranstalten ein Freilufttheater ohnegleichen. Woher nun kommen diese wilden Wasser, die – welch ein Wunder! – bis jetzt noch ihren natürlichen Lauf nehmen dürfen? Die Straße hebt uns

im Talgraben höher, hinauf zur Geländestufe beim Seeberhof (1539 m), dem Eingang zum ebenen, weithin grünen Boden von Rein. Von den Bergen ringsum sammeln sich alle Wasser in Rein, besonders mächtig und prächtig herab vom Rieserferner, der Firn- und Eisdecke unter dem Hochgall. Nur die ewig währende Spende urzeitlicher Gletscher kann einem Tal solch ein Wildwasser schenken, wie wir es unten am Tobel erleben. Auch der Geltbach in der Einmündung am Seeberhof mit der Schmelze vom Geltbachkees gehört zum Wasserspiel der Reinbachfälle.

Das Kirchdorf Rein (1595 m, auch »Rain«) lebt in hohem Maße vom Landschaftsbild, das sich in der Aussicht vom Kirchenhügel nach Südost zum Rieserferner darbietet. Im Frühsommer, wenn im vergletscherten Hochgebirge die Schneeschmelze alle Bergwasser anreichert, prangt der Hochgall, der König der Rieserferner-Gruppe, noch in winterlichem Weiß, ein Silberschloß mit fast unwirklichem Glanz herab nach Rein. Auch im Hochsommer, bei einem Wettersturz, schneit es am Hochgall, der Berg bleibt für Tage glänzend weiß (siehe Bild oben), der Gipfel – 3435 Meter – lockt aus unerreichbarer Höhe. Wer zu einem Sommerurlaub nach Rein kommt, sucht den Weg zu Alm und Berg. Ob wir den Hartdegenweg wählen oder Bergsteigerglück auf einem Gipfel genießen – die Ferien in Rein werden uns zufriedenstellen!

Kasseler Hütte, Meereshöhe 2274 Meter. Wollen wir aus dem Talgrund von Rein das vergletscherte Hochgebirge möglichst nahe erleben, öffnet uns die Kasseler Hütte die Fels- und Firnwelt am Rieserferner, für den Bergsteiger ist sie der Südtiroler Schlüssel zum Hochgall.

Von Rein aus erkennen wir unter der Schneide des Hochgall einen winzigen steinernen Würfel, und dieser Aufblick wirkt wie ein Magnet: Die Vorstellung, wie schön es dort oben, dem Hochgall so nah, wohl sein wird, gibt uns einen starken Auftrieb. Der Weg, gut ausgeschildert und markiert, führt in Serpentinen durch eine Waldflanke hinauf zu einer Alm und erreicht damit die erste große Sicht hinein zum Gebirge am Rieserferner. Die Kasseler Hütte grüßt herab von einem Rücken, nach etwa 2 bis 3 Stunden ab Rein stehen wir vor dem Haus und lesen verblüfft den Namen »Rifugio Roma«. Seit 1920, mit der neuen Grenze zwischen Österreich und Italien, gehört die Hütte dem italienischen Alpenclub (CAI), Hausherr ist die Sektion Rom, die Hütte aber bewirtschaftet bestens eine Südtiroler Familie aus Rein. Die deutsche Anrede »Kasseler Hütte« stammt aus dem Jahre 1895, als die Sektion Kassel des damaligen Deutschen und Österreichischen Alpenvereins die Hütte eröffnete.

47 Antholzer Tal – Antholzer See – Staller Sattel

Der Name »Rasen-Antholz« gilt als Sammelbegriff und Gemeindebezeichnung für das Antholzer Tal, vom Taleingang hinauf nach Nordosten bis zur Staatengrenze Österreich/Italien am Staller Sattel. Die »Windschnur« – nur Einheimische und die Landeskunde wissen noch diesen alten Begriff –, der Strich der Pustertaler Straße also, ist die Südgrenze zu Olang; die Meereshöhe in der »Windschnur« beträgt 1000 Meter, am Staller Sattel 2052 Meter, auf die Entfernung von 24 Kilometern demnach über 1000 Meter Höhendifferenz innerhalb des Rasen-Antholzer Gemeindebezirks.

Das Antonius-Kirchlein weist aus der Pustertaler Straße zum Antholzer Tal, die grüne, schwach geneigte Wiesen- und Felderebene im unteren Talverlauf legt auf die ersten Kirchdörfer die Namen Nieder- und Oberrasen. Der Edelsitz »Heufler« in Oberrasen soll mit seiner »Hearrnstube« neben Schloß Velthurns bei Brixen das schönste Renaissancegetäfel in ganz Südtirol besitzen. Das Schlößchen – heute Schloßhotel mit drei Sternen – ist der Blickfang am Weg, es verführt uns vielleicht zum Bleiben, denn »schlafen wie die Grafen« in historisch-romantischer Atmosphäre, das können wir im Ansitz Heufler. Gut einkehren, sogar zur Badekur, können wir auch wenige Kilometer weiter in Bad Salomonsbrunn; das alte Bad pflegt einen guten Ruf. Das Antholzer Tal entfaltet im mittleren Bereich von Salomonsbrunn hinauf bis Obertal seinen vollen landschaftlichen Reiz.
Die beidseitigen Berghänge rücken näher, belassen aber dem Talboden weite Wiesengründe und Platz genug, damit die Dörfer

Antholz, Niedertal, Mittertal und Obertal keine Berührungsängste bekommen und jedes sich gesondert vorstellen kann. Niedertal (1124 m) mit der Pfarrkirche St. Walburg liegt in weiter Ebene am Talbach, die Geländeanhebung von 1000 Metern hinauf nach Mittertal-St. Georg (1241 m), dem Hauptort, öffnet die überwältigende alpine Schönheit des Antholzer Tales. Die grauen Granitflanken von Hochgall, Wildgall und Magerstein überragen Antholz auf nahe Entfernung um 2000 Meter. Die hohen Berge stehen im Norden, sie schützen das Tal; eine gute Voraussetzung seit jeher für die Besiedelung und heute für die ideale Sommerfrische mit dem Erlebniswert hochalpiner Umgebung. Den Stolz der Einheimischen auf ihr Tal besingt ein altes Volkslied:

»Ist mein Hoamat, wißt's wohl,
Im Antholz in Tirol.
Und da ist's halt so fein,
Dass nöt feiner kannt sein …«

»Fein« – dieses Wort bekommen wir im Tiroler Sprachgebrauch häufig zu hören, erwartungsvoll tragen wir es hinauf zum Antholzer See (1642 m). Würdigen wir dieses dunkle, klare Wasser, seine fast unberührte Naturschönheit unter hohem, steilem Fels, verwerfen wir jeden geschraubten Superlativ, wir bleiben beim einfachen Wort – »fein«!

Der Staller Sattel. Das östliche Südtirol, das Pustertal, hat neben der Staatengrenze Italien/Österreich in Winnebach noch einen zweiten Ausgang nach Osttirol, den Weg über den Staller Sattel. Früher, als im alten Tirol noch niemandem einfiel, gesondert von Süd- oder Osttirol zu sprechen, war dieser über 2000 Meter hohe, weit geschwungene Geländescheitel auf einem holprigen Karrenweg für Mensch und Tier die mühselige Hürde vom Antholzer Tal hinüber ins Defereggental. Den bescheidenen Verkehr zu Fuß, zu Roß und Wagen, den Viehtrieb beendete 1920 die neue Staatengrenze, das Hin und Her am Staller Sattel vermied fürderhin den Karrenweg und auch das Tageslicht, man verlegte sich auf Schmugglerpfade, auf Schleichwege bei möglichst finsterer Nacht.

Die erste Straße zum Staller Sattel erbaute in den Jahren 1936/38 herauf von Antholz das italienische Militär – einbahnig –, denn an einen öffentlichen Grenzübergang nach Österreich war damals nicht zu denken. Ab 1971/72, als Osttirol den Sattel herauf vom Defereggental für den Autoverkehr erschloß, genehmigte Italien vorerst nur für Fußgänger den Übertritt. Die endliche Freigabe für den allgemeinen Pkw-Verkehr erfolgte sehr feierlich am 14. September 1974. Die Grenze ist tagsüber von 7 bis 20 Uhr geöffnet, wird von den italienischen Finanzern und vom österreichischen Zoll kontrolliert, bleibt aber im Winter geschlossen: Der Staller Sattel hat Wintersperre von Mitte Oktober bis zum Mai. Das Nadelöhr der kühnen Südtiroler Trasse – durch Ampelverkehr im 60-Minuten-Takt geregelt – wird wohl eine Dauereinrichtung bleiben.

Am Staller Sattel also nur kleiner Grenzverkehr: Das ist und bleibt das Gebot der Stunde zum Schutze der Bergnatur und gewiß auch zum Wohl von Rasen-Antholz in Südtirol und für Defereggen in Osttirol!

*Bild links **Auffahrt zum Staller Sattel, tief unten der Antholzer See.***

*Bild oben **Blick von der Pustertaler Staatsstraße hinein ins Antholzer Tal, über Niederrasen hinauf zum Hochgall.***

*Bild rechts **Der Ansitz Heufler bei Oberrasen überrascht mit gepflegter Einkehr in historischer Atmosphäre.***

Vom Pustertal
in die Dolomiten

St. Lorenzen am Eingang zum Gadertal, Meereshöhe 810 Meter, (siehe Bild Seite 81) haben wir noch nicht besucht; wir fahren aus der Pustertaler Staatsstraße über die Rienzbrücke hinein zum Hauptplatz und halten vor der Pfarrkirche zum hl. Laurenzius. Den Marktplatz schmückt ein gut gestalteter Brunnen mit der Bronzefigur des Kirchenheiligen; Laurenzius hält in der Hand den Rost, auf dem er des Glaubens wegen zu Tode gemartert wurde. Die Pfarrkirche steht mit breiter Front und offener Tür zum Hauptplatz. Gehen wir hinein, mag das der Andacht dienen, die Einheimischen verehren seit Jahrhunderten die »Pustertaler Muttergottes«, ein Schnitzwerk aus der Hand des berühmten Michael Pacher (siehe Seite 91).

Die Geschichte von St. Lorenzen reicht zurück bis vor die Zeitenwende, als das Volk der Räter auf den umliegenden Höhen siedelte. Um 15 v. Chr. kamen die Römer ins Pustertal und errichteten in der vorteilhaften

Bilder links **Blick hinein nach Hochabtei, in ladinisches Dolomitenland. Wir erkennen im Vordergrund (links) die Talstraße und die Gader, auch die Gaderbrücke – dort ist das kleine Bild entstanden –; im Mittelgrund das Dorf St. Leonhard, links oben die Cunturinesspitze.**

Bild oben **Die Wiesen- und Wälderflur von Hochabtei bei Stern (La Villa), darüber die gestreckte Westmauer des Cunturines-Stockes.**

Position des St. Lorenzener Talbeckens zur Sicherung ihrer Heerstraße einen Stützpunkt, den sie »Sebatum« nannten. Die Ausgrabungen (1938/39) an der Staatsstraße, am nördlichen Rienzufer, bestätigen diesen römischen Grundstein. Vermutlich aus der Verehrung des hl. Laurenzius durch die römischen Legionäre entstand irgendwann vor dem Jahre 500 die Urpfarre St. Lorenzen.

Das geschichtliche Lorenzen beginnt im 2. Jahrtausend mit der Grafschaft Pustertal und den Grafen von Görz-Tirol; die Michelsburg im südlichen Nahbereich von St. Lorenzen, erbaut um das Jahr 1000 v. Chr., war der Gerichtssitz für die Talschaft. Das bischöfliche Bruneck und das landesfürstliche Lorenzen, räumlich nur wenig voneinander entfernt, standen im Mittelalter in wirtschaftlicher Rivalität gegeneinander. Mit dem verblassenden Glanz der Michelsburg verlor schließlich auch St. Lorenzen die einstige Bedeutung, das Lorenzen unserer Tage ist ein lebhafter, gepflegter Ort mit viel Besuch aus nah und fern. Mit den Fraktionen Sonnenburg, Pflaurenz, St. Martin, Saalen, Montal und Ellen bildet St. Lorenzen eine Marktgemeinde, umfaßt also den Mündungsbereich der Gader zur Rienz.

Östliche Dolomiten und Gadertal. Unter »Östliche Dolomiten« verstehen wir das Gebirge vom Gadertal nach Osten, hinüber zum Kreuzbergpaß am Rande der Sextener Dolomiten. Aus dem Pustertal teilt das Gadertal bis hinauf zum Campolongo-Paß oberhalb von Corvara die Dolomiten, so weit sie zu Südtirol gehören, in Ost und West (Westliche Dolomiten siehe Seite 62). Anders als die Seitentäler herein vom Eisacktal ist das Gadertal das zentrale Dolomitental, als Trennungsstrich zwischen Östlichen und Westlichen Dolomiten verteilt es den Tourismus hierhin und dorthin, auch über den Campolongo-Paß hinweg nach Süden in den Ampezzaner Raum. Die Östlichen Dolomiten greifen gebietsmäßg weit aus, mit den Ampezzaner und den Zoldiner Dolomiten bis hinab nach Belluno. Für die Provinz Bozen, also für Südtirol, bleiben die Gliederungen heraus zum Pustertal. Dazu zählen die Kreuzkofel-Gruppe mit dem berühmten Heiligkreuzkofel, die Bergwelt von Fanes und Sennes und die Prager Dolomiten, diese weithin ursprüngliche Dolomitenlandschaft mit dem Seekofel, der Hohen Gaisl und dem Dürrenstein.

Das Höhlensteintal, die Talfurche von Toblach nach Schluderbach, stößt im Gemärk an die Provinz Belluno, an den Cortineser Raum. Das Tal hat gleicherweise Verbindungen zu den Pragser wie zu den Sextener Dolomiten, im besonderen jedoch zu den Drei Zinnen. Die Sextener Dolomiten schließen den Südtiroler Dolomitenraum zum 1636 Meter hohen Kreuzbergpaß hin ab.

Das Gadertal – etwa 33 Kilometer von St. Lorenzen nach Corvara – ist mit seinen Seitentälern, den Verästelungen der Bergstraßen aus der Talfurche hinauf zu ladinischem Bergbauernland, ein ungemein interessantes und sehr abwechslungsreiches Tal. Steile, teilweise bewaldete Hänge, nackte, senkrechte Felswände, Erlengebüsch am Ufer, angeschwemmte Sand- und Kiesbänke und im unteren Verlauf nur wenige kleine Siedlungen säumen den Gaderbach. Als Wildwasser in kaum gehindertem Lauf schäumt er in der Ausgeglichenheit eines kleinen Gebirgsflusses hinab nach St. Lorenzen zur Mündung in die Rienz.

Das Gadertal. Von der Rienzbrücke bei St. Lorenzen (810 m) fahren wir durch Pflaurenz der Gader entgegen und schlüpfen beim nahen Montal hinein in die urzeitliche, sehr enge Gaderschlucht, die über 8 Kilometer bis zum Straßenkilometer 10 bei der Ortschaft Zwischenwasser (ca. 1000 m) fast einem Gefängnis mit wenig Licht und ohne Seitenausgang gleicht. Auch Zwischenwasser hat kaum einen Ausblick, so eng und steil stehen die bewaldeten Hänge zur Talsohle, aber das Gadertal nimmt hier den Vigilbach auf und zeigt den Ausweg hinein nach St. Vigil, in das weitläufige Enneberg. Das Haupttal bleibt ein schmaler Graben – das Schild »Welschellen« weist die Siedlung auf sonniger Hangschulter in 1432 Meter Höhe –, wenige Kilometer aufwärts verliert das Gadertal in der Einfahrt zum Wiesenkessel von Piccolein (1115 m) und St. Martin jedoch den düsteren Charakter. Es erfährt die erste großzügige Weite und überrascht mit dem ersten Dolomitenblick: Die Felsstürze der Kreuzkofel-Gruppe, die geschlossene Felsenmauer von der Neunerspitze (2967 m) über die Zehnerspitze (3023 m) zum Heiligkreuzkofel (2908 m) überhöht die liebliche Flur von Piccolein fast um 1000 Meter. Von rechts aus lichter Höhe über dunklem Waldgehügel schaut eine mächtige Felskuppe, der 2885 Meter hohe Peitlerkofel, von den Einheimischen »Sass de Putia« genannt, herab ins Gadertal.

St. Martin in Thurn (1134 m), Hauptort an der unteren Gader und Sitz der gleichnamigen Gemeinde, steht nachbarschaftlich zu Piccolein am jenseitigen Hang, besonders auffällig markiert vom wuchtigen Bergfried des Schlosses Thurn, einem Edelsitz aus dem 13. Jahrhundert mit starkem Bezug zur Talgeschichte. In St. Martin zweigen aus dem Gadertal die Straßen in das entlegene Campilltal und über Untermoi hinauf zum Würzjoch (2006 m) am Peitlerkofel. Die Talstraße bleibt am Wasser und erreicht bei Kilometer 19 das Dörfchen Pederoa (1152 m). Dort mündet das Wengener Seitental ein. Besuchen wir Wengen, möchten wir ladinisches Bergbauernland erleben, vielleicht sogar bis hinüber nach Fanes wandern. Von Pederoa aufwärts bleibt die Talstraße in Tuchfühlung zum Fels und schwingt auf einer hohen Brücke über die Gader zu einer Waldstufe. Zwei Doppelkehren befreien die Straße endgültig von Wasser und Fels, der Gruß »Willkommen in Alta Badia« verkündet eine neue Landschaft.

Alta Badia – Hochabtei. Die Einwohner der Gemeinde Abtei/Badia bekennen sich bis auf wenige Ausnahmen (die Volkszählung 1981 ergab 2465 Ladiner, 47 Deutsche, 49 Italiener) zur ladinischen Sprachengruppe, entstammen also der Bevölkerung im Zeitalter der österreichischen Habsburger und waren neben ihrem eigenen Idiom immer auch deutschsprachig – der Gemeindename bringt diese ladinische Eigenart gut zur Geltung. Die Obrigkeit an der Gader war bis zu den neuen Verhältnissen ab 1920 immer deutschtirolerisch, im Mittelalter ausgeübt und geprägt vom Kloster Sonnenburg draußen im Pustertal; die damalige Anrede »Aptai« im Urbar des Klosters vom Jahre 1325 für insgesamt 73 Bauernhöfe ist das historische Fundament des heutigen Hochabtei oder Alta Badia.

Der Oberlauf der Gader gehört zu den schönsten Landschaften der Dolomiten. Unter dem Schutz der gewaltigen Westformation der Kreuzkofel-Gruppe – vom Heiligkreuzkofel über La Varella zur Cunturines Spitze

eine 3000 Meter hohe Berglinie – lebt und blüht Hochabtei. Pedratsches (1325 m), der Ort an der Straße, ist das gemeindliche Zentrum, die touristischen Aktivitäten greifen aus zum benachbarten St. Leonhard, vor allem jedoch taleinwärts zur nur 3 Kilometer entfernten Ortschaft Stern, ladinisch »La Ila«, italienisch »La Villa«. St. Leonhard fordert auf zur wahrhaft »himmelnahen« Wallfahrt zum Kirchlein Heiligkreuz. Der Gnadenort, angelehnt am gelbschwarzen Gipfelfels des Heiligkreuzkofels, verheißt aus 2000 Meter Höhe zumindest ein Wunder: die großartige Aussicht in die Westlichen Dolomiten, zur Puez- und Geisler-Gruppe, zum Peitlerkofel und zur Sella. Stern teilt den Verkehr hinein zum Talzweig nach St. Kassian und in der Geraden weiter nach Corvara (1520 m). Hinter St. Kassian, diesem im Sommer und Winter überaus beliebten Ferienort, entspringt in der dolomitischen Landschaft von Armentarola der Gaderbach.

Das Becken von Corvara – der deutsche Name »Kurfar« gerät leider in Vergessen-

heit – ist im Gadertal für die Touristik der große Kreisel. Der Ort leitet den Verkehr über den Campolongo-Paß zur Dolomitenstraße in Buchenstein, zum Grödner Joch und zum Sellajoch und damit nach Gröden und Fassa, also rund herum um die Sella, dem Zentrum der ladinischen Dolomiten.

Dreimal Ladinien: Das moderne, ständig wachsende und in hoher Gästegunst sich sonnende Corvara mit seinem Dolomiten-Aushängeschild, dem Sass Songher (Bild links)
Der Weiler Costa bei Colfuschg (Bild oben), bei dem die ladinische Bauernwelt sich bis heute fast unverändert erhalten hat.
Und schließlich der Grabstein (Bild links oben) im Friedhof von Stern aus der Zeit, als Ladinien nur ein Land der Bergbauern war – in gläubigem Vertrauen auf Gott, Kaiser und Vaterland.

49 St. Vigil in Enneberg

Der Vigilbach mündet in Zwischenwasser zur Gader; fahren wir seinem Lauf entgegen, erreichen wir nach 4 Kilometern das Kirchdorf St. Vigil und – Ort und Umgebung als Einheit gesehen – eine überaus liebliche Talschaft im Vorfeld der Dolomiten.

Der Sommergast kommt nach Vigil zum Wandern, vielleicht auch nur zu völligem Nichtstun, zu gemütlichem Aufenthalt in diesem erholsamen, sonnigen, mit Wiesen und Wald ausgelegten Tal in der mittleren Höhenlage von 1200 Meter. Der Wintergast sucht die Piste, denn der Kronplatz verbindet sein einzigartiges Liftkarussel durch ein Drahtseil auch mit St. Vigil. Dem rollenden Verkehr zum Berg dient die ganzjährig offene Straße über den Furkelsattel (1759 m) nach Olang im Pustertal und auch die Straße hinein nach Pederü (1545 m) mit Anschluß zur Fanes und Sennes

St. Vigil ist der Kirchenname, die Pfarrkirche stammt aus dem 18. Jahrhundert, aus der Zeit höchster barocker Kirchenbaukunst und Prachtentfaltung im Lande Tirol. Große Künstler haben in St. Vigil zusammengewirkt und dem Ort – ladinisch »al Plan de Marèo« genannt – eine unvergleichliche Kirche geschenkt. »Die Pfarrkirche von St. Vigil gilt als die schönste Kirche des Gadertales und wohl auch ganz Ladiniens« – so urteilt Gunther Langes in der Südtiroler Landeskunde. St. Vigil ist seiner Bedeutung gemäß ein lebhafter, geschäftiger Ort, zu dem die Bergbauern aus dem gesamten Enneberg zum Kirchtag, zum Markt, zur volksverbundenen Geselligkeit zusammenkommen. Die Ortschaft bietet gepflegte Gastlichkeit, um Kirche und Friedhof trotz aller Prosperität noch grüne Wiesen zum Ausruhen für das Auge und zur Harmonie des Dorfbildes mit dem Wald am Sockel steiler Dolomitenfelsen.

Katharina Lanz, das »Heldenmädchen von Spinges« (siehe Seite 83), ist in St. Vigil geboren; eine Statue in der Kriegergedächtniskapelle erinnert an diese fast legendäre Persönlichkeit aus den Tiroler Freiheitskriegen. Katharina Lanz verstarb 1854 in Buchenstein; am Platz vor der Pfarrkirche zu Pieve steht ihr zu Ehren ein Denkmal – das »Bildhauerwerk des Jahres 1912« – geschaffen von Josef Parschalk.

Bild rechts   **Alter Enneberger Bauernhof an der Straße St. Vigil–Furkelpaß.**

Bild rechts unten   **Das Dorf Enneberg/Pfarre auf freier, sonniger Hangschulter südwestseitig unter dem Kronplatz, einst der Siedlungskern von Enneberg.**

Bild unten   **St. Vigil in Enneberg, gebettet in einen weiten Kessel, gefragt als Urlaubsort für Sommer und Winter. – Im Hintergrund rechts 3000 Meter hohe Dolomitenberge der Fanes, die Neuner- und die Zehnerspitze.**

50 Der »alte« Weg nach Enneberg

Der deutsche Name »Enneberg« steht für die heutige politische Gemeinde gleichen Namens in der Ausdehnung von 160 Quadratkilometern von der Fanes und Sennes Alpe über St. Vigil zum Furkelsattel und für das Mittelgebirgsgehügel rechts der Gader hinab bis fast nach St. Lorenzen. Enneberg ist so alt wie die Urpfarre Enneberg, die Wurzeln reichen zurück in tiefes Mittelalter. Wieder stoßen wir bei der Nachforschung auf das Kloster Sonnenburg im Pustertal, das jahrhundertelang diesen Landstrich beherrschte. Von der Sonnenburg gesehen, lag das Land jenseits des Berges, daraus formte sich irgendwann der Name »Enneberg«.

Das Kirchdorf Enneberg/Pfarre steht auf hoher Wiesenschulter abseits vom geschäftigen St. Vigil am »alten Weg«, der vom Pustertal herein als einziger Zugang nach Enneberg führte. Dieser Zustand währte sehr lange, denn die Gaderschlucht bekam erst 1886 eine befahrbare Straße. Damals, vor nun gut 100 Jahren, verharrte Ladinien, also auch Enneberg und St. Vigil, in fast völliger Abgeschlossenheit. Der geringe Verkehr, der vom Pferd oder Ochsen gezogene Bauernwagen, kam mit dem alten Fahrweg gut zurecht, die gleichmäßige Steigung über 12 Kilometer von St. Lorenzen (810 m) über Maria Saalen bis Enneberg/Pfarre in 1284 Meter Höhe strengte die Zugtiere nicht übermäßig an. Die neue, schnelle Zeit pulst unten im Gadertal, die früheren Zeitläufte verspüren wir noch, wenn wir den »alten Weg« gehen, vorbei an Bauernhöfen, in denen im Einklang mit den Notwendigkeiten auf Wiese, Feld und im Stall die Zeit fast noch so tickt wie im vergangenen Jahrhundert.

Maria Saalen im Nahbereich von St. Lorenzen hält eine beliebte Einkehr bereit, nur die Wallfahrtskirche und ein Gasthaus mit angeschlossener Landwirtschaft bilden die Örtlichkeit. Die Weiterfahrt – auf eigene Gefahr – führt durch Wald, schwingt durch Hangfalten, durch abschüssige Wiesenhänge und hat im bescheidenen Gasthaus Palfrat eine nächste Station. Beim Weiler Plaiken (1274 m) in der Zufahrt zum Weiler Asch erfährt das schmale Sträßchen die maximale Höhe, kein Wald versperrt die Aussicht nach Südwesten zu Land und Gebirge jenseits des Gadertales. Das Bauernland und die Dolomitenberge, die wir aus der Furche des Gadertales kaum sehen können, betrachten wir hier aus hervorragender Position: Welschellen, Untermoi und das Würzjoch, den Peitlerkofel, die Puezspitzen und die Dolomiten von St. Vigil.

Die »Enneberger Dolomiten«. St. Vigil, das Herz von Enneberg, hat alles, was es sich wünschen kann – ländliches Umfeld, Bergbauernhöfe und Dolomiten. Der Ort profitiert von zwei verschiedenen Landschaften: einmal vom Mittelgebirge, den Wald- und Wiesenkuppen und dem Bergbauernland unter Kronplatz und Furkelsattel; zum anderen vom Reiz hoher, steiler Felsberge, den »Enneberger Dolomiten«, die den Talkessel nach Südosten zu abschließen. Wollen wir die ganze Schönheit der St. Vigiler Talschaft mit einem Blick erfassen und vor allem wissen, welche Dolomitenberge dem Ort so nah stehen, daß die Anrede »Enneberger Dolomiten« gerechtfertigt ist, fahren wir von St. Vigil in Richtung Enneberg/Pfarre hinauf zum Weiler Hof. Die Kirche dieses kleinen Ortes – ladinisch »Curt« – schaut mit ihrem Zwiebelturm herab nach St. Vigil; vom Wiesenhügel des Kirchleins (1300 m) haben wir die beste Aussicht gen Süden nach St. Vigil und zu seinen Dolomiten.

Mit dem Rautal hat der Kessel von St. Vigil eine gradlinige und dazu stufenlose Verlängerung zum Abschluß in Pederü. Gleich einem weit geöffneten Tor liegt der Taleingang vor uns, rechts ragt die Paresspitze (2400 m), unverkennbar ein Dolomitenberg, links sehr hoch und steil der Monte Sella di San Vigilio (2700 m), dem Namen nach also der Hausberg von St. Vigil, auch im Blick aus dem Dorf ist dieser Berg die dominierende Dolomitengestalt. Die Tour zum Monte Sella ist nicht schwierig, braucht aber Bergerfahrung und Trittsicherheit; ich beschreibe sie in meinem Tourenbuch »Südtirol – Zwischen Bozen und Sexten«.

Zum Enneberger Dolomitenangebot gehören auch die zum Rautal vorgelagerten Gipfel von Fanes und Sennes und natürlich die Dolomitenberge, die wir vom Furkelsattel aus gut erreichen können. Dort wacht der nördlichste Dolomitenvorposten, der 2500 Meter hohe Piz da Peres (siehe auch Seite 94). »Enneberger Dolomiten« dürfen wir natürlich auch die Berge rund um Fanes und Sennes nennen. Das Gemeindegebiet von Enneberg schließt Kleinfanes, also fast die ganze Kreuzkofel-Gruppe, und auch die Sennes Alpe bis hinauf zum Monte Sella di Sennes mit ein.

Bilder am »alten« Weg nach Enneberg. Ein Weg durch Bauernland, das fast noch so bewirtschaftet wird wie zu den Zeiten der Urahnen. – Die Mühle jedoch hat ausgedient, niemand mehr bringt Korn zum Mahlen, aber sie bleibt erhalten als Erinnerung an früher.

51 Fanes und Sennes

Pederü, der Talschluß im Rautal, ist der Dolomitenbahnhof von St. Vigil. Die Fahrt von Vigil durch das Rautal hinein nach Pederü hat großen landschaftlichen Reiz: Vorbei am Kreidesee durch schütteren Fichten- und Föhrenwald, durch den grünen Wiesenplan von Tamers, im beidseitigen Rahmen steiler gelbroter Dolomitenfels, parken wir nach 11 Kilometern am modern ausgebauten Rifugio Pederü, einem beliebten Sammelpunkt aller Bergsteiger, Wanderer und Ausflügler nach Fanes und Sennes. Pederü, ein ebener Schotterboden in 1545 Meter Meereshöhe, bedeckt mit dünner Grasnarbe und Krummholz, hat viel Platz anzubieten, auch ohne den Drang zur Höhe können wir dort gut einige erholsame Stunden verbringen.

Kleinfanes, dieser Begriff wirkt wie ein Magnet hinab nach Pederü, hinaus nach St. Vigil. Nach Kleinfanes kommt der Dolomitenfreund immer wieder zurück, die Landschaft ist unvergleichlich. Nehmen wir das benachbarte Großfanes noch hinzu, können wir einen Dolomitenurlaub allein nur dort verbringen – den Wunsch, diese großartige Bergwelt wiederzusehen, tragen wir beim Abschied hinab ins Tal.

Von Pederü, dem obligatorischen Halteplatz für alle Fahrzeuge, gibt es die Weiterfahrt mit dem Taxi-Jeep nach Kleinfanes über 6 Kilometer auf staubiger, ausgewaschener Sandstraße. Der Fußweg – 2 Stunden – ist zwar gut möglich, aber er berührt immer wieder den Straßenbereich und nimmt uns zudem viel Zeit, die wir oben im Bummel über die Alpe in vollen Zügen genießen können. Bei 2000 Meter Höhe passieren wir von Wasser überronnene Steinschwellen aus grauem Kalk hinein nach Kleinfanes, das Sträßchen teilt sich zur Faneshütte (2060 m) und zur Lavarella-Hütte (2042 m). Egal, wo wir schließlich anhalten, besuchen sollten wir beide Stützpunkte.

Die Faneshütte liegt etwas höher, von ihr schauen wir hinab zum Becken des Grünsees, das rundum grüne Ufer gibt dem Wasser wohl den Namen. Wir sehen die Varella-Hütte und schlendern über ausgewaschenen Stein, über den Teppich einer satten, blumigen Wiese hinab zu ihr – zum Grünsee, an dessen zaubrischem Ufer wir Stunden verweilen möchten, ohne den Wunsch zu verspüren, die Welt darüber zu erforschen. Waagrechte, mit Lärchen und Zirben bestandene Steinbänke gleich den Rängen eines urzeitlichen Amphitheaters stapeln das Gelände behut-

Fanes und Sennes, das sind die »Hinterhöfe« von Enneberg. Aus dem Tal sehen wir sie nicht, und niemand kann ahnen, wie herrlich grün und bunt die Almenwelt zur Sommerzeit dort oben prangt.

Bilder oben und unten **Die Wasser des Grünsees, Wiesenteppiche, grauer, ausgewaschener Dolomitkarst, Steinbänke weithin ausgelegt und in Stufen gestapelt, Zirben und Lärchen mit hundertjähriger Wurzel, dazu als lebendes Inventar viel Almvieh, zwei gastfreundliche Hütten – das ist Kleinfanes.**

sam höher, hinauf zu Hochweiden, die in eine weite Karstebene auslaufen.

Kleinfanes ist eine herrliche grüne Schüssel inmitten der Kreuzkofel-Gruppe, gerahmt vom Kranz fast 3000 Meter hoher Berge, ein Wanderparadies mit relativ kurzen Wegen, einfachen Gipfeltouren und wohl deshalb auch so beliebt.

Die Alpe Sennes – auch zu ihr sollten wir, wenn wir nur einen Tagesausflug planen, das Taxiangebot nützen. Aus Pederü überwinden außergewöhnlich steile und enge Serpentinenkehren – maximal 35 Prozent Steigung! – 400 Meter Höhendifferenz zur ersten Station, dem lieblichen Almbecken von Fodara Vedla. Inmitten einer Versammlung sehr alter, von Wind und Wetter gegerbter Almhütten residiert ein stattliches Gasthaus, das private Rifugio Fodara Vedla (1972 m). Ab hier sollten wir wandern, die bucklige, mit Latschen und Zirben bestandene Almenwelt mit ihrem Reichtum an alpiner Flora erforschen, von einem Hügel die große Aussicht zu den Prager und Ampezzaner Dolomiten genießen oder mit Abkürzungen dem Sträßchen nachgehen, das nach 3 Kilometern bei der Senneshütte ankommt; das weitläufige Gelände legt nur 100 Höhenmeter zu. Der Ausflug nach Sennes bietet außer dem Nervenkitzel in der Auffahrt keine Sensation, dafür aber unberührte Bergnatur so weit das Auge reicht.

Am schönsten ist es auf Fodara Vedla, auf Sennes und natürlich auch auf Fanes ab Anfang Juli, wenn die Bauern das Vieh aufgetrieben haben, die Almen grünen und blühen – wenn die Alm lebt!

52 Pragser Tal – Wildsee und Plätzwiese

Das Pragser Tal mit Einmündung zwischen Welsberg und Niederdorf zum Pustertal greift mit zwei Talästen zu den Dolomiten aus: einmal zum Pragser Wildsee im Hochbecken unter dem Seekofel, zum anderen hinauf zur Plätzwiese, einer ausgedehnten grünen Mulde in 2000 Meter Höhe zwischen Hoher Gaisl und Dürrenstein. Im Hinblick auf ein neues Dolomitenerlebnis sind wir neugierig und fahren hinein nach Prags, wo uns nach 3 Kilometern bei der Straßengabel »an der Sag« ein kleines Blockhaus empfängt, das Pragser Verkehrsbüro, ein freundlicher Willkommensgruß der Talschaft.

»Prags« ist ein landeskundlich sehr alter Begriff, er gilt gleicherweise für die politische Gemeinde mit insgesamt etwa 650 Einwohnern, für Berg und Tal mit kostbarem Inhalt: herrliche, nur für den sanften Tourismus erschlossene Dolomiten, darin eine seltene Perle, der Wildsee, Altprags und Plätzwiese. Das Talbecken von Innerprags – Meereshöhe 1200 bis 1400 Meter – mit den bescheiden gebliebenen Kirchdörfern Schmieden und St. Veit fungiert als Bezugspunkt für die verstreuten, einschichtigen Bauern am Hang. In St. Veit bittet die Pfarrkirche zum Kirchgang, in Schmieden waltet das Bürgermeisteramt. Der erste Eindruck wirkt positiv, im Pragser Tal finden wir Ruhe und Erholung in gesunder Bergnatur, die Touristenschwerpunkte Wildsee und Plätzwiese müssen wir jedoch akzeptieren.

Altprags zehrt von der Erinnerung an sein Bad, das heute nur noch im stillgelegten Badehotel existiert, aber in der Zeit des Tirol vor dem Ersten Weltkrieg eine große Saison hatte: Hof- und Geheimräte, Adelige und Bürger, Künstler und Dichter weilten zur Kur in Altprags. Das Hotel steht in bester Position zu einem weiten Wiesenboden und zur zerklüfteten Nordflanke des Dürrenstein. Irgendwann und irgendwie wird es für Bad Altprags eine Renaissance, einen neuen Anfang geben, wohl mit neuem Baukörper, und so wird Altprags vielleicht einmal »Neuprags« heißen.

Bild links **Die Almen von Sennes im milden Schein früher Sommertage. Für zwei Monate ein Paradies für Rind und Pferd und auch für Wanderer, die herauf von Pederü zur Senneshütte kommen (links im Bild). – Links oben die Hohe Gaisl, rechts die Tofane im Cortineser Raum.**

Bild unten **Unterwegs auf der Wanderung rund um den Pragser Wildsee.**

Pragser Wildsee und Seekofel – zum See gehört der Berg: aus blauem Himmel die fast senkrechten Stürze der Seekofel-Nordwand im glatten, blanken Spiegel der geheimnisvollen Wasser! Dieses seit Menschengedenken zauberhafte Bild erwarten auch wir, wenn wir den großen Parkplatz am Seehotel verlassen und dem Ufer zugehen.

Fast alle Dolomitenseen umgibt ein zeitloser Sagenkranz; eine tragische Legende verbindet das Fanesvolk mit dem Pragser Wildsee und den silbernen Trompeten in seiner Tiefe:

»Und draußen zitterte der letzte Klang
ersterbend in den Felsen leise, leise,
des Königsrufes wundersame Weise,
der silbernen Trompeten letzter Sang.«
(Staudacher, Faneslied)

Der Pragser Wildsee entstand in grauer Vorzeit durch einen Felssturz und soll früher größer gewesen sein. Der Flächeninhalt heute beträgt 0,40 Quadratkilometer, die Tiefenangaben schwanken zwischen 35 und 45 Meter. Ein guter Steig erschließt das Seeufer, im Spaziergang von 1 bis 2 Stunden schauen wir dem Wildsee in all seine Winkel.

Der Wasserspiegel ruht in 1500 Meter Meereshöhe, das Gipfelkreuz am Seekofel blinkt aus 2800 Meter Höhe herab – der Aufblick ist für den geübten Bergwanderer eine tolle Herausforderung! Nach einer 4-Stunden-Tour steht er auf diesem einzigartigen Aussichtsbalkon der Pragser Dolomiten, schaut in eine unbeschreiblich weite Bergwelt, tief unten glänzt silbern der See.

Plätzwiese und Dürrenstein. Das Altpragser Tal greift aus zur Plätzwiese und teilt den Raum der Pragser Dolomiten in zwei touristisch bedeutsame Abschnitte: nach Westen zum Pragser Wildsee, dort erwartet uns rund um den Großen Roßkofel – zwischen Roßkofel, Kleiner Gaisl und Seekofel mit Stützpunkt Seekofelhütte – ein großes und zudem weithin einsames Tourengebiet von außergewöhnlicher Vielfalt. Der östliche Teil von der Plätzwiese hinüber zum Höhlensteintal ist wesentlich kleiner, von Altprags empfiehlt er die stille Tour zum Sarlkofel, im Bereich der Plätzwiese den vielbesuchten Dürrenstein und damit einen Berg, der mit dem Seekofel an vorderster Stelle aller Gipfelwünsche rangiert.

Die Plätzwiese wird herauf von Altprags durch eine moderne Straße bis zu einem Parkplatz am Nordrand erschlossen. Nach wenigen Minuten erreichen wir die Plätzwiesenhütte, ein Berggasthaus, und das im antiquierten Baustil erhaltene, aber modernisierte Hotel »Hohe Gaisl«; vor uns in 2000 Meter Meereshöhe liegt die herrlich weite grüne Wiege der Wiesen über einige Quadratkilometer ausgebreitet nach Süden zur Dürrensteinhütte hoch über Schluderbach. Die Dolomiten, sehr nah die Atlasfigur der Hohen Gaisl, etwas entfernt im Süden die

Felsriesen im Cristallo-Stock zeigen dramatische Akzente, der Dürrenstein begnügt sich herab zur Plätzwiese mit einer grasigen Gipfelflanke. Damit vergibt er die Eintrittskarte für fast jedermann hinauf zur Gipfelschau aus 2839 Meter Höhe – der Traum vieler begeisterter Dolomitenfreunde!

Der Seekofel, ein mächtiger Dolomitenberg, spiegelt seine Nordflanke im Pragser Wildsee.

Bild oben **Auf der Plätzwiese. Die Hohe Gaisl steht dieser herrlichen weiten Wiesenmulde so nah, daß wir den Kopf in den Nacken legen, wollen wir den Gipfel schauen.**

Bild oben rechts **Toblach im Pustertal, Blick in das Höhlensteintal, hinein zu den Dolomiten.**

53 Toblach – Höhlensteintal – Schluderbach

»Das Höhlensteintal ist nach dem Gadertal der zweite große nordseitige Eingang zu den Dolomiten, präzise gesagt zu den Östlichen Dolomiten, zum Herzen der ›bleichen Berge‹ hinein nach Cortina d'Ampezzo« – zu lesen in meinem Dolomitenbuch als Vorspann zum Kapitel »Das Höhlensteintal«.

Wir kommen wieder nach Toblach und richten den Blick aus dem Toblacher Feld nach Süden zu einer tiefen, markanten Kerbe in der Toblacher Dolomitenfront. Dieses Tor ist die Einfahrt in das Höhlensteintal, von dort fließt die junge Rienz heraus in das Pustertal. Auch die Strada d'Alemagna, die Höhlensteiner Talstraße, schlüpft aus dieser Pforte; fahren wir auf ihrem Asphaltband nach Süden, bringt sie uns vorbei am Toblacher See zum Wiesenplan von Landro mit dem berühmten Dreizinnenblick, zum Monte Piano und zum Dürrensee mit dem überragenden Cristallo-Massiv. In Schluderbach machen wir halt, denn wir wollen die Dolomiten nur so weit erforschen, als sie zu Südtirol gehören. Die oben genannten Stichworte hat der Kenner sogleich aufgegriffen, er weiß, jede Örtlichkeit verdient drei Sterne! Bis 1964 waren diese landschaftlichen Glanzpunkte auch Stationen der italienischen Dolomitenbahn, einer elektrifizierten Schmalspurschiene von Neu-

Toblach über Cortina bis hinab nach Calalzo über insgesamt 67 Kilometer.

Von Neu-Toblach (1209 m) nur wenig talein lockt der Toblacher See an sein Ufer. Die Brücke über den Seeabfluß – die Rienz – gibt den besten Blick über das etwa 6 Meter tiefe und 400 mal 600 Meter ausgedehnte Wasserbecken. Die steile Westflanke der Naßwand im Hintergrund ragt mitten im Höhlensteintal über dem gleichnamigen Kriegerfriedhof auf, die am Monte Piano im Dolomitenkrieg 1915 bis 1917 gefallenen österreichischen Soldaten haben dort ihre letzte Ruhestätte. Der Monte Piano, dieser heiß umkämpfte Berg, erscheint wenig später, seine breite Nordseite wirkt für das Tal wie ein Riegel. Vor dem Monte Piano, ausgebreitet zu einem Teppich, lacht die grüne Ebene von Landro. Bis zum Kriegsbeginn im Mai 1915 war Landro eine blühende Hotelkolonie; die Erinnerung lebt sichtbar nur noch in der kleinen Kapelle, alle übrigen Gebäude fielen damals einer Sprengung zum Opfer, damit das österreichische Sperrfort Landro freies Schußfeld nach Süden bekam. Landro war lange Zeit verwaist, seit 1986 aber hat der Ort wieder ein Hotel und der vielbewunderte Dreizinnenblick dadurch eine deutliche Markierung an der Straße. Von Landro wenig talein breitet der Dürrensee seinen Wasserspiegel aus; kommen wir zur rechten Zeit im Frühsommer bei hohem Wasserstand, zeitig am Morgen, wenn die Sonne am Cristallo aufblinkt, gelingt dem Fotografen vielleicht ein Dolomiten-Traumbild (Bild Seite 128).

Schluderbach (1437 m) hat mit der Hotelsiedlung »Vellagio touristico Ploner« ein neues modernes Image erhalten.

Monte Piano, diesem Berg, der gänzlich un-dolomitisch keinen Gipfel, sondern nur ein breites, welliges Plateau trägt, war schon sehr früh eine Grenzfunktion gegeben. Die Streitigkeiten über den genauen Grenzverlauf beendete Maria Theresia im Jahre 1753, die nunmehr exakte Grenze zwischen Österreich und Italien – damals die Republik Venedig – markierten mächtige granitene Steinpfähle: Zwei Steine stehen noch heute, Nummer 5 oben am Monte Piano, Nummer 1 unten in Schluderbach.

Das Plateau des Monte Piano gliedern zwei flache Kuppen, die Südkuppe (2324 m) ge-hörte zu Italien, die Nordkuppe (2301 m) zu Österreich. Beim italienischen Kriegseintritt im Mai 1915 besetzten die Italiener das gesamte Hochplateau, auch die österreichische Nordkuppe, die italienische Seite, die sanfte Südböschung des Berges hinab nach Misurina, bot keine Schwierigkeiten und erlaubte sogar eine Straße. Die Österreicher mußten sich mit der steilen Nordflanke hinab nach Landro auseinandersetzen, hatten also die wesentlich schwerere Aufgabe; trotzdem eroberten Landsturm und Standschützen am 7. Juni die Nordkuppe zurück und richteten die Verteidigung ein: Getrennt durch die Forcella Castrata zwischen den beiden Höhen war der Frontverlauf bis zum Ende des Dolomitenkrieges Anfang November 1917 nun endgültig festgeschrieben. Was im einzelnen am Monte Piano geschah, hält eine umfangreiche Literatur fest. Der »historische Rundweg« auf dem Plateau konserviert die Kriegsstellungen, der Monte Piano ist in jedem Fall ein lohnendes Ziel, von Misurina aus ist das Rifugio Bosi nahe dem Gipfel sogar mit dem Auto erreichbar.

Ein Tip für eine frühe oder späte Dolomitenfahrt: Die Bosihütte (gute Übernachtung) öffnet im Juni und schließt erst im Oktober.

Bild rechts **Der berühmte »Zinnenblick« aus dem Höhlensteintal nahe dem Dürrensee. Jeder Autofahrer hält an und bewundert die Westliche Zinne (Mitte) und die Große Zinne.**

Bild unten **Im Frühsommer oder nach Regentagen, die den Dolomitengipfeln sehr oft Neuschnee bringen, dem Dürrensee aber den Wasserstand auffüllen, spiegelt das Morgenlicht die Cristallo-Gruppe traumhaft schön im See.**

54 Sexten und seine Dolomiten

Sexten scheint für die Dolomiten wie für Südtirol ein Zauberwort zu sein. Wer die Dolomiten bereist, Wanderwege geht oder Gipfel besteigt, wird sehr bald in Sexten zukehren, wer Südtirol in all seinen Aspekten erleben will, kommt auch nach Sexten – ohne Sexten-Visite entsteht eine Südtiroler Bildungslücke! Der deutschsprachige Besucher fährt durch das Pustertal nach Innichen und lenkt sein Auto weiter nach Sexten/St. Veit, zum Hauptort der Talschaft in 1316 Meter Meereshöhe. Wenn wir das Wort »Sexten« auf die Dolomiten umlegen, reicht es mit der italienischen Anrede »Dolomiti di Sesto« weit nach Süden bis nach Auronzo. Wir suchen den deutschen, den eigentlichen Sextener Dolomitenanteil: das Sexten-, Fischlein- und Innerfeldtal, die Wege hinauf zu den Hütten, die Drei Zinnen, die Bödenseen, den Paternkofel und die Rotwandwiesen mit der Sextener Rotwand.

Im Jahre 965, als Kaiser Otto I. dem Kloster Innichen die Alm Sexta im gleichnamigen Tal schenkte, rückte Sexten erstmals in das Licht der Geschichte. 1000 Jahre Sexten also, für die Berge, deretwillen wir vor allem kommen, blieb die Zeit stehen: Das klassische Gesicht der Sextener Dolomiten, die 3000 Meter hohe Nordphalanx vom Zehnerkofel (= Sextener Rotwand) über den Elfer-, Zwölfer- zum Einserkofel hat keine Rune bekommen, diese berühmte »Sextener Sonnenuhr« ist zeitlos. Das Jahr 1348 gründete die Kirche St. Vitus, und damit erscheint der Name »Veit« in Sexten. Der Kirchenneubau in den Jahren 1825/26 wechselte das Patrozinium auf Petrus und Paulus, St. Veit blieb aber im Ortsnamen weiterhin dem Ort verbunden.

Der Kreuzbergpaß (1636 m), von Sexten nur 7,5 Kilometer entfernt, schloß seit jeher die bajuwarische, die deutsche Sextener Welt nach Süden zu ab. Das Land und das Volk jenseits des Passes gehörten ehemals zur Republik Venedig und schließlich zu Italien. Der Kreuzbergpaß war über die Zeit der österreichischen Habsburger die Staatengrenze und ist seit den neuen Verhältnissen nach 1920 die Provinzgrenze von Bozen zu Belluno – die »ewige« Sprachengrenze am Paß bestimmt diesseits und jenseits das Volk.

Bei Kriegsausbruch am Pfingstmontag, dem 23. Mai 1915, stand Sexten fast schutzlos in der Dolomitenfront zu Italien.

Der Dolomitenkrieg in Sexten. Bei Kriegsbeginn geriet Sexten sogleich in höchste Gefahr, denn der nahe Kreuzbergpaß war für die italienischen Truppen eine offene Tür herein nach Sexten. Die Sextener Verteidigung stützte sich auf längst veraltete Sperrforts aus dem Jahre 1885 und einige hundert schlecht ausgerüstete Standschützen und Landstürmer. Diese bedrohliche Lage rettete, »vom hellen Jubel begrüßt«, das bayrische Leibregiment, das Ende Juni nach Sexten kam, um mit den Tirolern die Verteidigung aufzubauen.

Die Kriegsjahre bis zum Zusammenbruch der italienischen Dolomitenfront im November 1917 verzeichneten dramatische Ereignisse an Brennpunkten, die für Verteidiger und Angreifer gleich wichtig waren. Sepp Innerkofler, damals Wirt der Zinnenhütte, fiel am 4. Juli 1915 bei dem Versuch, den Paternkofel zu erobern. Die Österreicher hielten die Front an der Sextener Rotwand, am Toblinger Knoten, kein italienischer Soldat setzte seinen Fuß herein nach Sexten. Die Kriegsstellungen nisteten in den steilsten und höchsten Felsen. Im Fels der Rotwand, im Alpiniweg am Elferkofel, im Innerkof1ersteig am Paternkofel, in den Nordkaminen am Toblinger Knoten tritt der Anspruch der Bergnatur deutlich zutage, die Unbarmherzigkeit der Kämpfe aber können wir nur ahnen.

Bergwandern in Sexten. Der Parkplatz im Fischleinboden (1451 m) versammelt am Vormittag die Spaziergänger zur Talschlußhütte und auch den Großteil aller Wanderer, die hinauf zu den Hütten wollen. Im Talschluß verzweigt das Bacherntal zur Zsigmondy-Comici-Hütte (2235 m) und das Altensteiner Tal zur Dreizinnenhütte (2405 m). Ein Steig verbindet über das Büllelejoch (2522 m, dort gleichnamige Hütte) beide Häuser, und diese Runde ist für einen ausdauernden Geher eine Supertour mit großartigem landschaftlichen Genuß im Nahbereich von Elfer- und Zwölferkofel, Paternkofel und Drei Zinnen. Bei der Zinnenhütte treffen die Wege herauf von Landro, vom Innerfeldtal und herüber von der Auronzohütte ein, die Zinnenhütte wirkt als Tourenkreisel in alle Richtungen. Der Paternkofel lockt mit dem Innerkoflersteig, der Toblinger Knoten bietet durch die Nordkamine einen extrem steilen, aber gut gesicherten Klettersteig, der vorgelagerte Sextenstein ist für den bescheidenen Wanderer die wichtige Position zur Gesamtübersicht; die knapp 3000 Meter

hohe Schusterplatte verschenkt die wohl beste Information über die Gliederung der zentralen Sextener Bergwelt.

Die Zsigmondyhütte steht nah zu Zwölfer- und Elferkofel, zur Hochbrunnerschneid und dem Giralbajoch (2431 m) und ist als Stützpunkt für den vielbegangenen Alpiniweg durch die Elfer-Westflanke zur Sentinella-Scharte (2717 m) besonders wichtig. Diese Scharte entläßt den Klettersteig-Spezialisten hinauf zur Sextener Rotwand, den Hüttenwanderer hinab zur Bertihütte, mit dem Weg hinüber zum Kreuzbergpaß findet er die Rückkehr nach Sexten. Die bereits italienische Bertihütte (1950 m) ist der Start zur großen Klettersteigschleife über Ferrata Roghel und Cengia Gabriella zum Rifugio Carducci (2297 m), womit wir wieder das Giralbajoch und die Zsigmondyhütte erreichen. Die Rotwandwiesen lenken durch frühere Kriegsstellungen – teilweise gesichert – hinauf zur Rotwand, für viele Dolomitenfreunde der Inbegriff einer Sextener Gipfeltour. Als höchste Erhebung innerhalb der Sextener Dolomiten orientiert sich die Dreischusterspitze

(3152 m) nach Sexten und zum Innerfeldtal. Dieses Hochtal bekommt den Zugang von Innichen, die Dreischusterhütte (1617 m) hat hier einen idyllischen Platz gefunden und betreut die Touren zum Haunold, Hocheben- und Birkenkofel.

»Der König
Abgelaufen ist der Sand,
leg das Zepter aus der Hand.

Das Weib
Weib, die Andacht ist zu End',
müßig deine Kerze brennt.

Der Mann
Manneskraft und Schaffenstrieb,
knickt wie Gras mein Sensenhieb.

Der Säugling
Schlaf mein Engel, schlafe süß,
du erwachst im Paradies.

Der junge Mann
Nicht so traurig, junges Blut,
heimwärts zieht man frohgemut.

Die Braut
Holde Maid im Myrtenkranz,
folge mir zum Hochzeitstanz.

Der Bischof
Bischof mit dem Hirtenstab,
nehm' ich schwere Last dir ab.«

Zur Erinnerung an den Künstler hat Sexten
ein Rudolf-Stolz-Museum eingerichtet.

Sarntal und Seitentäler

55 Sarntaler Alpen
Das Sarntal

Sarntaler Sonntagsbilder. Die Sarntaler Bevölkerung liebt den »Sonntag im Dorf«. Damit ist der Kirchgang im Hauptort, in Sarntheim, gemeint, das allwöchentliche Treffen weit im Tal verstreuter Bergbauern am Kirchplatz und beim Wirt – wie sollte man auch sonst erfahren, was alles sich in der Gemeinde zuträgt! Zum allgemeinen »Sarner Kirchtag« kommen auswärtige Vereine und Musikkapellen, die Schützen marschieren auf; der Festzug bewegt sich durch Sarntheim hin zur Pfarrkirche, den Einzug der Gläubigen begleitet weithin hallendes Glockengeläut.

Das Herz eines Landes zu sein, dieses wertvolle Prädikat ist begehrt und wird nach wirtschaftlichen und geographischen Gesichtspunkten vergeben, je nachdem, was vordergründig am auffälligsten erscheint. Betrachten wir die Landkarte von Südtirol und suchen das Herz des Landes im geographischen Sinn, deuten wir auf den Raum zwischen Brixen und Meran, zwischen Sterzing und Bozen; die Täler von Eisack, Etsch und Passer umarmen die Sarntaler Alpen. Von diesem geographischen Landeszentrum weist das Pustertal nach Osten von Brixen nach Sexten, der Vinschgau nach Westen von Meran zum Reschenpaß, das Wipptal nach Norden von Sterzing zum Brenner und die Etsch das Unterland von Bozen nach Salurn. In den Sarntaler Alpen, aufgebaut von Alten Gneisen, Granit, Quarzphyllit und Porphyr – 140 benannte Gipfel zwischen 2000 und 2800 Meter – schlägt das Herz von Südtirol.

Dem Südtiroler Bergfreund ist der Begriff »Sarntaler Alpen« als übergeordnete Anrede gut vertraut: Die Allgemeinheit spricht vom »Sarntal« und meint damit, wie die Landeskunde auch, Tal und Berg, das Haupttal und auch die Nachbarschaften in den Nebentälern, im ganzen also die politische Gemeinde Sarntal.

Das Haupttal ist eine einzige große Längsfurche vom Penser Joch im Norden bis hinab nach Bozen im Süden. Der Talbach, die Talfer, sammelt alle Wasser, das Einzugsgebiet ist sehr groß, als Sarntaler Herzlinie fließen ihr alle inneren Bäche der Sarntaler Alpen zu. Das Haupttal ist für das Sarntaler Gemeinwesen, für Wirtschaft und Verkehr die Schlagader und Sarntheim, fast in Talmitte, das Zentrum, zu dem sich alles ausrichtet. In Sarntheim – Meereshöhe 961 Meter –, als »Dorf« fast unterbewertet, sitzt die Verwaltung für die Gemeinde Sarntal; bei der Volkszählung von 1981 bekannten sich von insgesamt 6000 Sarner Einwohnern nur 54 Personen zur italienischen Sprachgruppe. Das Sarntal ist also durch und durch deutschtirolerisch, mit sehr alter Tradition in bäuerlicher Lebensart und im Brauchtum. Der Fläche nach ist Sarntal die größte Südtiroler Gemeinde, mit 302 Quadratkilometern umfaßt sie den Großteil der Sarntaler Alpen, darin 27 Gemeindefraktionen, die in jahrhundertealter Gewohnheit als »Nachbarschaften« angesprochen werden.

Die Landeshauptstadt Bozen liegt dem Sarntal zu Füßen – Sarntheim–Bozen 19 Kilometer –, die Straße führt auf 8 Kilometer Länge durch die urweltliche, in roten Porphyr tief eingeschnittene Sarner Schlucht. Die erste Straße, nur ein 2 Meter breiter Fahrweg, entstand 1852 und verlief im Schluchtgrund in enger Berührung mit der Talfer, ständig abhängig von den Launen der wilden Wasser. Die heutige Trasse in den orographisch rechten Schluchtwänden stammt aus dem Jahr 1935, nach den letzten wesentlichen Verbesserungen führt die gute, normal breite asphaltierte Straße durch 18 Tunnels bis zum Auslauf der Schlucht am Gasthaus Halbweg.

56 Das Penser Tal

Das Sarntal in der Verlängerung mit dem Penser Tal reicht aus der Sarner Schlucht über fast 50 Kilometer bis hinauf zum Penser Joch. Von Sterzing führt eine Straße zum Joch (2214 m, siehe auch Seite 32), in der Sommersaison – das Penser Joch hat Wintersperre – wird das Sarntal auch gerne als Reiseweg nach Bozen durchfahren, und aus dieser ersten Bekanntschaft erwächst vielleicht der Wunsch, irgendwo im Tal länger zu bleiben. Mit der Weite zu sanft geschwungenen Waldrücken, den hellen Wiesenbecken, eingebettet gleich Körben zwischen dunklem Bergwald und der lockeren Besiedelung, verteilt auf kleine Dörfer zur Nachbarschaft entlegener Weiler und Einzelhöfe, ist das Sarntal der ideale Ferienraum für den naturverbundenen Menschen, der die intakte bäuerliche Landschaft sucht, sorgfältig und liebevoll kultiviert von vielen Generationen.

Kommen wir herab vom Penser Joch, empfängt uns nach der Wildöde am Joch der Weiler Asten (1512 m), im Frühsommer mit einem frischen Kranz bunter Wiesen. Fahren wir herauf von Bozen, schickt uns nach der finsteren Sarner Schlucht in der Zufahrt nach Sarntheim die Höfesiedlung Buntschen (923 m) den ersten freundlichen Sarner Gruß. Wenig oberhalb von Sarntheim, beim Dorf Astfeld (1021 m), mündet von rechts das Durnholzer Tal zum Haupttal, der Sarner Talverlauf hinauf zum Penser Joch trägt den Eigennamen Penser Tal. Astfeld hebt uns über die 1000-Meter-Schwelle in die eigenständige Talschaft Pens. Der Mittelpunkt, das Kirchdorf Pens (1450 m), ist so schlicht geblieben, wie wir uns ein Dorf im Gebirge vorstellen, aber zunehmend seltener antreffen. Von seinem Joch ist Pens noch 9 Kilometer entfernt, vom geschäftigen Sarntheim jedoch in Wirklichkeit viel weiter als nur die 21 Kilometer auf der Talstraße. Im Penser Tal finden wir die bescheidenen Nachbarschaften Aberstückl, Rabenstein, Weißenbach und Asten, sehr viel Landschaft, viele Wege hinauf zu Alm und Berg und auch die unbe-

schwerte junge Talfer im schnellen Lauf über Stock und Stein von Asten bis zu einem Staubecken in Rabenstein.

Sarntheim und Schloß Reinegg. Die Pfarrkirche »zu Maria Himmelfahrt« in Sarntheim ist das größte Gotteshaus im Sarntal. Landeskundler und Reiseschriftsteller haben an diesem neuromanischen Bauwerk (Umbau 1850–1854) manches auszusetzen; mag die kunsthistorische Ausstrahlung auch gering sein, für den Sarner Bauern ist weniger die Kunst, vielmehr die allwöchentliche Begegnung wichtig. Der Sonntag im Dorf fängt mit dem Kirchgang an, wird in der Unterhaltung auf dem Kirchplatz fortgesetzt und erfährt in der »Post«, beim »Hirschen«, beim »Andreas Hofer« im Handel über Vieh und Haflinger Pferde, vielleicht auch im Ausloten einer brauchbaren Heirat den Höhepunkt. Der wichtigste Dorfsonntag im Jahr ist der Sarner Kirchtag, jeweils am ersten Sonntag im September, der Pferde- und Viehmarkt am folgenden Montag rundet dieses Ereignis ab. Schloß Reinegg schaut aus grünem Wiesenanger herab auf Sarntheim und soll seit dem

Jahr 1295, als der prächtige Bergfried vollendet wurde, das Baubild unverändert bis heute behalten haben. Reinegg diente im Mittelalter als Gerichts- und feudaler Wohnsitz der Grafen von Sarntheim. Das Schloß strahlt Macht und Bedeutung aus – ist aber in Privatbesitz und kann nicht besichtigt werden.

Bild links **Die frische junge Talfer im oberen Sarner Talverlauf, im Penser Tal, noch vor der Einmündung zum Stausee bei Rabenstein.**

Bild rechts **Eine Ansicht aus dem Umkreis von Sarntheim: Schloß Reinegg.**

Bild unten **Oben im Penser Tal sind die Bauernhöfe nicht ganz so behäbig und stattlich wie unten in Sarntheim. Vieles sehr Altes hat sich erhalten, so auch dieses »Häusl« beim Kirchdorf Pens, direkt an der Talstraße.**

57 Durnholzer Tal – Durnholzer See

Beim Straßendorf Astfeld (1021 m) mündet von rechts, von Nordosten, das Durnholzer Tal zum Sarntal. Das Penser Tal, die Fortsetzung des Haupttales, bleibt links, und damit beide Taläste sich gut teilen, greift der zwischen Pens und Durnholz plazierte Gentersberg mit einem hohen Kammzug bis hinein nach Durnholz aus. Der Gentersberg ist das geographische Zentrum der Sarntaler Alpen: Die 2422 Meter hohe Radlspitze, die wichtigste Höhe des Berges, bietet eine große Aussicht in die Sarner Welt, hinab zum Haupttal, zu den einzelnen Talästen und zu Bergbauernland, von dem wir sonst nichts wüßten, so sehr versteckt es sich.

»Die Kirche St. Valentin (1256 m) am Fuße des Gentersberges ist mit ihrem Freskenschmuck nach St. Zyprian in Sarntheim das bedeutendste sakrale Kunstwerk des ganzen Sarntales und weist mit ihrer romanischen Rundapsis bis ins 12. Jahrhundert zurück« – unterricht die Landeskunde. Die Wanderung zur Radlspitze bietet also neben dem Bergerlebnis noch einen kunsthistorischen Aspekt.

Das Durnholzer Tal ist heraus nach Astfeld weit offen, der erlengesäumte Durnholzer Bach muß ein Staubecken füllen, im oberen Teil führt er jedoch viel frisches klares Wasser herab vom Durnholzer See im Talschluß. Die Weite des Tales kommt weniger von der geschlossenen Gentersberger Hangflucht, vielmehr von der großzügig gegliederten orographisch linken Talseite, dort mündet herab von der Kassianspitze das kleine Getrumtal ein. Das Dorf Reinswald (1492 m) mit der Pfarrkirche zum hl. Martin nützt die vorteilhaften südwestlichen Hanglagen, wirbt mit einem Skigebiet und mit viel Hinterland zum Wandern. Im Durnholzer Tal hat die Gewinnung von Latschenöl eine 100jährige Tradition. In Unterreinswald fahren wir an der Destillerie vorbei: Täglich einige Tropfen Latschenöl innerlich wie äußerlich angewendet, bewirken vielleicht Wunder, wenn ein Urlaubstag mal weniger gut läuft! Von Unterreinswald aufwärts bleibt die Talstraße dem Bach eng zur Seite, das Tal weitet ein kleines Becken, ein spitzer roter Kirchturm sticht darüber zum Himmel – Durnholz. Die Zufahrt über eine kurze Steilstufe ist gesperrt, ein für alle Fremdfahrzeuge obligatorischer Parkplatz verschont Durnholz und seinen See vor allzu aufdringlichem Zugriff.

Durnholz (1558 m), die kleine Örtlichkeit am steilen Hang, steht über dem See im Geländewinkel zum Tal, der Ursprung der St.-Nikolaus-Kirche wird im Anfang unseres Jahrtausends vermutet. Der See breitet seinen Spiegel zu einer dreieckigen Fläche von etwa 12 Hektar aus, wird vom Seebbach gespeist und ist seiner prächtigen Regenbogenforellen wegen ein Wunschtraum für jeden Angler. Im Durnholzer See hat das Sarntal ein Juwel, dem höchster Schutz gebührt.

Bilder rechts **In Durnholz gibt es keine ebene Wiese. Das Mähen und Heuen, das Eintragen ist harte körperliche Arbeit; ein volles, pralles Heutuch wiegt etwa 50 Kilo.**

Bild unten **Bergseen gibt es in den Sarntaler Alpen mehrere, meist weit und hoch verstreut in entlegenen Steinkaren und nur in oft mehrstündiger Wanderung erreichbar. – Das größte und landschaftlich sehr reizvolle Wasser wird uns oben in Durnholz wie auf einem Präsentierteller dargeboten: der Durnholzer See in vollendetem Gleichklang zum Dorf, zu Wiesen und Wald und zu hohen Bergen.**

Bild unten links **Ein Sarntaler Paarhof inmitten seiner Wiesen und Felder. Der Getreideflecken ist eine Seltenheit, nur die Milchwirtschaft ist rentabel.**

Marburg-Siegener Hütte an der Flaggerscharte. Die Sarntaler Alpen gelten als wan-
derfreundliches Gebirge; besonders aus dem
Sarntal und seinen Ästen ergeben sich reizvolle Tagestouren in alle Richtungen. Die
Gliederung dieser Alpen vollziehen im wesentlichen zwei Bergzüge – ein Westkamm
und ein Ostkamm –, markierte Wege und
Steige führen hinauf zu Hütten und Gipfel.
Das Durnholzer Tal stößt zum Ostkamm vor
und bietet am Durnholzer See die Touren
zum Latzfonser Kreuz an der Kassianspitze
und durch das Seebbachtal zur Marburg-Siegener Hütte an. Wollen wir zum Latzfonser
Kreuz, unterrichtet uns in diesem Buch die
Seite 54 darüber, was uns dort erwartet, die
Wanderung zur Flaggerscharte schildert der
folgende Vorschlag: Vom Durnholzer Parkplatz gehen wir dem See entlang zum »Fi-
scherwirt« und auf einer Almstraße hinein in
das Seebbachtal zur Seeb-Alm; dort über-
nimmt ein markierter Steig die Route zur
Flaggerscharte (2436 m). Der Einschnitt dieser Scharte mit der Jakobspitze (rechts) ist
am Eingang zum Seebbachtal gut zu erkennen, die Höhe wirkt wie eine Verheißung und
stärkt den Auftrieb. Die Marburg-Siegener
Hütte (2481 m) wartet jenseits der Scharte
am malerischen Flaggerschartensee, umgeben von hohen, aussichtsreichen Bergen: die
Jakobspitze (2741 m) und das Tagewaldhorn
(2708 m). Die deutsche Alpenvereinssektion
Marburg-Siegen hat im Jahre 1913 die Hütte
eröffnet, und der Sektionsname ist ihr im
deutschen Sprachraum geblieben, auch wenn
der italienische Alpenclub (CAI) das Haus
jetzt besitzt. Für den Aufstieg ab Parkplatz –
1000 Meter Höhenunterschied – sollten wir
wenigstens 3 Stunden Gehzeit veranschlagen
und auch an den Rückweg denken.

Das Bozner Becken

»Dort möchte ich wohnen – weite Ebenen und hohe Berge, köstliches Grün, frische Wasser, alte Burgen und fröhliche Menschen!« Diese Lobpreisung widmete Helmut von Moltke (1800–1891) der Bozner Gegend und beschreibt damit Inhalte, die in der großen Linie der Landschaft, aus der Ebene zum Berg, im alten Gemäuer einer Burg, heute noch zutreffen. Auch im Hinblick auf das Wasser mag dieses Lob stimmen, denn der Eisack erhält, bevor er zur Etsch einmündet, durch Kraftwerksschleusen sein Kapital wieder zurück. In die Ebene, zu Moltkes Zeiten wohl weithin ein Garten voller Obst und Wein, hat die Politik nach 1920 eine Industriezone hineingesetzt; mit ihr mußte Südtirol die Italianisierung hinnehmen, die im Bozner Becken die stärkste Konzentration erfährt.

Trotz der neuen Zeit, die vom alten Bozen den Eisack abwärts zur Etsch hin siedelt – das Bild der Landschaft im Bozner Umkreis ist so südtirolerisch geblieben wie vor 100 Jahren. Schloß Sigmundskron und sein Hügel zeigen die altvertraute Silhouette, der langgestreckte Dolomitenfels im Westen der Stadt vom Penegal zum Gantkofel strahlt in der Morgensonne, er verlacht die Zeit, die in den nächsten 100 Jahren das Bozner Becken gewiß wiederum neu arrangiert, ihm aber keinen einzigen Stein aus der Krone bricht. Der Blick nach Osten von der Wassermauer an der Talfer, vom Schloß Maretsch über den Magdalenahügel zum Rosengarten, war zu Moltkes Zeiten genau so wie heute, auch die Jahre nach der Jahrtausendwende müssen dem alten Bozen dieses berühmte Bild belassen. Zeitlos bleibt auch der Wein im Wachstum der Bozner Leiten von Gries bis Siebeneich, die Sonne liebt diese seit Jahrhunderten gepflegten Lagen – wer schon wagt es, sich daran zu vergreifen?

Die Bozner Porphyrplatte ist ein Produkt der Erdgeschichte, 280 Millionen Jahre zurück, als gewaltige Vulkanausbrüche unterirdische Steinschmelzen durch das Urmeer der Tetys an die Erdoberfläche preßten und in mächtigen Strängen über Land und Meer verteilten. Die Klammeinmündungen der Dolomitentäler zum Eisacktal zeigen sehr augenscheinlich dieses fast fugenlose rötlich-graue Gestein. Das Eisacktal spaltet die Porphyrplatte von Klausen bis hinab nach Bozen auf mehrere hundert Meter Tiefe, die Berge darüber, der Ritten und die Raschötz, bestehen aus einem bis zu 1500 Meter mächtigen Porphyrblock. Dieses magmatische Gestein breitet sich vom Eisacktal zum Sarntal hin aus; es baut im Norden von Bozen den Salten und den Tschögglberg auf und findet sich noch südlich des Bozner Beckens über Kohlern und den Reggelberg bis hinab in die Valsugana im Trentiner Raum.

Bild links **Schloß Maretsch in Bozen**, fast inmitten von Alt-Bozen gelegen an der Wassermauer zur Talfer und doch umgeben von Weingärten, so, wie wir uns Südtirol gerne vorstellen.

Bilder links unten und rechts **St. Magdalena in Prazöll**, damit ist das Kirchlein gemeint, zu dessen Füßen der vielleicht berühmteste Südtiroler Wein reift, der »Magdalener«, gekeltert aus der blauen Vernatsch-Traube (*Bild unten*).
Die Fresken »Posaunen künden das Jüngste Gericht«, schmücken die Westwand im Langhaus der Kirche.
Blick von St. Magdalena nach St. Justina und zum Rosengarten.

139

58 Bozen, die Landeshauptstadt

Bild oben *Schloß Maretsch gehört der Stadt Bozen, dient als Kongreßzentrum und wird belebt auch von kulturellen Veranstaltungen fast das ganze Jahr über.*

Bild rechts *Der Obstmarkt – so oft wir in Bozen weilen, so oft im Jahr besuchen wir auch diesen traditionsreichen Markt – wer schon geht daran vorbei?*

Bild unten *Walther von der Vogelweide auf seinem angestammten Platz, dem Waltherplatz, im Blick hinüber zur Nachbarschaft, dem Dom zu Bozen.*

Die Historie vermerkt im Jahre 680 zur Landnahme der Bajuwaren ein »Castellum Bauzanum« als Sitz eines bajuwarischen Grafen. Deutungen, wie sich aus der späteren Brückensiedlung »Pontis Bausani« und im 2. Jahrtausend der deutsche Name »Bozen« kristallisierte, gibt es viele, genau weiß es niemand. Das Stadtrecht erhielt Bozen im Jahre 1286 vom Grafen von Tirol, Meinhard II. Die Jahre vorher sahen den erbitterten Machtkampf zwischen Graf Meinhard und dem Bischof von Trient um die Vorherrschaft im Bozner Raum; nach dem Gewinn der Macht an Eisack und Etsch durch die Tiroler Grafen mußte das bischofstreue Bozen bitter büßen. In das 14. Jahrhundert hinein ging Bozen als aufblühendes Handelszentrum zwischen dem deutschen und italienischen Sprachraum. Am 26. Januar 1363 – dem »Tag zu Bozen« – übergab die Landesfürstin Margarete Maultasch dem Habsburger Rudolf IV. die Grafschaft Tirol, Rudolf stärkte Bozen mit Privilegien.

1635 sprach die Landesfürstin Claudia, die Witwe Leopolds V., der Stadt Bozen das Recht zu, ein autonomes, übergeordnetes Handelsgericht, den sogenannten »Merkantilmagistrat« einzurichten. Dieser Vorzug festigte die Bedeutung von Bozen als Handelsstadt. Der Merian-Stich »Bozen um 1645« zeigt das Relief der Altstadt – nichts von dem fehlt, was wir an Bozen so lieben und schätzen und deshalb immer wiederkommen.

Häuser mit großzügigen Durchgängen und Geschäftsräumen bis zu den Parallelgassen. Durch die Lauben geht der Bozner meist zielstrebig, wir lassen uns treiben und vielleicht auch verführen zu einem Einkauf. Die »Gewölbe«, so nannte man früher die Lauben, verkörpern fast unverändert den mittelalterlichen Status der alten Handelsstadt. Im Winter hält sich die Hauswärme, im Sommer die Kühle, das ganze Jahr über treffen sich die Bozner irgendwann in den Lauben, zum Kaffee, zum schnellen Glasl Wein an einer Bartheke.

Der Obstmarkt, eine doppelte Reihe prächtiger barocker Hausfassaden, steht im Winkel zu den Lauben und verteilt den Strom der Fußgänger, durch die Museumstraße zur Talfer, zum Schloß Maretsch und, entweder durch die Silber- oder Mustergasse, wieder zurück zum Waltherplatz.

Alle Wege in Altbozen führen zum Obstmarkt: Die Lauben gängeln die Bozen-Visite zweiseitig, der Obstmarkt vereinigt alle Stadtbummler in der Gasse zwischen den Obstständen. Die Früchte des Landes, aufgebaut zu kunstvollen, farbenprächtigen Pyramiden, erinnern, wie gesund dann und wann ein Obsttag ist; im kritischen Vergleich von Ware, Qualität und Preis pilgern Einheimische wie Gäste von Stand zu Stand. Diesen lebhaften Markt muß man genießen, vielleicht mit einer Tüte Obst auf den Marmorstufen des Neptunbrunnens, beim »Gabelwirt«, so die scherzhafte Anrede für den Brunnen. Gott Neptun – 1746 nach einem Modell des Bozner Künstlers Georg Mayr von Joachim Reis in Bronze gegossen –, mit dem Dreizack bewehrt, spendet frisches Wasser, Brot und Käse gibt es am nächsten Stand. Wir beobachten die Leute, verfolgen die kleinen Handelschaften um Obst und Gemüse, freuen uns am Tag in Bozen.

Im Fluidum der Altstadt zwischen Stadtpfarrkirche, Waltherplatz, Lauben und Obstmarkt schwebt der Generationengeist des Bozner Bürgertums, der Stolz der Handelsherren auf Haus und Geschäft, auf die Reputation innerhalb des Gemeinwesens und auch auf Frau und Familie. Den »acht Bozner Seligkeiten« wuchsen aus der ersten Seligkeit, einem Geschäft in den Lauben, die Flügel zu einem Weinhöfl in Überetsch, zu einem Sommerhaus auf dem Ritten, dazu noch eines am Gardasee; mit Namensschild am Kirchenstuhl in der Stadtpfarrkirche, dem Logenplatz im Theater und einer Boznerin zur Ehefrau blieben drei Seligkeiten in der Stadt. Die achte Seligkeit sollte wohl ewig währen – im Arkadengrab auf dem Friedhof mit Verbindung in den Himmel.

Bozen, Meereshöhe 262 Meter, zählt heute rund 102000 Einwohner (76000 Italiener, 26000 Deutschtiroler), bedeckt 10 Quadratkilometer Fläche gegenüber nur einem Quadratkilometer bei der Jahrhundertwende.

Die Altstadt liegt im Winkel zwischen Eisack und Talfer und dem Sonnenhang von Zwölfmalgreien zwischen St. Peter, St. Johann und St. Magdalena. Aus dem Eisacktal entläßt uns die Staatsstraße zum Bozner Vorort Rentsch, die Rittner Straße führt zum Bahnhofsplatz und die Bahnhofstraße zum Waltherplatz, dem Zentrum von Bozen. Der historische Waltherplatz hat ein modernes Untergeschoß, eine Tiefgarage, ohne gesicherten Parkplatz sollte kein Altstadtbummel beginnen.

Für die Südtiroler gilt Walther von der Vogelweide als einer der ihren; sein Marmordenkmal, geschaffen von Heinrich Natter und erstmals aufgestellt 1889, schmückt den schönsten und größten Platz von Bozen. Herr Walther schaut hinüber zur Stadtpfarrkirche Maria Himmelfahrt, die seit dem 14. Jahrhundert das gläubige Volk versammelt, herbeigerufen von dem Geläut im Turm – »der letzten Blume herrlichster Gotik«. Dieser 62 Meter hohe Turm mit seinem filigranen gotischen Helm ist das Wahrzeichen der Stadt, im Verein mit dem Langschiff der Kirche gleicht der Bozner Dom einem deutschen Münster ohne Ähnlichkeit mit dem gewohnten Bild einer Südtiroler Kirche. Der Kornplatz und der Rathausplatz verbinden uns mit den Lauben, dem ältesten und innersten Bozner Stadtkern. Am Kornplatz mündet die Silbergasse hinzu, der Rathausplatz öffnet die berühmten Lauben von Ost nach West zum Ausgang am Obstmarkt. Die Laubengänge beidseits der engen, etwa 300 Meter langen Gasse bergen je 40 Geschäfte für den normalen wie den gehobenen täglichen Bedarf bis hin zu teurem Luxus. Die Fassaden ragen dreistöckig, schmal und sehr nah zum Gegenüber, in der Tiefe aber überraschen die

59 Der Ritten

Rund um Bozen schwingt ein Kranz luftiger Höhenlagen, bestens geeignet für den Sommeraufenthalt, wenn unten in der Stadt die Hitze brütet; aus Bozner Sicht aber gleicht nichts dem Ritten. Wie sonst könnte dort eine der acht Bozner Seligkeiten – ein Sommerhaus auf dem Ritten – angesiedelt sein?

»DULCIS AESTATIS IUVAT HIC
VI TASSE FUROREM?« -
»Wo kannst so schön du wie hier
vor des Sommers Gluten dich flüchten?«

Diese Aussage meißelte ein lateinkundiger Bozner Bürger im Jahre 1785 in den Türsturz seines Rittner Sommerhauses, was im Hinblick auf die Jahreszahl wiederum beweist: Die Sommerfrische stand in höchster Blüte. Die »geldigen« Stadtfamilien setzten einen großen Flechtkorb auf ein niedriges Radgestell, packten es voll mit allem, was man für notwendig erachtete, spannten einen Ochsen davor und karrten mit dieser »Penne« über 1000 Höhenmeter hinauf zum Ritten, »in die Frisch'« – eine bescheidene Freude aus heutiger Sicht. Diese hohe Zeit währte bis Anfang unseres Jahrhunderts und verebbte nach dem Jahre 1907, als eine Zahnradbahn den Ritten allgemein erschloß.

Wo nun genau erhebt sich der Ritten, wie groß, wie hoch und weit ist er? Der Ritten gehört zur Bozner Porphyrplatte (siehe Seite 138), im ganzen gesehen ist er ein Bergmassiv: wellig und weich kupiert, von mittlerer Höhenlage, der Südausläufer der Sarntaler Alpen hinab zum Eisacktal und zur Sarner Schlucht im Winkel zu Bozen. Den höchsten Punkt markiert das 2260 Meter hohe Rittner Horn, von Bozen 2000 Höhenmeter entfernt, die Hänge des Ritten gleiten in idealer Richtung zu Tal, nach Südosten, Süden und Südwesten. Die Weite des Rittner Berges deckt sich fast mit der Fläche der politischen Gemeinde Ritten (111 km²), das Rittner Horn jedoch gehört zur Gemeinde Barbian.

Die frühere Abgeschiedenheit ist längst dahin. Im Jahre 1966 löste die Seilschwebebahn Bozen–Oberbozen (1220 m) die alte Zahnradbahn ab, als Relikt blieb die elektrische Schienenbahn von Oberbozen nach Klobenstein (1156 m). Im Jahre 1971 war die herrliche Panoramastraße Bozen–Klobenstein – 16 Kilometer – fertiggestellt, und spätestens mit dem Auto, das seitdem auch den Ritten erobert, hat der Berg kaum noch einen geheimnisvollen Winkel. Die Höhenorte Unterinn, Wolfsgruben, Oberbozen, Klobenstein, Oberinn und Lengmoos werden wir besuchen, irgendwo das Auto abstellen und wandern, hügelauf und hügelab.

Bild oben *Am höchsten Punkt des Ritten sitzt ein weißes Haus, das Rittner-Horn-Haus, Meereshöhe 2260 Meter. Es stammt aus dem Jahre 1893 und wurde von der Sektion Bozen im Österreichischen Touristenklub errichtet. Warum? Weil die Aussicht phantastisch ist nach jeder Richtung. Heute ist das Rittner-Horn-Haus im Besitz der CAI-Sektion Bozen und geöffnet von Juni bis Oktober.*

Bilder unten und rechts *Südtirol kann an mehreren Orten das erdgeschichtliche Phänomen der Erdpyramiden vorweisen, am bekanntesten jedoch sind die Erd- und Steintürme am Ritten, die Mittelberger Erdpyramiden. Wir sehen sie aus der Straße zwischen Lengmoos und Lengstein, das untere Bild ist ein viel fotografiertes Südtiroler Motiv. Im Hintergrund der Langkofel, rechts der Schlern.*

60 Salten und Tschögglberg

Der Salten ist wie der Ritten ein Teil der Mittelgebirge, die Bozen gleich einem Kranz umgeben. Beide gehören zu den Sarntaler Alpen, laufen nach Süden zum Bozner Becken aus, der Ritten zwischen der Sarner Schlucht und dem Eisacktal, der Salten im Raum von der Schlucht hinüber zum Etschtal. Aus dem Bozner Becken ist diese Gliederung sehr gut zu erkennen, zumal zwei Seilbahnen die Richtungen weisen: östlich der Talfer die Rittner Seilbahn, westlich die Seilbahn nach Jenesien zum Salten. Jenesien schaut mit der Kirche zum hl. Genesius herab nach Bozen; schon

seit 1937 ist diese Seilbahn in Betrieb, eine dem heutigen Verkehr angemessene Straße zum Ort gibt es erst seit 1980.

Was nun geographisch genau umschreiben die Begriffe Salten und Tschögglberg? Das gesamte Hochplateau von Jenesien nach Norden bis zur Querlinie von Hafling über das Kreuzjoch heißt »Tschögglberg«, der Südauslauf von Mölten nach Jenesien wird allgemein »Salten« genannt. Das Plateau des Tschögglberges zeigt weithin ein welliges Waldgebirge von durchschnittlich 1000 bis 1500 Meter Höhe, aufgelockert von großen Rodungsinseln, Almen und Hochweiden, bäuerlich besiedelt seit nun schon 1000 Jahren. Der Tschögglberg lebt von der Landwirtschaft, der Vieh- und Haflingerzucht und vom Forstwesen, profitiert stärker auch vom Fremdenverkehr, seit es möglich ist, auf einer durchgehenden guten Straße den Berg von

nur dem Wanderer vorbehalten – am Fußweg zwischen Jenesien und Lafenn. Ob wir nun vom Gasthaus Locher (1230 m, mit Zufahrt von Jenesien) oder vom Parkplatz Edelweiß (1350 m, oberhalb Jenesien an der Straße) aus den Salten überschreiten wollen, die Wege vereinigen sich zum Europäischen Fernwanderweg E 5, der uns in 2 bis 3 Stunden hinauf nach Lafenn führt.

Ein grüner Hügel, herausgehoben aus dem Lärchensaum, besetzt mit der Kirche zum hl. Jakob und einem Bauernhof mit Jausenstation in 1527 Meter Meereshöhe, das ist Lafenn – der beste Platz am Tschögglberg mit großer Aussicht in alle Richtungen der Windrose (auch in 10 Minuten von der Straße aus erreichbar). Die Geschichte des Ortes geht zurück bis zum Jahre 1300, über eine lange Zeit bis 1839 hatte Lafenn jährlich zum Namensfest des Kirchenpatrons am 25. Juli einen großen Tag. Der Lafenner Kirchtag war das feste Datum für einen bedeutenden Markt, ein Magnet für Händler und Volk aus dem gesamten Bozner und Meraner Raum »mit geradezu traditionellen Raufereien« – wie die Chronik überliefert. Als die Rauferei von 1839 sogar Todesopfer hinterließ, verboten die Behörden Kirchtag und Markt. Die jetzige Blüte von Lafenn beschränkt sich weniger auf den Kirchtag, bei passendem Wetter ist Lafenn fast das ganze Jahr über ein beliebtes Tschögglberger Wanderziel.

Erdpyramiden, wir sehen sie am Ritten, auch am Tschögglberg – wie entstehen diese Naturdenkmäler? Die Geologie erklärt: Erdpyramiden bestehen aus Grundmoränenschutt der Würm-Eiszeit, die vor 10 000 Jahren endete; sie konnten sich dort bilden, wo die Moränenmasse im toten Winkel der Gletscherbewegung der Abtragung entging. Diese in trockenem Zustand harten, mit mehr oder weniger großen Steinbrocken durchsetzten Ablagerungen sind »wasserlöslich« – Feuchtigkeit also schwemmt das Material zwischen den Felsbrocken aus, der Moränenlehm unter dem Stein bleibt trocken und hart. Mit fortdauernder Ausschwemmung seiner Umgebung entsteht ein spitzer Kegel, den seine Steinhaube vor Nässe schützt und somit standfest erhält. Fällt der Deckstein, muß die Pyramide untergehen, dafür aber entwickelt sich in der Nachbarschaft eine neue Säule. Wie lange dies dauert? 100, 1000 Jahre – wer weiß es?

Jenesien bis nach Hafling (32 km) zu queren. Die autofreie Zeit in diesem Wald- und Bergbauernland ist endgültig vorbei, der Massentourismus wird den Tschögglberg wie den benachbarten Ritten zwar schleichend, aber doch zielstrebig verändern. Im ganzen gesehen ist das Hochplateau jedoch weitläufig genug, daß wir fernab vom Verkehr stundenlang durch die bucklige Tschögglberger Welt wandern können, hinein zu zeitlos friedvollen Oasen.

Wollen wir herauf von Bozen den Tschögglberg erkunden, ist Jenesien (1087 m) die 1000-Meter-Schwelle für die Höhenverbindung über den Thomanegger Hof zum Weiler Flaas (1354 m) und weiter nach Mölten (1140 m), der nächst Jenesien größten Tschögglberger Gemeinde. Mölten liegt sonnig gebettet in einer Westmulde zum Etschtal und hat dorthin, nach Terlan, eine Straßen-

verbindung. Die Weiterfahrt nach Vöran (1204 m) und Hafling (siehe Seite 183) schwingt in langgezogenen Bögen durch die schönste Tschögglberger Gegend, durch weite Wiesenmulden, vorbei an roten Porphyrblöcken, die gleich Hexensitzen aus dunklen Wäldern ragen.

Der Salten und Lafenn. Die Straße zwischen Jenesien und Mölten quert die Hänge des Salten, läßt aber seine Höhe unberührt – dort oben ist der Berg unbeschreiblich schön. Das Geheimnis des Salten ist der Zauber seiner Lärchenhaine, der schüttere Bestand hoher, schlanker Stämme inmitten von Naturrasen, der nur einmal im Jahr gemäht wird, und die unglaublich farbintensive Flora, gestreut in das Grün kurzer Gräser. Diese Wunder bleiben vom Frühjahr bis zum späten Herbst mit wechselnden Farben unter hohem Himmel

Bild oben **Lafenn am Salten, ein Ziel für Wanderer fast das ganze Jahr über.**

Bilder links **Typische Tschögglberger Landschaft am Rabensteinkogel zwischen Vöran und Hafling. St. Ulrich am Salten** (*kleines Bild*), **ein sehr altes Tschögglberger Heiligtum in der Nähe von Mölten.**

Südtiroler Unterland

»Unterland« – das Wort allein klingt wenig verheißungsvoll – »Südtiroler Unterland« aber schmeckt nach Obst und Wein und verspricht fast italienisch-südliche Gefilde. Wollen wir dorthin, fahren wir herab vom Brenner immer der Sonne entgegen, denn das Unterland ist »der Süden Südtirols«. Mit diesem werbeträchtigen Begriff lockt diese großartige, geschlossene Ferienregion auch den Südtirolfreund zum Kommen und Bleiben, der vom Südtiroler Süden bisher vielleicht nur so viel wußte, daß dort der Kalterer See ist. Von Bozen schauen wir nach Süden – »... von Sigmundskron der Etsch entlang bis zur Salurner Klaus'« – zur deutsch-italienischen Sprachengrenze. Der Geiersberg und der Fennberg bauen der Etsch – verabschiedet von der Haderburg – ein gigantisches Tor hinein ins Welsche, hinab zum Gardasee; bis dorthin reichte einst die Österreichisch-Ungarische Donaumonarchie.

Der Porphyrfelsen von Sigmundskron lenkt die Etsch aus dem Bozner Becken südwärts, auf 30 Kilometer bis Salurn zeichnet der Fluß für das Unterland die Herzlinie. In der Salurner Klause, der Ebene zwischen dem Geiersberg und dem Fennberg an der Provinzgrenze Bozen/Trient, beträgt die Meereshöhe nur 207 Meter. Alle Südtiroler Wasser passieren diese Schleuse zum Segen für das Unterland, in früheren Zeiten aber auch oft mit verheerenden Folgen. Hochwassermarken in den Ortszentren von Neumarkt und Salurn halten Wasserstände fest, die meterhoch über der Talsohle lagen – das Unterland muß auf viele Quadratkilometer ein großer See gewesen sein.

Die Landschaftsmerkmale im Unterland prägen die Etsch und die weite Ebene, die sie durchfließt, in Ergänzung dazu natürlich auch der Bergrahmen an den Talseiten. Die Bozner Porphyrplatte schenkt dem Südtiroler Unterland ein ausgedehntes Hochplateau: östlich der Etsch bis zum Eingang in das Fleimstal an der Provinzgrenze zu Trient ein weitläufiges Berggehügel mit Wiesen und Wäldern, aufgelockert besiedelt bis in Höhen von 1600 Meter. Rechts der Etsch – der Fluß schlängelt nah daran vorbei – hinterließ die Bozner Porphyrplatte, dieses urzeitliche Phänomen, als Ableger den Mitterberg. Auf die gesamte Talseite gesehen bildet dieser hohe Sporn in Talmitte eine Geländestufe und hebt somit die Region Überetsch 200 Höhenmeter über den Fluß.

Überetsch, dieser berühmte Weingarten Südtirols, steht im Schutz des Mendelkammes, der dem Unterland bis hinab zum Fennberg bei Margreid eine gewaltige, 2000 Meter hohe, dolomitisch gelbrote, langgestreckte Kalkmauer errichtet.

Die wanderfreundliche Roènspitze markiert im Mendelkamm mit 2116 Meter den höchsten Punkt. Im Blick vom Gipfel liegt uns das gesamte Unterland zu Füßen. Bewaldetes Bergland, getragen von Porphyr, der in Terrassen gestapelte Mendelzug, dazwischen die Etsch in gemächlichem Lauf durch den riesigen Obstgarten der Talsohle – diese Landschaft zu erleben kommen wir ins Südtiroler Unterland, in die Gegend zwischen Bozen und Salurn.

Bild rechts **»... von Sigmundskron der Etsch entlang bis zur Salurner Klaus' ...«. Die Klause, der breite ebene Boden zwischen Geiersberg (links) und dem Fennberg am rechten Bildrand zeigt diese Aufnahme. Außerdem die Etsch, begleitet von Schiene und Autobahn, sowie die Ortschaft Salurn, geschmiegt an den Geiersberg, und – das große Panorama der Brenta herein zum Etschtal. – Von wo aus sehen wir die Landschaft? Von Gfrill (1328 m) oberhalb von Salurn.**

Bild links **Ein Motiv aus Neumarkt im Südtiroler Unterland (siehe Seite 150).**

61 Von Bozen bis Salurn

Das Unterland bildet zusammen mit Überetsch die politische Bezirksgemeinschaft »Überetsch – Südtiroler Unterland« und hat, wie andere Talschaften auch, Siedlungsschwerpunkte, Zentren für Wirtschaft und Verkehr, die das öffentliche Leben konzentrieren und in gewisser Hinsicht auch prägen. Die Etsch regulierte seit jeher die Besiedelung, entweder auf die östliche oder die westliche Talseite, die Talsohle blieb weitgehend siedlungsfrei. Die Eisenbahn und die Autobahn verstärken diese Teilung, indem sie fast schnurgerade die Talsohle in der Mitte bis hinab nach Salurn durchschneiden. Das Unterland hat somit zwei verschiedene Siedlungsstreifen, verbunden durch ein Netz von Querstraßen hinüber und herüber, in der Mitte sitzt gleich einer Spinne die Autobahn-Ausfahrt Auer/Neumarkt. Die Staatsstraße, als frühere Brenner Reichsstraße der älteste Verkehrsweg, bleibt östlich der Etsch und trägt auch dazu bei, das Unterland zweiseitig zu sehen, zumal der westliche Talverlauf mit einer eigenen Straße, der berühmten »Südtiroler Weinstraße« (siehe Seite 158) aufwartet. An der Staatsstraße begegnen uns von Bozen nach Salurn die Ortschaften St. Jakob, Leifers, Branzoll, Auer, Neumarkt, St. Florian und Laag. St. Jakob scheint fast noch zu Bozen gehörig, ist aber eine Fraktion der Stadtgemeinde Leifers. Das alte St. Jakob hat die Talsohle gemieden, die ursprüngliche Pfarrkirche steht links oben auf einer Geländeschulter vor der starken, nahen Kulisse hoher, senkrechter Porphyrpfeiler. Leifers, seit 1985 eine Stadtgemeinde, zählt fast 14 000 Einwohner, davon zwei Drittel Italiener, ist also eine italianisierte Südtiroler Stadt mit entsprechender Ausstrahlung. Das bäuerliche Deutschtiroler Leifers versteckt sich am Schwemmkegel zum Brantenbach, das historische Leifers bewahrt der stilrein erhaltene romanische Turm der Pfarrkirche aus der Zeit um 1250. Branzoll wird von der Staatsstraße nur gestreift, orientiert sich zur Etsch; vom Fluß und der alten Reichsstraße, die früher durch seine Häuserzeile führte, lebte der Ort durch die Jahrhunderte vom Frachtenumschlag für die Kaufleute der nahen Handelsstadt Bozen. Pferdegespanne treidelten Frachtschiffe etschaufwärts bis Branzoll, wertvolle Langholzbündel wurden als Flöße flußabwärts bis zur Mündung in die Adria verfrachtet. Die Eröffnung der Eisenbahn im Jahre 1859 nahm der Etsch und der Reichsstraße die Frachten und Branzoll damals fast das tägliche Brot.

Auer, in der ersten Wahrnehmung ein lebhafter Straßenort mit Durchzug der Staatsstraße, versteckt den alten Ortsteil: mauergesäumte Gassen und Gäßchen, die Pfarrkirche St. Peter, das historische Schloß Auer, im sanft ansteigenden Gelände zum Berg. Die

Bild oben   Diese Aufnahme führt uns hinein in das Südtiroler Unterland, in den weiten, topfebenen Boden des Etschtales, gerahmt von den Ausläufern des Reggelberges zur Linken und dem Mendelkamm mit dem weißen Roènberg zur Rechten. Vor uns die Stadt Leifers, am Horizont Trentiner Berge, Monte Bondone und Paganella.

Bild links oben   Schloß Auer im historischen Ortskern bei der Pfarrkirche St. Peter.

Bild links   Blauburgunder Weingärten im Südtiroler Unterland, in Mazon bei Neumarkt.

Steinmauern umfrieden Haus und Hof, den Wein- und Obstgarten und schützten vor Überschwemmungen aus der Hohlener Bachschlucht. Das moderne Auer, eine aufstrebende Marktgemeinde, ein Zentrum für Obst und Wein im Unterland, sorgt mit drei wichtigen Veranstaltungen, verteilt über das ganze Jahr, für Publizität: Die Köche-Woche im April verführt den Feinschmecker, die Apfel-Woche im Mai preist das Unterlandler Obst – »der Apfel, ein Südtiroler Qualitätsprodukt« –, die Weinkost-Woche im Oktober präsentiert und prämiert Spitzenweine aus dem Unterland. Dreimal im Jahr also sollten wir mindestens in Auer sein.

Auer liegt verkehrsgünstig im Unterland, auch das Bergland von Aldein, Radein, Truden und Altrai erreichen wir auf guten Straßen.

Die Weinkost in Auer ist ein fester Oktobertermin, den im Unterland niemand versäumt, der professionell mit Wein zu tun hat – im

Jahre 1988, zur 21. Weinkost-Woche, stellten sich 125 Weine der gestrengen Jurie zur Prüfung. Ermittelt werden Klassensieger, der »Wein des Jahres« wird aus diesem erlesenen Kreis gekürt. Önologen, geprüfte und bewährte Weinkenner, walten ihres Amtes und bewerten Weine aus dem Südtiroler Unterland von den Anbaugebieten Leifers, Branzoll, Pfatten, Auer, Montan, Neumarkt, Salurn, Kurtinig, Margreid, Kurtatsch und Tramin – also »Südländer reinster Art«, wie die Organisatoren stolz anmerken. Die Weinkost mit Rahmenveranstaltung ist öffentlich und findet wie die Köche- und Apfel-Woche im Haus der Vereine statt.

Parallel dazu läuft ein Weinseminar nach dem Motto »Alles über den Wein«, mit Abschlußprüfung und Diplom. Das Seminar klingt mit der feierlichen Überreichung der Prüfungsdiplome und einem Sektfrühstück bei Stimmungsmusik aus – es gibt so viele Diplome wie Teilnehmer (Anmeldung beim Verkehrsverein Auer).

Neumarkt ist der Hauptort im Südtiroler Unterland. Die frühere Reichsstraße unterhielt in Neumarkt eine große Station, über Jahrhunderte rumpelte der Verkehr mit Roß und Wagen hinein zu den Lauben. Neumarkt besaß seit 1309 ein Rodfuhr-Privileg im Warenverkehr zwischen Trient und Bozen und nützte dieses Recht weidlich aus. Die Waren mußten im Ballhaus gelagert, verzollt, umgeladen und wieder transportiert werden, Frächter, Wirte, Kaufleute verdienten, Neumarkt war die Metropole im Unterland.

Die Betriebsamkeit von einst ist Geschichte, Neumarkt pflegt aber den Hauch mittelalterlicher Historie, die Behaglichkeit seiner Laubengänge, und diese Hinterlassenschaft aus vergangenen großen Zeiten, verbunden mit gepflegten Gasthöfen, ist es, die jeden Unterland-Urlauber auch nach Neumarkt führt. Die schattigen Lauben entstammen dem 12. und 13. Jahrhundert, haben viel gesehen und erlebt, das gefährliche Hochwasser vom September 1882 reichte fast bis hinauf zum Deckengewölbe. Oberhalb Neumarkt, auf der Weinleite von Mazon, wächst der beste Südtiroler Blauburgunder – wir sollten ihn kosten, vielleicht im nächsten Juni beim jährlichen Laubenfest.

Bild links **Die Birne ist in Südtirol zugunsten des Apfels stark rückläufig. Ein Birnengarten im Unterland; an diesen prächtigen, etwa 50 Jahre alten Bäumen reift die Kaiser-Alexander-Birne.**

Bilder unten und rechts **Die Ziegen auf Castelfeder, die eigentlichen Herren dieses prähistorischen Porphyrhügels im Unterland.**
Von Castelfeder schauen wir die Etsch und den Fennberg (rechts).

62 Der Hügel Castelfeder

Den Hügel von Castelfeder, seine Höhe und Breite, die Position dieser eigenartigen Talschulter zwischen Auer und Neumarkt erkennen wir sehr gut von der Autobahn, auch von der Staatsstraße aus. Zu Auer steht der Hügel am nächsten, die Meereshöhe von 405 Meter hebt Castelfeder knapp 200 Meter über den Ort hinaus. Der »Rabenkofel«, so der Volksname, besteht aus Porphyrstein und war vor Urzeiten mit dem langgestreckten gleichartigen Mitterberg auf der anderen Talseite verbunden. Der einzigartigen Flora wegen ist Castelfeder ein geschütztes Biotop, die ganze Vielfalt submediterraner Buschwälder wächst und blüht auf Castelfeder und schenkt dem Unterland eine Insel von einmaligem Reiz.

Am Fußweg herauf von Auer schlüpfen wir durch Büsche, steigen über glatte Porphyrblöcke und schauen am höchsten Punkt ins Etschtal, fast bis hinab nach Salurn.
Der Hügel diente über Jahrtausende – genaues werden wir nie erfahren – dem prähistorischen Menschen als Wohn- und Zufluchtstätte. Die Mauerreste – verschiedenen Ursprungs, neuerdings restauriert – gehörten einmal zu einer Burganlage, deren Verfall schon im 13. Jahrhundert einsetzte. Die Einsamkeit der alten Mauern teilen seit vielen Jahrhunderten – abgeleitet aus alten Weiderechten, vergeben von den Trientiner Bischöfen – Schafe und Ziegen, die fast das ganze Jahr über am Rabenkofel ihr Futter finden und Castelfeder als ihr Eigentum betrachten. Vielleicht laufen sie uns neugierig nach, wenn wir den Pfad hinab zu einem Eichenhain einschlagen und uns im Halbrund hoher, starker Stämme unter dem Dach weit ausladender, knorriger Äste von Castelfeder verabschieden.

Montan und Schloß Enn. Hinter dem Hügel von Castelfeder schwingt die Hangterrasse von Montan als Zwischenstufe zum Bergland darüber. Dieser lieblichen Mittelgebirgsbucht schenkte die Natur im Gegensatz zum kargen Castelfeder gute Böden und sanfte Hanglagen, gerühmt als die Heimat edlen Blauburgunders. Besser und schöner kann man im Unterland kaum wohnen und leben, als in der klimatisch ausgezeichneten Höhenlage von 400 bis 500 Meter zwischen Montan und Pinzon – die Stephanskirche mit Altar von Hans Klocker lohnt einen Besuch.
Über dieser gesegneten Landschaft thront das prächtige Schloß Enn, einst Zentrum der mächtigen Herrschaft Enn, seit dem 17. Jahrhundert jedoch im Besitz einer venezianischen Adelsfamilie. Montan und sein Umland ist eine politische Gemeinde mit einem Fuß im Etschtal und einer Hand oben am Schwarzhorn, an der Landesgrenze zu Trient. Dazwischen liegt ein Urlaubsparadies, das wir uns kaum erholsamer wünschen können.

63 Aldein und Radein am Reggelberg

Die Bozner Porphyrplatte baut aus den reichen Wein- und Obstgefilden von Montan und Pinzon eine mächtige Steilstufe hinauf zum Reggelberger Hochplateau, dem Mittelgebirgsgehügel zwischen dem Etschtal und den Dolomiten.

»Reggelberg« ist ein seit Jahrhunderten fest verankerter, landschaftlich bedeutsamer Begriff. Er umschreibt das gesamte Bergland vom Eggental im Norden über die Gemeindebereiche von Deutschnofen (siehe Artikel 31, Seite 78) und Aldein bis zur Hohlener Bachschlucht im Süden an der Fleimstaler Straße von Auer zum Paßscheitel San Lugano (1097 m). Die Gemeindeorte bezeichnen die Schwerpunkte, dazwischen verteilt die Reggelberger Hügel-, Wald- und Wiesenlandschaft; die Orte Radein, Petersberg, Maria Weißenstein, dazu zahlreiche einschichtige Berghöfe, das gesamte Gemeinwesen siedelt zwischen 1000 und 1600 Meter Meereshöhe. Das Etschtal und der Reggelberg, durchschnittlich 1000 Höhenmeter voneinander getrennt, pflegten trotz der gewaltigen Geländetreppe auf steilen Karrenwegen ständig den gegenseitig notwendigen engen Kontakt. Die Bevölkerung unten an der Etsch lieferte Wein, Obst und Gebrauchsgüter hinauf, die Bergbauern beschickten die Talmärkte mit kräftigem Vieh, wertvollem Bau- und auch Brennholz.

Der gesamte Reggelberg hat heute ein Straßennetz, das keine Wünsche offenläßt; Vorläufer dazu war im Jahre 1850 die Fleimstaler Straße, die für das alte Tirol wichtige Verbindung von der Generalgemeinde Fleims über den Lugano-Sattel herab ins Etschtal nach Auer. Diese »Kunststraße«, geschlagen oberhalb von Montan in die pralle Porphyrflanke von Kalditsch, führt nach 9 Kilometern ab Auer heran zur schaurigen Hohlener Schlucht, zur Abzweigung hinauf nach Aldein. Die Fuhrwerke von früher mußten die vom Bletterbach ausgeschwemmte Schlucht in der Tiefe überwinden, die neue Landesstraße schwingt seit 1960 vom Brückenwirt (800 m) über die »Kleine Europabrücke« – ein kühner Stahlbetonbogen von 220 Meter Weite und 110 Meter über dem Bach – hinüber ans jenseitige Ufer. Der ungewöhnlich schlanke Kirchturm von Aldein grüßt von grüner Höhe das Land, in der Auffahrt durch hochstämmigen Föhrenwald erreichen wir nach 5 Kilometern ab Brückenwirt den einfachen, gepflasterten Dorfplatz und halten vor der »Krone«, dem Kirchenwirt, in 1223 Meter Höhe.

Am südlichen Reggelberg ist Aldein das Zentrum, das Gemeindegebiet von 63 Quadrat-

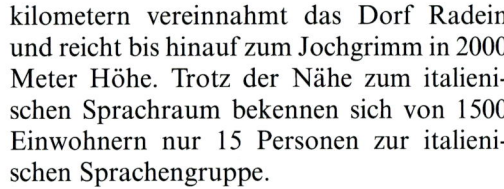

kilometern vereinnahmt das Dorf Radein und reicht bis hinauf zum Jochgrimm in 2000 Meter Höhe. Trotz der Nähe zum italienischen Sprachraum bekennen sich von 1500 Einwohnern nur 15 Personen zur italienischen Sprachengruppe.

Radein lockt mit der Kirche zum hl. Wolfgang hinauf zu seiner Freiheit in 1556 Meter Meereshöhe, von der wir meinen, sie müßte fast grenzenlos sein. Von Aldein nach Radein fahren wir zurück zur Fleimstalstraße, dort hinauf zur Straßenteilung in Kaltenbrunn (984 m), in steilem Bergauf über mehrere Kehren läuft die Straße direkt zum Kirchenhügel aus. An einem klaren Tag überwältigt die Aussicht, die von den Zentralalpen über die Ortlerberge bis zur Brenta reicht – ein Glück, auf Radein zu sein!

Großes Bild **Typisch Reggelberg!** Diese Aufnahme, fotografiert an der Reggelberger Hochstraße zwischen Petersberg und Deutschnofen, soll stellvertretend sein für die gesamte Landschaft von Deutschnofen (im Bild) im Norden bis hinunter nach Radein im Süden: Bauernland in Mittelgebirgshöhen bis zu 1600 Meter in Radein, weite sanfte Wiesen und Wälderkuppen; seit sehr frühen Zeiten ist der Reggelberg besiedelt.
Die Sage erzählt von Hessen und Sachsen. Die Hessen, angesiedelt von Tiroler Grafen, nannten ihre erste Siedlung »Aldein – wir sind alle Dein«. Die Sachsen zogen über Radein hinaus, hinab zum Lugano-Paß und gründeten »Altrei – wir bleiben treu« (siehe Seite 155).

Bilder links und oben Die St.-Wolfgang-Kirche von Radein, erbaut auf einem Hügel mit großer Aussicht in weite, westliche Räume.
Blick aus dem Friedhof zum Weißhorn, dem zum Etschtal östlichsten Vorposten der Dolomiten.

St. Wolfgang duldet keine allzu enge Nachbarschaft, Radein verstreut die wenigen Häuser, die Gasthöfe »Zur Rose« und »Zum Roten Adler« zwischen Wiesen und Lärchen und scheint von der Welt vergessen zu sein – nur scheinbar, denn in langer, liebenswerter Tradition versammelt der versteckte Zirmhof ein honoriges Publikum aus fast ganz Europa zur Sommerfrische auf Radein.

Weißhorn, Jochgrimm und Schwarzhorn. Die ungleichen Geschwister, das Weißhorn und das Schwarzhorn, überragen den Reggelberg weithin: Aus der gesamten südlichen Landeshälfte, aus dem Etschtal wie aus dem Meraner Becken, wirken diese beiden Gipfel als markante Wegweiser zum Reggelberg. Das 2317 Meter hohe Weißhorn leuchtet das ganze Jahr über weiß, nach der Vergänglichkeit des Winters blinkt sein Trias-Dolomit weithin ins Land. Das Gegenüber, das Schwarzhorn mit 2439 Meter Höhe, besteht aus dunklem, gerundetem Vulkanstein in auffälligem Widerspruch zum hellen, scharfkantigen Fels am Weißhorn. Die Erdgeschichte hat irgendwann, verteilt auf Millionen Jahre, dieses geologische Naturdenkmal der gegensätzlichen Steine und Formen geschaffen und die Trennungslinie dem Jochgrimm anvertraut.

Jochgrimm – dieser ausdrucksstarke Name gehört dem Bergsattel zwischen dem Weißhorn und dem Schwarzhorn. Herauf von Radein endet am Jochgrimm-Haus in 2000 Meter Höhe ein für den allgemeinen Verkehr gesperrtes Almsträßchen (Gehzeit 2 Stunden, der Kfz-Verkehr kommt aus dem Eggental über das Lavazèjoch). Der Jochgrimm ist offen nach Ost und West, in dieser Furche halten Wind und Wetter oftmals fürchterliche Einkehr. Das Jochgrimm-Haus und seine Kapelle »Maria Schnee« trotzen den Wetterunbilden seit 1911, erleben aber auch viele sonnig-warme Tage inmitten der Wiesenpracht hinauf zu den Bergen.

Jochgrimm
»Wie schön bist du in deiner Blütenpracht,
wenn die betauten Blumenfarben sprüh'n,
wenn Firn und Fels im Abendrote glüh'n,
bis dich in Träumen wiegt die Sommernacht.
Wie majestätisch schön bist du auch dann,
wenn wilde Wetter deine Ruh' bedroh'n,
wenn grelle Blitze deine Berg' umloh'n
und mächt'ger Donner rollt durch Alp und Tann.«

(F. Mahlknecht, Juli 1939)

153

64 Wallfahrt Maria Weißenstein

Der Papst in Weißenstein! Ganz Südtirol horchte auf, als die Medien diese Nachricht verbreiteten. Am 17. Juli 1988 pilgerte Johannes Paul II. nach Maria Weißenstein, zum bedeutendsten Wallfahrtsort Südtirols; kein Papst vor ihm kniete und betete je vor dem Gnadenbild in der Weißensteiner Basilika. Ein großer, unvergeßlicher Tag also, dieser 17. Juli, viele Tausende von Gläubigen – es war ein strahlender Sommertag – waren gekommen.

Weißenstein liegt inmitten des Reggelberges, die Basilika und wenige ältere Gebäude dazu stehen auf einem Plateau in 1520 Meter Höhe, das eine große Aussicht zu den nahen Dolomiten und weithin über das Land verschenkt. Die neue Reggelberger Höhenstraße, die Verbindung vom Brückenwirt an der Fleimstalstraße über Aldein–Petersberg

nach Deutschnofen, berührt in Petersberg mit einer kurzen Abzweigung den Gnadenort. Petersberg ist ein kleines bäuerliches Dorf, in einem Grab am Haupteingang zur Kirche finden wir den Ursprung zur Weißensteiner Wallfahrt.

»Hier liegt der fromme Bauersmann Leonhard der Weißensteiner, dem die heiligste Jungfrau zum öfteren erschienen und ihm die Ausgrabung des Mirakelbildes von Weißenstein aufgetragen hat. † 1571« – so die Inschrift auf dem schmiedeeisernen Grabkreuz. Peter Zelger schreibt darüber mehr: »Nach der Legende erschien dem geisteskranken Leonhard die Gottesmutter und versprach ihm Heilung, wenn er zu ihrer Ehre eine Kapelle bauen würde. Der Bauer versprach, den Wunsch der Gottesmutter zu erfüllen, schob die Verwirklichung aber immer wieder auf. Erst als er über einen steilen Felsen in die Tiefe stürzte und dabei wunderbar gerettet wurde, baute er die Kapelle. Beim Ausheben des Grundes fand er das Gnadenbild.«

Die feierliche Einweihung der heutigen Wallfahrtskirche erfolgte am 1. Juni 1673 durch den Fürstbischof von Trient, die Betreuung

übernahm im Jahre 1718 der Servitenorden aus Innsbruck (Serviten = Diener Mariens), besonders die Beichte war fürderhin das große Anliegen der Gläubigen. Die Mönche von Weißenstein erhielten dafür von Papst Innozenz VIII. im Jahre 1727 dreizehn äußerst seltene Privilegien und Absolutionsvollmachten verliehen. Dieser allerhöchste Vorzug bewirkte im 18. Jahrhundert eine fast immerwährende Wallfahrt bußfertiger Sünder. Maria Weißenstein blühte auf, das Kloster sammelte Güter und Kunstschätze, sonnte sich in der Gunst des Volkes und verscherzte sich schließlich das Wohlwollen der weltlichen Obrigkeit. Das Edikt von Kaiser Josef II., erlassen 1787, traf Weißenstein hart: Innerhalb von sechs Wochen mußte der Orden den Wallfahrtsort verlassen, seine Besitzungen wurden versteigert, die Kirche profaniert. Die Wallfahrt ruhte bis 1836, als dem Orden der Rückkauf gelang und damit die zweite Blütezeit eingeläutet wurde. Das dritte Kapitel Weißensteiner Geschichte schreibt seit 1926 ein italienischer Servitenorden. Die jährliche Besucherzahl von heute wird auf über 100 000 Personen geschätzt.

65 Naturpark Trudner Horn

Die Fleimstalstraße von Auer über Kaltenbrunn zum Sattel von St. Lugan (Passo San Lugano 1097 m) teilt das Unterlandler Bergland: Aldein, Radein und Maria Weißenstein nördlich der Trasse wissen wir, waren wir aber jemals in Truden und in Altrei, dem südlichsten Südtiroler Bergzipfel östlich der Etsch?

Nach Truden gelangen wir entweder von Kaltenbrunn, 3 Kilometer, oder von Montan oberhalb Auer auf schmaler Asphaltstraße im südseitigen Hang des tiefgekerbten Mühlentales, landschaftlich außerordentlich schön – vom Wein zum Bergland –, 7 Kilometer mit 18 Prozent Steigung. Truden (1123 m) nistet in Hanglage inmitten einer nach Westen offenen Mulde, mit Porphyrpflaster zwischen Pfarrkirche und Wirt; ein Hain großer Kastanienbäume spendet Schatten für erhitzte Weitwanderer, die auf dem Europäischen Fernwanderweg E 5 herüber von Radein nach Truden kommen und zum Trudner Horn weitergehen.

Altrei (1212 m) erreichen wir, wenn wir am Luganer Paßscheitel einer gut ausgebauten

Bild links **Maria Weißenstein am Reggelberg, der berühmteste Südtiroler Gnadenort.**

Bilder oben und unten **Die Pfarrkirche von Truden, ein Dorf südlich des Reggelberges, bekannt als Mittelpunkt im Naturpark Trudner Horn.**
Daraus ein Bild: Im herbstlich milden Licht streunt die Herde über die Wiese – jeder Tag kann der letzte im Freien sein.

Straße folgen, die uns in weiten Bögen durch dichte, hohe Lärchenstände führt, bis wir nach 7 Kilometern über die gepflasterte Dorfstraße zum Ortskern am »Altreier Hof« ausrollen. Der Porphyrbrunnen vor dem alten, heimeligen Wirtshaus vermerkt die Jahreszahl 1885, und gäbe es nicht das neue Rathaus mit Kindergarten und Schule, könnten wir fast meinen, in Altrei sei die Welt stehengeblieben.

Der Naturpark Trudner Horn erstreckt sich über eine Fläche von 6660 Hektar, beinhaltet unter Ausschluß der Siedlungsflächen das Gemeindegebiet von Truden und Altrei und dehnt sich über die Westflanke des Berglandes bis hinab zum Etschtal aus. In der Höhendifferenz – 220 Meter an der Etsch bei Salurn bis 1780 Meter am Trudner Horn – verbergen sich die unterschiedlichsten Biotope und Lebensräume für Flora und Fauna. »Dank der Beachtung der natürlichen Gegebenheiten ist hier trotz jahrhundertelanger Anwesenheit des Menschen das ökologische Gleichgewicht erhalten geblieben. Hart am Rande des dichtbesiedelten Etschtales finden wir Landschaften voll Liebreiz und Einsamkeit, die von der auf Massentourismus ausgerichteten Erschließungswut verschont geblieben sind und so ein Paradies für naturnahe Wanderungen darstellen.«
(Autonome Provinz Bozen, Assessorat für Umweltschutz)

66 Der Fennberg

Im Zuge des Mendelkammes auf der Westseite des Südtiroler Unterlandes stellt der Fennberg einen gewaltigen Fuß hinein in das Etschtal, hin zur Salurner Klause. Kommen wir herab von Auer, scheint der Berg das Tal fast zu versperren, so deutlich rückt der mit Buschwald bekleidete Kalkfels ins Blickfeld. Der Fennberg ist ein Berg ohne Gipfel. Sein auffälliges Profil – ein konkaver Bogen vom Wandfuß in der Talsohle (ca. 210 m) zu einem Hochplateau – reicht bis in eine Höhe von etwa 1000 Meter, die sehr dekorativ in teils senkrechte Felsstufen gegliederte Höhendifferenz beträgt somit 800 Meter. Zum Fennberg führen eine Straße und Wanderwege, die Attraktion aber ist ein Klettersteig, der im Etschtal ansetzt und der Bergflanke bis hinauf zum Fennberg-Plateau folgt (siehe Bild und Text Seite 157).

Der Mendelkamm, aufgebaut aus geschichtetem Dolomitstein, ist für Südtirol, für die Provinz Bozen, im Zug von Norden bis zum Gantkofel die geschlossene, fast unüberwindliche Mauer zum jenseitigen Trentino: Seit jeher zieht die Mendel die Sprachengrenze zwischen Deutschtirol an der Etsch und dem Nonsberg, der als Welschtirol bis 1919 zu Österreich gehörte. Die Mendeldolomiten gönnen dem Gelände hinab zum Etschtal nur schmale, hügelige Terrassen, am Fennberg jedoch ist der Mendelkamm großzügig. Er lehnt sich zurück, die Urzeiten formten ein fast ebenes Terrain, legten eine Decke wasserundurchlässiger Raibler Schichten (Erden, Mergelschiefer, vulkanische Asche) darüber und hinterließen das Fenner Hochplateau, auf dem der Mensch seit fast 1000 Jahren siedelt. Unsichtbar aus dem Etschtal bilden dort oben zwischen 1000 und 1200 Meter Höhe die kleinen Gemeinschaften von Ober- und Unterfennberg die südlichsten Deutschtiroler Vorposten zur Provinz Trient.

Die Straße zum Fennberg beginnt in Kurtatsch an der Südtiroler Weinstraße, zieht durch Weingärten höher zur Buschwaldzone, schneidet enge Buchten im fast weißen Kalkfels der unteren Mendelmauern, passiert St. Anna in Fennhals (1031 m), berührt die weite Wiese von Oberfennberg (1163 m) und läuft nach einer Kehre abwärts in Unterfennberg (1050 m) – ab Kurtatsch 13 Kilometer – beim »Kirchenwirt« aus.

Das Gebiet des Fennbergs ist in Unterfennberg am schönsten. Inmitten von Wiesen ruht, ohne sichtbaren Zufluß vom Berg, der über ein Hektar große Fenner See, auf einem Hügel am Wasser steht seit dem 13. Jahrhundert das Kirchlein St. Leonhard. Zur wöchentlichen Messe kommen die Bewohner von etwa 20 Berghöfen, die dem Fennberg, verteilt auf versteckte Wiesenlichtungen, seit langem die Treue halten. Der Kirchenwirt leitet sein Bestehen vom Jahr 1627 ab – so gemeißelt in einen steinernen Türstock –, noch älter aber soll die starke Linde sein, in deren Schatten wir – wenn der Tag am Fennberg vollkommen sein soll – den »Feldmarschall von Fenner zu Fennberg« kosten. Das Flaschenetikett erzählt Fennberger Geschichte: »Hoch über dem Etschtal, auf Fennberg, am Hofstatt-Hof – der Heimstatt des großen Heerführers und Vaters der Fennerjäger, dem Vorgänger der ruhmreichen Tiroler Kaiserjäger – grunden die Reben auf 1000 m Meereshöhe in der heißen Erde der Sprachengrenze. Mag der Wein auch nicht so streitbar sein wie sein hoher Namensträger, so beinhaltet dieser Müller-Thurgau in vollem Maße die Milde und Schönheit seiner Sonnenheimat.«

Bilder links und rechts oben **Der Fennberg (links, rechte Bildhälfte), gesehen von der Salurner Seite aus der Auffahrt nach Buchholz-Gfrill.**
Der Fennberg-Klettersteig – fast 1000 Meter Höhendifferenz aus der Talsohle zum bewaldeten Hochplateau – führt uns aus dem Felssockel zur begrünten Zwischenschulter und im oberen Abschnitt nochmals sehr steil unter einem Felsdach hindurch zum Ausstieg auf das Plateau.

Bild rechts **In Unterfennberg grenzt Südtirol an die Provinz Trient. Vor uns der Fenner See und das Leonhardskirchlein von Unterfennberg.**

Der Klettersteig am Fennberg, angelegt im
Jahre 1976 durch die AVS-Sektion »Südtiroler Unterland«, erschließt aus dem Etschtal
bei Margreid die Fennberg-Südostflanke und
ist der schönste Weg hinauf zum Fenner
Hochplateau – wenn wir Klettersteig-Erfah-
rung haben! Klammern, Leitern und Draht-
seile sichern die teils sehr steilen Felspartien,
die Route bietet in Abwechslung auch leich-
tes Gelände durch Büsche und Gesträuch
und kann fast das ganze Jahr über begangen
werden. Kommen wir im Frühjahr, im April
oder Mai, entfaltet eine reiche submediterra-
ne Flora unbeschreiblich zarte Reize in
Farbe und Duft. Aus dem Klettersteig blik-
ken wir hinab zu den blühenden Obstgärten
an der Etsch und wandern am Ausstieg durch
hellgrünen Mischwald hinein zu den Fenner
Wiesen, vorbei an prächtigem Goldregen, der
seine gelben Trauben malerisch in die frische
Landschaft hängt.
Nach 3 bis 4 Stunden ab Einstieg dürfen wir
beim ersten Wirtshaus, dem »Plattenhof«, die
verdiente Rast und Brotzeit genießen.

Südtiroler Weinstraße

Sieben Ursprünge in Lage, Wachstum, Reife und Keller hat der Wein aus Südtirol: Im Eisacktal, in den Bozner Leiten, auf St. Magdalena, rund um Terlan, auf den Meraner Hügeln und im Unterland links der Etsch; der siebte, der geschlossenste und größte Weingarten, schmiegt sich an die hohen Felswände der Mendel, in die Gegend rechts der Etsch von Sigmundskron bis hinab nach Margreid.

Im Mittelpunkt dieser sonnenverwöhnten Landschaft glänzt der Kalterer See als großzügiger Pate für alle Trauben, die entlang der Straße – die wir die Südtiroler Weinstraße nennen – an Millionen Rebstöcken reifen und eine Jahresproduktion von wenigstens 300 000 Hektoliter Wein ergeben. Rund zwei Drittel aller Südtiroler Weine vermarkten die großen Genossenschafts- und kleineren Privatkellereien der einzelnen Orte an der Weinstraße, gleich einem riesigen Faß fangen sie den Segen auf und geben ihn erst wieder frei, wenn Gott Bacchus dem edlen Tropfen die höhere Weihe verliehen hat, der Traubensaft also zu Wein gegoren ist. Vielleicht trägt neben der durchschnittlichen Höhenlage von etwa 300 bis 500 Meter auch der wärmespeichernde Kalkfels im fast 2000 Meter hohen Mendelkamm dazu bei, daß die Weinstraße zur Südtiroler Schatzkammer geworden ist. Die rauhen nordwestlichen Winde bleiben ausgesperrt, die Sonne liebkost die senkrechten Dolomitmauern der Mendel vom frühen Morgen bis zum Nachmittag, die Wärme strahlt zurück und wiegt zum Abend das Weinland mit sanftem Hauch.

Die Südtiroler Weinstraße ist die jüngste aller bekannten Weinstraßen, auch wenn in ihren Gefilden die Rebe schon seit 1000 Jahren und länger zu Hause ist. Seit 1960 verbindet eine moderne Straße mit Ortsumfahrungen die bekannten Weindörfer, neben der Autobahn und der Staatsstraße ist die Weinstraße die dritte wichtige Verkehrsverbindung von Bozen nach Salurn. Anfang und Ende unserer Straße wissen wir, es liegt an uns, von welcher Seite wir die 40 Kilometer lange Strecke kennenlernen wollen, am besten im Hin und Zurück, verteilt auf mehrere Tage oder besser noch auf die Jahreszeiten – der Südtiroler Wein kennt keine Saison. Das Werden und Wachsen der Reben hat Geheimnisse, die wir nie erfahren, wenn wir den Wein nur trinken, nicht wissen, welche Mühen der Weinbauer aufwendet und wieviel Wetterglück er das ganze Jahr über braucht, bis zum genau festgelegten Zeitpunkt das »Wimmen«, die Weinlese beginnen kann.

Früh im Jahr setzt der Winzer mit dem Rebschnitt ein Zeichen für Quantität und Qualität. Im April »weinen« die Reben, an den Schnittstellen bilden sich Tropfen. Schönes Wetter sollte am 25. Mai herrschen, denn:

»Urbanus nass, bringt nix ins Fass«.

Im Juni blüht die Rebe – wir riechen den Wein. Warm, feucht sollte es bleiben bis zur Glut des Hochsommers, denn:

*»Ist Laurenzius (10.8.) ohne Feuer,
gibt's ein saures Weinl heuer.«*

Unsere Fahrt auf der Weinstraße läuft von Süd nach Nord, von Salurn über Margreid–Tramin–Kaltern nach Eppan in Überetsch.

Bild oben **Kurtatsch an der Weinstraße aus der Vogelschau von St. Georg auf Graun. Die Hauptstraße kommt herauf von Margreid und zieht unterhalb der Ortschaft weiter nach Tramin.**

Bilder links und rechts **Weingärten in der Talsohle bei Margreid. Die Pergelgassen sind breit genug angelegt, damit ein Traktor zum sogenannten »Wimmen« eingesetzt werden kann. Anders ein Weingarten am Hang, die Trauben müssen oft weit getragen werden.**

67 Von Salurn nach Margreid

Es stimmt – Salurn, der südlichste Ort im Unterland, sieht im Winter auf einige Monate keine Sonne! Trotzdem siedelten der vorgeschichtliche Mensch und in der Nachfolge die Römer, Franken und Langobarden in der schattigen Nordbucht unter dem Geiersberg. In der Zeit der mittelalterlichen Kaiserzüge bis herauf zur Renaissance blühte Salurn auf zu einem bedeutenden Ort. Vornehme Ansitze, repräsentative Palazzi mit steingerahmten Torbögen und gekuppelten Doppelfenstern zeugen davon, daß in Salurn wohlhabende Geschlechter mit Rang und Namen einen Wohnsitz unterhielten, die erlesene südländische Baukultur aus jener Zeit hebt den Ort weit über den Zuschnitt eines gewöhnlichen Südtiroler Dorfes hinaus.

Wichtiger als die fehlende Wintersonne war die Straße. Wenn die oftmals überschwemmte Salurner Klause den Verkehr abschnürte, dann zogen Roß und Wagen von Salurn über den gut gangbaren Sauch-Sattel (1000 m) und erreichten über Faedo bei San Michele im heutigen Becken von Mezzocorona wieder die Reichsstraße im Etschtal.

In Salurn – das Oberdorf liegt in 224 Meter Meereshöhe – beginnt die Weinstraße. Im Etschtal, im Zug nach Nordwest mitten durch die Siedlung Kurtinig, erreicht diese landschaftlich prachtvolle Straße mit Margreid das erste typische Südtiroler Weindorf. Den Tücken der Etsch widersteht das kleine Gemeinwesen von Kurtinig (212 m, 500 Einwohner, $^2/_3$ Deutsche, $^1/_3$ Italiener auf 2 km²) mit Erfolg seit nun schon einem halben Jahrtausend. Im Juli 1981, beim letzten großen Hochwasserstand, »schwamm« Kurtinig gleich einem Eiland im Strom, war auf mehrere Tage abgeschnitten von seinen Nachbarorten, der Obst- und Weingarten verwüstet –

ein Kuriosum also, die Lage inmitten des Etschtales. In normalen Zeiten ist Kurtinig im April eine Insel in einem Meer von Obstblüten und zudem die Quelle für beliebte Weißweine: Rheinriesling, Weißburgunder und Ruländer aus Kurtinig gelten als Spitzenprodukte.

Wo wächst die älteste Weinrebe Südtirols? In Margreid ist eine im Jahre 1601 gepflanzte Rebe bis heute das Symbol für Leben, das südlichste Südtiroler Weinfaß, gefüllt mit dem Saft der Vernatsch-Traube, angeliefert aus 174 Hektar Rebfläche, lagert in Margreid. Der Weinbau, den Nutzen, den er bei viel Arbeit und Glück einbringt, hat in Margreid sichtbare Tradition. Das geschlossene Ortsbild, der Dorfplatz mit Brunnen und Linde, die stattlichen, reich mit malerischen Details geschmückten alten Gebäude ruhen in gediegenem Wohlstand, den glückliche Hände und Verstand im Umgang mit Wein über die Zeiten festigte.

Margreid, 241 Meter Meereshöhe, liegt noch in der Talsohle an der Schwelle vom Obst zum Wein und hat ein gutes Einkommen auch aus der Obstproduktion – fast nur Äpfel –, die etwa 70 000 Doppelzentner jährlich in die Magazine liefert. Der italienische Einschlag, der in Kurtinig deutlich spürbar ist, beträgt in Margreid nur mehr ein Fünftel von insgesamt 1000 Gemeindeangehörigen.

Obst aus Südtirol – ein Korb voller Äpfel in den Standard-Sorten: Golden-Delicious, Morgenduft, Jonathan, Stark-Delicious, Grafensteiner, Granny Smith, Jonagold, Gloster, Idared und Elstar, wobei der gelbe Golden-Delicious den Korb fast bis zur Hälfte füllt.

Die Birne wird in den Sorten Gute Luise und Kaiser Alexander geerntet, fällt aber mengenmäßig gegenüber dem Apfel kaum mehr ins Gewicht (siehe auch Seite 13). Auch die Marille, einst im Vinschgau heimisch, ist selten geworden.

8000 Obstbauern leben in der Hauptsache vom Obst, besitzen im Durchschnitt aber nur 2 bis 3 Hektar Anbaufläche. Ein Hektar erbringt 5 bis 6 Waggons à 10 000 Kilo.

»Ernteleicht« – so ein Schlagwort im Obstanbau –, das bedeutet möglichst kleine Bäume, geerntet, »geklaubt« wird sehr arbeitsaufwendig von Hand; 7 bis 10 Zentimeter im Durchmesser, das ist die ideale Größe für den Apfel.

*Bild rechts **Der traditionelle Apfelbaum, mehrmals aufgepfropft, groß und prächtig, aber arbeitsaufwendig in der Ernte.***

*Bild oben **Ein junger Apfelbaum; sorgfältig gezogen bleibt er klein im Wuchs, er trägt die ideale Fruchtgröße und ist »ernteleicht«.***

68 Kurtatsch – Tramin

Kurtatsch, dort möchten wir bleiben, von hoher Warte bei der St.-Vigilius-Pfarrkirche hinabschauen zum Etschtal, den reichen Apfelsegen schätzen und am Berg in den steilen Leiten zum Mendelkamm die Rebzeilen zählen, die auf fast jedem Quadratmeter bis hinauf zum Fels die Sonne einfangen. Was möchten wir noch? In einem Weinhöfl am blanken Holztisch sitzen, ein Original-Südtiroler Tulpenglas, gefüllt mit feurigem Kurtatscher Wein vor uns, das Gaumenglück bis zur Neige kosten, hineinsinnieren in das Glas und rechtzeitig nachschenken, denn das Bukett – dieses unbeschreibliche Weingeheimnis – entfaltet sich am besten im fast vollen Glas.

Die Kurtatscher meinen, auf den hitzigen Kalkschotterböden ihrer Leiten gedeihe der Wein besonders feurig, weshalb der hiesige Tropfen der »Magdalener des Unterlandes« genannt wird. Feuriger Wein paßt gut zu revolutionären Zeiten: Der »Schwarzadler«-Wirt zu Kurtatsch, Josef Vigil Schweiggl, ein Kampfgenosse Andreas Hofers, verfrachtete den Kurtatscher Roten bis zum Sandwirt im Passeier.

Kurtatsch ist ein aufgelockertes Gemeinwesen mit 1800 Einwohnern, das Dorf, Meereshöhe 332 Meter, drittelt sich in den Dorfplatz, die Endergasse und Obergasse, das Gebiet reicht hinauf zum Weiler Graun (823 m), vereinnahmt die Streusiedlung Penon, dort kühlt uns aus den Penoner Eislöchern ein kalter Wind das Gesicht, bevor wir zum Schluß einkehren in Entiklar. Im Ansitz Turmhof, von Weingärten umgeben, mag unser Kurtatscher Rundgang zum Abend hinein ausklingen.

Tramin ist die Heimat des Gewürztraminers, ein goldgelber Weißwein mit würzigem Geschmack. Alljährlich im Mai findet in Tramin ein Treffen von etwa 100 Gewürztraminer Gewächsen aus aller Herren Länder statt, zur Woche der »Internationalen Gewürztraminer Vergleichsverkostung«. Ein besonderer Tag also für Tramin, das im Jahr viele große Tage erlebt, denn Tramin ist ein Südtiroler Reizwort erster Güte.

Von Kurtatsch nach Tramin verlieren wir etwas an Höhe, das Weinland breitet einen Musterteppich gezirkelter Pergelzeilen aus, darin drei Kirchtürme: St. Josef im Weiler Rungg, im Mittelpunkt das Wahrzeichen der südlichen Weinstraße, der 87 Meter hohe, bis zuoberst gemauerte Turm der Traminer Pfarrkirche, und auf dem Hügel dahinter St. Jakob auf Kastelaz, das »Gefängnis« der berühm-

ten Kastelazer »Bestiarien« – phantasievolle Fabelwesen, halb Mensch, halb Tier –, ein berühmter Freskenzyklus aus dem frühen 13. Jahrhundert. Der Durchgangsverkehr verschont den Traminer Ortskern; gehen wir hinein zur Dorfmitte (276 m), dürfen wir raten, über wieviel Hektoliter Wein wir schreiten, die in teils zweistöckigen Kellern ihrer Reife entgegenträumen. Tramin weist 313 Hektar Rebfläche aus und erzeugt 35000 Hektoliter Wein und 150000 Doppelzentner Obst. Die Gemeinde zählt 3000 Einwohner, darunter etwa 100 Italiener.

Der Rathausplatz bewahrt den Ortskern, das Selbstbewußtsein der Traminer Bürger strahlt aus den architektonisch klaren Linien des städtisch anmutenden Rathauses, spiegelt sich auch in den behäbigen Fassaden der Platz-Wirtshäuser und gipfelt in Bau und Ausstattung der Pfarrkirche zu den Heiligen Quiricus und Julitta. Edelsitze, wohlhabende Bürgerhäuser, seit Jahrhunderten auf Wein gegründet, runden das Ortsbild ab.

Die lauteste, weithin gehörte Traminer Werbetrompete tönt vom Wein. Dem Traminer Wein ward höchstes Dichterlob schon vor einem halben Jahrtausend zuteil:

»Dass sich verfang mein heller Sang:
oft nach Tramin steht mein Gedank' …«

So sang Oswald von Wolkenstein schon in den Jahren des Konstanzer Konzils zwischen 1414 und 1418.

Bild rechts oben **Traminer Trauben im Schein der Abendsonne, in der höchsten und letzten Reife – morgen schon kommen sie zur Kelter.**

Bilder oben und rechts **Kurtatsch ehrt den »Schwarz-Adler«-Wirt Josef Vigil Schweiggl. Insgesamt neunmal zog im Jahre 1809 die Schützenkompanie Kurtatsch-Tramin unter seiner Führung gegen die Franzosen.**
Rechts die hohe Warte der Kurtatscher Pfarrkirche zum Etschtal.

Südtiroler Weinmuseum, lange Zeit ansässig auf Schloß Ringberg an der Weinstraße, ist 1988 übergesiedelt nach Kaltern und im Ortskern, im ehemaligen Di-Pauli-Keller, untergebracht.

Mächtige steinerne Pfeiler tragen das große Gewölbe seit nun schon mehreren hundert Jahren, wie die Jahreszahl 1693 an einem der Pfeiler beweist. Einst als Zehentkeller genutzt, ist rein optisch gesehen das Museum hier bestens präsentiert. Im Rundgang durch die Gewölbe begegnet uns der Weinbau, wie er einmal war: Von der Pergel über die Torggl bis zu Fässern und Gerätschaften, teils jahrhundertealt und in ihrer Form auch so lange im Gebrauch. Weinkunde auch im Hinblick auf die Trinkkultur, auf Religion und Brauchtum.

Mittelpunkt des Museums ist eine schwere Torggl aus Holz, eine Traubenpresse, und da möchten wir raten, wieviele Hektoliter das Ungetüm über vielleicht mehr als 100 Jahre in die Fässer füllte.

163

69 Kaltern – Wein und See

Die Kunde von Kaltern ist schon sehr alt; der Name »Càltarn« als Nachfolger des ursprünglichen »Caldàre« erscheint im 12. Jahrhundert, ab dem 15. Jahrhundert setzt sich die eingedeutschte Form »Kaltern« durch und ist seitdem fast der Oberbegriff für Südtiroler Wein.

Tramin ist im Unterland westlich der Etsch die nördlichste Gemeinde, die Weinstraße von Tramin nordwärts gleitet am Kalterer See vorbei hinauf nach Überetsch, das als eigene Region nicht zum Unterland zählt und als Hauptort den Markt Kaltern präsentiert. Die klimatisch außerordentlich bevorzugte Lage – Ortsmitte Kaltern 425 Meter Meereshöhe – ist die Wiege des Südtiroler Weinbaues und förderte von Anbeginn die Entwicklung von Kaltern zum bedeutendsten Südtiroler Weinort. Unter Sr. Kaiserlichen Majestät Leopold I., gleichzeitig regierender Landesfürst von Tirol, wurde Kaltern im Jahre 1681 zum Markt erhoben. Der Ruf von Kaltern und Überetsch verbreitete sich über den Brenner in süddeutsche und österreichische Lande; Bürger und Adelige kauften sich in Kaltern an, errichteten prächtige Wohnsitze, Kellereien und Weinhandelshäuser: Wachsender Wohlstand trug Kaltern durch die Jahrhunderte herauf in unsere Zeit, die den Markt Kaltern und sein Umfeld schier über die Maßen verwöhnt.

Kaltern hat das Image einer reichen Kleinstadt, eine noble Ausstrahlung im Hauptplatz mit dem Marienbrunnen, im Rathaus, in der Andreas-Hofer-Straße, der Hauptstraße, in Gastronomie und Geschäften und in der prunkvoll ausgestatteten barocken Pfarrkirche »Mariä Himmelfahrt« aus dem späten 18. Jahrhundert. Es gibt aber auch ein dörfliches Kaltern. Schauen wir hinauf zum Mendelkamm, grüßen Kirchtürme, sie verraten das Mitterdorf, die Weindörfer Altenburg, St. Anton und St. Nikolaus, St. Josef am Kalterer See haben wir auf der Fahrt herauf von Tramin besucht; Ober- und Unterplanitzing erwarten uns, wenn wir die Weinstraße aufwärts nach Eppan fahren. Das Gemeindegebiet umfaßt 48 Quadratkilometer und reicht vom Kalterer See (214 m) hinauf zum Mendelkamm zwischen Roènspitze (2116 m) und Penegal (1750 m).

Am Nachmittag, wenn die Sonne über der Mendel steht, sollten wir Kaltern von oben betrachten; aus einem Weingarten, dort, wo die Reben aufschließen zur Mendel, das Weinland sich breitet, die Pergelzeilen sich senken zum Gestade des Kalterer Sees.

»Herrlich zur Schale geweitet,
gastlich kredenztes Land.
Trunk, von den Göttern bereitet,
füllt dich bis zum Rand.
Himmels azurne Traube,
schäumt in die Kelter das Tal.
Nacht wölbt sich zur Laube,
über dich, schönen Pokal.«
(Josef Leitgeb, †1852)

Kalterer Wein, so möchten wir meinen, sollte sich nur der Wein nennen, der aus den Lagen am Kalterer See bis hinauf zur Anbaugrenze unter der Mendel im Weichbild von Ort und See, also innerhalb der Gemeinde Kaltern wächst und gedeiht. Die ältesten Tiroler Weinbezeichnungen legten sich auf Orte fest; im »Tirolischen Landreim« aus dem Jahre 1556 heißt es:

Der Kalterer See ist für das gesamte Überetsch und dazu für Südtirol ein bedeutsamer Werbeträger. Kaltern braucht zur Pflege seines Ansehens das Wasser auch als Freizeitangebot, hat aber seine liebe Not, die Interessen der Seeanlieger, Badegäste, Wassersportler, Fischer und Naturschützer unter einen Hut zu bringen und den See zudem biologisch gesund zu erhalten. Die Meereshöhe beträgt nur 214 Meter, der See liegt etwa 6 Meter tiefer als das Etschtal jenseits des Mitterberges; die Entwässerung muß ein Graben besorgen, der erst bei Salurn in die Etsch mündet. Die Seefläche bedeckt 147 Hektar, die Tiefe liegt bei maximal 8 Meter, der Zufluß kommt von unterirdischen Quellen. Bedingt durch das milde Klima, wenig beeinträchtigt von Frosttagen, verheißt der Kalterer See von April bis Oktober angenehme Wassertemperaturen. Die Werbung meint: Der Kalterer See ist der wärmste Badesee der Alpen!

Großes Bild **Das Nordufer des Kalterer Sees; darüber die Ruine Leuchtenburg, links am Horizont das Weißhorn.**

Bild oben **Die Pfarrkirche Mariä Himmelfahrt in Kaltern. Der Kirchturm, bis zur Spitze gemauert, ist ein Stolz der Einheimischen.**

Bild links unten **Weinlese in Südtirol, »wimmen« genannt. Die Lese beginnt zu einem genau festgesetzten Zeitpunkt, der von einem Anbaugebiet zum nächsten unterschiedlich sein kann und eine Weinbauernfamilie zu dieser Zeit voll beansprucht.**

»Traminer Wein, Eppaner und guete Lagrein, Missianer, Kalterer, Girlaner, Planitzinger, Schreckbichler und Grieser sein an der Etsch die besten, fürzutragen Inländern und Gästen!«

Der Kalterer Wein war, wie oben angemerkt, im Ursprung nur in der Gemeinde Kaltern ansässig. Aus diesem »Ursprungswein« entwickelte sich der regen Nachfrage wegen schon im vergangenen Jahrhundert ein sogenannter Typenwein, der per Gesetz im Jahre 1931 auch die Weine der Gemeinden Eppan, Pfatten, Tramin und Kurtatsch und seit 1981 schließlich auch die Weinorte im Unterland östlich der Etsch mit einschließt. Das Prädikat »Classico« = DOC, die kontrollierte Ursprungsbezeichnung für »Kalterersee«, gilt demnach für ein großes Gebiet mit insgesamt 1682 Hektar Rebfläche, das wiederum durch Gesetz verpflichtet wird, eine bestimmte Produktionsmenge – pro Hektar 140 Doppelzentner – nicht zu überschreiten. Im oben aufgeführten Landreim hat sich neben den Ortsnamen die Sortenbezeichnung »Lagrein« eingeschlichen, ein Rebstock, der in Südtirol seit jeher Heimatrechte genießt. Die Mutter von mehr als vier Fünftel aller Südtiroler Rotweine ist jedoch die Vernatsch-Rebe, die in verschiedenen Spielarten wie Edel-, Groß- und Grauvernatsch gezüchtet wird und Konsum- wie Prädikatsweine liefert. Grauvernatsch ergibt die beste Qualität – der vergorene Saft dieser adeligen Rebe, genannt »Kalterersee-Auslese« – ist das Spitzenprodukt: ein Wein von hellem Rot, vollmundig und mild; nach ein bis zwei Jahren gelagert im Keller sollten wir ihn kosten – Prost!

70 Mendelpaß und Penegal

Den ausgedehnten Gebirgszug der Mendel zwischen dem Roènberg und dem Gantkofel erschließen herauf von Überetsch eine Straße und eine Standseilbahn; beide treffen sich am Mendelpaß in 1363 Meter Meereshöhe. Die Straße muß von St. Michael/Eppan (411 m) über 14 Kilometer Länge umständliche weite Schleifen und 15 enge Kehren auslegen, die Standseilbahn startet in Kaltern/St. Anton (523 m): Die fast direkte Gerade zur Bergstation reduziert bei durchschnittlich 36 Prozent Steigung die Strecke auf 2368 Meter, die Hö-

hendifferenz beträgt 854 Meter, die Fahrzeit nur etwa 11 Minuten.

Der Straßenbau wurde 1886 vollendet und war die Voraussetzung für den Aufstieg der Mendel zu einem Höhenluftkurort ersten Ranges. Allerhöchste Herrschaften, der Adel, das betuchte Bürgertum, lustwandelten zur Sommerfrische durch den hochstämmigen Wald der Mendelhöhen, logierten in Hotels der Luxusklasse, aber auch der Bauer aus dem Unterland flüchtete zwischen »Peter und Paul« und »Maria Geburt« (29.6./8.9.) aus der Etschtaler Sommerhitze mit Kind und Kegel hinauf »in die Frisch« zur Mendel – zur Heuarbeit auf den Rodungsinseln inmitten der Wälder. Die Reise mit Kutsche, Wagen, Pferd- oder Ochsengespann dauerte oft einen ganzen Tag: Die Mendelbahn, eröffnet am 19. Oktober 1903, bewältigte die Höhe damals in 32 Minuten und beförderte im Jahre 1912, der höchsten Blütezeit Mendel'scher Sommerfrische, 60160 Fahrgäste (Vergleich 1969: 53 498 Personen). Das erste Auto

erklomm im Jahre 1901 in nicht überlieferter Zeit den Paß; der Streckenrekord, aufgestellt 1985 von Mauro Nesti im 40. Mendelrennen über die Distanz von 13,2 Kilometern steht bei 7.02,26 Minuten; die Mendelbahn von heute braucht etwas mehr als 11 Minuten.

Penegal, diese 1737 Meter hohe Felsbastion im Mendelkamm, markiert hinab zum Bozner Becken, zum Unterland und nach Überetsch eine weithin sichtbare Sendestation für Funk und Fernsehen. Die Station am Penegal überstrahlt einen ungewöhnlich weiten Raum, und so bietet auch das Panorama, gesehen vom Aussichtsturm am höchsten Punkt, ein unvergeßliches Schauerlebnis, das Jahr für Jahr viele Tausend Südtiroler Urlaubsgäste genießen – völlig problemlos, denn herauf vom Mendelpaß läuft nach 5 Kilometern eine sogar für kleinere Omnibusse befahrbare asphaltierte Straße am Parkplatz beim Berghotel nahe dem Aussichtsturm aus.

Am Penegal stehen wir auf der vor Urzeiten im Tetysmeer aus Dolomitkalk errichteten Mendelmauer. Gut zur Schau gestellt, liegt nahe dem Aussichtsturm ein 15 Millionen Jahre alter mächtiger Wanderstein aus Granit und Quarz aus den Ötztaler Alpen – herangetragen vom Etschtalgletscher während der letzten Eiszeit vor mindestens 20 000 Jahren.

Bild oben **Sie fährt wieder, die Mendelbahn! Nach mehrjähriger Sanierung nun mit moderner Technik und neuen Wagen; die Einweihung fand am 10./11. September 1988 statt. Im Tal sehen wir Kaltern.**

Kleines und großes Bild **Am Penegal, von dort schauen wir das große Bild und begreifen das Dichterwort von Josef Leitgeb:**
»Herrlich zur Schale geweitet
gastlich kredenztes Land«.
Unter uns Kaltern, sein Weinland und sein See.

71 Eppan – Überetsch, Weindörfer und Burgen

Wo auf Überetsch wächst der meiste Wein, in Kaltern oder in Eppan? Die Gemeinde Eppan meldet mit jährlich etwa 150 000 Hektolitern eine im Vergleich zu Kaltern fast doppelt so große Weinernte! Zum Viereck gezirkelte Gärten vereinigen etwa 1300 Hektar Anbaufläche, im Sommer eine grüne Welle von Dorf zu Dorf, im Herbst flutet eine golden schimmernde Woge über das Eppaner Weinland, vom Zentrum St. Michael über St. Pauls nach Missian und über Girlan zum Schreckbichl. Geerntet wird in Eppan wie auch in Kaltern in der Hauptsache die Vernatschtraube. Die Überetscher Gemeinden Kaltern und Eppan produzieren jährlich etwa 230 000 Hektoliter Wein: Die Eppaner Kellereien allein pflegen eine Lagerkapazität von 400 000 Hektolitern und besitzen somit das größte Südtiroler Weinfaß.

Der Name »Eppan« geht leicht von der Zunge und hat sich im Sprachgebrauch der Gäste auf den Hauptort St. Michael (411 m) festgelegt. Der Einheimische selbst sortiert die Bevölkerung nach den Dörfern und nennt die Bewohner des Hauptortes seit eh und je die »Michèaler«. Eppaner sind sie ja alle, die im Gemeindegebiet wohnen, zusammen 10 000 Personen, davon knapp vier Fünftel Deutschtiroler.

Die Bevölkerung verteilt sich über 60 Quadratkilometer von St. Michael zu den Ortschaften Girlan, St. Pauls, Gand, Schreckbichl und Missian. In Frangart und Unterrain wohnt ein Teil am Rand zum Etschtal, die »Bergler« bevölkern die Hochterrasse von Eppan-Berg: Buchwald, Perdonig und Gaid.

Nah am Mendelfels, im Schutze der mehrere hundert Meter hohen Gantkofel-Ostwand, leben sie zwischen 800 und 900 Meter Meereshöhe zwar ohne Wein, dafür aber inmitten üppiger Obstgärten in luftiger Höhenlage mit herrlicher Aussicht in das Bozner Becken, zum Tschögglberg, zum Reggelberg und zu den Dolomiten jenseits der Etsch. Zu Eppan

Bild links **St. Pauls mit seinem herrlichen Kirchturm; in ihm schwingt eine Glocke von 5000 Kilo Gewicht, gegossen im Jahre 1701 (Ton A).**

Bild oben **Die Burg Hocheppan, ein historisch wertvolles Ausflugsziel in Überetsch mit weithin großer Aussicht.**

Bild rechts **Auch St. Pauls hat seinen »Schwarz-Adler-Wirt« und, wie schön, einen Dorfbrunnen.**

Burgen und Schlösser. Das bauliche Antlitz dieses gottgesegneten Weinlandes zeugt von Würde und Wohlhabenheit. Das bauliche Antlitz? Darunter verstehen wir neben den Kirchen und Kapellen die Burgen, Schlösser und Ansitze, die, verteilt über das Land, von der Vergänglichkeit so manch stolzer Herrschaft, von verblichener Adelsherrlichkeit, auch vom selbstbewußten Bürgerstolz erzählen, von Bürgern, die heute sogar Schlösser bewohnen. Nehmen wir es genau, finden wir in der Gemeinde Eppan ein Dutzend Burgen und Schlösser und mehr als 100 architektonisch bemerkenswerte Gebäude, umgeben von Bäumen, so alt und kostbar wie das Haus, dem sie Schatten spenden.

Die Burg, meist im 12. und 13. Jahrhundert errichtet, diente weniger dem behaglichen Wohnen, wie es einem Schloß zukommt, vielmehr zur Sicherung des eigenen Herrschaftsbereiches und mußte nach Möglichkeit fast uneinnehmbar sein – deshalb die Position auf exponierten Hügeln und steilem Fels. Mit der Burgruine Hocheppan hat Überetsch ein klassisches Beispiel dieser Art und Südtirol zudem ein frühes Zeugnis seiner Geschichte. Graf Ulrich II. von Eppan erbaute die Burg zwischen 1125 und 1130, zur hohen Zeit seines Geschlechts. Von ihrem Sitz auf einem Porphyrsporn überblickt Hocheppan aus 636 Meter Höhe weithin das Land: Im Umkreis zählen wir 36 Schlösser und Burgruinen; das Etschtal, im Bogen durch das Bozner Becken, liegt uns zu Füßen. Die Eppaner Edlen stritten mit den Grafen von Tirol um die Vorherrschaft über das Land an Eisack und Etsch – ein Streit, den die Tiroler Adeligen für sich entscheiden konnten und fürderhin das Land nach ihrem Geschlecht benannten.

gehört schließlich auch der Weiler Montigl (494 m). Mit den beiden Montigler Seen, hübsch gebettet in dichte Wälder am Überetscher Mitterberg, konkurriert Eppan im Hinblick auf sommerliche Badefreuden mit dem Kalterer See.

Eppan, von der Sonne verwöhnt, reich beschenkt mit Wein und Obst – darf es dort einen kalten Wind geben? Ja, den gibt es, im ständigen Durchzug aus den sogenannten »Eislöchern« nahe dem Gemeindeort Gand. Dieses hochinteressante Naturphänomen diktiert einer Geländemulde in 500 Meter Meereshöhe ein Klima, das beinahe dem einer Hochalm entspricht.

Überetsch, seiner Burgen und herrschaftlichen Ansitze wegen auch die »adelige Landschaft« genannt, ist der Oberbegriff für die Gemeinden Kaltern und Eppan – für die Hochfläche »über der Etsch«. Das Gebiet ist etwa 14 Kilometer lang und 7 Kilometer breit: vom Kalterer See über Kaltern und Eppan bis hinauf nach Gaid und vom Waldrücken des Mitterberges hinüber zum Mendelkamm zwischen Mendelpaß und Gantkofel. Stehen wir oben am Penegal, überschauen wir ganz Überetsch und verstehen die Bedeutung des Namens. Der Mitterberg, im Zuge von Sigmundskron im Norden bis zu seinem Auslauf im Süden am Kalterer See, ist ein Ableger der Bozner Porphyrplatte mit teils scharfer, senkrechter Abbruchkante über mehrere hundert Meter hinunter in das Etschtal. Mit dieser Höhendifferenz hebt er Überetsch über die Talsohle hinaus und scheidet Kaltern und Eppan vom Unterland an der Etsch.

Meran
und das Burggrafenamt

Die Geschichte von Meran und seinem Burggrafenamt beginnt mit den Grafen von Tirol, ehemals Adelige aus dem Vinschgau, die im Jahre 1141 als »Grafen von Tirol« erstmals aufscheinen.

Im Meraner Becken auf einem aussichtsreichen Hügel mit Blick hinab zur Etsch und durch das weit offene Land nach Süden bis zum heutigen Bozen mag den Tiroler Grafen der starke Wunsch zur Machterweiterung dorthin gekommen sein. Dazu mußten die Tiroler Adeligen zuerst einmal die Eppaner Grafen aus dem Sattel heben und schließlich auch dem Fürstbistum Trient eine Kompetenz nach der anderen entreißen. Graf Albert III. legte den Grundstein, sein Enkel Meinhard II., ein bedeutender Fürst seiner Zeit, vollendete in den Jahren 1258 bis 1295

das Einigungswerk zur »Gefürsteten Grafschaft Tirol«.

Meran belegt seinen Ursprung in der römischen Siedlung »castrum Maiense«; urkundlich erstmals wurde Meran im Jahre 857 als »Mairania« erwähnt. Zur Jahrtausendwende muß auch die Zenoburg an der Passerschlucht schon Bestand und Rang gehabt haben, denn Meinhard II. erwarb sie im Jahre 1288, in der hohen Zeit seiner Macht, hielt dort Hof und richtete die Burg fürstlich ein. Von seinem Glanz und seiner Macht profitierte das vordem unbedeutende Meran, die Erhebung zur Stadt konnte jedoch erst erfolgen, als eine feste Mauer den Ort umschloß. Im Jahre 1317 erhielt Meran unter König Heinrich, dem Sohn Meinhards II., das Stadtrecht – Meran stieg auf zur Hauptstadt

von Tirol. Damals war Meran im Besitz der Münzstätte und wichtiger Märkte, der Handel verlegte sich jedoch mehr und mehr auf das aufstrebende Bozen und rückte Meran ins Abseits. Im Jahre 1475 mußte es die Münze nach Hall im Inntal abgeben und verlor um 1490 auch endgültig den Status der Landeshauptstadt an Innsbruck.

Ein »Burggraf«, das war zur Zeit der Tiroler Landesfürsten der Verwalter der fürstlichen Besitzungen. Für den Landesfürsten hatte der Burggraf das Steuerwesen und die Rechtspflege in der Ausweitung von Schloß Tirol in die Umgebung von Meran, von der Töll bis Gargazon und die Seitentäler von Ulten und Passeier, zu kontrollieren.

Über die Jahrhunderte bis heute geriet die Bezeichnung »Burggrafenamt« nie in Vergessenheit, als vornehm klingender Traditions-

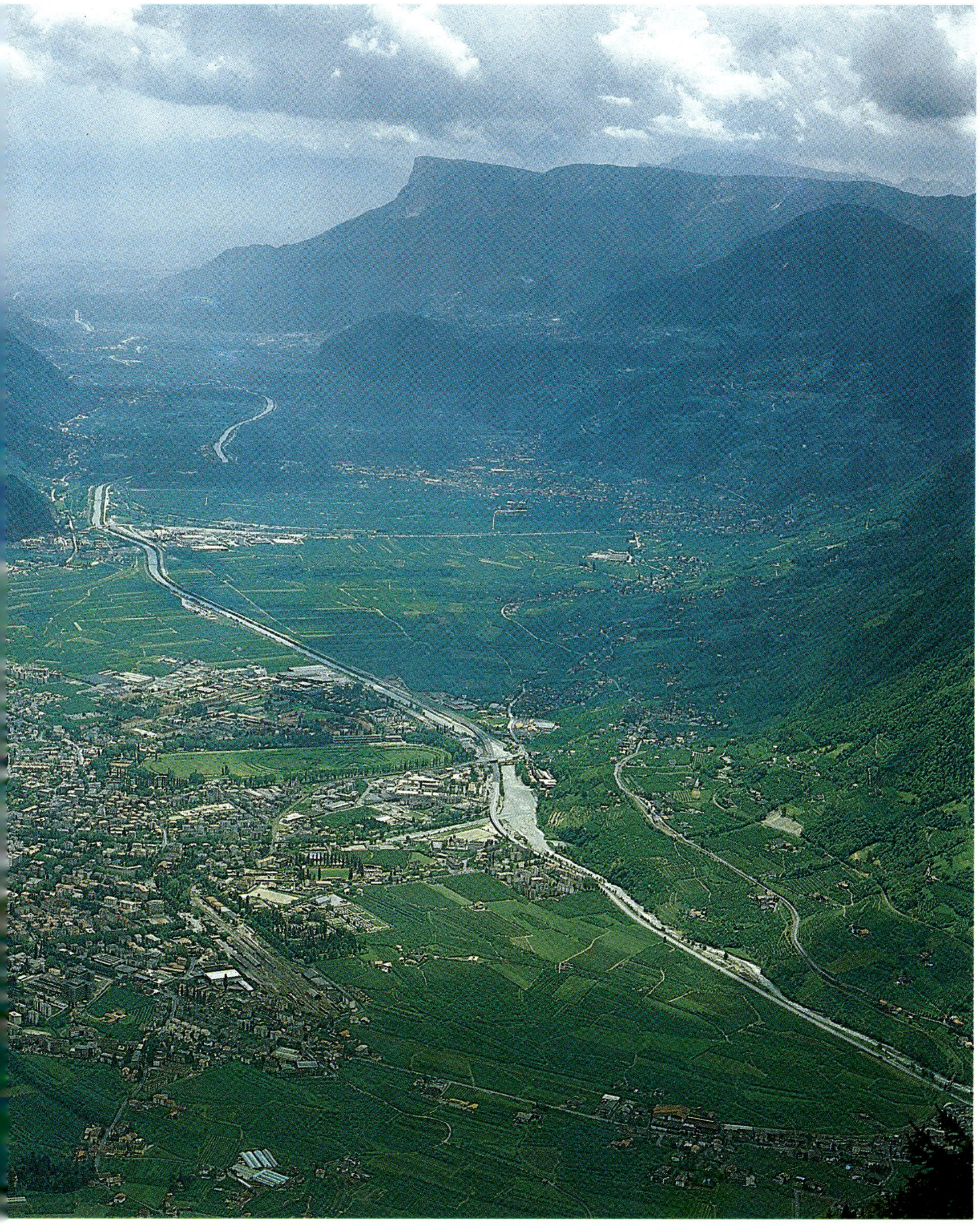

»An Meran
Wo ringsum in deutschen Gau'n
Ein Erdenfleck gleich Dir zu schau'n?
Denn, ob Du prangst im Blütenmeer,
Ob dicht im Herbstlaub früchteschwer,
Ob tief verschneit Dein Alpenkranz,
Sich strahlend sonnt im Winterglanz:
Gleich reich zu jeder Jahreszeit
Bist Du mit Zauber angetan –
Du, von Gott des Lichts gefeit
Tirolisch Paradies, Meran!«
(Oskar von Redwitz)

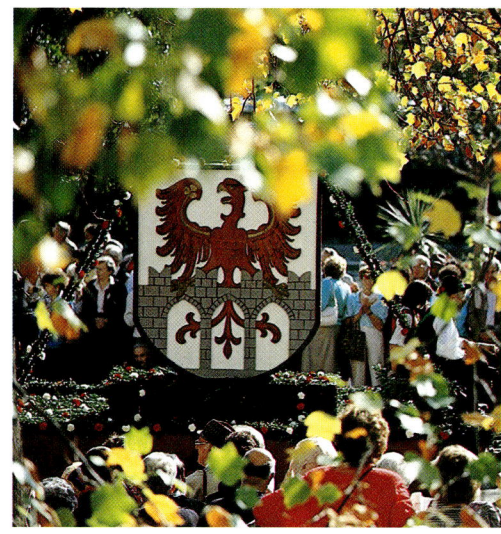

Das Meraner Traubenfest findet alljährlich am zweiten Wochenende im Oktober statt und ist der Höhepunkt der »fünften Jahreszeit« des Kurortes, des »Goldenen Herbstes«, der dem eigentlichen Herbst voransteht. Ein Galakonzert eröffnet am Sonnabend das Fest, am Sonntag ist der große Umzug durch Stadt und Kurpark. 1988 haben 37 Gruppen mit Musik und Tracht aus ganz Südtirol teilgenommen, auch renommierte Gastkapellen aus Österreich und Deutschland spielten auf. Das Meraner Traubenfest ist ein farbiges, eindrucksvolles Südtiroler Bilderbuch!

name stärkte er das Meraner Selbstbewußtsein. In der heutigen »Bezirks- und Talgemeinschaft Burggrafenamt« bekommt für Meran und Umgebung dieser historische Begriff in den Grenzen von einst die damalige politische Bedeutung zurück.

Bild links ***Die Leonburg an der Straße zum Gampenjoch; im Hintergrund der Ifinger, rechts der Rotensteinkogel am Tschögglberg.***

Bilder oben und rechts ***Talpanorama von Meran, der Etsch entlang hinab nach Bozen. Rechts der Gantkofel.***
Festumzug in Meran, oben das Stadtwappen.

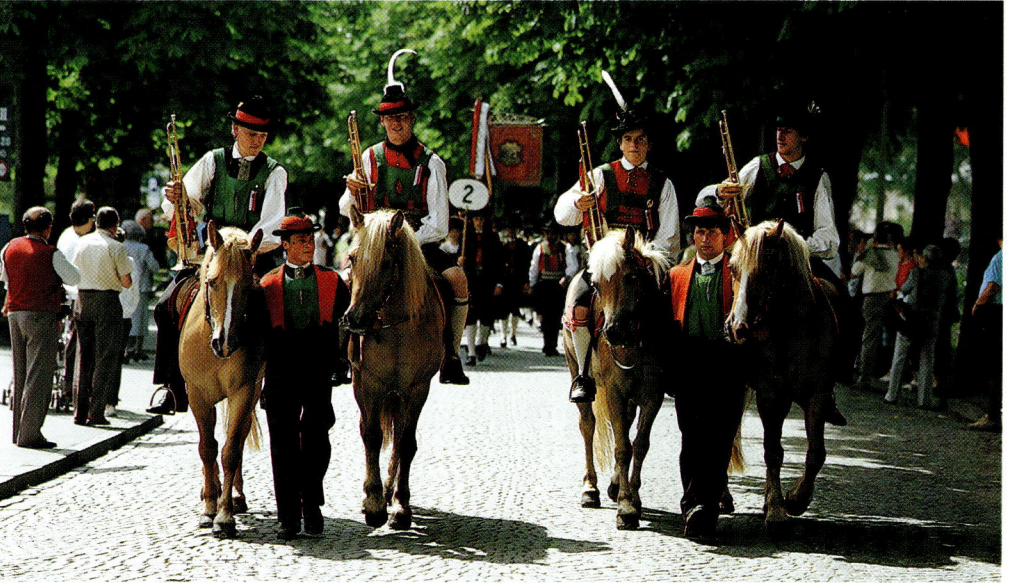

72 Meran, die Kurstadt

»Vom Kuhstadtl zum Weltkurort«, so überschreibt Gunther Langes in der Südtiroler Landeskunde die Geschichte der Stadt Meran mit Beginn im 15. Jahrhundert, als für Meran schleichend, aber doch stetig der Nimbus einer Landeshauptstadt verblaßte, dafür aber Innsbruck zu Ansehen aufstieg. Im 16. Jahrhundert sank Meran vollends zu einem unbedeutenden Landstädtchen herab, ein schwacher Abglanz einstiger großer Zeiten haftete nur noch am Amt des Burggrafen. »Im Jahre 1702«, so schreibt die Landeskunde, »wurden in den Stallungen der Innenstadt 150 Kühe gehalten. Aus dem stolzen Meran der Grafen von Tirol war das unbedeutende ›Kuhstadtl‹ geworden.«

Das Gerüst der Geschichte braucht für den Halt am Haus der Zeit feste Punkte, also Daten, als Fundament für die weiterführende Chronik. Eine erste Ahnung für eine neue

Meraner Epoche liegt im Ausspruch: *»Mich hat die Sonne geboren, schön und lieblich auserkoren«,* den Johann von Hebenstreit der Passerstadt im Jahre 1750 widmete. Im 18. Jahrhundert also zeichnete sich für Meran der Beginn einer neuen Ära ab. »Hier läßt sich gut leben«, meinten Adelige und vermögende Leute, die auf einer Tirolreise auch Meran besuchten, die Wirkung des Klimas verspürten – Meereshöhe 325 Meter – und den Reiz der Landschaft, das Flair der submediterranen Vegetation und dazu vielleicht auch den roten Burggräfler Wein in vollen Zügen genossen. Die Vorzüge von Meran lockten zu Beginn des 19. Jahrhunderts sogar den Hochadel an, so im Jahre 1836 die Fürstin Mathilde von Schwarzenberg aus Wien zu einem längeren Gesundheitsaufenthalt. Der fürstliche Leibarzt, ein Dr. Josef Huber, hatte Muße genug, das Meraner Schonklima eingehend zu studieren und schrieb seine Erkenntnisse »Über die Stadt Meran in Tirol, ihre Umgebung und ihr Klima« in einer so betitelten Broschüre nieder. Diese Schrift gilt als »Magna Charta« des Kurortes und das Jahr 1836 als Geburtsjahr zum Aufbruch in die neue Zeit. Die große Welt, die regierenden

Habsburger und ihr Gefolge, entdeckten Meran, und so brachte das Jahr 1855 die offizielle Erhebung zum Kurort. Der Schritt zum endgültigen Eintritt in den Reigen der großen europäischen Kurorte wurde am 14. November 1874 im Schein von 102 Gasflammen mit der Eröffnung des Kurhauses an der Passerpromenade gebührend gefeiert.

Zum vollständigen Glück von Meran fehlte noch der Anschluß an die Brennerbahn – der erste Zug der Bahnlinie Bozen – Meran erfüllte am 4. Oktober 1881 auch diesen sehnlichen Wunsch. In den Jahrzehnten bis 1914 lebte Meran in der glanzvollen Zeit der Belle 'Epoque, in der Sonne von Jugendstil und allerhöchster Herrschaften, Europas Hautevolee kam nach Meran.

Den Glanz dieser vergangenen Zeiten verspüren auch wir, wenn wir in Meran flanieren und promenieren, den Kurkonzerten lauschen und den Festen beiwohnen, vom Tappeiner Weg am Küchelberg auf die Dächer der Altstadt blicken und Meran dort aufsuchen, wo es alt geblieben ist: in der Laubengasse, am Rennweg und im Winkel am Pfarrplatz bei der mächtigen Pfarrkirche St. Nikolaus. Wer Bäder in radioaktivem Wasser

schätzt, besucht das moderne Thermalzentrum gegenüber dem Kurhaus.

Im Jahre 1914 gab es in Meran 12000 Menschen, die Volkszählung von 1981 verzeichnete knapp 34000 Einwohner, Deutschtiroler und Italiener zu fast gleichen Hälften.

Bild links   Meran, die Stadt an der Passer. Der Fluß kommt aus dem Passeier Tal, die Quellen entspringen im Hinterpasseier, oben am Zentralalpenkamm.

Bild oben   Der schattige Meraner Sommerpark links der Passer mit sehr alten Bäumen und dem Denkmal für Elisabeth (1837–1898), Gemahlin von Franz Josef I. und Kaiserin von Österreich.

Bild rechts   Die Mariensäule in Meran am Platz bei der Passerbrücke, im Jahre 1801 von der Bürgerschaft gestiftet als Danksagung, daß die Stadt von 1793 bis 1799 von den Kriegswirren verschont geblieben ist.

73 Schloß und Dorf Tirol

Schloß Tirol über Meran ist der Stammsitz des Landes Tirol, ein Tirol, das als geteiltes Land nördlich des Brenners sein Heimatrecht in Österreich behalten durfte, südlich aber im Frieden von Versailles im November 1919 dem damaligen Königreich Italien zugesprochen wurde.

Im Ursprung war der Bau gewiß nur eine Burg, errichtet um 1140 von den nachgenannten Grafen von Tirol auf einem Geländesattel in 647 Meter Meereshöhe nahe dem schon bestehenden Dorf Tirol. Erst mit der Machtentfaltung dieser Dynastie bis zur endgültigen Manifestierung der Herrschaft durch Meinhard II. in den Jahren nach 1258 dürfte die Burg die bauliche Substanz erhalten haben, die schließlich die Anrede

»Schloß« zuließ. Damit war aber die große Zeit schon fast vorbei, denn 1288 übersiedelte Meinhard zur günstiger gelegenen Zenoburg und überließ das Stammschloß seinen Dienstmannen. Das Schloß steht auf trügerischem Moränengrund, im Ausblick von Dorf Tirol sehen wir den ostseitigen Unterbau: Ablagerungen aus der letzten Steinzeit, ein Konglomerat aus Sand und Stein, tragen das historische Bauwerk.

Schloß Tirol verfiel die Jahrhunderte hindurch, als ein von niemand geliebtes und von Hand zu Hand weitergereichtes Stiefkind, zu einer leeren Mauerhülle, in der nichts an die machtvolle Bedeutung von einst erinnerte. Im Jahre 1363 übergab Margarete Maultasch, die Enkelin von Meinhard, die Gefürstete Grafschaft Tirol an den Habsburger Rudolf IV: Die Habsburger hielten Hof in Innsbruck, das Stammschloß derer von Tirol blieb mehr oder weniger der Natur überlassen, die schließlich im Jahre 1641 einen Teil des Palas zum Einsturz brachte. Oh Schande! Unter der Bayernherrschaft im Jahre 1808

sollte Schloß Tirol sogar versteigert werden – für 2200 Gulden kaufte ein Freiherr von Hausmann die Halbruine zum Abbruch, überließ sie jedoch dem ansässigen Schloßbauern. Nach dem Befreiungskrieg erwarb die Stadt Meran die alten Mauern, gab den ungeliebten Besitz aber sogleich als Huldigungsgeschenk an Kaiser Franz I. weiter, wohl in der trügerischen Hoffnung, daß die österreichische Monarchie das Schloß restaurieren werde. Meran mußte, um sein Prestige zu wahren, jedoch selbst in den Säckel greifen.

Heute endlich ist die Stammburg in der richtigen Hand: Schloß Tirol gehört dem Land Südtirol und untersteht dem Landesdenkmalamt, enthält ein Landesmuseum und ist geöffnet vom 1. Mai bis 31. Oktober.

»Der Blick durch das Rundbogenfenster des Palas über das Etschtal gehört zu den berühmtesten Ansichten und Bildern Südtirols, zu einem Blick in das Herz dieses Landes« – so schreibt Gunther Langes.

Dorf Tirol, in 573 Meter Meereshöhe auf dem Küchelberg gelegen, ist die älteste Dorfsiedlung im Burggrafenamt; die Pfarrkirche zum hl. Johannes d. Täufer wird 1164 erstmals erwähnt, muß aber als Taufkirche für die Umgebung schon einen längeren Bestand gehabt haben. Vom Dorf kam der Name »Tirol« zur Burg in der Nachbarschaft und zu deren Insassen, den Grafen von Tirol: Im Dorf Tirol steckt somit die innerste Keimzelle des Landes Tirol.

Dorf Tirol, eine politische Gemeinde mit 2000 Einwohnern, liegt auf einem herrlichen Geländebalkon, gleichsam auf dem Fußrükken der Mutspitze (2294 m), dem Eckpfeiler der Texel-Gruppe zum Meraner Becken. Als Urlaubsort fast das ganze Jahr über gefragt, hat es in den letzten Jahrzehnten einen beispiellosen Aufstieg erfahren. Wollen wir unserem Ausflug nach Dorf Tirol die Krone aufsetzen, schweben wir mit der Hochmuter Seilbahn hinauf nach Hochmut (1350 m) – 1000 Meter über Meran!

74 Das Passeier Tal

Vom Meraner Becken aus erstreckt sich das Burggrafenamt hinein in zwei große Bergtäler, die das Land Südtirol mit starken Fäden am Hochgebirge verankern. Das Ultental greift von Lana aus in die Ortler Alpen, das Passeier Tal stößt nach Norden zum Zentralalpenkamm vor, erlaubt durch das Hinterpasseier und über das Timmelsjoch sogar eine Verkehrsverbindung mit dem Ötztal drüben in Nordtirol und über den Jaufenpaß die Fahrt nach Sterzing im Wipptal mit Anschluß zum Brenner. Damit hat das Passeier Tal mit zwei Paßstraßen interessante Reisewege nach Norden, die aber einer Wintersperre unterliegen.

Die Passer durcheilt das Tal, im Schub heraus vom Talinneren, von St. Leonhard, verfrachtet der Fluß zu Unzeiten wildschäumende, bedrohliche Wassermassen hinab nach Meran, das sich heute mit hohen Schutzmauern gut dagegen wehren kann. Früher mußte die Stadt des öfteren machtlos zusehen, wenn die Fluten hineinströmten in die Laubengasse, so am 22. September 1419, am 18. Juni 1721 zum fünften Male, wie die Chronik berichtet. In normalen Zeiten besorgte die Passer den Holztransport. Ein Dichterwort schildert anschaulich Segen und Fluch des Passeier Wassers:

»Maya, Meran!
Dir nähr' ich mit Holz die Flamme
des Herdes!
Doch als teuren Entgelt, nehm' ich
die Mauern dir oft.«

Bild links   Schloß Tirol, der Stammsitz des Landes: fast ein Wallfahrtsort für jeden Südtirolfreund, wenn er durch das Dorf Tirol spaziert und hinüberschaut zur Burg.

Bild links oben   Ein auffälliger und dazu selten schöner Wegweiser – aus der Passeier Talstraße hinauf zum Dorf Tirol.

Bild oben   Die Passer in breitem Lauf zum engen Sturz bei der Zenoburg hinab nach Meran. Wir schauen hinauf nach Schenna, dort Schloß Schenna mit dem Mausoleum für Erzherzog Johann von Österreich (1782–1859).

Die moderne Bachverbauung hat der Passer ein reguliertes Bett mit künstlichen, seichten Schwellen gerichtet (siehe Bild), das Wasser also gezähmt. Die naturhafte Kraft und Fülle im gesamten etwa 18 Kilometer langen Lauf heraus von St. Leonhard bis Meran ist dem Fluß jedoch geblieben, zur Freude der Kajak- und Kanusportler aus ganz Europa, die in jährlichen Wildwasser-Rennen die Besten ihrer Zunft ermitteln.

Das Gefälle der Passer verteilt sich durch den gesamten Talverlauf sehr gleichmäßig, von St. Leonhard (693 m) bis Meran (325 m) nur wenige hundert Meter durch das fast gradlinige Tal. Stehen wir an der richtigen Stelle, bekommen wir einen guten Überblick zu Tal, Fluß und Berg, so zum Beispiel von der Straßenkehre 4 in der Auffahrt von St. Leonhard zum Jaufenpaß. Die beidseitigen Talkämme, links der Passer die hochbewaldete West-

flanke der Sarntaler Alpen, rechts die stärkere Gliederung der östlichen Texel-Gruppe, geteilt vom Spronser und vom Falser Tal, geben dem Passeier einen hohen, engen Bergrahmen, der keinen Blick in die Welt dahinter erlaubt. Jedoch von Süden, herein vom Meraner Becken, grüßt über die Längsachse des Tales ein bedeutender Burggräfler Berg, die Doppelgestalt der Laugenspitze.

Das Passeier ist eine geschlossene Talschaft, aber keine Talgemeinde. Das 350 Quadratkilometer große Gebiet teilen die politischen Gemeinden Riffian, St. Martin, St. Leonhard und Moos i. Passeier unter sich auf, verwalten 9000 Personen, wovon keine 100 Leute sich zur italienischen Sprache bekennen. Im Ausmaß der großen Passeier Talschaft gibt es eine gute Einteilung: Das Außerpasseier ist von Meran herauf südlich angehaucht, trägt Wein und Obst und schart sich um das Kirchdorf

Riffian; das Vorderpasseier, benannt nach den Kirchenheiligen Martin und Leonhard, ist das Herz der Talschaft, die grüne Ader mit Wiesen und Wäldern hoch hinauf. Das Hinterpasseier, der große Flecken Bergland von St. Leonhard einwärts mit dem Hauptort Moos, dehnt sich aus bis zur Dreitausender-Gletscherregion im Zentralalpenkamm, besitzt mehr als die Hälfte der gesamten Talschaftsfläche mit viel Bergwald, Hochalmen, alpinem Ödland und ist ein Paradies für Bergwanderer und Bergsteiger.

Die Schildhöfe im Passeier Tal – elf an der Zahl – verteilen sich im Talverlauf von Saltaus bis St. Leonhard.

Peter Anich, dem Tiroler Bauernkartographen, erschienen die Schildhöfe wichtig genug, um sie in seinem »Atlas Tyrolensis« aus dem Jahre 1774 deutlich zu markieren, ihren Sonderstatus herauszuheben. Folgen wir seiner Karte und auch einer zeitgemäßen graphischen Darstellung (siehe Moser, »Die Schildhöfe im Passeier«), finden wir in der Fahrt taleinwärts den ersten und besonders auffälligen Schildhof in Saltaus an der Talstraße, heute das renommierte Gasthaus Saltauser Hof (siehe Bild Seite 176). Die übrigen Höfe nennen sich talauf rechts der Passer Erbion, Buchenegg und Happerg, links der Passer Obersaltaus, Weingart, Kalm, Baumkirch, Gereut und Steinhaus. Hinter St. Leonhard in der Zufahrt nach Moos finden wir den letzten der Schildhöfe, Camian. Die Zeit hat am ehemals fast wehrhaften baulichen Habitus der Schildhöfe manches geändert, die einstigen Privilegien entwertet; der Nimbus, ein Schildhof zu sein, ist im Passeier Tal aber bis heute beständig. Bei Umzügen treten die Namensträger der Schildhöfe öffentlich hervor, mit Schild und Hellebarde erregen sie das Interesse der Festgäste.

Die historischen Wurzeln der heute noch im Passeier existierenden Schildhöfe reichen in das ausgehende 13. zum beginnenden 14. Jahrhundert zurück. Im Mittelalter waren die Schildhöfe mehr oder weniger adelige Ansitze im Dienste des Landesherrn, dem sie in Kriegszeiten mit Waffenhilfe beizustehen hatten und dafür mit gewissen Privilegien belohnt wurden. Ein wesentlicher Bestandteil dieser Vergünstigungen war die Steuerfreiheit, die im Jahre 1311 erstmals aufscheint, und die Befreiung von der gewöhnlichen Gerichtsbarkeit. Im Passeier »Gerichts-Weistum« aus der 2. Hälfte des 14. Jahrhunderts waren alle Sonderrechte festgelegt. Die

Schildhöfe steuerten mit dem Adel. Selbst vor Gericht und in der Kirche durften die Männer bewaffnet erscheinen. Nur zu Kriegszügen für den Landesherrn konnten sie durch den Burggrafen von Tirol aufgeboten werden; Gemeindeämter, wie das des Fürsprechens, und Frohnboten brauchten sie nicht zu übernehmen. Vor Gericht hatten sie nur zu erscheinen, wenn ihre Zeugenschaft notwendig war, gleich den Edelleuten genossen sie volle Jagd- und Fischereifreiheit. So ausgestattet und dem übrigen Volk bevorzugt, erreichten die Schildhof-Insassen, erhoben zu »Einschildrittern«, die Stellung und das Ansehen adeliger Herren.

Bilder links und oben **Das Hofer-Denkmal im Bahnhofspark in Meran und der Schildhof Saltaus an der Passeier Talstraße.**

Bild rechts **Einkehr beim »Sandwirt« im Passeier Tal bei St. Leonhard.**

75 Andreas Hofer, der Sandwirt

Der Sandwirt im Passeier scheint der bekannteste Tiroler Gasthof zu sein, wohlgemerkt von ganz Tirol, also von Süd-, Nord- und Osttirol. Kein Tiroler, auch kein gekrönter Habsburger, erreichte die Popularität von Andreas Hofer, der einmal nur der »Pseirer« Sandwirt war und im besten Mannesalter gewiß nichts weiter wollte, als »das Sach' zusammenzuhalten« und für die Nachkommen zu mehren wie sein Vater Andreas, der Sandwirt vor ihm.

Herein von St. Martin bleibt die Straße flußnah auf fast gleicher Höhe mit der Passer. Die Fahrt über die Passerbrücke zum jenseitigen Ufer gibt den Blick frei zum Sandwirt, der hart an der rechten Straßenseite mit der Aufschrift »A. Hofer's Geburtshaus, Sandwirt« fast jedermann zum Anhalten verleitet, der herauf von Meran, herab vom Jaufenpaß oder vom Timmelsjoch zum erstenmal in das Passeier Tal kommt. An einem sonnig-warmen Tag halten wir Rast und Imbiß vielleicht im Vorgarten, ehe wir die historische Gaststube, das Andreas-Hofer-Museum und die Herz-Jesu-Gedächtniskapelle besichtigen (siehe Bilder Seite 177 und 178). Wo aber ist der Sandwirt, der Mann, der von diesem Haus aus ruhig und besonnen seinen Geschäften nachging, bis die Zeitgeschichte ihn zwang, ein Held zu sein?

Der »Sandhof« galt als das größte Bauerngut im Tal, der Name wird von Anschwemmungen der Passer abgeleitet, die früher einmal die Gebäude fast berührte. Von jeher diente der Hof auch als Wirtshaus mit Stallungen für die Saumtiere, die den Warentransport über den Jaufenpaß besorgten. Am Sandhof wurden die Lasten gewechselt und wieder neu aufgelegt, der Sandwirt war deshalb auch ein sogenannter »Aufliegerhof«. Nach dem Tod seiner Eltern übernahm Andreas Hofer im Jahre 1791 – geboren am 22. November 1767 im Sandhof und verheiratet mit Johanna Ladurner aus Algund – das Anwesen. Hofer betrieb einen ausgedehnten Wein-, Getreide- und Pferdehandel, kam also im Land herum und hatte durch seine aufrechte, leutselige Art eine große Bekanntschaft hinweg über den Jaufen zum Eisack, hinab nach Meran zur Etsch und im Tal selbst eine gewichtige Stimme. Seine Erscheinung war stattlich, die Stimme wohlklingend, sein Gang aufrecht, sein ganzes Wesen anziehend und Zutrauen erweckend. Der fast schwarze Vollbart erhöhte seine Würde und sein Ansehen, er bewährte sich in all seinem Tun als grundehrlich, stets geleitet von christlich-frommem Sinn. – So beschreibt der Zeitgenosse Johann Jakob Staffler den Mann Andreas Hofer.

Andreas Hofer im Freiheitskampf von 1809.
Den Tirolern, diesem tiefgläubigen Volk, das Rosenkranzgebet, das Feierabend- und Wetterläuten, das Sterbeglöcklein zu nehmen, die gewohnten freiheitlichen Traditionen zu annullieren, sogar den Namen »Tirol« aus der Landkarte zu tilgen, das konnte unmöglich gut ausgehen; durchsetzen aber wollte dies der Bayernkönig Max I. Joseph.

Nach dem Sieg Napoleons bei Austerlitz im Jahre 1805 bekam Bayern das Land Tirol zugesprochen und übertrug das eigene absolutistische System auf Tirol, hob Altbewährtes aus den Angeln. Der Unsegen ungeschickter Maßnahmen wirkte bis in die hintersten Winkel des Landes und traf alle Bevölkerungsschichten gleich hart. Das Jahr 1809 verkündete Krieg, kaum daß es drei Monate alt war, Österreich rüstete erneut gegen Napoleon und setzte nach Geheimverhandlungen mit Andreas Hofer auf die Unterstützung durch einen allgemeinen Volksaufstand seitens Tirol. Am 8. April 1809 erließ Hofer den ersten Aufruf zur Rebellion gegen die Fremdherrschaft. In wenigen Tagen, als Höhepunkt in den Bergisel-Schlachten vom 12. April und wieder am 25. und 29. Mai, fegte der Tiroler Landsturm unter dem Oberkommandanten Andreas Hofer die Bayern aus dem Land. Tirol schien befreit zu sein, aber Napoleon und die Bayern waren nur vorübergehend geschwächt. Napoleon schickte seinen Marschall Lefebvre nach Tirol mit dem Befehl, wenigstens sechs große Dörfer sowie die Häuser der Aufrührer zu plündern und niederzubrennen – »Sie haben die Macht in Händen, seien Sie schrecklich«. Am 13. August entbrannte die nächste Bergisel-Schlacht mit Hofer an der Spitze.

»Seid's beinand, Tiroler? Nachher geh'n mers an. Die Meß' habt's gheart, enkern Schnaps habts trunken, also auf in Gott's Nam'!« – das war Hofers Angriffsrede – die Bauern siegten nochmals, geschlagen zog Lefebvre ab. Das Schachspiel der Großen endete mit dem Frieden von Wien und ließ einen ungläubigen Bauern zurück, der nicht wahrhaben wollte, daß Tirol wiederum Napoleon und den Bayern gehören sollte. Die Schlacht am Allerheiligentag 1809, ebenfalls am Bergisel, sah einen siegreichen bayrischen General Wrede und einen geschlagenen Hofer. Verführt von falschen Einflüsterungen begehrte Andreas Hofer nochmals auf und hielt die vereinbarte Waffenruhe nicht ein. Das Ende waren seine Gefangennahme am 28. Januar 1810 auf der Pfandler Alm im heimatlichen Passeier, der Gerichtshof in Mantua und die Erschießung am 20. Februar – Napoleon hatte es so befohlen.

Das Andreas-Hofer-Lied

1

Zu Mantua in Banden der treue Hofer war,
in Mantua zu Tode führt ihn der Feinde Schar.
Es blutete der Brüder Herz,
ganz Deutschland, ach, in Schmach und Schmerz,
mit ihm das Land Tirol, mit ihm das Land Tirol.

2

Die Hände auf dem Rücken Andreas Hofer ging
mit ruhig festen Schritten, ihm schien der Tod gering,
der Tod, den er so manches Mal,
vom Iselberg geschickt ins Tal,
im heil'gen Land Tirol.

3

Doch als aus Kerkergittern im festen Mantua
die treuen Waffenbrüder die Händ' er strek-ken sah,
da rief er laut: »Gott sei mit euch,
mit dem verratnen deutschen Reich –
und mit dem Land Tirol«.

4

Dem Tambour will der Wirbel nicht unterm Schlegel vor,
als nun Andreas Hofer schritt durch das finstre Tor.
Der Sandwirt, noch in Banden frei,
dort steht er fest auf der Bastei,
der Mann vom Land Triol.

5

Dort soll er niederknien. Er sprach: »Das tu ich nit!
Will sterben, wie ich stehe, will sterben
wie ich stritt, so, wie ich steh auf dieser Schanz.
Es leb' mein guter Kaiser Franz, mit ihm das Land Tirol.«

6

Und von der Hand die Binde, nimmt ihm der Korporal,
Andreas Hofer betet allhier zum letzten Mal.
Dann ruft er: »Nun, so trefft mich recht.
Gebt Feuer! Ach, wie schießt ihr schlecht!
Ade, mein Land Tirol!«

(Text von Julius Mosen 1831, Melodie von Leopold Knebelsberger 1844)

Bild oben **Herz-Jesu-Kapelle beim »Sandwirt«, errichtet 1867 anläßlich der 100jährigen Wiederkehr des Geburtsjahres von Andreas Hofer.**

Bild rechts **St. Leonhard im Passeier, die Passer, links vom Kirchturm der Jaufenpaß.**

76 St. Leonhard am Jaufenpaß

Vom »Sandwirt« 2 Kilometer talein kehren wir zu in St. Leonhard (693 m), im lebhaftesten Ort des Tales. Die Pfarrkirche thront auf einem Hügel und schaut dem Treiben gelassen zu, seit ihrem Bestehen gehört ihr der beste und sicherste Platz.

Die geographische Lage im Zugang herab von zwei Pässen und das milde, geschützte Klima begünstigten eine frühzeitige Ansiedelung – die Alemannen kamen aus dem Ötztal über das Timmelsjoch, die Bajuwaren aus dem Eisacktal über den Jaufen – und so hat St. Leonhard Heimatrechte, die bis zum Jahre 1116 zurückreichen. Am 21. Dezember 1219 beschenkte König Friedrich II., der nachfolgende große Staufer, den Deutschen Ritterorden mit St. Leonhard. Durch den Orden hatte die Siedlung über Jahrhunderte ein sicheres soziales Fundament, mußte sich aber sehr oft gegen die Wildwasser der Passer und des Waltenbaches wehren.

Möglichkeiten, von St. Leonhard aus die Passeier Bergwelt zu erkunden, gibt es viele. Das Hinterpasseier, erschlossen durch die Straßen zum Timmelsjoch und hinein in das Pfelderer Tal, hütet den Schatz kaum berührter Bergnatur. Der Waltenbach fließt heraus vom Wannser Tal, ein grünes Tal bis zu seinem Schluß in St. Johann in ungefähr 1500 Meter Meereshöhe. Bis dorthin können wir am Bach entlang wandern, während über uns der Verkehr auf der Jaufenstraße brummt. Die Straße zum Jaufenpaß ist für St. Leonhard die gegenüber dem Timmelsjoch wichtigere Route, in ihrer heutigen Trasse reicht sie zurück in das Jahr 1905. Kaum ist der Jaufen offen, kommen im Frühjahr die Südtirolfahrer von Sterzing herüber ins Passeier, zur Blütenfahrt nach Meran, während oben am Paß hohe Schneemauern die Fahrbahn säumen und erste Krokusse durch die Firnflecken treiben.

Der Jaufenweg hat seine Geschichte, die zurückreicht, seit Menschen die beidseitigen Täler besiedeln. Bevor in den Jahren 1481–1483 Herzog Sigmund den im Eisacktal bestehenden Kuntersweg nachhaltig verbesserte, lief über den Jaufen ein reger Handel. Säumer und Frächter stationierten im Passeier Tal (siehe Sandhof) bis zu 300 Pferde für den Transport von Waren. Wer sich kein Saumtier leisten konnte, ging als Kraxentrager; im 18. Jahrhundert, so vermerkt die Chronik, war das Kraxentragen im Passeier ein wichtiger Erwerbszweig. Der Anstoß, den Saumweg zu einer Straße auszubauen, erfolgte von Meran, das als aufstrebende Kurstadt eine direkte Verbindung zum Brenner wünschte. Am 15. Juni 1912, dem Eröffnungstag, entließ die neue Straße den historischen Jaufenweg in die Vergessenheit – wer schon geht noch zu Fuß über den Jaufen?

77 Hinterpasseier – Timmelsjoch

Weilen wir zum Urlaub in St. Leonhard, schickt uns der Verkehrsverein gewiß in das Hinterpasseier, dorthin, wo der Zentralalpenkamm die Südtiroler »Pseirer Welt« als fast unüberwindliche Barriere gegen das Nordtiroler Ötztal abschließt. Die Ortschaften Stuls 1315 Meter, Moos 1007 Meter, Rabenstein 1419 Meter, Platt 1140 Meter und Pfelders 1622 Meter vereinen das Hinterpasseier zu einer einzigartigen sommerlichen Ferienregion, die einfach geblieben ist und vielleicht auch so bleibt. Ins Hinterpasseier fährt der Urlaubsgast, der nichts weiter will als naturnahe Landschaft, stille Wanderwege zu entlegenen Almen, die Augenfreude blühender Bergwiesen und schäumender Wildbäche. Folgt er den silbernen Wasserfäden zur Höhe, findet er ihre Ursprünge am Saum der Gletscher, in den Südflanken des Ötztaler Hauptkammes.

Aus dem Hinterpasseier, herab von einem Hochbecken, in dem die kleine bäuerliche Gemeinschaft von Rabenstein haust, strudelt die Passer in starkem Gefälle herab nach St. Leonhard, hinein nach Moos fahren wir ihr auf 7 Kilometer in teils enger Talschlucht entgegen. Aus dem einst kleinen Weiler Moos, der erst 1932 die heutige Autostraße als zeitgemäße Zufahrt erhielt, ist in den letzten Jahrzehnten ein stattliches Dorf geworden, im Mittelpunkt der spitze Turm der Pfarrkirche Mariä Himmelfahrt. Der Ort liegt gut gebettet auf einer Terrasse, das Gelände ist nach Süden zur Hangleiste von Platt offen, die Berge darüber lehnen sich weit zurück, und so ist Moos trotz der räumlichen Enge ein freundlicher Platz.

Pfelderer Tal – wer weiß von diesem Tal, das als glazial ausgeschliffene Furche von Südwesten, vom Ötztaler Hauptkamm her, bei Moos zur Passer einmündet? Das Dorf Pfelders im Talschluß, vom modernen Straßen-

Bilder oben **Die Straße zum Timmelsjoch ist zur Sommerzeit eine viel benützte Ein- und Ausfahrt nach und von Südtirol. Im** *Bild rechts oben* **erkennen wir die Jochhöhe mit der Staatengrenze Österreich/Italien; die Südtiroler Rampe durchstößt den Berg mit einem Tunnel und läuft in steilen Kehren** *(Bild links oben)* **hinab ins Hinterpasseier.**

Bild links **Sonntagskonzert der örtlichen Blaskapelle in Pfelders, dem entlegensten Kirchdorf im Hinterpasseier.**

bau lange vergessen, hat endlich eine gute Zufahrt (10 km), die wir genießen sollten, damit die Landschaftsbilder nicht zu schnell entgleiten.

Aus dem Ortskern von Moos fällt die Straße hinab zur Passer und schwingt jenseits höher zur sonnigen Geländestufe des Dörfchens Platt, bei dem wir anhalten, zurückschauen nach Moos und auch die Passerschlucht hinauf nach Rabenstein sehr gut überblicken können. Die Weiterfahrt läuft auf der Schattseite des Pfelderer Tales am Saum ausgedehnter Wälder, berührt die Örtlichkeiten Außer- und Innerhütt und bietet den freien Blick auf die jenseitige, fast baumlose Hangflucht. Wasserkaskaden fegen dort über steilen, blanken Fels und nähren den Pfelderer Bach, der uns hineinweist zum Kirchdorf Pfelders. Das Tal weitet einen Kessel und bildet in 1600 Meter Meereshöhe eine frische Almlandschaft, das Nest für die kleine Ortschaft

Pfelders. Eine bescheidene Häusergruppe versammelt sich um das Kirchlein »Mariahilf« und die einfachen Gasthöfe »Weißes Kreuz« und »Edelweiß«, auch die zwei, drei Pensionen wachsen über zwei Stockwerke nicht hinaus. Obwohl die Urhöfe von Pfelders seit dem 13. Jahrhundert bestehen, blieb die Siedlung fast bis herauf in unsere Zeit vergessen. Bergsteiger, die zur Hohen Wilde (3482 m) oder zum Hinteren Seelenkogel (3472 m) wollten, Glanzgipfel im Ötztaler Hauptkamm, waren wohl über lange Zeit die einzigen Fremden.

»Ein tiefes Bergversteck an den Eisbergen, wo hart und drückend der Winter waltet, freundlich einladend und erquickend aber die Sommer auf dieser herrlichen Alpe, wo die edelsten Kräuter blühen und die reinsten Quellen fließen« – so beschreibt ein Chronist des vergangenen Jahrhunderts die alpine Einschicht von Pfelders.

Das Timmelsjoch, 2509 Meter Meereshöhe, ist im Zentralalpenkamm der höchste mit einer Straße erschlossene Übergang und zur Öffnungzeit ein beliebter Reiseweg von Nord- nach Südtirol (November bis Ende Mai Wintersperre). Vorläufer für diese ab Moos 23 Kilometer lange und mit vielen Tunnels unterteilte Alpenstraße war ein Saumweg, der jedoch nie die Bedeutung des Jaufenweges erreichte, obwohl er für den Weintransport aus Meran zum Stift Stams im Inntal und im Anschluß über den Fernpaß nach Augsburg immer eine Rolle spielte.

Im Jahre 1940 begann Italien mit dem Ausbau des Saumweges zu einer Militärstraße, die Vollendung zur heutigen »Kunststraße« bewerkstelligten die Jahre von 1960 bis 1968. Österreich hatte von Anfang an das leichtere Baulos, die italienischen Straßeningenieure trassierten jedoch eine Strecke, die für den geschickten Fahrer ein Erlebnis ist.

78 Der Bergbau am Schneeberg

In der obersten Talkammer des Hinterpasseier, nordöstlich des Rabensteiner Hochkessels, gibt es einen Berg, der Schneeberg heißt; glauben wir dem Namen, vermuten wir darunter ein hohes und gewiß auch entlegenes Gebiet, in dem der Winter länger wie ein Sommer dauert.

Die Timmelsjochstraße tangiert den Schneeberg zwischen den Gasthäusern Saltnuß (1600 m) und Schönau (1700 m); Hinweise an der Straße verraten ihn, aber wer bemerkt die Wegeschilder und hält auf seiner eiligen Reise an, um den Schneeberg zu suchen? Die Interessenten, denen das Wissen vom Schneeberg

zu Ohren gedrungen ist, kommen herauf von St. Leonhard und von den Orten im Hinterpasseier. Sie warten einen schönen Tag ab und wandern in 2 bis 3 Stunden von einem der Wirtshäuser auf stillen Pfaden hinauf nach St. Martin zur ehemaligen Knappensiedlung auf 2355 Meter Meereshöhe im Zentrum des früheren Bergbaues. Das gut erhaltene Herrenhaus wird vom Italienischen Alpenclub als Rifugio geführt, die Südtiroler Wirtsleute behalten uns auch gerne zur Nacht – tagelang können wir der Schneeberger Bergbaugeschichte nachspüren.

Silber, zu allen Zeiten ein begehrtes Metall, hütete der Schneeberg in einem Gebiet mit ungefähr 7 Quadratkilometern Fläche und im Fels der Gipfel, fast 3000 Meter hoch. Irgendwer fand irgendwann vor fast 1000 Jahren den ersten Hinweis, und so fing der Mensch an, dem Berg den Schatz zu entreißen. Unter Erzherzog Sigmund, den die Ge-

schichte den »Münzreichen« nennt, schürften im Jahre 1486 1000 Knappen in mehr als 70 Stollen nach dem begehrten Erz, die Ausbeute transportierten Saumtiere über die Schneebergscharte (2678 m) ins Ridnaun im Sterzinger Raum. Dort saßen die Gewerken und profitierten mit der Stadt Sterzing vom »Pseirer« Bergsegen, der in knochenharter Arbeit, in unsäglichen Strapazen von Mensch und Tier ans Tageslicht gefördert, wohl nie genug sein konnte.

Die Bauten, die wir heute am Schneeberg sehen, stammen aus dem 19. und auch aus unserem Jahrhundert und dienten, nachdem der silberne Segen längst versiegt war, der Gewinnung von Zinkblende: Im Jahre 1880 förderten 184 Bergleute 2700 Tonnen Zinkerz! Die Schürfungen auf der Ridnauner wie auf der Passeier Seite währten bis 1970. Trotz reicher Erzlager, die noch vermutet werden, der Bergbau am Schneeberg ist vergangene

Geschichte. Die Tradition aber lebt fort, in Ridnaun durch das klingende Spiel einer Knappenkapelle, im Passeier mit dem Verein der Schneeberger Knappen – Glückauf!

Bilder links und oben **Tirol war zur Mitte des 2. Jahrtausends mit seinem reichen Erzvorkommen für die Habsburger Fürsten eine wahre Schatzkammer – Silber vom Schneeberg füllte aber auch den Augsburger Fuggern die Geldsäcke. Die Bauten am Pseirer Schneeberg** (*Bild links*) **stammen aus dem vergangenen Jahrhundert, als die Gewinnung von Zinkblende in höchster Blüte stand. Im Hintergrund der Kammzug der Schneeberger Weißen, fast 3000 Meter hoch.**
Die Fahne der Schneeberger Knappen aus St. Leonhard beim Meraner Traubenfest.

Bild rechts **St. Kathrein auf Hafling, die Wiese ist der Auslauf für das Haflinger Gestüt vom nahen Gasthof »Sulfner«.**

79 St. Kathrein
und Hafling

Für St. Kathrein und Hafling kehren wir nochmals zum Tschögglberg zurück (siehe Seite 144), denn die Gemeinde Hafling gehört zum Burggrafenamt seit den Zeiten, als der Burggraf (siehe Seite 170) auch die Haflinger oben am Tschögglberg unter seiner mehr oder weniger »leidigen Fuchtel« hatte.

Hafling – wohl jeder hat schon einmal von der Pferderasse gehört, die dort ihre Wiege hat und den Namen »Hafling« in alle Welt trägt. »St. Kathrein, das Kirchlein in der Scharte« ist sein im Burggrafenamt weithin sichtbares Wahrzeichen und die Visitenkarte hinab nach Meran. Seit es die herrliche Panoramastraße von Meran/Obermais nach Hafling gibt, ist dieser nördliche Abschnitt des Tschögglberges voll in den Meraner Frem-

denverkehr integriert. In Verbindung von »Meran 2000« mit dem Haflinger Plateau besitzt die Kurstadt eine Höhendependance einmaliger Qualität für Sommer und Winter. Mit der Straße, der Seilbahn nach Hafling und mit der Ifinger-Seilbahn zur Bergstation in Pfiffing (1900 m) sowie der Verbindungsstraße von Hafling nach Falzeben (1670 m) mit Anschluß an »Meran 2000« bleiben keine Erschließungswünsche offen.

»St. Kathrein«, so die Anrede der Einheimischen, sollten wir zuerst besuchen. Herauf von Meran schwenken wir nach einem fast 500 Meter langen Straßentunnel ein in die lichte Höhe von Hafling, St. Kathrein – Meereshöhe 1245 Meter – liegt vor uns. Die Haflinger Seilbahn hat die Bergstation nahe dem Kirchlein, denn eine günstigere Position für die obere Seilverankerung als den Geländeabbruch direkt zum Meraner Becken gibt es nicht. Südtirol besitzt viele vorteilhaft in die Landschaft gestellte Kirchen, St. Kathrein ist einer der schönsten Plätze für die Aussicht in das Burggrafenamt und weit darüber hinaus.

»St. Katharina«, so die Amtssprache, stammt aus dem Jahre 1251 und war Jahrhunderte hindurch die Sonntagskirche für Hafling/Oberdorf. Betrüblich für die Haflinger Bevölkerung seit jeher ist die Tatsache, daß ihre Ortschaft kein eigentliches Zentrum besitzt mit Gemeindeamt, Geschäften und Wirten, geschart um den Platz vor der Kirche, wie es einem durch die Zeit gewachsenen Dorf gut anstünde. Hafling ist eine Streusiedlung und hat ein »Hieger- und ein Enderbach«, zwei Ortsteile diesseits und jenseits des Baches. St. Katharina steht mit dem am Hang verteilten Oberdorf diesseits; jenseits, straßentechnisch mit einer Brücke und einem Tunnel sehr aufwendig, dafür auf kürzeste Strecke verbunden, repräsentiert die Pfarrkirche zum hl. Johannes d. Täufer den ältesten Ortsteil, Hafling/Dorf (1290 m). Dorthin hat die Gemeinde das Bürgermeisteramt, öffentliche Einrichtungen wie Bank, Post und Verkehrsamt gelegt, einen großen Parkplatz geschaffen und eine Übersichtstafel aufgestellt, mit der wir uns gut orientieren können.

183

Haflinger, das Pferd mit der blonden Mähne, sehen wir in Südtirol nicht überall, im Arbeitseinsatz immer seltener, als beliebtes Reitpferd dagegen häufig.

Der Haflinger wird beschrieben als fuchsbraunes Pferd mit blonder Mähne und ebensolchem Schweif, spitzen kleinen Ohren, einem weißen, langgezogenen Stirnfleck, lebendigen Augen und einer Körperhöhe von etwa 140 Zentimetern. Dieses Pferd ist trotz des eher kleinen Wuchses sehr zäh, ausdauernd und als Zug-, Saum- und Reitpferd für Sport und Freizeit vorzüglich geeignet.

»Kleine, leichtfüßige Pferde« waren nach dem bekannten Tiroler Topographen Staffler schon längst auf Hafling, Vöran und im Sarntal ansässig, ohne aber als eigene Rasse vorgestellt zu sein. Wie kam es, daß Hafling diesem Pferd den Namen geben sollte? Dies, so meinen die Einheimischen, hängt mit dem Meraner Fremdenverkehr zusammen. Nach 1850 versammelte Meran bedeutende und honorige Kurgäste. Die Haflinger Bauern fuhren zur damaligen Zeit oft Lasten in die Stadt oder führten die Gäste mit ihren Pferden zu einem Ritt aus; zudem war Hafling schon ein beliebtes Meraner Ausflugsziel – zu Pferd, mit einem Haflinger –, der einfache, bequeme Sprachgebrauch taufte schließlich das Pferd nach seinem Heimatort. Damit hätte die als reinrassig anerkannte Haflingerzucht aber keine feste Grundlage. Das Herdbuch eröffnete ein Bauer namens Folie aus Schluderns, der 1874 eine Haflinger Stute mit dem arabischen Halbbluthengst El Bedawi kreuzte und als Ergebnis den ersten eingetragenen Haflingerhengst »249 Folie« erhielt, den Stammvater unseres heutigen so liebenswerten Haflinger Rössels.

Im Jahre 1904 wurde in Mölten die »1. Haflinger Pferdezucht-Genossenschaft« gegründet, welcher sämtliche Züchter des Tschögglberges angehörten. Heute obliegt es dem Haflinger Pferdezuchtverband, Zucht und Förderung des Haflinger weiter voranzutreiben. Über 1000 Stammbuchstuten und 32 Hengste bilden dazu die Grundlage.

Außer in Südtirol wird heute in Österreich, der Schweiz, in Deutschland, Großbritannien und in den Niederlanden sowie in Amerika und noch weiteren Staaten der Haflinger gezüchtet und gehalten. Hafling also ist weltbekannt – durch sein Pferd!

Bilder links **Haflinger Pferdemärkte und Veranstaltungen zur Bewertung von Zuchtergebnissen finden in Südtirol regelmäßig statt. Züchterstolz muß sich zeigen!**

Bild rechts **Niederlana, die Pfarrkirche bewahrt den berühmten Schnatterpeck-Altar.**

80 Die Marktgemeinde Lana

An der Geländestufe von Töll verläßt die Etsch den Vinschgau herab zum Meraner Becken; zwischen Algund und Forst schwenkt sie vor Meran ein zu einer Diagonale quer durch die Talebene hinüber zur Tschögglberger Hanggliederung. Die Etsch teilt das Meraner Becken somit in eine westliche und eine östliche Hälfte, wobei der beste und fruchtbarste Boden in der Westhälfte liegt. Dort, unter dem Vigiljochberg, im Auslauf der Hänge zur Talebene von Forst über Marling und Tscherms nach Lana, erntet das Burggrafenamt seine köstlichsten und besten Früchte: Obst, Wein und Edelkastanien in hervorragender Güte. Von Forst bis Lana ist die Gegend im Frühling ein einziger blühender Garten, im Herbst ein riesiger, überquellender Obstkorb, garniert mit roten Trauben und glänzend braunen »Köstn«, den Edelkastanien. Die Ortschaft Forst ist nach Algund eingemeindet, Marling und Tscherms bilden je eine eigene kleine Gemeinde, hochgeschätzt vom Fremdenverkehr. Lana als Marktgemeinde ist die Metropole, die jedermann besucht, wenn er im Burggrafenamt auf Urlaub weilt.

Die Ortsteile Ober-, Mitter- und Niederlana haben bei ihrer Siedlungsdichte längst mit den ineinanderfließenden Obstangern ein zusammenhängendes, weitgefächertes Ortsbild gewirkt. Der Kern liegt jedoch an der Einmündung der Falschauer durch die imposante Gaulschlucht nach Oberlana, im Umkreis des »Gries«, im Geschäftszentrum dieser Straße, im Viertel zwischen dem Schwarzadler-Wirt, dem »Weißen Kreuz«, dem Gasthof »Mondschein« und der Falschauer Brücke pulsiert Lana besonders lebhaft. Aus einer Höhe 200 Meter über den Abgründen der Gaulschlucht grüßt das Wahrzeichen von Oberlana, die Burg Braunsberg.

Im Hinblick auf die Landwirtschaft stand Lana in früheren Zeiten hoch im Kurs, wie der Dichter des Tiroler Landreimes Georg Rösch (1501–1565) sehr wohl vermerkt:

> *»Lana an der Etsch hat viel Preis*
> *In fünf Stücken, das merk' mit Fleiß.*
> *An Heu, Wein, Traid, Fisch, Krepsen*
> *ist's reich.*
> *An der Etsch ist nit bald sein gleich.*
> *Wie wohl's an der Etsch hats viel Kesten,*
> *So sein doch z'Lana die besten ...«*

Das Lana von heute ist ein »Äpfeldorf«, deshalb – wie man wohlmeinend spotten hört – die runde Haube auf dem Turm der Heilig-kreuzkirche, der Hauptkirche, die einem riesigen Apfel gleicht. Lana setzt voll auf den Apfel, der Weinbau spielt eine Nebenrolle. Die Südtiroler Beratungsstelle für Obst- und Weinbau registriert für Lana, der größten Obstanbaugemeinde in Südtirol, eine Erntefläche von 1152 Hektar, der jährliche Ertrag schwankt zwischen 4000 und 5000 Waggons, wobei ein Waggon 10000 Kilo Äpfel wiegt. Für die zahlreichen Gäste bietet Lana sehr viel, so auch Kulturveranstaltungen im großzügig erbauten Friedrich-Wilhelm-Raiffeisenhaus, und seit 1986 jeden Sommer die Freiluft-Festspiele in der Gaulschlucht.

Der Schnatterpeck-Altar in Niederlana. Lana, der Landreim erzählt es, kam durch ertragreiche Landwirtschaft zu Geld, und so leistete sich die Gemeinde im ausklingenden 15. Jahrhundert die stattliche, spätgotisch stilisierte Pfarrkirche zur Mariä Himmelfahrt. Von außen ist das Gotteshaus eher einfach, im Inneren aber ungewöhnlich hoch und reich proportioniert: »Netzgewölbe mit zierlichen Rippen, Schlußsteine über Runddiensten, im Chor ein gefälliges Spitzbogentürchen, eine reich mit blind- und durchbrochenem Maßwerk verzierte Brüstung der Orgelempore sowie eine aus Sandstein gehauene Kanzel« – genau unterrichtet der Gebietsführer »Lana-Tscherms-Marling«. Ein Gotteshaus, so edel erbaut, mußte im Hauptaltar den strahlenden Mittelpunkt bekommen. Hans Schnatterpeck, seit 1478 als Meister der Schnitz- und Malkunst in Meran ansässig, erhielt 1503 den Auftrag für den Hochaltar: »zu vollenden innerhalb von acht Jahren für die Entlohnung von 1600 Gulden Rheinischer Währung nebst acht Fuder Wein – auszuzahlen in jährlichen Raten«.

Der Altar, den Schnatterpeck im Jahre 1508 fertigstellte, ist 14,10 Meter hoch und gilt als der größte spätgotische Flügelaltar im Land Tirol. Der Mittelschrein enthält 28 Figuren, in Lebensgröße die Apostel Petrus und Paulus. Die Krönung Marias in der oberen Schreinhälfte ist das Hauptmotiv des Altars, der untere Schrein zeigt den »Gnadenthron«: Gottvater hält seinen leidenden, mit der Dornenkrone gequälten Sohn auf dem Schoß. Der Schnatterpeck-Altar ist ein wohl einmaliges Kunstwerk, aber auch ein bis in das kleinste Detail liebevoll geschnitztes christliches Bilderbuch von großer Eindringlichkeit.

Von Lana nach St. Vigilius am Joche. Die Landkarte zeigt es uns sehr gut: Die Ortler Alpen entsenden mit dem Zufrittkamm einen ausgedehnten Bergzug, der mit abnehmenden Höhen zum Meraner Becken ausläuft und als letzte Höhe den Vigiljochberg postiert. Oben abgeplattet und mit einer durchschnittlichen Meereshöhe von 1700 Metern, läßt er als Vegetation ausgedehnte Fichten- und Lärchenwaldungen sowie große Flecken Almwiesen zu. Die Hochkuppe des Vigiljochberges ist vom frühen Sommer bis zum Spätherbst ein ideales Wandergebiet, ein ausgezeichneter natürlicher Höhenkurort, wenn wir dem Tal entfliehen wollen.
Lana, seit jeher von fortschrittlichen Persönlichkeiten geprägt, erbaute im Jahre 1912 die Vigiljochbahn, denn von der Bergstation in 1485 Meter Höhe ließ sich das altehrwürdige Kirchlein St. Vigil in bequemer, wunderschöner Wanderung durch schattigen Bergwald leicht erreichen. Die Bergbahn wurde längst umgebaut und modernisiert, hat als Anschluß einen Sessellift, der uns hinauf zum Larchbühel bis 1837 Meter Höhe trägt; im Spaziergang bergab stehen wir 15 Minuten später vor St. Vigil. Wir sind begeistert von der Position dieser romanisch errichteten Kirche, die ihr Grundfest in das Jahr 1278 zurückführt und ihr heutiges bauliches Ansehen vom Jahre 1574 herleitet.
Die große Aussicht vom Kirchenhügel zeigt weite Räume des Burggrafenamtes. Von ihm wandern wir über Wiesen zu den Gasthäusern Seehof und Seespitze an der »Schwarzen Lacke« und durch den »Hohen Tann« zurück zum Larchbühel, vielleicht aber bleiben wir auch in St. Vigils Nähe beim Gasthaus »Jocher« oder beim »Gampelwirt«.

Bild oben **Ein Apfelbaum in Lana; der Baum trägt »Morgenduft« in reicher Fülle und auch in bester Qualität.**

Bild links **Die Burg Braunsberg oberhalb der Gaulschlucht, das Wahrzeichen von Oberlana.**

Bild rechts **Das Kirchlein St. Hippolyt in Naraun auf Tisens, erbaut in herrlicher Position zum Etschtal.**

81 Das Mittelgebirge von Tisens

Wenn der Einheimische vom Mittelgebirge spricht, so meint er Bergeshöhen bis zu etwa 1500 Meter, hügelig, mit Wald bedeckt und weiten Rodungsinseln, die der Vorfahre einmal vor 1000 Jahren freigelegt hat, weil ihm dünkte, in der Mittelstufe um etwa 1000 Meter, weit genug entfernt vom sumpfigen Tal, läßt sich gut leben und hausen.

Das Mittelgebirge von Tisens ist dafür das klassische Beispiel. Geschmiegt unter die bewaldeten Höhenrücken im Auslauf vom Gampenjoch zur Falschauer und nach Osten in Richtung Etschtal, gleitet hügeliges Gelände in sanften Stufen zu einer herrlich aus-geformten Mittelterrasse, stößt an bei einer bewaldeten Geländekante, die über mehrere hundert Meter sehr steil zum Etschtal zwischen Lana und Nals abfällt. Diese Mittelterrasse, ein nach Osten offener Hochbalkon zwischen 600 und 800 Meter Meereshöhe, ist im Urteil wohl aller Besucher, die schon auf Tisens weilten, ein herrliches Fleckchen Südtiroler Erde. Das Klima verzeichnet das ganze Jahr über ausgeglichene Werte, im Sommer ein Mittel von etwa 19 Grad, im Winter sinkt die Quecksilbersäule nur selten unter Null.

Vor 1000 Jahren mag das nicht anders gewesen sein, deshalb siedelte der Mensch schon sehr früh auf dieser Terrasse, das Gemeinwesen von Tisens, der Mittelpunkt unserer Landschaft, reicht im Ursprung in das Dunkel rätisch-römischer Zeiten zurück. Wo der Boden fruchtbar und das Klima gut war, das blieb dem Adel nicht verborgen, und so war er auch auf Tisens ansässig: Die Wehrburg, die Fahlburg, Schloß Katzenzungen, die Mayenburg zeugen von Geschlechtern, die über die Jahrhunderte der Tisenser Hochterrasse neben dem Bauernstand ein hochadeliges Gepräge verliehen. Schriftsteller und Dichter zog es herauf nach Tisens, so auch den feinsinnigen und weitgereisten, aber auch als kritisch bekannten Heinrich Noë, der 1869 dieses Mittelgebirge lobt:

»Zwischen Prissian und Tisens wird man die Wahrheit der im südlichen Lande verbreiteten Sage inne, daß hier das Paradies von Südtirol gelegen sei. In der That dünkt uns die frische Luft der Höhe und ihr allgegenwärtiges Grün, über welche der Himmel so blau sich ausdehnt, alle Segnungen des Landes zu verheißen, in welche keine einzige der Beschwernisse störend dazwischentritt, welche den Bewohnern des Etschtales als die Schattenseiten ihrer Heimath erscheinen.«

Völlan, Tisens und Prissian, neben diesen Hauptorten finden wir im Straßennetz des Tisenser Mittelgebirges die Dörfer Sirmian und Grissian, die Weiler Naraun und Gfrill und auf 1280 Meter Höhe den Weiler Platzers, die entlegenste Tisenser Bergeinschicht. Dazwischen Bauernhöfe, stattliche und kleine, herrschaftliche Ansitze, die schon genannten Burgen und Schlösser – dies alles ist gewachsen über Jahrhunderte hinweg und gehört hauptsächlich zur Gemeinde Tisens, die bis hinauf zum Gampenjoch reicht.

Aus dem Etschtal gibt es zwei Zufahrten: Die Nordzufahrt von Lana auf der Gampenstraße ist die Hauptstrecke (7 km nach Tisens), die Südzufahrt, steil und kurvenreich, kommt herauf von Nals. Die Gampenstraße schwingt von der Tisenser Abzweigung höher zum Gampenjoch, zum Scheitel des Mittelgebirges, und teilt den Raum in einen nördlichen und einen westlichen Abschnitt. Völlan liegt in der nördlichen Hälfte, in einer Hochmulde auf 718 Meter Höhe, eine Stichstraße führt dorthin. Die grüne Einsamkeit, in die es einst versponnen war, ist dem Kirchdorf, seit es zu einem beliebten Burggräfler Ferienort aufstieg, freilich nicht geblieben, denn Völlan bietet viel: einen heimeligen, gepflegten Ortscharakter, weite Gärten mit Edelobst in reicher Fülle, die restaurierte Burgruine Mayenburg und Wanderwege zu aussichtsreichen Höhen. Die sehenswerten Fresken aus dem 15. Jahrhundert in der Kirche zum hl. Severin und als volkskundliche Bereicherung das liebevoll zusammengestellte Völlaner Bauernmuseum runden das Bild.

Von Völlan zurück, sollten wir an der Gampenstraße die Leonburg aufsuchen. Dieser wuchtige Wehrbau (Bild Seite 170) verblieb seit dem 12. Jahrhundert bis heute im Besitz der Grafen von Brandis, einem seit jeher in Lana angestammten Herrengeschlecht. Die Einkehr in der Burgschenke bei Wein, Brot und Speck kann vielleicht so lange dauern, daß wir Tisens für diesen Tag vergessen.

Tisens erwartet uns aus der Zufahrt von der Gampenstraße. Die Anfänge der Siedlung lassen sich nicht nachweisen – als geschichtlicher Anker gilt das Jahr 1194 mit der Erwähnung einer Urpfarre namens Tisens. Trotz den hohen Ansprüchen des Fremdenverkehrs hat Tisens sein sympathisches altes Dorfbild bewahrt, die prächtige Pfarrkirche mit dem hohen, rundhaubig geschmückten Turm ist die Mutterkirche aller Gotteshäuser auf Tisens: »Stolz reckt der prachtvolle Chor seine leuchtende Stirn der Morgensonne entgegen«, schreibt Christoph Gufler im Tisenser Gebietsführer.

Prissian, das Nachbardorf, liegt an der Schwelle nach Nals im Etschtal. Der Anhauch des Südens trägt den Wein herauf zur Höhe von St. Martin, in der Mulde zum Schloß Katzenzungen gedeiht seit mehreren hundert Jahren über eine Fläche von rund 340 Quadratmetern die größte Weinrebe Europas. An ihr reift die französische weiße »Versoaln«-(Versailles) Traube, in guten Jahren verehrt der Weinstock dem solzen Besitzer 600 bis 700 Kilo Lesegut. Die benachbarte Fahlburg, ein Renaissance-Schloß der Grafen Brandis, und Schloß Wehrburg, nur we-

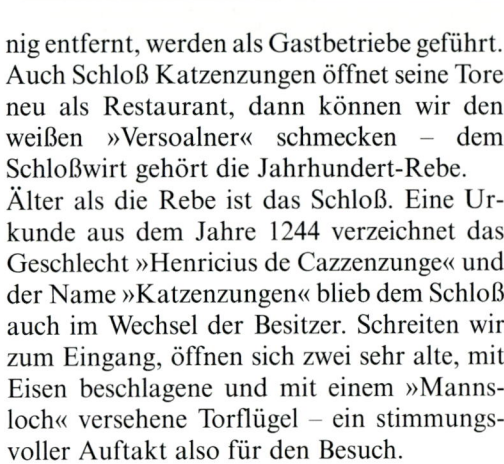

nig entfernt, werden als Gastbetriebe geführt. Auch Schloß Katzenzungen öffnet seine Tore neu als Restaurant, dann können wir den weißen »Versoalner« schmecken – dem Schloßwirt gehört die Jahrhundert-Rebe.

Älter als die Rebe ist das Schloß. Eine Urkunde aus dem Jahre 1244 verzeichnet das Geschlecht »Henricius de Cazzenzunge« und der Name »Katzenzungen« blieb dem Schloß auch im Wechsel der Besitzer. Schreiten wir zum Eingang, öffnen sich zwei sehr alte, mit Eisen beschlagene und mit einem »Mannsloch« versehene Torflügel – ein stimmungsvoller Auftakt also für den Besuch.

Der Bühel von St. Hippolyt ist innerhalb des Tisenser Mittelgebirges mit der Meereshöhe von 758 Meter eine sehr deutlich herausgestellte Landmarke und von Meran bis Bozen, von der drüberen Etschseite, vom Tschögglberg und von Hafling weithin sichtbar. Relativ einfach erreichen wir von der Gampenstraße nach dem Tunnel beim Weiler Naraun auf einem kurzen Weg St. Hippolyt, ein bescheidenes Kirchlein (Bild Seite 187) aus dem 13. Jahrhundert, errichtet auf vor Jahrmillionen gewachsenem Porphyrfels.

St. Hippolyt zeigt im Langhaus romanische Grundzüge; spitzbogige Fenster und die Eingangstüre hat die Gotik hinzugefügt, das Türmchen stammt aus noch späterer Zeit. Das Tonnengewölbe mit Rundapsis; Kanzel und Altar sind aus dem 17. Jahrhundert.

Wer war nicht schon alles auf diesem vielgerühmten Kirchenhügel, den alle nur möglichen Superlative bedenken! Der Meraner Arzt und Dichter Hans Matscher vergleicht diesen einzigartigen Bühel mit dem biblischen Berg Quarentana, jenem Berg der Versuchung, von welchem aus der Teufel unserem Herrn alle Schönheiten der Welt gezeigt und zu Füßen gelegt hat. Auch wir staunen, wenn wir an einem klaren Tag, vielleicht in der südwestlichen Sonne, bei St. Hippolyt stehen und versuchen, uns in der Geographie des Etschtales, des Meraner Beckens, des Tschögglberges bis zu den fernen Bergen der Dolomiten zurechtzufinden. Wir zählen die Burgen und Schlösser im Tisener Mittelgebirge, der Leonburg schauen wir hinein in den Burghof und den fröhlichen Zechern in das Weinglas.

Bild links Schloß Katzenzungen bei Prissian im Mittelgebirge von Tisens. Wir stehen auf dem Kirchenhügel von St. Martin an der Verbindungsstraße Prissian–Nals und überschauen sehr gut den eigenwilligen, mächtigen Baukörper ohne Turm, aber dafür mit schöner steinerner Brücke im Zugang, eine Einladung, das Schloß-Restaurant zu besuchen. Links der Brücke erkennen wir eine Mulde, dort wurzelt die im Text erwähnte Jahrhundert-Rebe.

Bilder oben Von welcher Stelle aus sehen wir dieses große Landschaftsbild? Von der Gampenstraße oben beim Gasthaus »Tschengg« (siehe auch Seite 190). Vor uns die gesegnete Hochflur von Tisens und Prissian, links Schloß Katzenzungen, das Kirchlein St. Martin, in Bildmitte die Wehrburg, darunter das Etschtal nach Bozen und darüber die Dolomiten, der Rosengarten und Latemar.
Tisens, die Pfarrkirche zu Maria Himmelfahrt.

82 Von Lana zum Gampenjoch

Die Straße von Lana zum Gampenjoch führt aus Deutschtirol hinüber zum Nonsberg ins frühere Welschtirol. Der deutsch-italienisch besiedelte Nonsberg gehörte bis nach dem Ersten Weltkrieg zu Österreich; mit den Deutschgemeinden Unsere Liebe Frau im Walde, St. Felix, Laurein und Proveis unterhielt das Burggrafenamt seit jeher rege Beziehungen. Der Verkehr aus dem Meraner Becken zum Nonsberg verlief aber seit ewigen Zeiten nur auf einem Saum- und Karrenweg. Diesen zu Beginn unseres Jahrhunderts fast unerträglichen Zustand wollte Österreich schließlich beenden, der Generalstab plante eine Straße; der Weltkrieg aber verschob europäische Grenzen, und so führte das italienische Militär diese Vorhaben aus. Seit 1939 erschließt eine vorzüglich trassierte Fahrbahn das Gampenjoch – italienisch Passo di Palade –; eine Straße, die wir fahren müssen, weilen wir im Etschland zwischen Bozen und Meran oder wenn wir zur Brenta wollen.

Für Meran, für das Burggrafenamt, auch für das Überetsch ist die Gampenstraße eine Attraktion. Als gut ausgebaute Staatsstraße läuft sie über Fondo weiter zum Mendelpaß, mit dem Besuch der Deutschgemeinden und Abfahrt von der Mendel nach Eppan/Überetsch ermöglicht dieser Straßenzug einen Tagesausflug von ungeahnter Vielfalt und vervollständigt unser Bild vom Burggrafenamt. In der Ortsmitte von Lana weist ein steinerner Obelisk mit italienischer Inschrift die Richtung – 18 Kilometer zum Passo di Palade –, aus 300 Meter Meereshöhe in Lana zum 1518 Meter hohen Gampenjoch, quer durch das gesamte Tisener Mittelgebirge. Italien ist bis auf die Küstenstreifen und die Poebene ein bergiges Land, der Gebirgsstraßenbau also seine Spezialität: Aus der kritischen Sicht von heute zollen wir der Gampenstraße höchstes Lob, wenn wir oben am Paß ankommen.

Ab Lana begleitet die Straße bis auf die Höhe von Tisens den Zug des Etschtales, schneidet in gleichmäßiger Steigung den Porphyrfels ostseitiger Hanglehnen und erlaubt sehr bald freie Ausblicke etschabwärts in Richtung Bozen. St. Hippolyt winkt von seinem Hügel herab zur Straße, die Leonburg wacht am Abhang zum Etschtal, nach dem zweiten Tunnel beim Weiler Naraun fahren wir hinein in den offenen Tisener Sonnenbalkon, die Buschzone der unteren Hänge bleibt zurück. Ab Tisens Wald-, Wiesen- und Bauernland, die Gampenstraße holt in weiten Bögen aus zur südwestlichen Paßhöhe – noch 10 Kilometer dorthin.

Der Gantkofel ragt gleich einem Schiffsbug hinein zum Etschtal, auf der Höhe von Tschengg ist sein Bild in Verbindung mit der lachenden Tisener Flur unter uns am schönsten. Die Straßenkurve vor dem Gasthaus Tschengg, auffällig durch ein hohes Lothringer Kreuz, ist eine vielgerühmte Aussichtsstelle (851 m) hinab zur Tisener Hochterrasse, zu den Dörfern und Burgen, zur Etsch nach Bozen und zu den Dolomiten, die mit Rosengarten und Latemar am südöstlichen Horizont aufleuchten (Bild Seite 188/89). Die Weiterfahrt bleibt rechts am Hang, durchläuft Wiesenflecken und Wälderstreifen und beim Weiler Gfrill mit dem St.-Nikolaus-Kirchlein die 1000-Meter-Linie. In einer Kurve umrunden wir das Gasthaus »Bad Gfrill« in hübscher Wiesenlichtung, aus der folgenden Diagonale und einer Kehre passieren wir die »Alpenrose«, bemerken die

Abzweigung nach Platzers (1280 m), der höchstgelegenen Tisenser Bergsiedlung. Das Hotel »Panorama« an der Gampenstraße mit Blick weithin ins Land trägt seinen Namen zu Recht, 1000 Meter über uns ragt die Kleine Laugenspitze. Wir durchfahren einen Tunnel, wenig vor der Jochhöhe gewährt die Straße nochmals eine Rosengarten-Schau, ehe wir am Gasthof »Gampenpaß« auf der Scheitelhöhe ankommen.

Bild links   Ein Edelkastanien-Hain auf Tisens, an der Gampenstraße mit Blick zum Gantkofel.

Bild oben   Dieses Bauernhaus inmitten seiner Wiese neben der Gampenstraße weiß die Zeiten Jahrhunderte zurück, nichts an ihm hat sich geändert.

Laugenalm – Laugensee – Großer Laugen. Die Doppelgestalt der Laugenspitzen haben wir aus dem Meraner Becken, von Hafling am Tschögglberg, aus dem Passeier Tal fast ständig vor Augen. Die Position am Gampenjoch, vorgeschoben zum Etschtal, gibt dem Großen wie dem Kleinen Laugen die Bedeutung eines weithin sichtbaren Burggräfler Wegweisers. Beide Gipfel entwachsen einem Bergsockel, der Große Laugen mit der Höhe von 2433 Meter, also mehr als 2000 Meter über dem Etschtal; dies verspricht eine Aussicht, die vor Jahrhunderten in der Phantasie der Talbewohner fast bis ins Unendliche reichen mußte.

Die Aufzeichnung des etschländischen Edelmannes Jakob von Boymont zu Payrsberg vom 24. August 1552 »... ich bin mit meiner schwiger (Schwiegermutter) und hausfrau auf den hechsten Laugenspitz gangen«, gilt als die früheste bezeugte Damenbegehung eines Berges in Südtirol (aus Hanspaul Menara, »Südtiroler Bergtouren«). Der Edle und seine Frauen haben auch den als Hexensee verrufenen Laugensee (2182 m), den runden Wasserspiegel zwischen dem Großen und dem Kleinen Laugen, nicht gefürchtet.

Die Große Laugenspitze ist im Anstieg vom Parkplatz am Gampenjoch über die Laugenalm (1853 m) vom Frühsommer bis zum Spätherbst eine leichte und sehr lohnende Bergtour; mit normaler Wanderausrüstung auch als Familienunternehmung geeignet, denn die Laugenalm bietet gute Einkehr, original Südtiroler Jause, zu Sommerszeiten auch frische Milch. Vom Gampenjoch zur Alm gehen wir eine Stunde, zum Gipfel, geführt von einem markierten Steig, nochmals 2 Stunden.

83 Die »Teutschgegent« am Nonsberg

Der Mendelkamm im Zug aus dem Süden vom Mendelpaß über den Penegal zum Gantkofel läuft zum Gampenjoch aus. Die Sprachengrenze, die er vom Südtiroler Unterland der Etsch entlang nach Norden trägt, hat ihn jedoch am Gantkofel verlassen: Das Bergland jenseits des Passes, am Nonsberg mit den heutigen politischen Gemeinden Unsere Liebe Frau im Walde/St. Felix, Laurein und Proveis, eingegliedert in die Bezirksgemeinschaft Burggrafenamt, ist deutschtirolisch seit dem 13. Jahrhundert, als der Graf von Tirol, Meinhard II., das Gericht Castelfondo in seinen Besitz brachte. Zur Unterscheidung mit dem italienischen Nonsberg (Val di Non) kam es zur Anrede »Teutschgegent«, auch der

italienische Staat nach 1918 erkannte diese Enklave an und beließ sie der Provinz Bozen, die ja das gesamte deutschsprachige Südtirol umfaßt. Das Gebiet der Deutschgemeinden breitet sich fächerförmig aus und ist als Kuriosum zweigeteilt.

Aus dem Meraner Becken nahmen die Bajuwaren, die ersten Siedler, zwei Wege: einmal über Tisens zum Gampenjoch – jenseits am Nonsberg entstanden auf etwa 30 Quadratkilometern Fläche die Gemeinschaften von Unsere Liebe Frau im Walde und St. Felix, zum anderen aus dem Meraner Becken in das Ultental und über das Hofmahdjoch im Ilmenkamm nach Süden zur Landnahme auf etwa 32 Quadratkilometer in den heutigen Gemeinden Proveis und Laurein. Zwischen diese beiden Siedlungsräume schiebt sich herauf vom italienischen Castelfondo ein Geländekeil der Provinz Trient und teilt die Deutschgemeinden. Wollen wir also von Südtirol am Gampenjoch zum Südtirol unter dem Ilmenkamm, müssen wir den italienischen Sprachraum überspringen.

schaft mag früher mitten im Wald versteckt gewesen sein, die ersten Siedler rodeten Land für Wiese und Acker, die im Umkreis verstreuten Bauern lebten, wie auch heute noch, von dem, was die Meereshöhe 1351 Meter hergab, von Grünland, von der Vieh- und Milchwirtschaft. Das Einkommen am Gampenpaß war immer schmal. Burschen und Mädchen verdingten sich hinab nach Tisens, denn die Arbeitskraft und der Fleiß dieser »Leute vom Berg« waren geschätzt, wie die Tisenser Chronik berichtet.

Unsere Liebe Frau und das nur wenig entfernte St. Felix bilden zusammen eine Gemeinde mit etwa 700 Einwohnern, nach der Statistik fast nur Deutschtiroler. Der heutige große Südtiroler Fremdenverkehr hat die Deutschgemeinden wohl entdeckt – in der Besichtigung auf der Durchfahrt. Das Gemeinwesen am Gampenpaß aber bietet eine Landschaft, in der zu bleiben es sich für einen ganzen Urlaub lohnt, weit weg von der Überfüllung in den allzu geschäftigen Zentren drunten im Etschtal.

St. Felix-Dorf liegt in 1225 Meter Meereshöhe, die Siedlung selbst ist weit verstreut im sonnigen Südwesthang des Nonsberges, im ganzen eine Gegend voller Eigenart: weite Wiesen und Wälder, aber auch Karstflächen als erdgeschichtliche Phänomene, dort, wo der Mendeldolomit mit gelbgrauem bis schwarzgefärbtem Kalkstein an die Oberfläche kommt. Wandern wir durch die Flur von St. Felix, überraschen uns tief und senkrecht aufgerissene, mit Buschwerk bewachsene Schluchten, schmale, mit der genügsamen Föhre bestandene Steinterrassen, sehr alte Bäume, Feuchtgebiete, Quellpfützen und inmitten blumenreicher Lärchenwiesen der St. Felixer Weiher (Tretsee). St. Felix hütet eine natürliche, wertvolle Landschaft, die in weiten Bereichen durch die Provinz Bozen unter Naturschutz steht und keine Eingriffe duldet – es sei denn, wir wandern und genießen die Stille und Einsamkeit. Einen ganzen Tag lang werden wir kaum jemandem begegnen – wir fragen uns, warum kommen wir erst heute zum Nonsberg?

Unsere Liebe Frau im Walde, das Dorf jenseits des Gampen. Vom Paß nur wenig abwärts sehen wir rechts unten in einer weiten Wiesenmulde die Dorfkirche, umgeben von wenigen alten, aber stattlichen Häusern, den Gasthöfen »Zum Hirschen« und »Zur Sonne« und einem gut angepaßten Neubau als Gemeindehaus und Grundschule. Die Staatsstraße bleibt oben an der Hanghöhe, verschont den Ort, verführt aber zur Fahrt vorbei an der Abzweigung hinab zu Unserer Lieben Frau.

Wir könnten an der neuen Zufahrt parken und über die alte Straße, geleitet von Stationen eines Kreuzweges, die letzten Schritte einer Wallfahrt gehen, die über die Jahrhunderte am Nonsberg in Brauch war. Die Kirche birgt in einem vergoldeten Schrein das Gnadenbild – die Muttergottes mit dem Kind – und steht seit dem Jahre 1432 über dem Ort der Bildauffindung als Mittelpunkt der Marienverehrung, die seitdem einsetzte und die vormals »Senale« genannte Siedlung in »Unsere Liebe Frau im Walde« umtaufte. Senale findet im Jahre 1194 als Kloster eine erste Erwähnung, die Mönche betreuten ein Hospiz am Gampenjoch; 1224 kam das Kloster zum Augustinerstift Au bei Bozen, und so blieb es bis zur Ablösung durch die Muttergottes, der Lieben Frau im Walde. Die Ort-

Bild links »Unsere Frau im Walde«, die Marienwallfahrt am Gampenjoch.

Bilder oben und rechts Bergbauernland in Proveis, Ende Mai: Der Acker ist gerichtet, die Hacke gräbt das Loch, die Jugendlichen werfen die Kartoffel hinein, der Rechen schiebt Erde darüber – hoffentlich regnet es bald!

Laurein ist in der Luftlinie quer über den Trentiner Gebietsteil von Castelfondo nur 7 Kilometer von Unserer Lieben Frau im Walde entfernt, zu Fuß auf dem Wanderweg Nr. 1 dorthin brauchen wir 3 Stunden. Die Straßenverbindung herab vom Gampenjoch läuft über St. Felix nach Fondo, schwingt hinab nach Castelfondo (948 m) und von dort aufwärts zum Brezer Joch (1397 m). In der Abfahrt (3 km) passieren wir die Provinzgrenze Trento/Bolzano und nach insgesamt 26 Kilometern ab Gampenjoch erreichen wir Laurein.

Die Fahrt ist ein landschaftlicher Genuß, ab Castelfondo in der Auffahrt zum Brezer Joch wohl schmal und kurvenreich (15% Steigung), schneidet sie mit zwei Kehren eine auffällige weiße Geländeblöße. Die Provinz Bozen empfängt mit einer neuen, modernen Trasse, die viel Verkehr vertragen könnte –

aber wer fährt vom Gampenjoch hinüber nach Laurein und Proveis? Zugegeben: die Straßenverhältnisse irritieren, die Strecke ist aber ausreichend beschildert. Am Brezer Joch bleiben die südländischen Ortsbilder des italienischen Val di Non zurück, eine Tafel weist den »Eggerhof«, wir wissen, wir sind wieder in Südtirol – mit »Grüß Gott« heißt Laurein uns willkommen.

Zum Gruß paßt die urbane Dorfgemeinschaft der wenigen, aber stattlichen Häuser, der »Sternwirt« und das Gasthaus »Zur Sonne«, eine Gemischtwarenhandlung und ein Neubau für Kindergarten, Grundschule, Mittelschule und Gemeindeamt. Dies alles steht im Schutze von St. Vitus, dem Kirchenpatron, mit dem Laurein im Jahre 1233 die erste Erwähnung findet. Läuten die Glocken zur Sonntagsmesse, kommen die meisten der etwa 350 Gemeindebewohner von außerhalb,

von den Berghöfen und Weilern im Umkreis. Laurein klebt in sonniger Lage am Hang und soll mit der Meereshöhe von 1148 Meter im Vergleich zu den anderen Deutschgemeinden das ausgeglichenste Klima haben.

Mit Proveis, 7 Kilometer von Laurein entfernt, finden wir den hintersten Winkel innerhalb der Deutschgemeinden; in Südtirol ist Proveis wohl die entlegenste Einschicht. Für Laurein und Proveis versperrt die Barriere des Ilmenkammes mit weit über 2000 Meter hohen Bergen die Verbindung zum benachbarten Ultental; deshalb die Verlassenheit dieser Südtiroler Enklave, die wir, wie bereits beschrieben, mit dem Auto nur durch das Trentino erreichen können.

Das Kirchdorf Proveis besitzt eine gute Lage in 1420 Meter Höhe an südseitigem Hang und lebt wie Laurein fast ausschließlich von der Landwirtschaft. Die Pfarrkirche zum hl. Nikolaus mit einem Turm aus Porphyrstein – Jahreszahl 1543 – ist der weithin sichtbare dörfliche Mittelpunkt. Innerhalb der Deutschgemeinden bewahrte sich Proveis als eigene Gemeinde – etwa 320 Einwohner – die Selbständigkeit und dadurch auch ein gewisses politisches Gewicht. Die Landesregierung unterstützt dieses Bestreben, und so feierte Proveis am Sonntag, dem 28. August 1988, in Anwesenheit des Landeshauptmannes einen großen Tag: die Einweihung des neugestalteten Dorfplatzes. Die »Dolomiten« erstatteten darüber Bericht unter der Überschrift: »Großer Festakt spricht deutlich vom Willen, Deutschgegend nicht zu vergessen.« Dazu gehört auch die Verwirklichung der geplanten Straße hinüber ins Ultental, die Anbindung zum Meraner Raum – zwischen 1990 und dem Jahr 2000 gibt es also in Proveis nochmals eine ganz große Feier.

Bild links Die Pfarrkirche St. Vitus in Laurein, einem Dorf der Deutschgemeinden jenseits des Gampenjoches. Der Kindergarten macht einen Spaziergang, wenig später ist die Dorfstraße wieder verlassen – wer schon denkt am Gampen an einen Abstecher nach Laurein?

Bild rechts oben Ein Ultentaler Traumbild in Harmonie von Natur, menschlichem Dasein und auch der Farben. Solche Eindrücke gibt es viele im Ultental – im inneren Talverlauf von St. Walburg nach St. Gertraud.

Bild rechts Das »Häusl am Stuan« – am Stein, unten am Talbach in Nähe von St. Pongraz, sitzt auf einem mächtigen Felsblock; bei Hochwasser war er schon viele Male das unverrückbare Grundfest.

84 Das Ultental

Die Verheißung im Buchtitel »Land zwischen Reben und Firn« erfährt im Ultental den Wahrheitsgehalt: im Strich der Talfurche von den Weinleiten an der Gaulschlucht bei Lana zum Firn des Weißbrunnferners am Gipfel der 3442 Meter hohen Hinteren Eggenspitze, der Bergkrone von Ulten. Wollen wir das Ultental erleben, warten wir einen guten Tag ab und fahren in Begrüßung der Taldörfer St. Pangraz, St. Walburg, St. Nikolaus und St. Gertraud bis hinauf unter die Eggenspitze, nach Weißbrunn (1900 m, 40 km). In der Rückkehr am Spätnachmittag nehmen wir neue Eindrücke auf, unten in Lana werden wir feststellen: Das Ultental kann man nicht besuchen, wir müssen es aufsuchen und verweilen, wenigstens zwei Wochen lang.

Blenden wir 1000 Jahre zurück, muß das Tal geheimnisvoll und durch die Wälder auch düster gewesen sein, das Talwasser, die Falschauer, versumpfte den Boden, im Schwall durch die enge Röhre der Gaulschlucht hinaus nach Oberlana müssen Wasser und Schlucht eine unüberwindbare Sperre gewesen sein. Die frühen Siedler mußten über den Steilhang rechts der Schlucht, dort, wo Schloß Braunsberg thront, in das Tal vordringen, daraus entwickelte sich allmählich ein Saumweg. Ab dem Jahre 1907 gab es eine bescheidene Talstraße, und schließlich entstand in Zeitabständen zwischen 1970 und 1985 die gut ausgebaute Fahrbahn, die uns heute durch mehrere Tunnels, aber problemlos durch das gesamte Ultental bis zum innersten Dorf St. Gertraud schleust.

Oberhalb von Schloß Braunsberg, wenn wir dem Geschlängel der Fahrstraße nach St. Pangraz folgen, säumen noch einige Rebzeilen und Edelkastanien das Asphaltband.

195

Vor St. Pangraz, bei Altbreid (Gasthaus, Bushaltestelle), sollten wir anhalten. Dort entbietet Ulten den schönsten Willkommensgruß: den Blick zum Bergfried der Burg Eschenlohe und über St. Pangraz hinein in das nun weit offene Tal im Rahmen hoher Ultner Berge. Dieses Bild erhöht die Erwartung, die wir dem Tal und seinem Gemeinwesen, den Dörfern, entgegenbringen. Talheilige, die Ulten abschnittsweise beschützen, gibt es vier, wie die Namen der Orte aussagen. St. Pangraz ist der äußere, seine Schützlinge, 1800 an der Zahl, leben in einem eng geschachtelten Dorf (737 m) und weit verstreut in sonnseitige Hänge; die drübere Seite, die »Nörderseite«, ist steil und bis hoch hinauf dicht bewaldet. Im ganzen gesehen ist die nördliche Talflanke von Ulten ein riesiges Holzreservoir von unschätzbarem Wert – Holz war über Jahrhunderte die Haupteinnahmequelle. Eine englische Firma hatte 1870 sieben Spaltsägen am Talbach aufgebaut, das Hochwasser von 1876 schwemmte sie alle fort.

St. Walburg liegt – wenn wir das Tal geographisch einteilen – in Mitterulten, die Höhe, 1200 Meter, unterstützt diese Beurteilung. Außerdem haben die Gemeinde Ulten (3000 Einwohner), der Verkehrsverband, die Mittelschule hier ihren Sitz; St. Walburg ist das Talzentrum. Die Pfarrkirche zur hl. Walburga wacht auf einem Waldhügel knapp 100 Meter über dem Ort, der vom Zentrum beim Eggwirt auf etwa 1¹/₂ Kilometer zum Zoggler-Stausee hin die Straße begleitet.
Der Fremdenverkehr im Ultental hat seit 1970 einen großen Aufschwung erfahren. St. Walburg fängt den Zustrom auf, verteilt die Besucherschar in renommierte Gasthäuser, Hotels gibt es nur wenige, dafür aber moderne Pensionen, gute Privatzimmer und eine Vielzahl von Ferienwohnungen.

Innerulten – St. Gertraud. Der Zoggler Stausee wenig hinter St. Walburg – nah am Ufer sitzt als traditionsreiche Einkehr der Gasthof »Kuppelwies« – führt uns den Ultner Wasserreichtum vor; insgesamt fünf Stauseen nehmen 56,5 Millionen Kubikmeter Wasser auf! Innerulten – der Talverlauf vom Stausee über St. Nikolaus nach St. Gertraud – gleicht einem Bilderbuch, in dem wir alles finden, was wir uns unter einem Bauernland vorstellen. Der Paarhof am Hang, Wohn- und Wirtschaftsgebäude getrennt, ruht mit dem Wohnhaus auf gemauertem Keller zur Bergseite, der ebene Eingang kommt von der Talseite. Darüber liegt ein Stockwerk mit talseitiger Veranda, das Obergeschoß trägt das Dach, meist holzgeschindelt und mit Steinen beschwert. Das Wirtschaftsgebäude daneben

hat ein gemauertes Grundfest aus Stein und Holzwände, das Futter lagert über dem Stall, damit sich unnötige Arbeitswege ersparen. Holz war im Ultental das traditionelle Baumaterial, über dem Keller war meist nur die Küche gemauert – in vielen lebendigen Beispielen wird diese bäuerliche Wohnkultur bis heute liebevoll und sorgfältig erhalten.
St. Gertraud (1256 m) im Talschluß hat zwei Ortsteile, die Heilige wohnt in dem Kirchlein auf einem Hügel in bester Position zum Tal. Im urigen, voll aus Holz gebauten Wirtshaus »Edelweiß« hat St. Gertraud einen baulich interessanten Mittelpunkt. Die naturkundliche Kostbarkeit von Ulten sind, nur 20 Minuten entfernt, drei 2000 Jahre alte Lärchen, die wir abfragen könnten, um zu erfahren, was sich über die Zeiten im Ultental zugetragen hat.

Das Ultner Talmuseum in St. Nikolaus

»Es kann der Tag kommen, da all unser Gold nicht reicht,
uns ein Bild von der entschwundenen Zeit zu formen.«

Das Ultental trägt unverkennbar die Merkmale urwüchsigen Bauerntums, keine Burg und kein Schloß, auch keine Kirche verkündet irgendwelche Berühmtheit. Wenn Herrenmacht längst vergangen ist, das Bauerngeschlecht überdauert Zeiten und Mächte – und lebt. Südtirol ist dafür ein Beispiel, das Ultental die Hoffnung, auch im nächsten Jahrtausend die erdhafte Ursprünglichkeit zu bewahren. Die Höfe scheinen, wenn wir uns die Stromleitungen und Antennen wegdenken, in der Zeit versunken zu sein, aber nur scheinbar, denn viele Gerätschaften, mit denen der Bauer, die Bäuerin einst hantierten, wären heute im täglichen Gebrauch kaum noch vorstellbar. Die hölzernen Werkzeuge, die Kleider, die originale Einrichtung der Küche, der Wohnstube und der Schlafkammer sind längst aus der Mode, auch nicht mehr zweckmäßig, aber leider oft achtlos abgelegt oder längst verkommen.

Ulten hat ein Bauernhaus der vergangenen Zeit als Talmuseum eingerichtet, in dem wir uns das Leben innerhalb von jahrhundertealten Holzwänden vorstellen können. Ein Dasein, von harter Arbeit geprägt, aber in der Sicherheit von altem Brauch und Herkommen, von Generation zu Generation.

Bild oben **Der höchste Ultner Parkplatz ist oben am Weißbrunner Stausee in 1900 Meter Höhe; in der Auffahrt kommen wir vorbei an den Pilzenhöfen. »Höher geht's nimmer« – haben sich einmal die frühen Siedler gesagt, und so vor Hunderten von Jahren diesen einmaligen Zusammenstand ganz aus Holz gefügter Häuser gegründet.**

Bild links **St. Gertraud auf einem Hügel in Innerulten mit Blick weit ins Tal und auch zum vergletscherten Gebirge der Eggenspitzen im Talschluß.**

Bild rechts **Die Falschauer in Innerulten, im Hintergrund die Eggenspitzen mit dem Weißbrunnferner.**

Der Vinschgau

Der Vinschgau – ist er ein Edelstein oder nur ein rauher Kiesel im Flußlauf der Etsch, die dem Gau herab vom Reschen zur Töll oberhalb von Meran die vielbesungene Seele gibt? Waren wir nur einmal dort im Hin und Zurück zwischen dem Norden und dem Süden, wissen wir keine Antwort. Bläst der scharfe, frische »Oberwind« herab vom Reschen, trachten wir danach, die milden Meraner Gefilde zu erreichen, und übersehen dabei den Glanz und das unendlich klare Licht, das mit dem Wind das Tal durchflutet und den Raum mit unbeschreiblichem Schimmer erfüllt. Gerade dann sollten wir bleiben, nie ist der Vinschgau schöner!

Wie schreibt er sich nun richtig, unser Gau – mit »t« oder ohne? Ein Talschaftsbeschluß in den sechziger Jahren einigte sich auf das weiche »Vinschgau« und glättete damit eine sympathische mundartliche Kante, die ihn wie so manch andere Eigenart durch die Jahrhunderte begleitete.

Jedes Tal im Gebirge hat eine geographische Ordnung, und so braucht auch der langgezogene Vinschgau eine Einteilung.

Der Obervinschgau erstreckte sich im alten Tirol von Mals bis hinüber nach Nauders, seit der neuen Grenze von 1919 endet er am Reschen – im Volksmund wegen der kargen landwirtschaftlichen Nutzung immer nur der »Staudenvintschgau« genannt. Das Leben in dieser Höhe war nie leicht, und so mag einem »Staudenvintschger« von einst auf einer Reise durch das Etschtal nach Süden folgen-

der Spruch als seine ganz persönliche Vinschgauer Einteilung eingefallen sein:

»Nauders ist ein Ort des Schauders;
Mals – ist noch nit all's;
Schlanders, da werdt's schon anders;
Meran – geht's Leben an!«

Dem Mittleren Vinschgau gehört die weite Talsohle von Mals bis hinab zur markanten Höhenstufe zwischen Laas und Schlanders. Der Gadria-Murkegel, einmal ausgelegt vor vielen tausend Jahren, stellt dort dem harmonischen Talfluß ein Bein und teilt den Vinschgau in Landschaft und Klima sehr deutlich. Über die riesigen Obstgärten des Kortscher Feldes gleitet der mittlere Abschnitt hinab nach Schlanders, hinein in den Unteren Vinschgau.

Die Obstgärten, die nun etschabwärts bis zur Höhenstufe von Töll den Untervinschgau in ungezählte Parzellen einteilen, erfreuen uns im Frühjahr mit einem Blütenmeer und im Herbst mit einer Früchtefülle ohnegleichen. Die Talsohle ist das glatte Gesicht des Vinschgaues, die Landschaft wird aber erst vollkommen, wenn wir die Runzeln, die beidseitigen Talhänge, den dunkel bewaldeten Nörderhang und den ausgeglühten Sonnenberg, in das Bild mit einfügen. Wo in Südtirol gibt es diesen Gegensatz noch? Der Vinschgau steckt voller Überraschungen: in der Landschaft, in Geschichte und Kultur, in den Kirchen, ja sogar die Talheiligen begegnen uns mit Namen, die wir im übrigen Südtirol nicht hören.

Unsere Vinschgau-Reise von Meran zum Reschenpaß befreit den rauhen Kiesel von der Schale und entdeckt einen Edelstein, schön und schimmernd, in den Facetten das Blitzen höchster Südtiroler Firne am Haupt von König Ortler.

Bild rechts **Wir stehen bei Hochmuter, hoch über dem Dorf Tirol, und schauen hinab zum Vinschgau, zur Einmündung in den Meraner Kessel. Die Töllsperre nimmt der Etsch das Wasser, im Geländewinkel rechts erkennen wir Partschins, zur Talmitte Rabland, im Schatten dahinter liegt Naturns.**

Bild links **Das Kirchlein St. Prokulus bei Naturns, ein Heiligtum aus romanischer Zeit mit sehenswertem Freskenschmuck aus dem 1. Jahrtausend.**

85 Töll – Partschins – Schlanders

Die Töll (520 m) ist die Geländestufe aus Meran zum Vinschgau und gleichzeitig das Gefängnis für die Etschwasser, die im Gefälle nach Meran zuerst arbeiten müssen, bevor sie in Freiheit hineinströmen dürfen ins Burggrafenamt. Die enge Umgebung und der häßliche Wasserstau verlocken kaum zum Parken, wenig entfernt wartet das Dorf Partschins.

Partschins hat seine alten Häuser eng um die Pfarrkirche geschart, der hohe Turm mit runder Zwiebel verkündet die Herrlichkeiten der Apostelfürsten Peter und Paul. Im Ehrenalbum von Partschins an erster Stelle steht ein Sohn der Gemeinde, der Zimmermann Peter Mitterhofer (1822–1893), der einen

»Schreibapparat«, den Vorläufer unserer heutigen Schreibmaschine, entwickelte. Niemand erkannte die Genialität dieses Mannes; mit seinem aus Holz gefertigten Apparat marschierte er zu Fuß bis nach Wien, um einige Gulden Forschungsbeitrag zu ergattern. Mitterhofer hatte kein Geld und so auch kein Patent, er starb als armer Mann, während die amerikanische Firma Remington seine Erfindung im Jahre 1867 als Weltpatent vorstellte. Der Heimatort ehrt diesen ungewöhnlichen Mann mit einem kleinen Denkmal.

Partschins, Meereshöhe 637 Meter, einst ein kleines Dorf, ist seiner Lage wegen am sonnseitigen Rand des Meraner Beckens im Winkel zum Zieltal in den letzten Jahrzehnten stark gewachsen. Seine wanderfreudigen Urlaubsgäste schickt es bergwärts, durch das Zieltal hinauf zur Nassereith-Hütte (1523 m) und zur Lodner-Hütte (2259 m) oder zum Partschinser und Meraner Höhenweg.

Von Partschins herüber münden wir bei Rabland wieder ein in die Vinschgauer Staatsstraße. Hier erweckt eine Seilbahn unsere

Aufmerksamkeit, und so schweben wir hinauf zum Weiler Aschbach (1362 m) am Vigiljochberg, um die hohe Südmauer der Texel-Gruppe zu bewundern, die dem Meraner Becken den unvergleichlichen Schutz gegen die rauhen nördlichen Winde gewährt.

Naturns – Kastelbell – Latsch. Die Etsch spielt im Landschaftsbild des Vinschgaues von Töll hinauf zu den Reschenseen eine nur bescheidene Rolle. Die Staatsstraße begegnet ihr kurz an wenigen Stellen, auf längere Strecken

Bild oben **Dorf Tabland links oberhalb von Naturns, abseits der Vinschgauer Talstraße.**

Bild links oben **Der Partschinser Wasserfall, der »Wasserguß« aus dem Zieltal.**

Bild links **Der Burgfelsen von Kastelbell versperrt der Talstraße fast den Weg; rechts die Etsch und die Schiene des »Vintschger Bahnl«.**

aber bleibt ihr das im Jahre 1906 in den Dienst genommene »Vintschger Bahnl« treu, das heute mit großen Existenzschwierigkeiten zu kämpfen hat.

Die Bahn kommt von Meran durch einen Tunnel an der Töllstufe herauf zum Vinschgau, bis nach Schlanders bleibt der Bahndamm an der linken Etschseite am Hang zum Nörderberg. Die Staatsstraße verläuft rechts der Etsch auf der Sonnseite, sie hat seit Jahren große Probleme, den Verkehr zu bewältigen und zwischen Töll – Naturns – Kastelbell und Latsch ihren wohl verkehrsreichsten und auch gefährlichsten Abschnitt. Im Ortskern von Naturns streifen die Lastwagen fast das Vordach vom Adlerwirt, in der Stabener Engstelle erzittert das Liebfrauenkirchlein bis in die Grundfeste, in Kastelbell höhnt der Burgfelsen wohl jeglichem Verkehr, der »Oberwirt« aber muß ständig um seine Hausecke fürchten. Die nachfolgende enge, bucklige und kurvige Fahrbahn nach Latsch schneidet auf 3 Kilometer einen steilen Hang entlang

der Etsch und ist seit jeher die unfallträchtigste Strecke im gesamten Vinschgau.

Das Autofahren auf der Vinschgauer Staatsstraße, gar zur Hauptverkehrszeit, ist kein Vergnügen; ein herrliches Vergnügen jedoch ist die Fahrradtour auf Nebenstraßen entlang der Bahnlinie etschabwärts, von Schlanders nach Töll. Die Radlfahrt beschert informative Ausblicke zu den steilen, teils kahlen Südhängen des Sonnenberges, grüne Terrassen und Mulden, kultiviert seit Jahrhunderten, lockern die Hangöde auf. Früher der Wasserwaal, heute die künstliche Beregnung fast das ganze Jahr über ermöglichen eine Wiese, auch einen Acker als Grundlage für ein bescheidenes Einkommen. Im Frühling radeln wir von einem blühenden Apfelgarten zum anderen. Wir unterhalten uns mit Obstbauern und erfahren viel von den Geheimnissen erfolgreicher Anbaumethoden und Pflege der Parzellen, die auf dem riesigen geglätteten Murkegel von Tarsch schier unendlich viele Apfelbäume tragen.

86 Von Schlanders bis Mals

Nach der Enge von Kastelbell öffnet der Vinschgau weithin die Pforte, zwischen den Marktgemeinden Latsch und Schlanders, in der Meereshöhe von 600 bis 700 Meter, ist er ein großer flacher Teller, gefüllt mit Äpfeln in den Sorten Golddelicius, Starkdelicius und Morgenduft. Leider fehlen die früher so begehrten Vinschgauer Marillen – sie mußten wegen unterschiedlichem Reife- und Erntenrhythmus dem Apfel weichen. Dem Wein vergönnt der Vinschgau im hochgeschätzten »Vezzaner«, einem goldgrünen, feinsäuerlichen Tropfen, noch eine letzte Reife; den herben »Kortscher«, den es oberhalb Schlanders da und dort noch gibt, verträgt nur ein

»boanfester« Bauernmagen. Fahren wir auf Schlanders zu, scheint die zur gesamten Talschaft mit einem schrägen Profil quergestellte und auf 200 Höhenmeter aufgestockte Gadria-Mure (siehe auch Seite 198) den Vinschgau zu versperren, die Staatsstraße muß zwei weite Schleifen auslegen, um den Höhenunterschied nach Laas zu überwinden.

Der Markt Schlanders (720 m) ist das Hauptzentrum des Vinschgaues. Die Gemeinde greift über das Tal vom Sonnenberg zum Nörderberg aus, ist räumlich 115 Quadratkilometer groß, zählt 5000 Einwohner – fast nur Deutschtiroler – und ist Amtssitz der Talgemeinschaft Vinschgau. Schlanders konzentriert Gewerbe, Handel, Schulen, Genossenschaften, Fremdenverkehr und Gastronomie, und so schauen auch wir hinein in den Ort, dem der hohe, spitze Pfarrkirchturm das Wahrzeichen bedeutet.

Unser Bummel durch den geschäftigen alten Ortskern lobt den gepflegten Zustand der en-

gen Häuserzeilen, der »Hasenwirt« offeriert einen Biergarten, das »Weiße Kreuz« zeigt ein besonders kunstvoll geschmiedetes Wirtshausschild. Wollen wir wissen, welches Ortsbild Schlanders um 1760 hatte, betrachten wir ein Gemälde in der Spitalkirche; mit Martin Rochus Teimer und dem Priester Josef Danay hat Schlanders auch zwei bedeutende Persönlichkeiten aus dem Freiheitskampf von 1809. Die Pfarrkirche »Zur Himmelfahrt Mariä« zeigt, wie es sich für Schlanders gehört, gediegene Qualität innen und außen. Ob aber der Turm – bis zum Auslauf der nadelfeinen Spitze 92 Meter – der höchste Kirchturm im Lande ist, ist bis heute nicht entschieden – Tramin (siehe Seite 162) jedenfalls meint, den höchsten, in Unterscheidung zu Schlanders bis zur Spitze gemauerten Turm zu besitzen.

Von Schlanders hinauf nach Laas suchen wir das bäuerliche Kortsch auf und spazieren durch einen Hain edler alter Kastanien-

bäume in 20 Minuten hinauf nach St. Ägidius (825 m). Gleich einer strahlenden Monstranz am Hochaltar, so steht das weiße Kirchlein am steinigen Sonnenhang. St. Ägidius belohnt uns mit einer herrlichen Sicht nach Schlanders und auf seine weite Umgebung.

Laaser Marmor als Pflaster auf einem Bürgersteig – das kann es nur in Laas selbst geben! Hat die Gemeinde etwa so viel Geld in der Kasse? Wohl kaum, aber im Laaser Marmorwerk, das den aus der Jenn- und Weißwand gebrochenen kostbaren weißen Stein in »handliche« Blöcke schneidet, fällt Ausschuß genug an, die ganze Dorfstraße damit zu pflastern.
Das Marmor-Vorkommen ist seit Jahrhunderten bekannt und erlebte um 1900 mit 100 beschäftigten Arbeitern eine Blütezeit, die einiges Geld unter die damals sehr arme »Vintschger« Bevölkerung brachte. Nach dem Ende der Donaumonarchie, als in deut-

schen Landen kaum jemand ein Denkmal errichten mochte, begannen schwere Zeiten für den Laaser Marmor, aber zwischen den Kriegen und wieder seit 1963 erfolgte ein neuer Aufschwung. Der höchste Steinbruch liegt in 2225 Meter Höhe inmitten von geschätzten 500 Millionen Kubikmeter Marmor, daraus werden derzeit jährlich etwa 1500 Kubikmeter entnommen.

Bilder oben   Der Kirchturm von Schlanders; nach Westen zu ist er leicht geneigt, damit er dem »Oberen Wind« besser trotzen kann. Rechts oben das Hasenöhrl.
Ein Wegemarterl in den Obstgärten, der Sockel alt, die Tafeln eine neuere Arbeit in Laaser Marmor.

Bild links   Die Churburg, ein Wahrzeichen im mittleren Vinschgau.

Laas – Schluderns, für diese Strecke im Mittleren Vinschgau haben wir die Wahl zwischen zwei Wegen: einmal die Talstraße, die von Laas nach Eyrs – dort Abstecher zum Dorf Tschengels – und über Spondinig führt; zum anderen den »hohen« Weg von Laas nach Allitz und über Tannas (1444 m) auf der grünen, landwirtschaftlich genützten Terrasse des Sonnenberges nach Schluderns. Diese durchlaufende Verbindungsstraße gibt es erst seit wenigen Jahren. Langsam und mit Vorsicht gefahren, ist diese Nebenstraße, die inmitten von Bergbauernland bis in die Höhe von 1700 Meter schwingt, eine Panoramaroute mit großartiger Aussicht zur Ortler-Gruppe. Tschengels und die Tschengelser Hochwand, zeigen zum Etschtal die größte relative Höhenabstufung der Ostalpen: von der Bergspitze zum Ort 2400 Höhenmeter auf die Distanz von nur 6 Kilometern!

Die Churburg über Schluderns schaut weit ins Land, in die Einmündung des schweizerischen Münstertales zum Vinschgau.
»Tue recht und fürchte niemand!« – mit diesem Wahlspruch derer von Trapp, den Edlen auf der Churburg, haben die Burg und das Geschlecht schwere Zeiten überdauert und sich bis in die heutigen Tage unbeschädigt durch die wechselvolle Geschichte der Jahrhunderte gerettet. Die Churburg mitsamt ihrer Einrichtung ist die vielleicht schönste und wertvollste baulich-herrschaftliche Historie im Land Tirol und darf in Teilen besichtigt werden. Höhepunkt einer Führung ist die Rüstkammer mit annähernd 50 vollständig erhaltenen Rüstungen, gefertigt von den besten Plattnereien Mitteleuropas. Interessant der Hinweis: Die Trockenheit des Vinschgauer Klimas begünstigt den guten Zustand der jahrhundertealten Harnische.

87 Glurns, die kleine Stadt

In dem weiten Becken unterhalb von Mals, dort, wo der Vinschgau den Bogen von West nach Nord einleitet und das schweizerische Münstertal hinzumündet, erwartet uns Glurns, die kleinste Stadt Südtirols; die Etsch streift die südwestliche Stadtmauer.

Das Jahr 1178 rückte Glurns in die Zeitgeschichte. Zur Mitte des 14. Jahrhunderts erhielt der Ort eine Ummauerung und blühte als landesfürstliche Stadt über fast zwei Jahrhunderte prächtig auf, bis im Jahre 1499 ein schrecklicher Krieg, der Engadiner Krieg, den Ort brandschatzte und verwüstete und ihm fast die Existenz nahm. Die rätischen Graubündner besiegten in der berüchtigten Schlacht an der Calven (in Nähe von Glurns) die Truppen des Tiroler Landesfürsten Maximilian I. In einem Blutrausch ohnegleichen verwüsteten sie den Vinschgau bis hinab nach Schlanders, brandschatzten elf Orte, verübten Vergewaltigungen und Massenmorde: »1499 war ein Tiefpunkt in der Geschichte der Zivilisierung der Kriegsführung« – ein »furor Raeticus« – so die Chronik.

400 Meter Stadtmauer, angelegt im Rechteck, verstärkt mit acht Türmen und geöffnet von drei Toren umschließen ein Gemeinwesen von heute etwa 800 Personen. Glurns mußte durch die Jahrhunderte verheerende Überschwemmungen und Feuerkatastrophen erleiden und immer wieder auch Krieg, im Jahre 1799 eine nochmalige Brandschatzung, diesmal durch die Franzosen. In den glücklichen Jahren vor dem Engadiner Krieg nahm Glurns im Reigen der 18 Städte Tirols rangmäßig den siebten Platz ein.

Das heutige Stadtbild, die Mauern und Türme, entstand nach 1500, als der Landesfürst Ferdinand I. »unsere Stat« wieder aufrüstete und ihr zu neuem Glanz verhalf. Die Zeit nach 1800 vermeldet nichts Besonderes, das Jahr 1919 aber brachte die neue Grenze, verbunden mit weiterem Niedergang; Glurns lebte von der Landwirtschaft auf den Feldern vor der Stadt.

Die Pfarrkirche zum hl. Pangratius steht südlich von Stadtmauer und Etsch auf einem Hügel, der hohe, prächtige Turm zeigt auf der Vorderseite ein im Jahre 1496 entstandenes wertvolles Fresko – die Freuden und Schrecken des Jüngsten Gerichts. Der neue Aufschwung für Glurns ist erst seit 1970 voll im Gange, und in positiven Ergebnissen gut sichtbar. Das Städtchen erhält mit tiefgreifenden Restaurierungen der historischen Häuserzeilen ein glattes, helles Gesicht, aber jede Mauer, jedes Haus bleibt unverbaut so

an Ort und Stelle wie vor Jahrhunderten auch. Das Land Südtirol praktiziert modernen Denkmalschutz und eröffnet für Glurns im Hinblick auf den Fremdenverkehr neue, interessante Perspektiven – vielleicht als lebendiges Museum im Blick zurück, wie es einmal war.

Bild links oben **Das historische Glurns im mittleren Vinschgau, die Etsch streift das Städtchen. Der dunkle Höhenzug darüber gehört zur Spitzigen Lun, dem Hausberg von Mals.**

Bild links unten **Der Laubengang in Glurns.**

Bild unten **Keine Baulichkeit im oberen Vinschgau von Mals aufwärts zum Reschen erregt mehr Aufmerksamkeit als diese weithin sichtbare weiße Klosterburg im Hang über Burgeis, die Benediktiner-Abtei Marienberg. Die Klostergründung datiert aus dem 12., die barocke Architektur stammt aus dem 17. Jahrhundert.**

88 Mals und Malser Haide

Der Vinschgau war zu allen Zeiten ein Durchzugsland, und darunter leidet besonders der Obervinschgau.

Die Römerstraße, die »Via Claudia Augusta«, von der Poebene etschaufwärts zum Reschen und von dort hinab ins Inntal, ausgebaut im Jahrhundert nach Christi, legte die erste Schneise. Der spätere sogenannte »Obere Weg« folgte den römischen Meilensteinen; eine Kaiserstraße zu sein wie der Brenner, zu solchen Ehren gelangte der Reschen jedoch nie. Er war ein Handelsweg für Frächter und Kaufleute und brachte mit dem obligatorischen Halt bei einigen Rodstätten, in der Beistellung der Gespanne, dem Wirt an

der Straße, dem Handwerker und der übrigen Bevölkerung auch etwas Verdienst. Die Zeiten im Vinschgauer Oberland waren nie besonders gut und sind es auch heute noch nicht – der Verkehr rauscht durch, hinab zum Unteren Vinschgau. Innerhalb von Südtirol ist der Obervinschgau wirtschaftlich zurückgeblieben, es fehlt an Arbeitsplätzen, und so pendeln viele Einwohner – etwa 800 an der Zahl, wie der »Dolomiten-Wirtschaftskurier« im Oktober 1987 berichtet – hinüber in die Schweiz, vornehmlich hinein ins Münstertal.

Das Vinschgauer Oberland, zu dem wir herauf von Schluderns (919 m) einfahren, bei der kleinen Ortschaft Tartsch die 1000-Meter-Marke kreuzen und in Mals anhalten, was bietet es uns, wenn wir bleiben möchten? Der Marktflecken Mals fungiert als Hauptort, mit knapp 250 Quadratkilometer Ausdehnung greift die Gemeinde Mals – flächenmäßig die zweitgrößte Südtirols (4600 Einwoh-

ner) – nach Westen mit dem Schliniger Tal aus bis zur Schweizer Grenze, nach Osten mit dem Matscher Tal und dem Planeiltal bis zur Grenze nach Österreich. Etschaufwärts trifft sie im Bereich der Malser Haide auf die Gemeinde Graun (210 km²), die Südtirol im nordwestlichsten Landeszipfel gegen die Schweiz und Österreich abschließt. Das Vinschgauer Oberland umfaßt also mit den genannten Gemeinden insgesamt 460 Quadratkilometer. Diese riesige Fläche besteht in der Hauptsache aus Gebirge: zur Schweiz die Sesvenna-Gruppe, zu Österreich die Ausläufer der Ötztaler Alpen im Bereich der Weißkugel. Das Schliniger Tal und das Royental gliedern aus dem Vinschgau heraus die Sesvenna-Gruppe, das Matscher Tal, das Planeiltal und das Langtauferer Tal stoßen zum Ötztaler Hauptkamm an der Weißkugel vor. Unsere Urlaubsaktivitäten können wir also hinein zu fünf Tälern mit hochalpinem Anspruch ausdehen; gut geführte Alpenvereinshütten betreuen uns. Für Sommerfrische im Gebirge ist das Vinschgauer Oberland die richtige Empfehlung – jeden Tag eine Tour, so kann die Devise lauten.

Die Malser Haide. Was der Vinschgau erleiden mußte, hat gleich hart immer auch Mals getroffen, aber vier Türme aus längst vergangener Zeit sind dem Ort geblieben: so die klassisch-romanischen Vierecktürme von St. Martin, St. Johann und St. Benedikt und der runde, zur Mitte gespaltene »Fröhlichsturm«, der an einen früheren Wehrbau erinnert. St. Benedikt ist mit seinen Fresken aus dem 9. Jahrhundert gleich dem Prokuluskirchlein von Naturns eine kunsthistorische Kostbarkeit für den Vinschgau.

Von Mals aufwärts glättet ein vor vielen tausend Jahren aus dem Plawenntal herausgespülter Murkegel dem Oberen Vinschgau eine schiefe Ebene hinauf zum Haider See. In dieses flache Land, etwa 13 Quadratkilometer groß, winkelt die Staatsstraße sechs spitze Kurven, der Höhenunterschied von Mals (1050 m) zum Südzipfel des Haider Sees (1463 m) beträgt 400 Meter auf 8 Kilometer Strecke. In der Ebene, der Malser Haide, steht kein Haus, der Mensch hat von Anbeginn die Haide meiden müssen und sich zur Siedlung an die Ränder geflüchtet. Wenn der gefürchtete scharfe »Obere Wind« bläst, die wilde Jagd herabheult vom Reschen, im Winter oft mit schweren Schneestürmen, ist kein Bleiben auf der Haide. Vom Frühsommer bis zum letzten Schnitt im Herbst aber ist die Haide ein leuchtend grüner Wiesenplan, dem Klima abgerungen von ungezählten Bauerngenerationen, künstlich bewässert durch Waale und Beregnungsanlagen. Kurz bevor die Straße den Haider See ansteuert, ragt rechts ein hohes Holzkreuz: das legendäre »Langkreuz« der Malser Haide. Dieser am Reschenweg weithin sichtbaren Landmarke war schon im 13. Jahrhundert die Bedeutung eines Wegweisers gegeben. Der Oberwind aber drückte es immer wieder zu Boden, die mehrmalige Wiederaufrichtung ist bezeugt – das heutige Langkreuz stammt aus dem Jahre 1950.

Der Tartscher Bühel und St. Veit. Von welcher Richtung auch immer wir zum Oberen Vinschgau einfahren, der Tartscher Bühel wenig unterhalb von Mals, das Urgesteinsriff des oben kahlen Hügels, wird jedermann bemerken. Im kleinen Dorf Tartsch (1029 m) an der Staatsstraße halten wir an und steigen in wenigen Minuten hinauf zu seiner Höhe (1067 m).

»Der Tartscher Bühel in der Gemeinde Mals
ist das Wahrzeichen des oberen Vintschgaues.
Wie eine Bastion erhebt er sich frei aus der
Etschtalsohle, gekrönt von der uralten Kirche St. Veit, die der Lage nach an Stelle eines
Heidentempels steht«. (K. N. Mayr in
»Schlern«, Jg. 1953) Der Hügel ist am Sockel
bewaldet, die Staatsstraße und die Vinschgauer Eisenbahn nehmen ihn in die Mitte,
oben trägt er auf einige hundert Quadratmeter ein Wiesenplateau, darin, umgeben von
einer niedrigen Steinmauer, steht das Kirchlein St. Veit. Ein Tag im frühen Herbst, in
klarer Luft der Glanz schon schneebedeckter
Berge, hebt St. Vitus über die Zeiten hinaus.
Wieviele Jahre noch wird er uns einladen zu
sich auf seinen Bühel, zum Blick in das Tal,
zum Vinschgau – ein Tiroler Schicksalsweg
seit 2000 Jahren.

> »Die junge Etsch schäumend das Tal
> durchfließt,
> in grünen Wiesen stille Dörfer träumen.
> Herbstliche Gärten rings mit frucht-
> beladnen Bäumen –
> und aus der Ferne König Ortler grüßt.
> An Kampf und Fehde mahnt manch alter
> Turm,
> wo heut' ein Hauch Romantik drüben
> schwebt,
> und einen goldnen Zauberschleier webt –
> das Tal, es sah viel Leid und manchen
> Sturm.«
> (Hertha Kraemer)

Den Hügel haben Gletscher einst bedrängt,
das feste Urgestein aber nicht abhobeln können, und so ist dem Vinschgau dieses Wahrzeichen geschenkt, an dem die Völker von
den Venosten über die Römer zu den Räto-
romanen vorbeigezogen sind und irgend jemand, vielleicht im 11. Jahrhundert, zu Ehren
von St. Veit die Kirche errichtete.

89 Haider See und Reschensee

Das Landschaftsbild am Reschen vor der Seestauung wissen nur noch ältere Leute; die neue Zeit nach 1950, der Reisetourismus unserer Tage freut sich am Anblick des im Sommer gefüllten Seebeckens, wundert sich über den Kirchturm im Wasser und fragt nach, um in Erfahrung zu bringen, was sich am Reschen zugetragen hat.

Bis zur Mitte der vierziger Jahre träumten drei Seen in der weiten Reschenmulde auf 1500 Meter Meereshöhe zwischen den Ausläufern der Ötztaler Alpen im Osten und den Sesvenna-Bergen im Westen. Der Ober-, Mittersee und Haider See ruhten inmitten des von den Reschenbauern mühsam dem rauhen Klima abgerungenen Grünlandes. Die

Bevölkerung der Gemeinde Graun in den Orten St. Valentin, Graun und Reschen lebte fast ausschließlich von der Viehzucht, die weiten Wiesen der Paßsenke bildeten die Grundlage. Die Bewohner sahen ihre Existenz als bescheiden, aber gesichert an; mit dem Bestand von 1000 Stück Braunvieh war Graun führend in Südtirol, praktisch das Herdbuch für diese Rinderrasse, die seit vielen Jahrzehnten in fast allen Südtiroler Gebirgstälern dominiert.

Die Verbindung des Ober- und Mittersees zu einem einzigen großen Stausee war vorhersehbar. Schon 1940 plante das damals faschistische Italien, die Reschenwasser für die Stromgewinnung mit einem Staudamm oberhalb von Haider See und St. Valentin aufzufangen und durch einen 12 Kilometer langen Druckstollen zu einem Kraftwerk bei Schluderns abzuleiten – dieses Vorhaben wurde in den Nachkriegsjahren bis 1950 verwirklicht. Seit Oktober 1950 bilden Ober- und Mittersee, 22 Meter über dem einstigen Kultur-

grund, eine gemeinsame Fläche; aus dem Wasserspiegel ragt gleich einem anklagenden Finger der Kirchturm der ehemaligen Pfarrkirche zur hl. Katharina – heute die Fremdenattraktion. Ein neuer See, der Reschensee, war geboren, die historische Landschaft versunken, abgelöst durch ein Bild, das dem Reschen neue, positive Reize schenkt, wirksam aber nur im Hochsommer, im Vollstau der Wasser auf fast 7 Quadratkilometer Fläche. »Insgesamt wurden 523,05 Hektar nutzbaren Bodens überschwemmt, rund 1000 Menschen waren betroffen, 120 bäuerliche Betriebe

Bild rechts **Der Kirchturm von Alt-Graun im Reschensee; nach links Ortler, Königspitze, Cevedale und Zufallspitze.**

Bild unten **Vor uns der Haider See, der seine Natürlichkeit nach der Aufstauung der oberen Reschenseen behalten durfte; am Nordufer St. Valentin.**

verloren die Existenzgrundlage, die ausschließlich an die Viehzucht geknüpft war. Von den etwa 100 Familien des Dorfes Graun mußten 70 ihr Bündel schnüren ...«, so ein Rückblick der »Dolomiten«-Zeitung im Oktober 1980 anläßlich des Gedenkens »30 Jahre Seestauung Gemeinde Graun«.

Die vergangenen achtziger Jahre haben dem Reschensee durch eine großzügige Ufersanierung mit Grünanlagen und Spazierwegen eine deutliche Verschönerung gebracht. Im Hinblick auf das weite Wasser und den steifen Wind ruft er seit Jahren Segler und Surfer zur sportlichen Aktivität. Urlaub am Reschen ist ein Reizwort geworden und vielleicht ein Pflaster auf die bis heute schwärende Wunde der Seeaufstauung.

St. Valentin auf der Haide, diese offizielle Bezeichnung erhielt der Ort im Jahre 1928, als die Reschendörfer in der Gemeinde Graun (derzeit 2400 Einwohner) aufgingen und bis 1940 von einem italienischen Amts-Bürger-meister, dem »Podesta«, verwaltet wurden. Der Name »Haid«, gesprochen als »Hoad«, ist die Anrede der Einheimischen.

Die Geschichte von St. Valentin fängt an mit der Weihe-Urkunde aus dem Jahre 1140 für eine Kapelle, zugehörig zu einem Hospiz, in der zwei Heilige namens Valentin, ein Märtyrer und ein Bekenner, aufscheinen. Fürstbischof Ulrich VI. verfügte im Jahre 1663, den hl. Bischof Valentin, den Bekenner, als Haupteiligen zu feiern. Dieser Valentin gilt als Patron der Kranken, als Beschützer für Vieh, Wanderer und Reisende, für die Örtlichkeit somit der wichtigere Patron. »St. Valentin auf der Haid« war über die Jahrhunderte der Nabel zwischen Reschen und Mals, die Zuflucht im Obervinschgau am Weg von und zum Reschen, der in jedem Falle über die Malser Haide führte. »Malser Haid«, dieser Name scheint im Jahre 1449 auf; die ersten Rodungen, der Beginn der Urbarmachung des riesigen Wiesenschildes von heute, datieren ebenfalls aus dieser Zeit.

Mit der Eröffnung der Vinschgauer Eisenbahn im Jahre 1906 kam St. Valentin als Ferienort ins Gespräch. Es gründete sich ein Skiklub und ein Verschönerungsverein und die erste Werbeschrift, herausgegeben im Jahre 1913, verheißt: »Ebene, schattige Spaziergänge durch einzig dastehende windgeschützte Lärchholzwaldungen mit einer ozonreichen, herz- und nervenstärkenden, harzdurchströmten Waldluft macht St. Valentin zum Eldorado der Sommerfrischen und einen Aufenthalt par excellence.«

Der Wald, ein wundersamer Naturpark hoher Lärchen am Rand zur Malser Haide mit verstreuten Ruhebänken, erfreut uns auch heute noch. Luft und Klima sind wohl genauso erquickend wie damals; dazu kommt ein Sessellift zur Haider Alm (2120 m), in eine herrlich weite Wanderregion 600 Meter über dem Haider und dem Reschensee. St. Valentin empfiehlt sich bestens für Urlaub im Obervinschgau, zumal auch gute Gastronomie und Pensionen zum Bleiben laden.

90 Graun, Reschen und Rojen

Graun. Hinter St. Valentin erreicht die Reschenstraße am südseitig begrünten Staudamm den Reschensee, begleitet sein Ufer durch lichte Waldungen, muß einige häßliche Betongalerien als Schutz vor Lawinen und Steinschlag ertragen und schwenkt in sanfter Kurve ein zu einem Geländeriegel, der dem Dorf Graun (1500 m) seit 1950 die neue Heimstatt gibt – ab St. Valentin 5 Kilometer. Das Neu-Dorf, so wird es offiziell bezeichnet, steht auf einer Anhöhe zum Grauner Berg, der es um 1000 Meter überragt. Die Staatsstraße läßt den Ortskern unbehelligt, mit einem langen Tunnel durch den St.-Anna-Hügel berührt sie wieder das Seeufer; vorbei am Kirchturm im See verbindet sie uns mit der Ortschaft Reschen (3,5 km).

Name und Geschichte von Graun beginnen im Jahre 1164, im Latein einer Urkunde als »beneficium curunes« erwähnt; der spätere deutsche Name ist schon herauszulesen. Schwaighöfe, verstreut an den Ufern der Reschenseen und im flachen Hang hinauf nach Klopaier, kultivierten zwischen dem 14. und 17. Jahrhundert die Gegend, Graun selbst wurde 1357 eine Gemeinde und im Jahre 1440 auch eine Pfarre. Neu-Graun hat mit seiner Pfarrkirche zur hl. Katharina das früher gültige Patrozinium behalten.

Der Großkonzern Montecatini erstellte nach Plänen des Bozner Architekten Erich Pattis ein hübsches, etwas enges Dorf in guter Hanglage zum See. Das Gemeindehaus bewahrt in vielen Erinnerungsstücken das Bild von Alt-Graun vor 1950; als immerwährendes Gedenken hat die Gemeinde seitdem ein neues Wappen: den einsamen Turm im See.

Reschen – Ort und Paß. Reschen, dieses flüssige deutsche Wort lebt erst seit dem 14. Jahrhundert, anfänglich nur in einem Hof in 1500 Meter Meereshöhe, dort, wo die eiszeitlich ausgeformte Talfurche des Oberen Vinschgaues einen Scheitel legt, nach Norden über Nauders zum Inntal, nach Süden hinein zum Vinschgau. Diese 1504 Meter hohe Geländeschwelle ist seit jeher der Reschenpaß; eingeschnitten im Zentralalpenkamm lenkt er die Wasser nach Nord und Süd, zum Inn und damit ins Schwarze Meer oder mit der Etsch zum Mittelmeer. In ethnischer Hinsicht hat der Paß keine Bedeutung, hüben wie drüben spricht das Volk die gleiche Sprache und ist zueinander verwandt seit dem Jahre 1271, als der Name »Tirol« erstmals aufscheint.

Die bescheidene Welt am Reschen, im Zuge des »Oberen Weges« durch die Jahrhunderte von friedlichem Handel und Wandel belebt, zerstörte im Jahre 1919 die aufgezwungene neue Ordnung zwischen Italien und Österreich. Es vergingen Jahrzehnte, bis der Obervinschgau sich daran gewöhnte, daß der Reschen das Land nun teilte und zur faschistischen Zeit zudem eine sehr harte Grenze bedeutete. Die Grenzziehung im Jahre 1920 folgte nach der herrschenden Wasserscheiden-Theorie dem Zentralalpenkamm und hätte wie beim Brenner auch die Paßhöhe in Reschen-Ort streifen müssen. Reschen war damals eine selbständige Gemeinde mit Ausdehnung in die weiten Wiesen hinab nach Nauders. So kam es, daß der Schlagbaum (1450 m) die Wasserscheide ignorierte und nach Norden hinein in damals freie Wiesen rückte; noch heute gehört jenseitiges Grünland zum Teil den Reschenbauern.

Reschen-Ort ist im Zentrum eine Straßenzeile mit vielen Neubauten, Geschäfte, Gasthöfe und auch die Kirche stehen entlang der Staatsstraße. Durch die Seestauung mußte auch Reschen sehr viel von seiner gewachsenen Bausubstanz aufgeben, der Ortsteil Pitz mit der St.-Josefs-Kapelle, insgesamt 47 Häuser, wurden gesprengt und abgetragen. Neu-Reschen breitet sich zum Berghang aus, ein Dorfzentrum wie Graun besitzt es nicht.

Bild oben **Der Weiler Rojen (1968 m), die höchstgelegene Dauersiedlung der Ostalpen.**

Bild rechts **Die Etschquelle etwas oberhalb von Reschen-Ort.**

Bild oben rechts **Das Nordufer des Reschensees mit der Ortschaft Reschen. Die See-Sanierung hat auch eine gepflegte Uferböschung entstehen lassen; links oben der Piz Lat an der Dreiländerecke Italien – Schweiz – Österreich.**

Rojen im gleichbenannten Tal sonnt sich in 1968 Meter Meereshöhe in einem freien, fast baumlosen Südhang, von Reschen-Ort etwa 7 Kilometer entfernt. Hinter dem Bergwald, der das Talinnere zum Reschensee abschirmt, erstreckt sich am Grenzkamm zur Schweiz ein fast bis auf 2500 Meter Höhe grünes Bergland. Von Rojen aus können wir auf dem Schöneben-Höhenweg hoch über dem Spiegel des Reschensees bis zur Haider Alm wandern oder die Rojener Sonnenuhr, den Zehnerkopf, die Elferspitze und den Zwölferkopf besuchen. Hinauf nach Rojen durchfahren wir den dichten Waldgürtel, berühren den Talbach, der uns hinführt zur abgelegenen Einschicht von Rojen, urkundlich im Jahre 1317 als »Schafhöfe« belegt, heute die höchste Bergbauernsiedlung der Ostalpen. Das Rojental ist ein landschaftliches Juwel, mit dem Kirchlein zum hl. Nikolaus besitzt es zudem eine historische Kostbarkeit, die bis zur Gründerzeit zurückreicht.

Piz Lat, der Name – er verrät die rätoromanische Wurzel – wird wahrscheinlich viel weniger bekannt sein als die Berggestalt, die zu ihm gehört. Ob wir vom Inntal oder aus dem Vinschgau hinauf nach Reschen kommen, den 2808 Meter hohen Piz Lat, den mächtigen, fast bis oben begrünten Eckpfeiler des Sesvenna-Haupt- und Grenzkammes im Auslauf zum Reschenpaß kann niemand übersehen. Der Berg ist seit vielen Jahrhunderten eine deutliche Grenzmarke: bis 1919 nur zwischen Österreich und dem Schweizer Kanton Graubünden, seit der neuen Grenze auch für Italien – eine Dreiländerecke also, die wir, wenn wir bergwandern wollen, von Reschen aus sehr gut erreichen können. Eine Almstraße bringt uns hinauf zum Gasthof Rescher Alm; ab Parkplatz in 2000 Meter Höhe rasten wir nach $2^1/_2$ bis 3 Stunden Aufstieg beim Gipfelkreuz – eine großartige Aussicht nach Graubünden, Nordtirol und zum Südtiroler Bergland am Reschensee.

Vom Vinschgau zu den Ortler-Alpen

Der Vinschgau, diese primäre Talfurche, gliedert im Schwung aus dem Meraner Becken hinauf zum Reschenpaß das gesamte westliche Südtirol. Zu ihm ordnen sich Seitentäler und Bergzüge, von Nord wie von Süd; die Gebirge, von denen diese Kämme abgleiten, gehören zu den gewaltigsten Aufwerfungen der Ostalpen – zu den Ötztaler Alpen im Norden und zu den Ortler-Alpen im Süden.

Das folgende Kapitel erzählt von den Ortler-Alpen, die den Vinschgau im Süden säumen und ihn bis fast hinauf nach Mals begleiten, dort, wo der Obervinschgau beginnt. Die strenge alpine Geographie im Zwang bestimmter Regeln billigt unserem Gebirge die Anrede »Ortler-Alpen« nicht zu, sie spricht von »Ortler-Gruppe« und wird ihm damit bei der Größe seiner Ausdehnung nicht gerecht. »Alpen«, dies scheint der richtige Oberbegriff für diese gewaltige Bergwelt zu sein, an der Südtirol – die Grenzziehung läuft über den Hauptkamm – einen großen Anteil besitzt.

Der Hauptkamm, was sollen wir darunter verstehen? Diese hohe Linie ist das Rückgrat der Ortler-Alpen, die weithin vergletscherte Wasserscheide quer durch das Gebirge, zu dem die Südtiroler Täler, das Ultental, das Martell- und Suldental sowie das Trafoier Tal aufschließen. Im Hauptkamm ragen die Eggenspitzen, die Venezia- und Zufallsspitzen,

die Königsspitze und der Ortler selbst; das Martell- und das Suldental mit dem Trafoier Tal münden zwischen Latsch und Prad zum Vinschgau. Der Hauptkamm zieht seit jeher auch die Sprachengrenze zwischen den italienisch besiedelten Ortler-Alpen südseits, die deutsch-italienische Sprachenbarriere ist gleichzeitig auch die Grenze der Provinz Bozen zum Trentino und zu Sondrio. Die genannten Südtiroler Täler werden hinaus zum Vinschgau durch weit ausgedehnte Gebirgszüge geschieden. Der Marteller Kamm trennt Ulten von Martell, die Laaser Berge füllen den Raum von Martell hinüber nach Sulden. Zwei Täler also öffnen aus dem Vinschgau die Ortler-Alpen. Das Martelltal, in der Einfahrt von Goldrain aus der Vinschgauer Talsohle nach Morter, ist ein sehr langes, nach Südwest ausgreifendes Stichtal. Das Suldental bekommt die Zufahrt von Spondinig nach Prad am Taleingang, der kleine Kessel von Gomagoi teilt das Tal, einmal nach Trafoi mit Anschluß zum Stilfser Joch, zum anderen nach Inner-Sulden am Fuße des Ortlers.

Was erwartet uns in Martell, und was sehen wir in Sulden? Das Martelltal führt uns nach Zufall, hinauf zur hohen Gletscherwelt der Zufall- und Veneziaspitzen; über dem Suldental locken der Ortler und die Königsspitze, mit der Sulden-Seilbahn schweben wir hinauf zur Schaubach-Hütte; das Trafoier Tal leitet uns mit 48 Straßenkehren zum Stilfser Joch, zur ganz großen Schau hinein in die Ortler-Alpen.

Bild rechts **Der Zufrittsee fängt die Gletscherwasser herab von den Zufall- und Veneziaspitzen auf, im Vollstau hat das Becken 20 Millionen Kubikmeter Fassungsvermögen. Die Zufallspitzen, die Krone von Martell, glänzen in einer Höhe von 3700 Meter, darunter erkennen wir als hellen Punkt die Zufall-Hütte.**

Bild links **Diese Mühle steht beim Stallwieser, einem Marteller Berghof in 1950 Meter Höhe, einst ein Kornhof, wie die Mühle beweist; immer noch bewirtschaftet und beliebt als Jausenstation.**

91 Das Martelltal

Das Bild nebenan – es ist im Juni 1987 aufgenommen – zeigt das Martelltal, und damals war die einfache Welt der Marteller Bevölkerung noch in Ordnung. Das Tal – wir sehen den Auslauf von Gand (1267 m) hinab zum Vinschgau – prangt in herrlichem Grün, die Einwohner hoffen auf einen Sommer, der mit vielen Gästen der Talschaft wieder einen neuen wirtschaftlichen Schub nach vorne einbringen könnte. Gebirgstäler sind im Juni meist einsam, das Grün der Wiesen ist aber niemals frischer und leuchtender, die Bergnatur feiert Frühling – ein Südtirol-Urlaub kann dann ein großes Glück bedeuten.

Ab Gand aufwärts drücken die beidseitigen Bergketten das Martelltal zu einer schmalen, engen Furche zusammen, die Plima, das Talwasser, fließt in einem 600-Meter-Gefälle vom Zufritt-Stausee (1850 m) herab nach Gand. Die Plima mit ihrem Ursprung oben auf Zufall wird gespeist von der Gletscherschmelze unterm Hauptkamm; sie ist, seit der Mensch in Martell siedelt, ein Schicksalsbach für die Talschaft. Die Schneeschmelze auf den Gletschern und gleichzeitige starke Niederschläge ergeben enorme Wassermassen; in den Jahren 1889 und 1891 verwüsteten sie das Martelltal bis hinaus zum Etschtal. Zur Wehr für mögliche nächste Katastrophen errichtete die Talschaft im Jahre 1893 eine Stau-

mauer auf Zufall (siehe Bild Seite 216) der Zufritt-Stausee, angelegt 1953 bis 1956 als Auffangbecken für alle Bergwasser, schien die Hochwassergefahr für alle Zeiten zu bannen.

Das Wochenende um den 23. August 1987 und die folgenden Tage brachten im gesamten Alpenraum starke, andauernde Regenfälle und Überschwemmungen an vielen Orten. Der Zufritt-Stausee konnte am Abend des 24. August die Wassermassen nicht mehr fassen, es drohte ein unkontrollierter Überlauf. So mußte der Schleusenwärter das Notventil, den Grundablauf öffnen, 190 Kubikmeter Wasser in der Sekunde stürzten in das Bachbett der Plima, sie wurde zum reißenden Fluß, vernichtete in Teilen die Talstraße, schäumte in 200 Meter Breite durch die Ortschaft Gand und überschwemmte Häuser, verwüstete Kulturgrund. Das Wunder: niemand kam ums Leben. Die Marteller Welt ist seitdem angeschlagen, wenngleich die Schäden beseitigt sind und wir nur noch am jetzt mehrfach breiteren Steinbett der Plima das Unglück erkennen.

Die Gemeinde Martell verwaltet, verstreut in der Talfurche und auf den südseitigen Hängen, insgesamt 900 Personen, fast ausschließlich Deutschtiroler. Die Pfarrkirche St. Walpurg seitlich von Gand in der Ortschaft Martell/Tal ist der Mittelpunkt, den die Talstraße jedoch nicht berührt. Das Leben in Martell war bis herauf zur Mitte unseres Jahrhunderts ein karges, fast armes Dasein, die Einkünfte aus der Landwirtschaft reichten nicht hin und her. Fahren wir heute durch

das Tal, überraschen uns kleine Plantagen mit Erdbeeren und Johannisbeeren bis in die Höhe von 1700 Meter. Der Fremdenverkehr in der Hauptsaison von Juli bis Oktober erdrückt fast das Tal – allerdings nur tagsüber bei schönem Wetter, Martell ist ein typisches Ausflugstal.

An der Einfahrt zum Martelltal erwarten uns bei Morter zwei Burgen – das gänzlich verfallene Untermontani und die als Halbruine noch erhaltene Burg Obermontani. Mit dem Ableben des Grafen Josef Mohr im Jahre 1833 verlor Obermontani die schützende und pflegende Hand. Die kostbare Bibliothek wurde verschleudert: Für zehn Gulden erwarb der Marienberger Mönch Beda Weber die auf Pergament geschriebene Nibelungensage aus dem Jahre 1323, heute in preußischem Kulturbesitz. Die Burgkapelle St. Stephan mit ihrer nahezu vollständigen, hochwertigen Innenausmalung hat ein gütiges Geschick für die Nachwelt erhalten.

Bilder oben **Die Kapelle »Unsere Liebe Frau in der Schmelz« im Martelltal, erbaut im Jahre 1711 für die Bergknappen einer nahegelegenen Erzschmelze.**
Die Burg Obermontani am Eingang zum Martelltal; in ihrer Nachbarschaft befindet sich eine sehenswerte Falknerei.

Bild rechts **Das äußere Martelltal im Auslauf zum Vinschgau; links oben die fast 3000 Meter hohe Vermoispitze, vor uns die Ortschaft Gand vor der Wasserkatastrophe von 1987 (siehe Text).**

92 Auf »Zufall«

Von Morter (730 m) am Eingang zum Martelltal erreichen wir, vorbei am Zufritt-Stausee, nach 20 Kilometern das Berggasthaus
Enzianhütte und parken in 2050 Meter Meereshöhe.

Die Verheißung der Marteller Bergwelt
strömt von allen Seiten auf uns ein, am stärksten herab von Zufall, nur 30 Gehminuten
entfernt. Der Weg von der Enzian- zur Zufallhütte ist die verlängerte Schlagader der
Talstraße, der Puls von Martell, der jeden
Besucher zählt – wer bleibt schon im Tal,
wenn die Höhe so verheißungsvoll lockt! Ab
10 Uhr vormittags gelingt bei Bergwetter das
Parken nur noch selten – die frühe Auffahrt
also rettet den Tag. Schon vom Parkplatz aus
sehen wir die Zufallhütte, hingestellt auf ein
kleines Plateau innerhalb der Zufall-Alpe;
der Spaziergang hinauf zu ihr wird zum Vergnügen, wenn wir uns Zeit lassen und die
Landschaft genießen.

Das Martelltal ist ein Tal der Dreitausender
im Bergrahmen zu den Seiten, vor allem aber
in seiner Krone, in den glänzenden Firnen der
Zufallspitzen, 3700 Meter hoch. Bei blauem
Himmel, in der Sicherheit eines guten Tages,
kommt eine unwahrscheinliche Verführung
auf uns zu: Wir möchten am Gipfel sein, am
höchsten Punkt der Gemeinde Martell. Die
Welt von Zufall ist geprägt von Gletscher und
Wasser. In voller Eindringlichkeit erleben wir
sie, wenn wir den Tag ausnützen, von der

Zufallhütte eine nahe Geländestufe überschreiten und hineinwandern in ein Hochbek-
ken, das die Säume ewigen Eises berührt.
Drei Gletscher, der Zufall-Ferner in der
Mitte, der Fürkele-Ferner und der Langen-

Bild oben **Die Plima, der Talbach von Martell, im
Ursprung oben auf Zufall; der steile Sturz, der »Zufall« durch eine tief ausgefräste Felsschlucht.**

Bild links **Die Steinmauer auf Zufall. Im Jahre
1893 wurde sie errichtet, um die Gletscherwasser
der Plima zu zähmen. In einem Durchlaß fließen sie
hinein zur Schlucht (siehe Bild oben); darüber die
Zufallspitzen.**

Bild rechts **Die Zufall-Hütte (2256 m) ist das wohl
beliebteste Marteller Ausflugsziel; 400 Meter unter
ihr der Zufritt-Stausee, rechts oben, 1600 Meter
über dem See, die Zufrittspitze.**

ferner links und rechts, entwässern herab nach Zufall. Runder, glattgeschliffener Fels verrät frühere Gletscherstände, die Vegetation legt zwischen seichtem, fließendem Wasser grüne Inseln aus; zur Mitte des vergangenen Jahrhunderts, im Maximum der sogenannten Kleinen Eiszeit, muß Zufall im oberen Becken eine riesige geschlossene Firnwanne gewesen sein.

Alle Wasser suchen den Weg nach unten, auf Zufall hinein in eine tiefe, enge Schlucht, ausgefräst von der Gletschermilch seit 10 000 Jahren, gezwungen zu einem Fall über mehrere hundert Meter; dieser »Zu-fall« legte sich schließlich als Name über die ganze Gegend. Wir stehen an der alten Staumauer, im Jahre 1893 unter wohl unsäglichen Anstrengungen Stein für Stein aufgerichtet, sollte sie den Talbach, die Plima, diesen fürchterlichen Drachen, gleich zu Anbeginn zähmen und Überwasser zurückhalten. Heute ist diese Mauer ein Denkmal für den Behauptungswillen von Martell, aber wer kennt schon die Talgeschichte, die im Wohl und Wehe immer auch von der Plima abhängig war.

Zufallhütte und Marteller Hütte. Wenn wir heute die starke Inanspruchnahme von Martell und Zufall durch den Tourismus erleben, können wir uns kaum vorstellen, daß fast bis zur Jahrhundertwende kaum jemand das Tal besuchte. Martell, arm und unbekannt, brauchte dringend einen Entdecker seiner hochalpinen Schönheit – es kam die Sektion Dresden des damaligen Deutschen und Österreichischen Alpenvereins und erbaute in den Jahren 1881/82 auf der Zufall-Alpe in der Meereshöhe von 2256 Meter die nach der Örtlichkeit benannte Hütte. Zuerst klein und einfach – wer schon kam herein ins Martell und herauf nach Zufall? Ein erster Schritt war jedoch getan, die Sektion Dresden, vor dem Ersten Weltkrieg eine Hochburg bergbegeisterter Sachsen, brachte Leute ins Tal, gutbetuchte »Alpenreisende«, wie man damals sagte. In den Jahren 1912/13 erweiterten die Dresdner die Hütte zu dem stattlichen Bau von heute. Die neue Grenze von 1919 trennte Dresden von seinem Besitz, unter dem Namen »Rifugio Nino Corsi« gehört die Zufallhütte nun dem Italienischen Alpenclub.

Die starke touristische Entwicklung von Martell, auch die gewiß des öfteren zu massive Beanspruchung der Zufallhütte ermunterten den Alpenverein Südtirol (AVS) zu einem Hüttenbau. Als idealer Platz wurde eine aussichtsreiche Felsrampe unter dem Hohen Ferner, besonders reizvoll durch einen kleinen See, die Konzenslacke, erkundet, die sehr vorteilhaft zu den Gletschern und den Veneziaspitzen liegt und in Höhe und Entfernung auch einen genügenden Abstand zur Zufallhütte einhält. Der Alpenverein errichtete ein Schutzhaus mit fast komfortabler Ausstattung, 1981 erfolgte die Einweihung der Marteller Hütte in 2600 Meter Höhe.

Die Marteller Hütte bietet sich zur Zufallhütte sehr gut an; die Höhendifferenz, fast 400 Meter, schreckt vielleicht, lockt aber den ehrgeizigen Wanderer. Sehr bald wurde die neue Hütte ein beliebtes Tagesziel – die Aussicht zu den nahen Gletschern ist ein starker Anreiz. Der Zugang, gut markiert, führt über die alte Staumauer; berggewohnt und trittsicher mit gutem Schuhwerk aber sollten wir sein, denn der Steig ist schmal und steinig.

93 Sulden und der Ortler

»Wo König Ortler seine Stirn hoch in die Lüfte reckt« – dort ist der Talkessel von Innersulden, ein flacher grüner Boden in 1850 Meter Höhe, umgeben von hohen, gletscherbedeckten Bergen. Reisen wir aus dem Vinschgau durch das Suldental nach Gomagoi und in der Abzweigung von der Stilfser-Joch-Straße über Außer- nach Innersulden, rückt die Ortler-Nordflanke mit einer hohen Firnschulter ins Blickfeld. Wir fühlen uns versucht, anzuhalten, damit wir dieses große Ortlerbild in Ruhe betrachten können. Die Gletscherstirn des Berges strahlt in der Höhe von 3900 Meter – besser präsentiert sich der Ortler auch nicht in Innersulden.

Als Erzherzog Johann von Österreich etwa im Jahre 1800 seine erste Reise nach Tirol unternahm, besuchte er den Vinschgau und die Quellen der Etsch am Reschenpaß. Von dort aus bewunderte er den Ortler und meinte, daß dieser Berg den höchsten Gipfeln der Schweiz nur wenig nachstehen dürfte. Das Ortlerhaupt, von keines Menschen Fuß bisher betreten, bedeckte vieltausendjähriges Eis, zu seinen Füßen, in Sulden und Trafoi, hausten Hirten, die von Rind und Schaf, von Milch, Butter und Käse mehr schlecht als recht lebten und Brot nur an den Festtagen kannten. Innersulden war damals eine Gemeinschaft von wenigen Familien, das »Sibirien Tirols, allwo die Bauern mit den Bären aus einer Schüssel essen und die Kinder auf den Wölfen daherreiten« – so lästerte das »Innsbrucker Wochenblatt« vom 4. Januar 1802 über Sulden.

Vom Ortler war allgemein nur bekannt, daß er der höchste »Spitz'« des Landes und wohl nur unter ungeheurer Lebensgefahr ersteigbar sei. Die Eroberung des Ortler gelang im Jahre 1804 von der Trafoier Seite aus, Sulden blieb im Schatten; eine bessere Zeit bahnte sich erst an, als 1864 Julius Payer die Route über den Tabaretta-Grat eröffnete, die sich

mit Ausgangsort Sulden schließlich als »Normalweg« zum Ortler einführte. In den Jahrzehnten bis zum Ersten Weltkrieg blühte Sulden auf, 1892 erhielt es endlich die Straße herauf von Gomagoi, in Nachbarschaft zum Ortskirchlein St. Gertraud entstanden das Hotel »Eller« und das komfortable Hotel »Sulden«. Wenigstens 30 Bergführer hatten zu jener Zeit den Sommer über in Sulden ein sicheres Brot.

Bild oben **Der Ortler aus Suldner Sicht, 2000 Meter tiefer Innersulden/St. Gertraud.**

Bild links **Innersulden mit Tabarettawänden. Auf dem Felsgrat über dem Turm der Pfarrkirche steht die Payer-Hütte (3020 m).**

Bild rechts oben **Beim »Postwirt« im Innersulden.**

Auch die Nachricht, die Dr. Gebhard daraufhin seinem erlauchten Auftraggeber sandte, ist wert, nachgelesen zu werden: »Königliche Hoheit! Es ist vollendet, das große Werk! Der Stand der Barometer auf der Ortlerspitze war am 27. September zwischen 10 und 11 Uhr mittags 194″, die correspondierende Beobachtung zu Mals zeigte 300″. Wie unaussprechlich glücklich fühle ich mich, im Stande zu sein, Eurer Königlichen Hoheit diese Nachricht in Unterthänigkeit ertheilen zu können!« Im Jahre 1805 aber stieg der Doktor mit dem Pseirer Josele über den Hintergrat selbst hinauf zum Ortler. (Fischer/Klier: »König Ortler«)

Theodor Christomannos (1854–1911) schrieb 1895: »Der Ortler ist zum Hausberg von Sulden geworden. Kein Mensch, der sich längere Zeit in Sulden aufhält, kann es sich versagen, dem ›guten alten Herrn‹ einen Besuch zu machen, ihm aufs Haupt zu steigen oder doch wenigstens von der Payerhütte aus seine Geheimnisse in indiskreter Weise aus allernächster Nähe zu belauschen.«

Der Ortler und das Jahr 1804. Erzherzog Johann, ein warmherziger Förderer der alpinen Erschließung, schickte nach seiner Vinschgaureise den Bergoffizier Dr. Gebhard aus, den Ortler zu vermessen und auch zu besteigen.
Am 28. August kam Gebhard mit seinen Begleitern, den Zillertaler Jägern Leitner und Klausner, nach Sulden und warb mit klingender Münze um Unterstützung für sein Unternehmen. »Auf dem Ortlereis wirst ausrutschen, Mandele«, prophezeite ihm ein alter Suldner Bauer. Nach mehreren Fehlschlägen mit ungeeigneten Leuten erschien am 26. September der Gemsjäger Josef Pichler aus Passeier, bekannt als Pseirer Josele, und meinte: »Der Ortler isch mir nit unbekannt, wenn der Herr will, nacher steig i aufi« – und wie hoch ist die Forderung? – »i geh nit wegen dem Geld alloan, Herr! I will den Ortler packn; zwing i den Spitz, nacher nimm i gern, was der Herr den anderen bot'n hätt', zwingt er mi, so lass i mi nimmer sehgn.« Noch am gleichen Tag wanderten Josele und die beiden Zillertaler mit den Barometern des Doktors nach Trafoi und eroberten tags darauf, am 27. September, nach etwa 9stündigem Anstieg über die Hinteren Wandln den Gipfel.

Die Payerhütte erinnert an den österreichischen Offizier Julius Payer, der zwischen 1864 und 1888 wertvolle Erschließungsarbeit in den Ortler-Alpen leistete. Aus Innersulden schauen wir hinauf zum Tabaretta-Grat, sehen dort in 3020 Meter Meereshöhe als kleinen Punkt die Payerhütte, den fast unentbehrlichen Stützpunkt für eine Ortlertour.
Den Erstbau errichtete im Jahre 1857 die Alpenvereinssektion Prag, 1887 erfolgte ein Neu- und 1894 ein großer Zubau. Das Jahr 1899 registrierte 1000 Übernachtungen – der Nimbus des Ortlers als höchster Berg von Österreich/Ungarn näherte sich seinem Zenit. Die Sektion Prag erweiterte 1909 die Payerhütte zur heutigen Größe. Im Ersten Weltkrieg diente sie als Stützpunkt für die Ortlerfront; nach 1920 aber wurde sie dem Italienischen Alpenclub zugesprochen.

94 Die Suldner Seilbahn

Die große Zeit von Sulden, der Ruf, das Zermatt der Ostalpen zu sein, verblaßte mit der neuen Grenze. Wer aus dem deutschsprachigen Raum kam noch nach Sulden, seit es italienisch geworden war? Einen neuen Anfang brachten endlich die Jahre nach 1960, aber mit anderen Vorzeichen. Der Ortler, die Königspitze und ihre Trabanten rückten in der Gunst der Bergfreunde wieder nach vorne, doch nun dominiert der selbständige Bergsteiger, der die meisten Routen in eingespielter Zweier- oder Dreierseilschaft auch ohne Führer gehen kann, keine Talunterkunft in Anspruch nimmt, sondern nach seinem Eintreffen zu den Hütten aufsteigt.

Stichwort Hütten – im Suldner Umkreis gibt es sechs wichtige Schutzhäuser: die Payer- und die Tabaretta-Hütte sowie die Hintergrathütte am Ortler, die Schaubach-Hütte an der Königspitze und die Düsseldorfer Hütte unter der Vertainspitze, außerdem die Casati-Hütte am Cevedale. Die Zeit der einst komfortablen Alpenhotels mit oft mehrwöchigem Aufenthalt illustrer Herrschaften ist vorbei, Beispiele dafür finden sich im Ostalpenraum genug.

Der aufkommende Skilauf förderte den Seilbahnbau, und so erlebt Sulden mit der Sulden-Seilbahn, eröffnet im Jahre 1975, einen Aufschwung, ein neues Publikum und eine Wintersaison. Die Seilbahn und zwei Sessellifte fördern auch den Sommertourismus; das Sulden von heute bietet ein zeitgemäßes Image mit moderner Gastronomie und avancierte zu einem beliebten Ziel für Tagesausflüge aus dem Vinschgau herein zur Ortler-Schau. Die Gäste bleiben wieder länger, sie genießen die Höhenlage, wollen wandern und bergsteigen, denn nirgendwo sonst in den Ostalpen ragen die Berge höher und mächtiger als in Sulden. Von der Talstation (1900 m) schwingt die Gondel über eine Zwischenstation – günstig für die Wanderung zur Hinter

grathütte – in wenigen Minuten hinauf zur Bergstation in 2610 Meter Höhe. Das Erlebnis dieser Fahrt, die Aussicht zum Ortler, zur Königspitze, das sind die Trümpfe von Sulden.

Bild links **Die Sulden-Seilbahn zur Schaubach-Hütte; die Hütte erkennen wir etwas unterhalb der Bergstation, darüber der Suldenferner.**

Bild oben **Schaubach-Hütte (2573 m) mit Königsspitze-Nordwand.**

Bild oben rechts **Der Ortler, gesehen aus dem Suldenferner, mit dem nach rechts absinkenden Hintergrat in Richtung zur Hintergrathütte.**

Die Königspitze. An der Bergstation stehen wir in Luftlinie 2 Kilometer der Königspitze direkt gegenüber. Diese Entfernung ist ideal, näher könnten wir den gewaltigen, eisgepanzerten Berg vielleicht kaum ertragen. Aus beruhigender Distanz überblicken wir den Schwung der steilen Grate, die Eiskatarakte, die jähe Firnflucht der Nordwand, der Königswand, herab vom 3859 Meter hohen Gipfel. Haben wir Glück, erspähen wir eine Seilschaft, die aber zur ersten Auffahrt der Seilbahn schon fast in Gipfelnähe sein muß, um mit zunehmender Tageswärme möglichen Eislawinen zu entgehen. Zwischen Königspitze und Ortler ragt der Monte Zebrù, die eisverbrämte felsige Nordwand wächst steil aus dem Suldenferner bis in die Höhe von 3740 Meter. Mit diesem Anblick: Ortler –

Monte Zebrù – Königspitze hat Sulden ein Dreigestirn, das westalpiner Faszination gleichkommt.

Der Ortler erhielt die Erstbesteigung im Jahre 1804, die Königspitze mußte bis 1864 warten. »Der Kinig ischt noch weitaus schiacher als der Ortler selm«, meinten die Einheimischen. Die Ortler-Eroberung war ein Tiroler Unternehmen, die Königspitze besiegten die Engländer durch Westalpen-erfahrene Herren, unterstützt von Schweizer Führern. Der Aufstieg erfolgte vom südseitigen Cedec-Tal auf der italienischen Seite des Hauptkammes. Der heute von Sulden aus übliche »Normalweg« startet bei der Schaubach-Hütte, erreicht über den Suldenferner das sichtbare, schmale Königsjoch und über die sehr steile, vergletscherte Ostflanke den Gipfel.

Die Schaubach-Hütte (2573 m) erwartet uns wenig unterhalb der Bergstation, die Hütte als Vordergrund zur Königspitze-Nordwand ist ein berühmtes Suldner Motiv. Die Seilbahn hat dem Haus viel von der einstigen Bedeutung genommen, doch für die Tour zur Königspitze ist sie nach wie vor als Nachtquartier wichtig.

Eine Gruppe Wiener Bergsteiger, die »Wilde Bande«, erstellte im Jahre 1876 den Erstbau. Ab 1888 gehörte die Hütte der Alpenvereinssektion Hamburg, und ihr verdankt sie das Aussehen von heute; der jetzige Besitzer, der Italienische Alpenclub, Sektion Mailand, hat bisher kaum etwas geändert. Sitzen wir am Abend in der gemütlichen, mit altersbraunem Holz getäfelten Stube, können wir uns fast in vergangene Zeiten zurückversetzt fühlen.

95 Trafoi – Stilfser Joch

Stilfs. Die Stilfser-Joch-Straße ist in ganz Europa berühmt, wer aber weiß etwas vom Namenspatron, dem Dörfchen Stilfs im Suldental hoch über dem Taleingang an sonnigem Hang auf 1311 Meter Meereshöhe?

Im engen Talgraben herein von Prad (913 m) erreichen wir nach wenigen Kilometern den Weiler Stilfser Brücke; erlaubt der Verkehr den Seitenblick rechts aufwärts zum Hang, sehen wir 200 Höhenmeter über uns die Häusergruppe von Stilfs, geschart um den Turm der Pfarrkirche zum hl. Ulrich. Wollen wir Stilfs besuchen, zweigen wir in Gomagoi (1273 m) ab, eine kurze Stichstraße bringt uns zum Dorf. Die Häuser stehen eng zueinander, Platz war in Stilfs der steilen Hanglage wegen immer kostbar.

Wie schwer vergangene Zeiten das Stilfser Gemeinwesen bis herauf in unser Jahrhundert oft drückten, ist kaum mehr sichtbar, die Chronik aber berichtet: Viele Bewohner zogen als »Karrner«, als Wanderhändler mit Kraxe und Handkarren, beladen mit Handarbeitsprodukten und sonstigen Waren aus Oberitalien, hinaus ins Schwäbische, auch Kindergruppen, bekannt als »Schwabenkinder«, zur Arbeit in Stall, Haus, Hof und Feld. Für Stilfs, für den ganzen Obervinschgau war dieses soziale Phänomen im 19. Jahrhundert typisch – auswandern oder auswärts Arbeit suchen; diese Alternative gilt vielfach auch noch heute. Der Fremdenverkehr der letzten Jahrzehnte hat manches gemildert, auf dem »Kleinboden« hat Stilfs, verbunden mit Trafoi, ein Skigebiet, auch der Sommer bringt in das freundliche Dorf Gäste, die gerne länger bleiben.

Trafoi. Von Stilfs zurück auf der Hauptstraße, reihen wir uns in Gomagoi ein in den Sog der Stilfser-Joch-Straße, die uns zuerst nach Trafoi (5 km) bringt. Vor dem Ort, nach einer Brücke über den Trafoier Bach, empfängt uns mit der Zahl 48 die erste Kehre dieser einmaligen Alpenstraße – die Kehre 1 läuft zum Stilfser Joch aus.

Die älteste urkundliche Schreibweise für Trafoi überliefert das Jahr 1304 mit »Traful«, die heutige Anrede ist seit 1863 gebräuchlich. Halten wir die letzte Jahreszahl fest und blättern in der Geschichte, so erfahren wir, daß 1859 Österreich die Lombardei an Italien abgeben mußte, daraufhin die Stilfser-Joch-Straße sich selbst überließ; die Zeiten für Trafoi, den Ort an der Straße, können also kaum gut gewesen sein. Die Bergwelt hinein zum Ortler bietet sich phantastisch an, aber zu

jener Zeit eröffnete Julius Payer die Suldner Ortler-Route und stellte für den Alpinismus damit Weichen, die sich bis heute auswirken. Trotzdem siedelten sich zur Jahrhundertwende auch in Trafoi einige »fashionable« Hotels an, die Trafoier Sommerfrische schwelgte in Hochkonjunktur bis zum Kanonenschlag von 1914. Das Jahr 1915 brachte den Krieg mit Italien, für Trafoi oben an der Grenze zur Lombardei, am Stilfser Joch.

Wer in Trafoi weilt, besucht »Heilig Drei Brunnen« im innersten Talwinkel, nur 2 Kilometer entfernt. Zu diesem Quellheiligtum, geweiht der hl. Maria, pilgert das Volk schon seit Jahrhunderten. Die heutige Wallfahrtskapelle stammt aus dem Jahre 1701; über lange Zeit betreute ein Einsiedler den Gnadenort.

Trafoi, 1543 Meter, ist an der Straße zum Stilfser Joch die letzte Ortschaft, eingemeindet nach Stilfs, das federführend ist für das zentrale Ortlergebiet einschließlich Sulden.

Mit 140 Quadratkilometer Fläche dehnt die Gemeinde Stilfs (1400 Einwohner) sich bis hinauf zum Hauptkamm aus, vom Eisseepaß über Königspitze und Ortler zum Stilfser Joch.

Die Straße zum Stilfser Joch. Die Nordrampe von Prad (913 m) am Beginn der Steigung ist bis zur Scheitelhöhe – 2758 Meter – 25 Kilometer lang; mit 48 Kehren überwindet diese »Kunststraße« in fast gleichbleibender Steigung eine Höhendifferenz von 1850 Metern, über die Südrampe läuft sie durch eine Reihe von Galerien nach insgesamt 50 Kilometern in Bormio (1217 m) aus. Italien klassifiziert die Stilfser-Joch-Straße als Staatsstraße, ab Mitte Oktober bis Juni herrscht Wintersperre, damit ist auch der Skizirkus am Joch zur Ruhe verurteilt.

Das Landschaftsbild bestimmen oberhalb von Trafoi grasige steile Südflanken, der Blick nach Süden ist überwältigend: tiefgespaltene Gletscherströme bis hinauf zu ihrem Ursprung an den glänzend weißen Firnen der Ortler-Hauptkette, vom Ortler über eine hohe Dreitausenderlinie – Thurwieserspitze und Trafoier Eiswand – zum Stilfser Joch. Großartiger in Landschaft und Trassenführung ist keine andere Gebirgsstraße der Ostalpen – wir sollten sie zu verschiedenen Jahreszeiten erleben: im frühen Bergsommer das blumige Grün der sonnseitigen Grasflanken, im scharfen Gegensatz dazu die noch fast geschlossene Schneedecke der Schattseite; im Herbst unter dem seidigen Blau eines Himmels, in dem das hohe Eis fast überirdisch leuchtet. Tausende von Autotouristen nützen die Straße zum Stilfser Joch. Erbaut wurde sie in den Jahren 1820 bis 1825 für Wagen und Pferd, zur möglichst direkten Reise von Wien nach Mailand, als noch niemand unser motorisiertes Zeitalter ahnen konnte.

Für die Österreichisch-Ungarische Donaumonarchie entstand zu Beginn des 19. Jahrhunderts die Notwendigkeit, die Lombardei durch eine Straße über die Alpen eng an sich zu binden. Kaiser Franz I. erließ im Jahre 1818 ein Dekret, das den Bau der Straße über das Stilfser Joch anordnete. Anno 1820 begannen von Bormio aus die Arbeiten an der Südrampe durch die wilde Braulio-Schlucht, in den Jahren zwischen 1822 und 1824 erfolgte der Bau der Nordrampe von Spondinig über Trafoi zum Joch. Im Winter 1824/25 wurde die Straße dem Verkehr übergeben; Österreich hatte dafür die damals enorme Summe von 2 901 000 Gulden aufgewendet. Carlo Donegani, der geniale Chefingenieur für Planung und Ausführung, erhielt als Dank den Adelstitel »Nobili di Monte Stelfio« – Der Edle vom Stilfser Joch.

Sehen wir vom modernen Straßenbau verwöhnten Autofahrer diese altehrwürdige Straße, an der in Führung und Linie die Zeit nichts veränderte, kommen wir aus dem Staunen über die damalige Leistung nicht heraus – dem »Edlen vom Stilfser Joch« und den 2000 Arbeitern, die mit Hacke und Schaufel die Trasse freilegten, zollen wir höchsten Respekt. Bis zur Abtrennung der Lombardei von Österreich im Jahre 1859 besorgten Arbeiter, die sogenannten »Rotteri«, untergebracht in Wegemacherhäuschen, die ständige Befahrbarkeit – das ganze Jahr über!

Bilder oben   Die Stilfser-Joch-Straße, die Nordrampe von der Franzenshöhe zum Joch.
Denkmal für Josef Pichler, dem Ortler-Erstbesteiger, an der Jochstraße; links oben der Ortler.

Bilder rechts   Die Pfarrkirche von Trafoi mit Ortlerferner.
Das Dorf Stilfs, Namenspatron der Paßstraße.

Vom Vinschgau zum Ötztaler Hauptkamm

Aus den Ötztaler Alpen, herab vom Hauptkamm, münden fünf Täler herein zum Vinschgau. In Töll, der Höhenstufe oberhalb von Meran, betreten wir den Vinschgau. Hinauf zum Reschenpaß passieren wir bei Naturns das Schnalstal, in Schlanders das Schlandrauner Tal, wenig vor Mals, bei Schluderns, zweigt das Matscher Tal ab, oberhalb von Mals öffnet sich das Planeiltal und am Reschensee in Graun das Langtauferer Tal. Jedes Tal hat eine andere Ausdehnung und Besiedlung, bestimmt auch durch die Himmelsrichtungen. So muß sich jeder Talzweig dem Vinschgau anpassen, der von Töll bis über Laas hinaus gradlinig nach Westen zieht, dann aber unterhalb von Mals mit einem Nordbogen zum Reschen einschwenkt. Das Schnalstal, das erste, weitaus längste und größte dieser Täler, greift nach Nordwest aus, das Langtauferer Tal, das obere und letzte Tal, schließt in Ostrichtung zum Ötztaler Hauptkamm auf.

Der Ötztaler Hauptkamm. Im Friedensschluß von Saint Germain im September 1919 setzte Italien den Anspruch durch, in Zukunft den Zentralalpenkamm als Grenzlinie zu Österreich festzuschreiben: Die Verfechter der Wasserscheiden-Theorie verkündeten dieses italienische Verlangen schon längst vor dem Frieden. Im Jahre 1920 manifestierte Italien mit numerierten vierkantigen Steinen überall am Zentralalpenkamm auf allen wichtigen Gipfeln die nun gültige »Confine«, analog zu den Zillertaler und Stubaier Alpen auch in den Ötztaler Alpen; der Ötztaler Hauptkamm also trägt seitdem die Grenze im Zuge vom Timmelsjoch bis zum Reschenpaß.

Zwischen diesen genannten Pässen ist der Hauptkamm in der Abdachung zum Ötztal fast voll vergletschert; eisfreie Wege, geeignet für den Übergang im Sommer, gibt es nur am Hochjoch (2842 m) und – mit Einschränkung – am Niederjoch (3019 m): von Norden im Aufstieg aus dem Venter Tal mit Abstieg ins Südtiroler Schnalstal. Beide Übergänge – ohne Grenzkontrolle – haben heute fast nur noch für Wanderer und Bergsteiger eine Bedeutung, am Hochjoch erwartet uns das Wirtshaus »Schöne Aussicht«, am Niederjoch die Similaunhütte (siehe Seite 229).

Südtiroler Bergtouren im Hauptkamm. Diese weit über 3000 Meter hohe, mit Eis und Schnee verbrämte Gipfelphalanx ist seit jeher ein Traumziel gletschererfahrener Bergsteiger von Nord wie von Süd, also auch aus Südtirol. Betrachten wir den Hauptkamm aus Südtirol im Zuge vom Timmelsjoch im Osten zum Reschenpaß im Westen, suchen wir die Prominenz heraus, die wir irgendwann gerne aufsuchen möchten.

Das Pfelderer Tal zeigt den Zugang zur neuen ehemaligen Zwickauer Hütte, dem Stützpunkt zum Hinteren Seelenkogel (3472 m), und weiß auch die Stettiner Hütte für die Tour zum Hochwilde-Südgipfel (3482 m). Das Schnalstal, ein bergsteigerisch besonders interessantes Tal, führt uns heran zum Similaun (3606 m), zur Fineilspitze (3516 m) und auch zur Weißkugel (3739 m); die Similaunhütte am Niederjoch und das Wirtshaus »Schöne Aussicht« am Hochjoch unterstützen diese Touren.

Bild links **Aus dem Schnalstal zweigen wir ab in das Pfossental und erreichen nach wenigen Kilometern den Weiler Vorderkaser, das Wirtshaus Jägerrast (im Bild).**

Bild rechts **Der Vernagt-Stausee an der Schnalstaler Straße nach Kurzras. Am Ostufer der Weiler Vernagt, dort beginnt der Aufstieg zur Similaun-Hütte am Niederjoch.**

96 Schnalstal und Pfossental

Das Schnalstal ist von der Einfahrt bei Naturns bis zum Talschluß von Kurzras 25 Kilometer lang, die Talstraße überwindet bis dorthin den Höhenunterschied von fast 1500 Metern. Im Vinschgau, am Eingang, reifen Obst und Wein, ziert die Kastanie den Garten; drinnen in Schnals hat der Talboden kaum eine ebene Wiese, der Hang trägt Nadelwald, Fichte und Lärche, dicht und dunkel im Wuchs und steil hinauf, so weit das Auge reicht. Die hellen, freien Flecken dazwischen sind die Inseln für altersbraune, aus Holz gezimmerte Berghöfe, die seit Jahrhunderten mit der Natur ums Überleben ringen und denen all unsere Hilfe gelten soll, damit Jahr für Jahr die grünen Wiesenstreifen wiederum gedüngt und gemäht werden und durch die Arbeit der Bergbauern die Landschaft und damit auch das Tal erhalten bleibt.

Ein Bergtal, so ausgedehnt wie das von Schnals, braucht mehrere Siedlungsschwerpunkte, Dörfer, den Wirt und die Kirche, in denen öffentliches Leben pulsiert und auch bescheidene Feste gefeiert werden. Das erste Dorf, Katharinaberg (1245 m) – die Kirche steht frei auf einen Bühel, von dem das Wort Gottes weithin hallt – liegt 10 Kilometer vom Vinschgau entfernt im vorderen Taldrittel, benachbart zum nahen Karthaus (1327 m). Als Hauptort verwaltet Karthaus die Gemeinde Schnals, die mit 210 Quadratkilometern Fläche und 1400 Einwohnern bis zum Ötztaler Hauptkamm ausgreift.

Seit jeher richtet sich die Talschaft nach Karthaus, im Ursprung zurück zum Jahre 1326, als die Mönche des hl. Bruno die Karthause »Allerengelberg« erbauten und mit mehr oder weniger segensreichem Wirken bis 1782 fast die gesamte Talschaft beherrschten. Zurück blieben die Klostermauern, ein sehenswerter gotischer Kreuzgang und viel Historie über das Leben der Schnalser Karthause.

Die erste Weitung erfährt das Schnalstal in 1500 Meter Höhe im großzügigen Wiesenplan von »Unser Frau« (siehe Bild links). Die Örtlichkeit ist eine um das Jahr 1750 auf einem Felsen errichtete barocke Wallfahrtskirche in Nachfolge zur Stammkirche vom Jahre 1312. Sehr alt dürften auch die breiten, behäbigen Bauernhöfe sein, das sogenannte »Steinhaus« und auch der Gasthof »Hirschen«, einst »Wirth und Bäck' von Unser Frau«. Mit vielen Neubauten aber ist der Ort modern geworden. Die neue Zeit fällt uns weiter taleinwärts auch bei einem begrünten hohen Erddamm auf, der die Schnalser Gletscherwasser zum Stausee Vernagt (1638 m)

sammelt. Darüber hinaus wird das Schnalstal, vorbei an Gerstgras, Marchegg und den Koflerhöfen, nochmals sehr bäuerlich – im Talschluß Kurzras aber regiert der Ski mit allem, was dazugehört.

Kurzras und die Gletscherbahn. In Kurzras, 2000 Meter hoch im Gebirg', was konnte da außer magerem Gras schon wachsen? Kurz-

Bild oben   Die Einschicht vom Eishof (2000 m) im oberen Pfossental, ein Ort zum Bleiben.

Bild links oben   Kurzras, dort ist die Schnalser Welt zu Ende, soweit wir sie mit dem Auto erkunden können. Kurzras, das ist der Schnalser Magnet, durch die Gletscherbahn und den Skilauf am Hochjochferner berühmt geworden.

Bild links   »Unser Frau« in Schnals, das Kirchdorf im oberen Schnalser Tal, wenig unterhalb von Vernagt.

ras war über Jahrhunderte ein »Grashof«, bis der rührige Kurzhofbauer einen Gasthof einrichtete, denn übers Hochjoch her- und hinüber war er die erste und wiederum die letzte Schnalstaler Ansiedlung und Einkehr. Der Kurzhof, dieses Relikt aus alter Zeit, hat seinen Platz, die wettergegerbten Holzwände, darüber das lärchengeschindelte Dach mit Steinen beschwert, wie es der Brauch war, behalten dürfen. Genützt wird er vom heutigen Geschäftsleben, aber der Kurzhof ist unter all den supermodernen Bauten ringsum ein Gruß aus alten Zeiten geblieben.

Das Kurzras von heute glänzt als internationaler Ski-Terminal, deswegen auch die hervorragend ausgebaute Talstraße; das ganze Jahr über, fast ohne Pause, rotiert am Hochjochferner das Skikarussell. In sehr steiler Linie schwebt die Gondel in wenigen Minuten hinauf zur Bergstation an der Grawand – in 3212 Meter Höhe steigen wir aus und bewundern eine Schau, die wir uns unten in Kurzras kaum vorstellen können – ein Ötztaler Gletscherpanorama erster Klasse!

Das Pfossental. Im Schnalstal aufwärts zweigt wenig vor Karthaus eine Nebenstraße hinein ins Pfossental. Der Talverlauf greift aus nach Norden und trennt den Ötztaler Hauptkamm von der Texel-Gruppe.

Das Pfossental ist schmal und schattig, versenkt zwischen hohen Bergen, aber besiedelt von Bauernhöfen, denen die Dächer schon vor Jahrhunderten geschindelt wurden. Der Vorderkaser, 1693 Meter, empfängt uns als Bauernhof und mit der »Jägerrast« (Bild Seite 224) auch als Wirtshaus; eine Schranke versperrt die Weiterfahrt. Talein gehen wir zu Fuß über Mitterkaser und Rableit hinein zum Eishof, eine Wanderung von etwa $2\frac{1}{2}$ Stunden durch eine stille, nur pfleglich genützte Almenwelt. Der Eishof (bewirtschaftet, mit Übernachtung) steht 2000 Meter hoch im Tal und war bis 1897 ganzjährig bewohnt, ebenso der Mitterkaser und Rableit. Am 1. Juni 1877 verschüttete eine Lawine den siebenjährigen Mitterkaser-Sohn, erst am 25. Juli wurde er gefunden – ein Winter im Pfossental kann bis in den Sommer dauern.

97 Der Schaftrieb am Hochjoch und Niederjoch

Die Schafe kommen! Dieser Ruf lief der Herde voraus, vom Nordtiroler Venter Tal hinauf zum Hochjoch, zum Wirtshaus »Schöne Aussicht«, bei dem wir am 21. September 1988 warten, um den Schaftrieb zu erleben. Hunderte von Tieren laufen über das Eis des flachen Hochjochferners, ehe die Hirten sie in einer Geländemulde unterhalb der »Schönen Aussicht« sammeln. Der Grenzübertritt nach Südtirol muß natürlich seine Ordnung haben: Die Auswanderung zur »Sömmerung« in den Hangweiden drüben in Vent erfolgte im Frühsommer Mitte Juni; die italienischen Finanzer registrierten damals 840 Tiere, die Hirten melden nun 950 Schafe zurück. Aufgeregt trippeln die Lämmer um ihre Mütter, die allerjüngsten, gestern erst geboren, haben die Hirten über das Eis getragen. Zur gleichen Zeit findet der Schaftrieb auch am benachbarten Niederjoch statt – wie lange wird es dieses fast archaisch anmutende Ereignis noch geben, das eine jahrhundertealte Tradition besitzt?

Der Ursprung liegt in der Geschichte des inneren Ötztales, das von Süden, aus dem Schnalstal über das Hoch- und Niederjoch, vor 1000 Jahren besiedelt wurde. Das Niederjoch, 3000 Meter hoch, schneidet den Ötztaler Hauptkamm oberhalb von Vernagt zwischen Similaun und Finailspitze, das Hochjoch mit 2875 Meter Höhe liegt oberhalb von Kurzras, in Luftlinie sind beide Übergänge nur 5 Kilometer voneinander entfernt. Die Wege hinab nach Norden, durch das Nieder- und Rofental, treffen in Vent zusammen. Kirchlich gehörte Vent über die Jahrhunderte zum Schnalstal, der Weg über die Jöcher war, wenn auch kaum alltäglich, doch viel begangen – Franz Senn, der Venter Gletscherpfarrer, ist ihn oft gewandert.

Die neue Grenze hat vieles geändert und das Niederjoch mit Grenzbauten verunziert. Die Similaunhütte dort ist aber als gute Einkehr bekannt und von Nord und Süd viel besucht. Am Hochjoch wachen eine meist verschlossene österreichische Grenzerhütte und das Wirtshaus »Schöne Aussicht« (2842 m). Und – das Niederjoch ist wirklich höher als das Hochjoch! Warum? Irgendwann vielleicht ein Irrtum der Kartographen.

Südtiroler Schafe auf dem Hochjochferner, am Weg von den Weidegründen im Nordtiroler Rofental zurück ins heimatliche Schnalstal. – Am Wirtshaus »Schöne Aussicht« (Einklinkbild) zieht die Herde vorbei.

98 Matscher Tal und Planeiltal

Das Matscher Tal. Fünf Täler, so haben wir in Erinnerung, zweigen aus dem Vinschgau hinein zu den Ötztaler Alpen, dort, wo sie zu Südtirol gehören, also südseits des Hauptkammes. Das Schnalstal wissen wir aus dem vorangegangenen Artikel, das touristisch unbedeutende kleine Schlandrauner Tal dürfen wir übersehen; den Vinschgau aufwärts das nächste Tal, das Matscher Tal, sollten wir jedoch aufsuchen.

Das Talwasser, der Saldurbach, mündet in Schluderns in enger Schlucht zum Vinschgau. Die Talstraße legt von Tartsch, wenig vor Mals, weite Schleifen in den freien Südhang unterhalb des Tartscher Waldes und erreicht in aussichtsreicher Trasse zum Ortler nach

6 Kilometern das Dorf Matsch in 1564 Meter Meereshöhe. Die Pfarrkirche zum hl. Florinus schaut von einem sehr guten Platz hinaus zum Vinschgau, der Ort selbst bildet am Sonnenhang zwei Häuserreihen – im Matscher Tal gibt es keinen ebenen Boden, nur Hangwiesen auf der Sonn- und Wald auf der Schattseite.

Die Zeitgeschichte zurück bis zu den schrecklichen Matscher Vögten im 14. Jahrhundert bedachte kaum jemals das Matscher Tal mit besonderer Gunst. Wir bemerken es am bescheidenen, manchmal fast ärmlichen Zustand der Häuser und erfahren es auch aus der Chronik, die das Matscher Tal noch bis zum 14. Jahrhundert »ein Revier der Wölfe« nannte. Das Dorf steht eng zueinander, in der Mitte der Gasthof »Weißkugel«, der durch sein passables Aussehen zur Einkehr lockt; mit der Gästeflut herein nach Südtirol scheinen auch für Matsch nun freundlichere Zeiten anzubrechen. Vom Dorf talein ist die Bergwelt weit offen, die Hänge lehnen sich

sanft zurück, das Geländeprofil erlaubt Zufahrten für verstreute Weiler und Höfe, der am stärksten besiedelte Raum liegt jedoch im Umkreis des Ortes. Im alten Tirol war Matsch eine selbständige Gemeinde mit durchschnittlich 650 Einwohnern, heute bevölkern noch etwa 550 Personen das Tal.

Von Matsch fahren wir auf schmaler, sandiger Straße 7 Kilometer talein, erleben das frische Grün der Wiesen, kommen wir später im Jahr, schnuppern wir würzigen Heuduft, freuen uns an der stürmischen Fülle des Saldurbaches und parken beim Gasthaus »Glieshof«. Er und die zwei, drei Höfe neben ihm und jenseits des Baches, der Weiler Thanei, schließen in 1800 Meter Höhe die besiedelte Matscher Welt gegen das Hochgebirge ab. Am »Glieshof« bekommen wir Gesellschaft, denn gut markierte Wege und Steige verführen zum Wandern: im Upiatal zum gleichnamigen See, zu entlegenen Gipfeln im Saldurkamm, zur neuen Oberettes-Hütte südseits der Weißkugel und zu den Planeiler

Bild oben **Die Pfarrkirche von Matsch, Blick hin-aus zu den Ortler-Alpen.**

Bilder links und rechts **Thanei im inneren Mat-scher Tal, die höchstgelegene Siedlung, Heimat von drei Bergbauern-Familien.
Im Matscher Tal an der Straße zu den Glieshöfen.**

Bergen, dem Kammzug über Thanei. Das wertvolle Kapital der Matscher Talschaft für die Zukunft ist vielleicht weniger die beschei-dene Landwirtschaft, vielmehr die ursprüng-liche Bergnatur, die weitläufige Wanderland-schaft, kaum berührt vom Fortschritt – heute noch ein Geheimtip für Individualisten.

Die Oberettes-Hütte, 2677 Meter, ist ein Neu-bau des Alpenvereins Südtirol im Talschluß von Matsch, hoch über den Glieshöfen. Auf Oberettes, so nennt sich die Gegend, hatte die Sektion Prag des früheren Deutschen und Österreichischen Alpenvereins mit der Höl-lerhütte über Jahrzehnte eine Bergheimat in Südtirol und das Matscher Tal treue Gäste, die für einen bescheidenen Tourismus sorg-ten. Die Hütte brannte 1945 nieder; seit lan-gem war es ein Wunsch der AVS-Sektion Mals, das verwaiste Matscher Tourengebiet mit einem Stützpunkt aufzuwerten. Die Bauarbeiten begannen 1985, kamen 1988 zum Abschluß; für den 11. September rief der Alpenverein zur festlichen Einweihung, fast 500 Bergfreunde von nah und fern strömten herbei. Ein guter Einstand für das neue Schutzhaus!
Die Oberettes-Hütte wird dem Matscher Tal, das ja mit dem Verlust der Höllerhütte in der Nachfolge vom Tourismus fast vergessen wurde, neue Gäste bringen.

Das Planeiltal finden wir durch Wegweisung in Mals, die uns in einen Geländewinkel am Südrand der Malser Haide schickt. Die Zu-fahrt schwenkt beim Weiler Ulten über einen Südhang hinauf zum Dorf Planeil, das mit seiner Kirche zum hl. Nikolaus herab zur Haide grüßt. Das Dorf nistet in der Höhe von knapp 1600 Meter fast direkt in der Talkerbe, versperrt sein Tal; ein Parkplatz am Ortsein-gang hält den öffentlichen Verkehr auf.
Das Leben in Planeil von dem wenigen Er-trag, den die steilen Hanglagen in mühseliger Handarbeit an Gras und Winterheu erbrin-gen, war immer hart. Nur ganztägige Arbeit unten im Tal hielt manche Familie aufrecht und ermöglichte ihr nach und nach, Haus und Hof zu verbessern. »Dem Betrachter wird vor allem die abenteuerliche Steilheit der Lage großen Eindruck machen, denn hier decken sich buchstäblich in vielen Fällen Gie-

bel und Sockel von Nachbarhäusern auf einer Linie, so daß man sich in dem Winkelwerk von Stiegen und gepflasterten Gassen kaum zurechtfindet« – so schreibt ein Chronist. Das Zitat sei vorangestellt, damit wir die Kata-strophen ermessen können; verwundert be-trachten wir das fast neue Dorfbild und fra-gen: Was ist in Planeil geschehen?
Zwei Großbrände, am 17. Oktober 1985 und nur ein Jahr später, am 16. Oktober 1986, vernichteten innerhalb weniger Stunden fast das ganze Hab und Gut von 17 Familien. Vier bis sechs Millionen Mark, so hoch schätzten offizielle Stellen den Wiederaufbau. »Ein Dorf ruft um Hilfe« – das Land Südtirol, in Deutschland die »Stille Hilfe Südtirol«, Vereine und ungezählte Privatpersonen ha-ben das neue Planeil ermöglicht. Trotzdem, eine schwere Schuldenlast wird die »Ab-brandler« noch viele Jahre drücken.

99 Das Langtauferer Tal

Die Suche nach den Seitentälern des Vinschgaues zu den Ötztaler Alpen bringt uns über die Malser Haide hinauf zum Reschensee nach Graun; von dort schließt der nun oberste Talzweig, das Langtauferer Tal, zum Ötztaler Hauptkamm auf. »Langtaufers« ist die landeskundliche Anrede für die gesamte Talschaft einschließlich der Talflanken von Graun (1500 m) bis zum Weiler Melag (1925 m) – ab Graun 10 Kilometer – und auch für das Hochgebirge im Talschluß.

Die Gletscher der Würm-Eiszeit in der Vergangenheit, 10000 Jahre zurück, haben Langtaufers einmal aufgefüllt und in der Form eines riesigen, weit offenen Troges zurückgelassen; erst nacheiszeitlich formte sich der steile Talauslauf von Pedroß hinab nach Graun, durchtost von den Gletscherwassern des Karlinbaches. Das Wasser ist der lange Arm aller Gletscher, mit ihm haben sie die Hochbecken geglättet und wieder verwüstet, mit dem Wasser muß der Mensch leben, seit er in einem Gebirgstal siedelt. In kleiner Quelle entspringt die Etsch am Reschenpaß, der Karlinbach aber, dieser starke, mächtige Wasserträger, ist mit seiner Fracht der Langtauferer Gletscherschmelze die eigentliche Urquelle der Etsch, er vor allem füllt heute den großen Stausee von Reschen.

Die fast 300 Meter hohe Steilstufe von Graun nach Pedroß hebt uns hinauf ins Tal. Mit anmutigen, weit ausgelegten grünen Wiesenterrassen, lärchenbestandenen Hängen auf der Sonnenseite und dichten Fichtenwäldern in der schattigen Talflanke stellt sich Langtaufers vor. Das kleine Dorf Pedroß (1790 m) mit seiner Kirche zum hl. Martin ist der Hauptort, Langtaufers gehört als Fraktion zur Gemeinde Graun. Die Besiedelung konzentriert sich fast ausschließlich in kleinen Höfegruppen, einsame Bergbauern am Hang gibt es in Langtaufers nicht. Im Ursprung waren die Anwesen einst sogenannte Schwaighöfe, von Grundherren eingerichtete Viehwirtschaften über der Getreideanbaugrenze, das 15. Jahrhundert nennt für das »Lange Taufers« acht an der Zahl. »Der Weiler Kapron wird im Jahre 1317 erstmals genannt, Beachtung verdient auch der Grubhof (Haus Nr. 64) wegen seiner hübschen Ornamente und Sprüche an der Hauswand; der Hof stammt aus dem Jahre 1359«, unterrichtet die Landeskunde.

Talauf erwartet uns in Hinterkirch auf einem Hügel das St.-Nikolaus-Kirchlein. Diese geringe Höhenstufe und der Bogen, den das Tal in Hinterkirch einleitet, öffnen den Einblick zum Langtauferer Talschluß. Wir finden unsere Vermutung bestätigt: Kein anderes der Seitentäler von Schnals bis herauf nach Graun kann an hochalpinem Reiz mit Langtaufers wetteifern. Wir brauchen keine Seil-

bahn, um Gletschereis zu bestaunen, schnee-
weiße Firne grüßen herunter bis ins Tal.
Hochgestimmt von diesem Anblick beschlie-
ßen wir, in Langtaufers zu bleiben und seine
Quellen aufzuspüren, oben, in der Umschau
von der Weißkugel-Hütte.

Bild links   Das Langtauferer Tal mit Blick hinaus
nach Reschen. Vor uns der Weiler Melag; die Tal-
straße berührt das St.-Nikolaus-Kirchlein von Hin-
terkirch, links der Karlinbach.

Bild oben   Am Wanderweg zwischen Haider Alm
und Schöneben, 600 Meter über dem Reschen-Stau-
see. Am Ostufer erkennen wir Graun, zum Ort mün-
det das Langtauferer Tal. Am Horizont der Ötztaler
Hauptkamm, der Grenzkamm zu Österreich, mit
der 3526 Meter hohen Weißseespitze.

Das hochalpine Langtaufers reicht seinen Namen von der grünen Almenflur hinter dem
Weiler Melag hinauf bis zum Eis des Langtauferer Ferners und zum Gipfel darüber, zur
3529 Meter hohen Langtauferer Spitze. Im
Hinblick auf die Position ist dieser Berg die
Firnenkrone der Talschaft – der Blickfang,
wenn wir von Melag nach Osten schauen.
In Melag stoppt ein Gasthaus die Talstraße,
alle wichtigen, vielbegangenen Wanderwege
starten in diesem kleinen Weiler. Die Haupt-
route läuft im ebenen breiten Talboden, vorbei an breiten, ausufernden Wassern in Richtung Osten zur Melager Alm. Hier beginnt
auf gutem Steig der Aufstieg zur Weißkugel-
Hütte, der über einen begrünten Moränen-
kamm mit vielen Serpentinen höherzieht. Die
Langtauferer Bergwelt besitzt nur diese eine
Hütte, dafür aber steht sie am besten Platz,
den die Talschaft bieten kann: auf einer Mo-
ränenschulter in 2560 Meter Höhe mit Blick
hinein zu einem großräumigen Becken, das
der Langtauferer Ferner fast völlig auffüllt.

Im Anblick der mächtigen, geschrundeten
Gletscherströme meinen wir, den Ursprung
der Zeiten zu erkennen. Wir hören das Rauschen der Wasser, den Stein- und Eisschlag,
den Bergwind, nehmen diese Laute einer ur-
weltlichen Natur jedoch kaum auf, mit dem
Bild verschmelzen sie zu einer Einheit, in der
wir uns in der Rast auf einem von Jahrtausenden vom Gletscher geschliffenen Stein vielleicht völlig verlieren.
Der Ötztaler Hauptkamm legt über Langtaufers einen weiten Bogen aus und verankert
seinen hohen Dreitausender-Schwung an
zwei mächtigen Gipfeln, die sich in Süd und
Nord gegenüberstehen: an der 3739 Meter
hohen Weißkugel und an der Weißseespitze,
3526 Meter hoch. Vom Hauptkamm herab
wölben sich Eiskaskaden herein nach Langtaufers, die Weißkugel hütet es in nordseitigen Steilgletschern. Ihr makelloser weißer
Gipfelfirn schwingt in eleganter Linie hinüber zur Langtauferer Spitze, die sich mit
dem Gepatschferner verbindet.

100 Die Weißkugel

Bergnamen mit der Anfügung »-kogel« gibt es viele, auch die Weiß-kugel war einmal nur ein -kogel, bis ein Topograph irgendwann die Kugel formte und den Berg einem strahlenden Phönix gleich über die simple Kogelgesellschaft hinaushob.

»Wie ein Meisterwerk der schaffenden Naturkräfte ragt das Riesengebilde aus Firn und Fels, die Weißkugel, als südwestlicher Eckpfeiler der Ötztaler Alpen hoch über alle

zweiten Rang begnügen, die Wildspitze ist um 30 Meter höher. Der Bergsteiger aber gibt ihr die Priorität, unvergleichlich groß und weit ist der Rundblick vom Gipfel, ebenbürtige Berge ragen außer der Wildspitze nur in den Ortler-Alpen und in der Bernina weit im Westen.

Wollen wir aus dem Tal, aus Südtirol die Weißkugel bewundern, folgen wir der Stilfser-Joch-Straße hinauf nach Gomagoi und schauen von dort nach Norden. Ein riesiges Firntrapez, getragen von dunklem Fels – mit diesem Bild beherrscht die Weißkugel den Horizont. Wollen wir ihr näherkommen, die Faszination dieses gewaltigen Berges fast körperlich aufnehmen, müssen wir aus dem

Nachbarn empor; sie ist der eigentliche Scheitelpunkt der Gruppe.« Dies war die Meinung vor 100 Jahren (»Die Erschließung der Ostalpen«); daran hat die Zeit nichts geändert, und die Grenzziehung im Jahre 1919 brachte die Bestätigung.

Wir erinnern uns an die italienische Wasserscheiden-Theorie, nach der die neue Grenze zu Österreich über den Zentralalpenkamm auf der höchsten Linie – auf der Wasserscheide – zu verlaufen hat. Diesem Anspruch mußte sich auch die Weißkugel beugen: Ihr Gipfel ist im Grenzverlauf mit 3739 Meter der höchste Punkt zwischen Italien und Österreich und auch die höchste Kammlinie zwischen den beiden Tirol, zwischen Nord- und Südtirol.

Betrachten wir die Ötztaler Alpen in ihrer Gesamtheit, muß sich die Weißkugel mit dem

Vinschgau entweder das Schnalstal oder das Langtauferer Tal aufsuchen und zur Höhe steigen. Von Kurzras (2000 m) im Schnalstal wandern wir hinauf zum Wirtshaus »Schöne Aussicht«. Die Höhe dort, 2842 Meter, genügt jedoch nicht, ein mit vielen Steinmännern gesäumter Steig leitet hinauf zum »Hinteren Eis« (3270 m). Großartiger und eindrucksvoller können wir von keiner anderen Stelle die Weißkugel sehen – wir bewundern die Ostflanke (siehe großes Bild). Die überfirnte Gipfelwölbung gleicht einer weißen Kugel, nur wenig unterbrochen von dunklem Fels, der ein Kreuz und auch den Grenzstein trägt – das Eis der Ostflanke gleitet hinab zum österreichischen Hintereisferner. Sehr nah kommen wir der Weißkugel auch im Langtauferer Tal. Aber wie in Kurzras müssen wir zu Fuß erst Höhe gewinnen, von Me-

lag (1925 m) hinauf zur Weißkugel-Hütte (2625 m). Dort bewahrt der Langtauferer Ferner eine prall gefüllte Südtiroler Eiskammer, die Weißkugel glänzt mit ihrer bis zum Gipfel vergletscherten Nordflanke. Im Vergleich der beiden Bilder begreifen wir, daß die Weißkugel ein Traum aller Bergsteiger ist.

Die Weißkugel-Hütte stammt aus dem Jahre 1893, erbaut von der Alpenvereinssektion Frankfurt am Main. Die Sektion Mark Brandenburg (Berlin) trat im Jahre 1910 als Nachfolger auf den Plan, verlor den Stützpunkt aber mit der Grenze von 1919 an den italienischen Staat. Als neuer Besitzer zeichnet seitdem die CAI-Sektion Desio, die im Jahre 1936 eine Erweiterung vornahm, den deutschen Namen löschte und die Hütte nach ihrem prominentesten Mitglied, dem damaligen Papst Pius XI., benannte. So kommen die italienischen Bergsteiger zum »Rifugio Pio XI. alla Pala bianco«, die deutschsprachigen Gäste aber zur Weißkugel-Hütte.

Die Anstiege zur Weißkugel. Diesen Berg umgibt ein ungebrochener Nimbus, von jeder Seite erreichen Anstiegsrouten den Gipfel, Normalwege, die jeder gletschererfahrene und gut ausgerüstete Bergsteiger gehen kann. Wann, so fragen wir, hat die Weißkugel den ersten Besuch erhalten? Die Route der Erstbegehung legt meist den späteren Normalweg fest, denn im »Eroberungsalpinismus« des vergangenen Jahrhunderts galt es vor allem, den Gipfel zu erreichen, und dafür erkundete man die einfachste Führe. Nach einem militärischen Versuch im Jahre 1850, die Weißkugel im Zuge der allgemeinen Landesvermessung zu besteigen, gelang dem damals sehr erfolgreichen »Alpenreisenden« J. A. Specht aus Wien im September 1861 der Gipfelsieg, festgehalten im Venter Fremdenbuch ohne nähere Angaben über den Routenverlauf. Hinab nach Vent über den langgestreckten Fluß des Hintereisferners bietet sich die Weißkugel prächtig an, das Hintereisjoch links des Gipfels weist den Weg über das Firndach zum höchsten Punkt. Auch Specht muß dort angestiegen sein, von der nachfolgenden Partie, englischen Herren am 24. Juni 1865, wissen wir es genau.

Das Hintereisjoch (3471 m) ist die Schlüsselstelle auch herüber vom Wirtshaus »Schöne Aussicht« am Hochjoch. Bei diesem hochgelegenen Ausgangsort sind wir der Weißkugel am nächsten, über das Teufelsegg zum Hintereisferner und zum Hintereisjoch ziehen Sommer für Sommer wohl die meisten Bergsteiger zum Gipfel.

Zur Weißkugel-Hütte lockt der Berg mit der scharfen Firnkante des Nordgrates. Wählen wir den Nordgrat und als Abstieg die Route über das Hintereisjoch und das Weißkugeljoch, ist dies die schönste Weißkugel-Tour.

Der Besuch steigt ständig an, meist zwar Tagesgäste, zur Hochtourenzeit aber kommen Bergsteiger, die eine Übernachtungsmöglichkeit brauchen. In den siebziger Jahren erfolgte deshalb ein Holzanbau, derzeit hat die Weißkugel-Hütte 44 Nachtlager. Seit vielen Jahren liegt die Bewirtschaftung in bewährten Südtiroler Händen, bei der Wirtefamilie Hohenegger aus Melag.

Bild oben **Die Weißkugel; vor uns der österreichische Hintereisferner, links das Hintereisjoch, die wichtige Wegestelle für alle Normalrouten.**

Bild links **Der Langtauferer Ferner, links die Langtauferer Spitze, rechts oben die Weißkugel.**

Bild rechts **Die Weißkugel-Hütte (2625 m), dahinter der Langtauferer Ferner.**

Zum Schluß

Unsere Reise durch Südtirol führte in fast jedes Tal, zu den entlegensten Winkeln; wir haben viel Landschaft, Berg und Tal gesehen und wissen einiges über Historie, Kunst und Brauchtum. Als Südtirol-Urlauber mit Herz und Verstand haben wir jedoch auch die Strömungen verspürt, die dem Land und dem Volk gleich einem Kiesel im Fluß eine originale Kante nach der anderen abschleifen und Erde aus dem Wurzelwerk 1000jähriger Geschichte schwemmen, Erde, die niemand ersetzen kann.

Vieles von dem, was ich fotografieren und schreiben wollte, blieb ein Wunsch, unerfüllt im Zwang eines Rahmens, dem sich auch dieser Bildband unterwerfen muß – für diese Arbeit habe ich in Südtirol gelebt, auch wenn ich dort nicht weilte. Gegenwärtig war mir vor allem der Bergbauer am Hang, seine Sorge für Wiese und Feld, für Vieh, Haus und Hof; er, der nichts verändern darf: Nur wenn er das Land so pflegt wie sein Vorfahre, wird es überleben. Trotz aller Geschäftigkeit im Tal – Südtirol ist ein Land der Bergbauern. Kann es seine Identität wahren, werden ihm auch die Freunde bleiben.

Bild   **St. Jakob im Villnöß.**

Das ewige Bauernland

Dies ist das Land, das uns ernährt,
das alle Kraft für sich begehrt.
Dies ist das Land.

Kein Feuerbrand, kein Wetterschlag
uns Herd und Scholle rauben mag.
Kein Feuerbrand.

Wir wollen nichts auf dieser Welt,
nur Sonne, Tau für unser Feld.
Wir wollen nichts.

Wir sind bereit mit unserem Blut
zu schirmen Erb' und Ahnengut.
Wir sind bereit.

Wir geben nichts in fremde Hand,
wir haben's als ein Unterpfand.
Wir geben's nicht.

Von Gott und Ahn' ist's uns vertraut,
die Väter haben's angebaut.
Von Gott und Ahn.

Wir bauen fort bis in den Tod.
Nie hat das Land an Männern not.
Wir bauen fort.

Nie stirbt das Land, dem Land geweiht,
der Bauer lebt in Ewigkeit.
Nie stirbt das Land.

(Josef Georg Oberkofler, 1889–1962,
aus St. Johann im Ahrntal)

237

Verzeichnis der Südtiroler Verkehrsvereine

**Landesverkehrsamt
für Südtirol**
Pfarrplatz 11/12
I-3900 **Bozen**
Tel. 0471/99 38 08

Abtei
I-39030 **Stern**
Tel. 0471/84 70 37

**Ahrntal–Luttach
St. Johann–Weißenbach**
I-39030 **Luttach**
Tel. 0474/6 11 36

Ahrntal-Steinhaus
I-39030 **Steinhaus**
Tel. 0474/6 21 98

Aldein–Radein
I-39040 **Aldein**
Tel. 0471/88 68 00

I-39022 **Algund**
Tel. 0473/4 86 00

I-39040 **Altrei**
Tel. 0462/8 20 77

I-39010 **Andrian**
Tel. 0471/5 73 00

Antholzertal–Antholz
I-39030 **Antholz/Mittertal**
Tel. 0474/4 21 16

I-39040 **Auer**
Tel. 0471/81 02 31

I-39040 **Barbian**
Tel. 0471/65 44 11

I-39100 **Bozen**
Waltherplatz 8
Tel. 0471/97 56 56

I-39042 **Brixen**
Bahnhofstr. 9
Tel. 0472/3 64 01

I-39031 **Bruneck**
Tel. 0474/8 57 22

I-39014 **Burgstall**
Tel. 0473/29 13 43

Corvara-Kolfuschg
I-39033 **Corvara**
Tel. 0471/83 61 76

**Deutschnofen–Eggen–
Petersberg**
I-39050 **Deutschnofen**
Tel. 0471/61 65 67

**Eppan an der Südtiroler
Weinstraße**
I-39057 **St. Michael/Eppan**
Tel. 0471/5 22 06

I-39043 **Feldthurns**
Tel. 0472/4 52 90

I-39045 **Franzensfeste**
Tel. 0472/4 86 31

I-39040 **Freienfeld**
Tel. 0472/6 73 90

Gais–Uttenheim
I-39030 **Gais**
Tel. 0474/5 42 20

I-39010 **Gargazon**
Tel. 0473/29 22 44

I-39020 **Glurns**
Tel. 0473/8 10 97

I-39041 **Gossensaß/Brenner**
Tel. 0472/6 23 72

Gsies
I-39030 **St. Martin/Gsies**
Tel. 0474/7 84 36

I-39010 **Hafling**
Tel. 0473/9 94 57

Hinterpasseier
I-39013 **Moos/Passeier**
Tel. 0473/64 35 58

I-39038 **Innichen**
Tel. 0474/7 31 49

I-39050 **Jenesien**
Tel. 0471/5 41 96

Kaltern am See
I-39052 **Kaltern**
Tel. 0471/96 31 69

Kastelbell–Tschars
I-39020 **Kastelbell**
Tel. 0473/62 41 93

I-39030 **Kiens**
Tel. 0474/5 52 45

I-39043 **Klausen**
Tel. 0472/4 74 24

Kurtatsch a. d. Weinstraße
I-39040 **Kurtatsch**
Tel. 0471/88 01 00

Kurtinig a. d. Weinstraße
I-39040 **Kurtinig**
Tel. 0471/81 73 88

I-39023 **Laas**
Tel. 0473/7 36 13

I-39040 **Lajen**
Tel. 0471/65 46 33

Lana an der Etsch
I-39011 **Lana**
Tel. 0473/5 17 70

I-39030 **Lappach**
Tel. 0474/6 32 00

**Latsch–Goldrain–Morter–
Tarsch**
I-39021 **Latsch**
Tel. 0473/62 31 09

I-39040 **Laurein**
Tel. 0463/3 01 08

Leifers–Branzoll–Pfatten
I-39055 **Leifers**
Tel. 0471/95 04 20

I-39040 **Lüsen**
Tel. 0472/4 37 50

I-39024 **Mals**
Tel. 0473/8 11 90

Margreid a. d. Weinstraße
I-39040 **Margreid**
Tel. 0471/81 72 92

I-39020 **Marling**
Tel. 0473/4 71 47

I-39020 **Martell**
Tel. 0473/7 45 23

I-39012 **Meran**
Freiheitsstr. 45
Tel. 0473/3 52 23

I-39037 **Meransen**
Tel. 0472/50 197

I-39010 **Mölten**
Tel. 0473/66 81 33

I-39040 **Montan**
Tel. 0471/81 97 47

Mühlbach–Vals–Spinges
I-39037 **Mühlbach**
Tel. 0472/49 467

I-39030 **Mühlwald**
Tel. 0474/6 32 20

I-39010 **Nals**
Tel. 0471/67 86 19

I-39025 **Naturns**
Tel. 0473/87 287

I-39025 **Naturns**
Tel. 0473/87 287

Natz–Schabs
I-39040 **Schabs**
Tel. 0472/42 440

I-39044 **Neumarkt**
Tel. 0471/81 23 73

I-39039 **Niederdorf**
Tel. 0474/7 51 36

I-39030 **Olang**
Tel. 0474/46 277

**Partschins mit Rabland
und Töll**
I-39020 **Partschins**
Tel. 0473/9 71 57

I-39030 **Percha**
Tel. 0474/4 11 55

I-39030 **Pfalzen**
Tel. 0474/5 81 59

I-39025 **Plaus**
Tel. 0473/87 433

I-39026 **Prad am
Stilfserjoch**
Tel. 0473/7 60 34

I-39030 **Prags**
Tel. 0474/7 86 60

I-39030 **Prettau**
Tel. 0474/6 41 23

I-39040 **Proveis**
Tel. 0463/3 01 06

Rasen im Antholzertal
I-39030 **Niederrasen**
Tel. 0474/4 62 69

Ratschings
I-39040 **Stange**
Tel. 0472/6 66 66

Riffian–Kuens
I-39030 **Riffian**
Tel. 0473/4 10 76

I-39054 **Ritten/Klobenstein**
Tel. 0471/5 61 00

I-39037 **Rodeneck**
Tel. 0472/4 40 44

I-39040 **Salurn**
Tel. 0471/88 42 79

I-39032 **Sand in Taufers**
Tel. 0474/6 80 76

I-39047 **St. Christina/Gröden**
Tel. 0471/7 30 46

I-39015 **St. Leonhard/
Passeier**
Tel. 0473/8 61 88

I-39030 **St. Lorenzen**
Tel. 0474/4 40 92

I-39010 **St. Martin/Passeier**
Tel. 0473/64 12 10

I-39030 **St. Martin/Thurn**
Tel. 0474/5 31 75

I-39010 **St. Pankraz/Ulten**
Tel. 0473/78 171

I-39046 **St. Ulrich/Gröden**
Tel. 0471/7 63 28

I-39030 **St. Vigil/Enneberg**
Tel. 0474/5 10 37

I-39058 **Sarntheim**
Tel. 0471/62 30 91

I-39017 **Schenna**
Tel. 0473/9 56 69

I-39028 **Schlanders**
Tel. 0473/70 155

**Schlern–Kastelruth–
Seis–Seiseralm**
I-39040 **Kastelruth**
Tel. 0471/7 13 33

I-39058 **Schluderns**
Tel. 0473/7 58 58

I-39020 **Schnals**
Tel. 0473/8 91 48

I-39030 **Sexten**
Tel. 0474/7 03 10

I-39050 **Steinegg**
Tel. 0471/67 65 74

I-39049 **Sterzing**
Tel. 0472/76 53 25

I-39036 **Taisten**
Tel. 0474/7 40 10

I-39020 **Taufers/Münster**
Tel. 0473/8 21 64

I-39030 **Terenten**
Tel. 0474/5 61 40

I-39018 **Terlan**
Tel. 0471/57 165

I-39050 **Tiers**
Tel. 0471/64 21 27

I-39019 **Dorf Tirol**
Tel. 0473/9 33 14

Tisens–Prissian
I-39010 **Tisens**
Tel. 0473/9 08 88, 0473/9 08 22

I-39034 **Toblach**
Tel. 0474/7 21 32

I-39040 **Tramin**
Tel. 0471/86 01 31

Truden–Kaltenbrunn
I-39040 **Truden**
Tel. 0462/8 70 78

I-39010 **Tscherms**
Tel. 0473/5 10 15

Ulten
I-39016 **St. Walburg/Ulten**
Tel. 0473/79 987

**Unsere liebe Frau i. Walde/
St. Felix**
I-39010 **Unsere lb. Frau**
Tel. 0463/8 61 03

I-39040 **Vahrn**
Tel. 0472/3 49 58

Villanders
I-39040 **St. Stefan**
Tel. 0472/5 31 21

Villnöß
I-39040 **St. Peter**
Tel. 0472/4 01 80

Vinschgauer Oberland
I-39020 **Graun im Vinschgau**
Tel. 0473/8 32 33

Vintl/Pfunderer Tal
I-39030 **Vintl**
Tel. 0472/4 91 00

Völs am Schlern
I-39050 **Völs**
Tel. 0471/7 20 47

I-39010 **Vöran**
Tel. 0473/5 92 00

I-39040 **Waidbruck**
Tel. 0471/65 43 21

I-39035 **Welsberg**
Tel. 0474/7 41 18

Welschnofen/Karersee
I-39056 **Welschnofen**
Tel. 0471/61 31 26

I-39030 **Wengen**
Tel. 0471/84 30 72

Wiesen–Pfitsch
I-39040 **Wiesen**
Tel. 0472/76 57 30

I-39048 **Wolkenstein/Gröden**
Tel. 0471/7 51 22

Register

In gleicher Ausstattung ist Sepp Schnürers großer Dolomiten-Bildband erschienen:

Auf einer großen Dolomiten-Rundreise führt Sepp Schnürer durch alle Täler, über Pässe, auf den schönsten Wanderwegen zu bekannten Hütten, zu Gipfeln, Klettersteigen und Höhenwegen. Dieser repräsentative Bildband mit 321 Farbfotos ist das ideale Geschenkbuch für Bergfreunde und alle Dolomiten-Besucher – zum Schauen, Genießen und, dank der aktuellen Touristik-Informationen, auch für Urlaub und Reise.

240 Seiten, 321 Farbfotos, 1 farbige Übersichtskarte

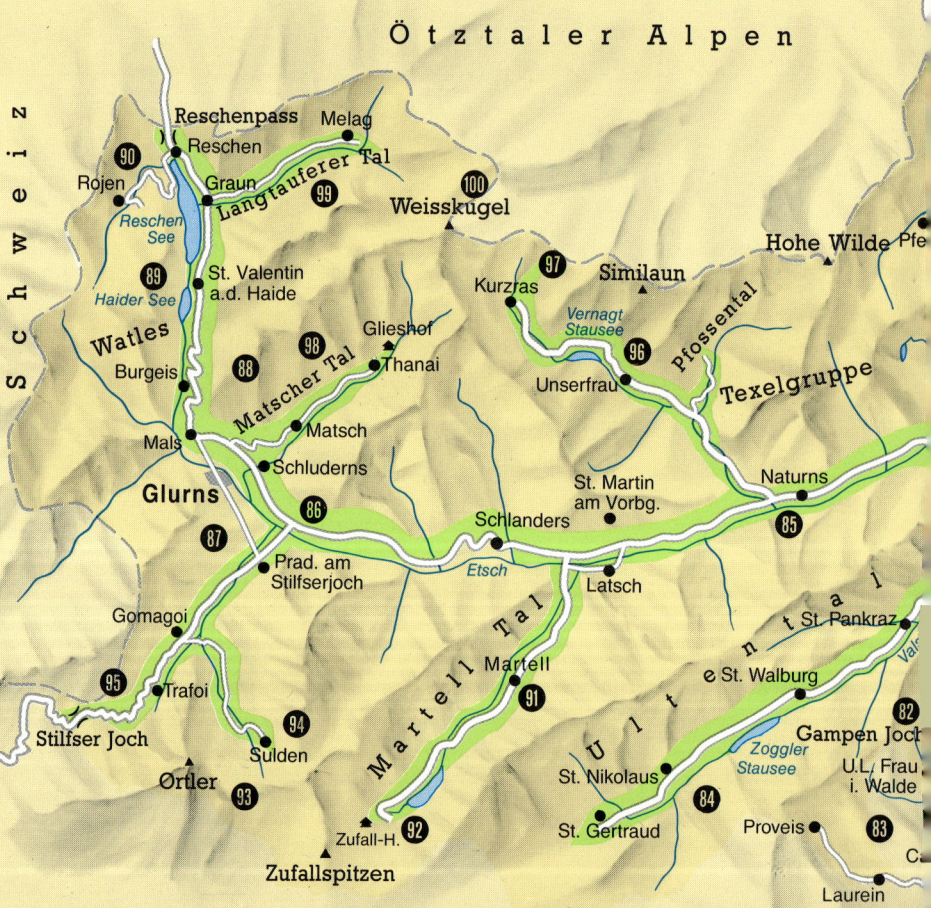